高 等 学 校
市场营销学系列教材

# 分销渠道管理

主编 张广玲 副主编 邬金涛

# Channel of
# Distribution Management

WUHAN UNIVERSITY PRESS
武汉大学出版社

**图书在版编目(CIP)数据**

分销渠道管理/张广玲主编;邬金涛副主编.—武汉:武汉大学出版社,2005.1(2015.7重印)
(高等学校市场营销学系列教材)
ISBN 978-7-307-04004-5

Ⅰ.分…　Ⅱ.①张…　②邬…　Ⅲ.市场营销学—高等学校—教材
Ⅳ.F713.50

中国版本图书馆 CIP 数据核字(2003)第 064235 号

责任编辑:沈建英　　　责任校对:鄢春梅　　　版式设计:支　笛

出版发行:**武汉大学出版社**　　(430072　武昌　珞珈山)
　　　　　(电子邮件:cbs22@whu.edu.cn　网址:www.wdp.com.cn)
印刷:荆州市鸿盛印务有限公司
开本:720×1000　　1/16　　印张:24.25　字数:483千字
版次:2005年1月第1版　　2015年7月第6次印刷
ISBN 978-7-307-04004-5/F·812　　定价:28.00元

# 总　序

　　以电子技术为代表的第三次科技革命加速了经济全球化的进程,以高科技产业及信息产业为基础的网络经济使各国企业的营销活动突破了时空界限。各国交叉文化的出现使各国消费者消费需求趋同,如当今,中国的青少年和美国的同龄人一样,穿 Nike 鞋,喝 CocaCola,吃 McDonald,听 Backstreet Boys。然而,经济全球化并没有使全球市场同一化。由于各国营销环境的差异使各国顾客需求仍存在巨大的差异,顾客需求随着市场经济的不断发展越来越个性化,期望也越来越高,大市场不断细分,成为特定市场和定制化市场,甚至"人分市场"(即一人一个细分市场),有的学者因而提出人类社会已经从产品经济、服务经济过渡到了体验经济(Experience Economy)。

　　新的市场环境给市场营销理论和实践带来了新的挑战,但同时也为市场营销理论的发展带来了新的契机。根据营销环境的变化研究新的营销理论与实践,是每一个营销理论工作者义不容辞的责任。

　　市场营销学是建立在经济学、行为科学及现代管理理论基础上的一门综合性边缘管理学科。市场营销学自创立以来,尤其在近几年,其理论及应用范围得到了迅速的发展和扩大。一方面,市场营销学从基础市场营销学(或者说消费品营销学)拓展到产业营销学、服务营销学、国际营销学、社会营销学、政治营销学、绿色营销学、关系营销学及网络营销学等范畴;另一方面,基础营销学自身又扩展成为各个独立的部分,诸如市场调研、消费者行为、产品管理、分销管理、广告管理、销售管理、营销审计等。现代营销理论的深化和拓展对于培养 21 世纪市场营销高级人才,以及指导与推动我国企业营销的发展具有重要的意义。

　　我们编写这套市场营销教材,目的是在介绍市场营销理论的基础上,对其各分支进行较为系统和深入地研究,同时,吸收学科前沿的研究成果以适应市场营销理论发展及教学的需求。这套教材主要包括:《市场营销学》、《国际市场营销学》、《市场营销调研》、《消费者行为学》、《品牌管理》、《销售管理》、《分销渠道管理》、《广告管理》、《服务营销》和《网络营销》共 10 部。

　　这套教材具有系统性、前瞻性和实践性的特点。它们不仅涵盖了市场营销专业所要掌握的基本知识、基础理论与基本技能,而且介绍了当今营销理论的新领域与新观念,并结合 21 世纪新时代特点,从战略观念的高度重新审视市场营销理论体系。另外,这套教材也非常重视理论与实践的结合,每章除设有小结及习题外,还附有案例及案例分析讨论题,这既有助于学生通过案例与习题加深对有关营销理论的理解,同时也有利于培养学生分析问题与解决问题的能力。

这套教材的作者既有学术界的著名学者,也有中青年学术骨干。他们不仅在教学科研方面卓有成就,而且还为许多知名企业开展过管理咨询活动,他们的经验与阅历对编写好教材具有重要的作用。

这套教材主要供市场营销专业的本科生使用,也适用于经济类学生和管理类其他专业的学生以及企业经营管理人员阅读。

这套教材在编写过程中,吸收了国内外同行的研究成果,得到了武汉大学出版社的大力支持和帮助,对此,我们深表感谢。

高等学校市场营销学系列教材编写组

2002 年 9 月

# 前　言

随着市场经济的纵深发展,生产商在渠道之间的竞争也越来越激烈。控制与反控制、冲突与平息、瓦解与重构,整个分销渠道永远处在一个"平衡—失衡—平衡"的动态循环之中。

分销渠道是企业争夺市场份额和利润最前沿的阵地。对于生产商而言,控制了渠道也就意味着掌握了市场的主动权,但是渠道的话语权往往并不掌握在厂商手中,大型的渠道商在整个社会分销网络中越来越明显地占据着主导地位。他们开始创建属于自己的品牌,与生产商争夺有限的顾客资源,他们敢于公开叫板国际知名厂商,甚至若有不满立即封杀。

分销渠道也是企业市场营销活动中最复杂、最活跃的领域之一。无论是戴尔和安利的直销模式,还是海尔的直供模式,无不对企业的市场营销活动产生了深远的影响。知识经济、网络化以及经济全球化,又给分销渠道环境带来新的变数。除了考虑分销战略与策略、渠道冲突管理与渠道调整等问题,企业的分销管理还面临着新的挑战:是否选择新兴的分销渠道? 如何协调新渠道与原有渠道之间的关系? 如何在全球范围内规划企业的分销体系? 电子商务给企业带来了什么? 是否应该选择第三方物流?

此外,分销渠道还是政府调控国家宏观经济的主要着力点之一。分销渠道覆盖的广度和深度、分销网点的密集程度、渠道内的竞争秩序、渠道创新的能力等,都直接影响到整个社会资源能否合理配置、商品流转能否畅通、社会再生产能否顺利循环以及就业与社会稳定等问题。

太多的热点、难点问题需要我们去研究、去思考,也对我们这些理论工作者提出了与时俱进的要求。正是出于这种考虑,我们在充分吸收传统理论精华的基础上,引进国内外最新的研究成果重新编排体系,组织人员编写了这本教材。与其他相关著作相比,本书的特点在于:

1.体系完整科学,结构合理。全书分为:分销渠道理论概述;分销渠道的战略设计与选择;分销渠道的管理;分销渠道的组织;物流与供应链管理;分销渠道的发展趋势六大部分。首先,从分销渠道的基本概念入手,对分销渠道的概念、功能、流程类型等进行了详尽的分析。其次,对如何建设渠道、影响渠道建设的因素进行了分析。同时还从流程的角度进行了详细介绍,以便学习者操作。对渠道管理的问题,从渠道权利和冲突两方面进行了分析,并辅之以实例。同时还详细地分析了渠道组织的运作特点和要求,以便制造商学习和了解渠道组织。此外,还对分销渠道的新发展作了探讨。

2.结构编排合理,各章开头有学习目的,结尾处有本章小结、思考题以及案例分析,方便教学和学生自学。

3.本教材在案例的选择上,涉及的行业较多,内容新颖,具有较强的可读性。

本教材共计 16 章。具体分工如下:第一章、第七章由武汉大学商学院张广玲编写;第四章由武汉大学商院张广玲、李天杰编写;第二章、第三章、第八章、第九章由中山大学岭南学院经济管理系邬金涛编写;第五章由武汉大学商学院章昌斌、武华丽编写;第六章由三峡大学管理学院王琼海编写;第十章、第十一章由广东省工商行政管理局梁卫真编写;第十二章、第十三章由武汉大学商学院张广玲、武华丽编写;第十四章由武汉大学商学院梁海峰编写;第十五章、第十六章由广州移动通信有限责任公司刘一雄编写。全书由张广玲负责统稿,副主编邬金涛协助做了大量的工作,在此表示感谢!

在本教材编写的过程中,参阅了不少国内外相关文献,获得了很多启迪和帮助。武汉大学市场营销系的各位老师也提出了许多有益的建议,武汉大学出版社在整个教材的编写中给予了大力支持和帮助。在此一并表示感谢!由于时间仓促,加上编者学识和能力有限,敬请广大读者对书中可能存在的不足和错误之处批评指正。

编　　者

2004 年 11 月

# 目　录

## 第一编　分销渠道导论

## 第二编　分销渠道战略设计与选择

## 第三编　分销渠道管理

## 第四编　分销渠道组织

## 第五编　物流与供应链管理

## 第六编　分销渠道的发展趋势

第 一 编

# 分销渠道导论

第一章

代谢基本概念

# 第一章　分销渠道管理概述

## 本章学习目的

学完本章后，应该掌握以下内容：
1. 分销渠道的定义、特点和类型；
2. 分销渠道的功能；
3. 分销渠道管理的任务。

随着社会经济的发展、市场竞争的日益激烈，越来越多的企业开始重视分销渠道的建设和管理。渠道作为企业发展的"瓶颈"，是连接企业和消费者的桥梁和纽带，是企业制胜的武器和法宝，也是消费者获取产品和服务的通道。因此，认识和了解分销渠道，是本章所要讨论的问题。

## 第一节　分销渠道的定义与特点

### 一、分销与分销渠道

在日常生活中，如果我们到商场随机问一个消费者：你知道什么是分销，什么是分销渠道吗？消费者可能会摇摇头，说"不知道"。但是，在生活中，我们每天都要接触、购买大量的商品，这些商品来自我们周围的大小商店、商场。这些商品绝大部分不是商家生产的，有些是本地企业生产的，有些是外地企业生产的。那么，这些商品是如何到达这些商店，然后又是如何通过商店到达消费者手中的呢？这就是我们所要研究的分销问题。

事实上，"分销"是一个非常具体的名词。每个企业每天都在做大量的分销工作，分销成为关系企业生产经营活动能否顺利进行的大问题，是企业生产经营活动的瓶颈。其研究的核心是在适当的时间和适当的地点，将商品送到消费者手中。要达到这一目的，对企业而言，需要做的工作是：一方面，通过各种促销手段宣传产品，说服中间商经营本企业的产品，提高其经营的积极性；另一方面，希望顾客购买商品的时候，将本企业的商品作为首选。对消费者而言，当他们需要商品的时候，他们希望能够在合适的时间和方便的地点买到所需要的商品。可见，分销涉及到企业、中间商、消费者以及其他辅助商。例如，美国著名的可口可乐公司，将可口可乐的浓缩液提供给瓶装厂，再由瓶装厂分装后提供给其他的中间商进行销售。

通过以上的分析，我们可以给分销下一个定义。所谓分销，是指企业将商品生产出来以后，有效地将商品从生产者手中转移到消费者的手中，包括所有权、产品实体、资金以及信息的转移。

除了分销外，我们在生活中还涉及另外的一些概念，如分销渠道、市场营销渠道等。这里我们先来说明这几个词的关系。

现代市场营销学认为，市场营销渠道与分销渠道是有区别的。市场营销渠道是指那些配合起来生产、分销和消费某一生产者产品或服务的所有企业和个人，即市场营销渠道包括各种生产资源的供应商、生产企业、商人中间商、代理中间商、辅助商以及最终消费者和用户。分销渠道，有时也称分配通路、分配路线等，是指某种产品或服务从生产者手中转移到消费者手中所经过的路线，包括帮助企业产品实现转移的所有企业和个人，如生产者、商人中间商、代理中间商、实体分配辅助商以及其他辅助商、消费者和用户等。可见，市场营销渠道与分销渠道是有区别的：市场营销渠道包括了产、供、销全过程有关的机构和个人，而分销渠道则只包括了与生产产品或服务及其销售过程有关的机构和个人；市场营销渠道包含着分销渠道，分销渠道是市场营销渠道的一部分，如图1-1所示。由于市场营销渠道中供与产的关系，也可以看成为生产与销售的关系，因此在实践中，两者通常被混用。鉴于两者的关系，在本书中，我们只讨论分销渠道的问题。

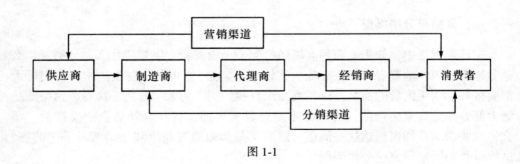

图 1-1

在图1-1中，我们可以看出，分销渠道问题实际上包括了两方面的内容：一方面是产品的销售途径，即产品通过哪些渠道进行销售，以便适时、适地、经济地提供给消费者，满足消费者的需要，实现商品所有权的转移。另一方面，由于生产者与消费者之间存在着矛盾，如销售商品的数量、时间、地点等方面的矛盾，商品实体本身需要通过运输工具，才能转移到批发商、零售商，直至用户或消费者那里，即商品实体的转移。可见商品只有通过分销渠道，通过与商品转移有关的各类机构才能到达消费者的手中。

从狭义上讲，分销渠道是分销的主要内容，因此两者是可以等同起来的。为了叙述的方便，在以后的讨论中，我们把分销渠道与分销等同使用。

### 二、分销渠道的形成条件

分销渠道是社会化大生产发展的产物。在人类社会的发展过程中，随着社会生产力的不断发展，社会商品的日益丰富，社会分工的出现，专门从事商品交换的中间商人出现了。因此，分销渠道形成的条件，可以从以下几个方面来看：

（一）生产力发展水平的高低是分销渠道形成的重要依据

生产力发展水平是分销渠道形成的决定性因素，这种决定作用主要体现在以下几方面：

1. 随着社会生产力的发展，社会分工越来越细，生产专业化程度越来越高，市场对社会经济生活的影响越来越深，生产和消费对市场的依赖程度越来越大，企业要想在较短的时间内将生产的商品销售出去，必须形成以"宽、长、多"为特征的四通八达的分销渠道，以满足市场发展的需要。

2. 各个地区生产力发展水平不平衡，对社会资源利用的程度也各不相同，再加上各个地区的自然资源的分布状况存在差异，所生产出来的产品就存在较大差别。这样，自然资源丰富而又能充分利用的地区生产出来的产品往往流向资源缺乏、不能大量生产的地区，这种不平衡性决定了产品的基本流向。同时，随着生产力水平的提高，人们对自然资源的利用程度也会提高，不仅会延长或加宽产品的分销渠道，而且还会开辟新的分销渠道。

3. 随着社会生产力的发展，各地区之间生产力发展水平会发生相应的变化，同时，产品的结构也会跟着调整。在这种情况下，商品的产销关系也会发生变化，这就要求分销渠道作些调整：有的要延长，有的要缩短，有的要加宽，有的要变窄。

4. 社会生产力的发展，也为中间商提供了新的分销手段或工具。这些分销手段或工具的变化，必然会引起分销渠道发生相应的变化。例如，随着电子技术的广泛应用，电视购物、电子购物等无店铺渠道也得到了发展。

（二）商品的自然属性和产销特点是影响分销渠道形成的基本要素

随着商品生产的发展和交换范围的扩大，进入市场进行交换的商品品种越来越多，商品特征也各不相同。从生产与交换的关系来看，生产与消费之间存在着时间、空间、数量等方面的矛盾，这些矛盾的解决，需要一套行之有效的分销渠道方案。例如，从产销时间看，有些商品是常年生产、季节消费，有些商品是季节生产、常年消费；从产销地区看，有的商品是地产地销，有的商品是一地生产多地消费，有的商品是地产外销，有的多地生产一地消费；再从产销的数量来看，有的商品产销数量小、消费范围窄，有的商品产销数量大、消费范围广，而且产销之间还存在着生产的大批量与消费的分散及小批量之间的矛盾，等等。所有这些都表明，商品的产销特点不同，它们对分销渠道的要求也不同，有的商品要短渠道，有的商品要宽渠道，有的商品要细长的渠道，从而造成分销渠道的多样性与复杂性。

从商品的自然属性看，由于它们各自的化学、物理与生物的性能不同，其自然生命周期也是不一样的，从而对分销渠道的要求也各不相同。例如，易腐、易损耗的鲜活商品，需要短而宽的分销渠道，以保证这类商品能够在最短的时间内从生产领域向消费领域转移，减少在流通领域停留的时间，减少商品的损失；而一些使用范围广泛的商品以及物理、化学性能稳定的日用百货，则需要"多、长、宽"的分销渠道，以满足社会的需要。

（三）商品的社会属性是影响分销渠道形成的关键因素

商品的社会属性决定了分销渠道的形成是以产销关系为前提条件。一方面，生产者要把自己生产出来的商品及时销售出去，需要有通畅的分销渠道，而消费者要购买所需要的商品，同样需要通畅的供应渠道，以满足自己的消费需求。正是这种供求关系的存在，使分销渠道的存在有其客观必然性。另一方面，由于经济利益的原因，生产者销售商品的时候，总是希望以最低的耗费、最快的速度、最少的环节进行销售，以取得最佳的经济效益。同理，消费者也希望以最低的成本在最方便的地点购买所需商品。正是在这种利益关系的驱使下，形成了长、短、宽等各种不同形式的分销渠道格局。

（四）消费者需求的多样性是分销渠道存在的重要因素

消费者需求的多样性也是多种分销渠道存在的重要因素。由于消费者的消费需求是多种多样的，并且随着人们收入水平、消费心理等因素的改变，其消费结构、消费增长也会发生变化。因此，作为生产者向消费领域转移商品的分销渠道也必然会发生相应的变化，形成多样化的分销渠道。

### 三、分销渠道的特点

分销渠道作为市场营销学中的重要组成部分，有其自身的特点：

第一，分销渠道是一组路线。它是由商品流通的当事人及组织机构所组成的，即由各种买者和卖者组成。企业选择分销渠道，相当于对各种流通当事人的选择。

第二，分销渠道是一条特定的流通路线。当生产者的商品向消费领域转移的时候，所流经的路线是特定的。例如，洗衣粉的流通路线，见图1-2。从图1-2可以看出，洗衣粉的分销渠道是很具体的，是一组特定的路线，是长与短渠道的结合。实际上，商品的分销渠道是一个互相联系的有机整体。

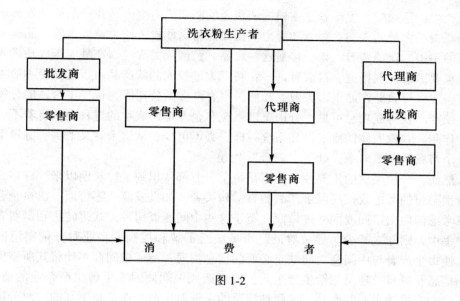

图 1-2

　　第三，分销渠道具有稳定性的特点。分销渠道一经确定，就具有相对稳定性。这是因为建立分销渠道的过程是一个相对复杂的过程，它需要进行大量的调查研究，需要投入大量的人力、物力和财力；另外，生产者与某中间商建立了经销关系，并将商品卖给某个中间商后，这种经销关系也很难马上改变。所以，分销渠道一经形成，便具有相对的稳定性。

　　第四，分销渠道的起点和终点界限分明。在分销渠道系统中，无论是直接渠道还是间接渠道，其渠道的起点是生产者，终点是消费者。

　　第五，分销渠道成员的职责分工明确。在每个具体的分销渠道中，每个渠道成员的职责是明确的，在"生产者──批发商──零售商──消费者（用户）"这一渠道中，生产者的职责是负责生产商品，批发商的职责是将商品集中再分散，起着集散商品的作用，并为零售商服务，而零售商的任务是在适当的时间和地点为最终消费者服务。

## 第二节　分销渠道在市场营销组合中的地位

### 一、分销渠道在市场营销组合中处于"瓶颈"地位

　　在市场营销组合中，分销渠道与产品、价格、促销等要素一样，是不可分割的整体，是市场营销组合中的重要组成部分。离开了分销渠道，再好的商品，再合适的价格，再好的广告宣传，商品也不可能从生产领域转移到消费领域。我们知道，

在社会生产活动中，生产者往往根据消费者的需要进行生产，在产品的开发和研制方面花费了大量的人力、物力和财力，但如何将这些投入了大量成本的商品送到消费者的手中，让消费者认识和接受这些商品，已经成为决定新产品能否成功进入市场的重要因素。据报道，目前有许多花费了大量投入的新产品由于选择了不恰当的分销渠道，导致新产品上市失败。当然，也有许多的公司因为选择了合适的分销渠道，使产品获得成功。可见，分销渠道系统在企业走向成功的过程中，有着不可磨灭的作用。它像人体的血液循环系统一样，必不可少。从这个意义上讲，分销渠道在整个市场营销策略中，处于"瓶颈"地位。

然而，分销渠道的重要性，并不是每个企业都认识到了。长期以来，许多企业对分销渠道的考虑仅仅局限于产品的直接购买者，如批发商、零售商。出口企业也仅仅考虑国内出口商或国外进口商，至于这些中间商以何种方式再转售到消费者或用户手中，则知之甚少，导致对最终市场缺乏了解和控制。企业对分销渠道的忽视，使得生产者与中间商之间缺乏必要的信息沟通，造成中间商不能将其所掌握的市场信息及时有效地反馈给生产企业；或者造成中间商因不了解生产企业的情况，而不会全力推销企业的产品，这两种情况的出现对生产企业都是不利的。对分销渠道的不重视，造成企业也不注重对分销渠道进行必要的调查研究，使得企业在产品、价格、促销等方面的优势未发挥出来，导致企业的整体效益不佳。

充分认识分销渠道在市场营销策略中的瓶颈地位，有利于发挥市场营销策略的整体功效，使企业生产的商品尽可能以最合适的渠道网络转移到消费者手中。

## 二、分销渠道策略对产品策略的影响

企业分销渠道对产品策略的影响，可以从产品的组合策略、产品的生命周期、产品的形象等几个方面来解释。

### （一）分销渠道对企业产品组合的影响

产品组合是指企业生产销售的各种产品线和产品品种的组合或相互搭配。产品组合是否有效，能否达到企业的预期销售目标，与选择什么样的渠道至关重要。例如，在产品组合决策时，向上或向下延伸产品线，可能会与经销商的利益发生冲突。企业的产品线向下延伸，意味着企业的产品要从原来的高层次向低层次转移，以吸引低层次的消费者；向上延伸，意味着企业的产品要由原来的低档次向高档次转移。对企业来说，这两种形式都存在着风险。制造商将面临不熟悉的市场、不熟悉的竞争者或新的经销商。企业要想在产品延伸过程中取得成功，除了在前期的市场调查中确定目标市场的需要外，还需要在选择渠道时寻找合适的渠道。换句话说，分销渠道对产品线延伸的成功起着重要的作用。例如，日本本田公司在美国市场上，主要是生产和销售经济型轿车，但高档轿车的丰厚利润一直吸引着该企业。经过几年的努力，公司终于开发出了凌志轿车。那么如何将这款车推向市场，并让消费者接受它，是企业面临的问题。因此，企业除了在广告、价格和产品本身进行创新外，在分销渠道上一改过去的传统渠道，完全采用新的渠道模式，实行专卖店经营，以全新的面貌展现在消费者面前。这种渠道模式很快得到了消费者的认同，凌志迅速成为高档轿车中的佼佼者，取得了巨大的成功。

（二）分销渠道对产品形象的影响

对日用商品来说，商品的品质印象与零售商的选择有直接关系。同样的商品在不同的商店出售，则商品的品质效果是截然不同的。如一件精品服装放在专卖店里出售，给人的印象是高贵的；而放在地摊上、杂货店中出售，这件精品服装则变成一文不值的低档次的商品了。可见，分销渠道的选择不同，则人们对商品品质的印象是截然不同的。一般来说，在大型的百货商店、专卖店出售的商品，代表的是一种高品质、高价格和高档次商品；而在地摊或杂货店出售的商品，则代表的是一种低品质、低价格和低档次商品。另外，产品的类型不同，其选择渠道的要求也不一样。如居民日常生活必需的、购买频率高的商品，就应该选择以居民生活区为主的分销渠道，而单位价值较高的、购买频率较低的商品，则应该选择以商业中心为主的分销渠道。对工业生产资料来说，其分销渠道的构建以直接分销渠道为主，以间接分销渠道为辅。可见，分销渠道策略的不同，对产品策略的影响也是不一样的。

（三）渠道对产品生命周期的影响

产品生命周期是指产品从进入市场到退出市场时经历的各个阶段，如图 1-3 所示。

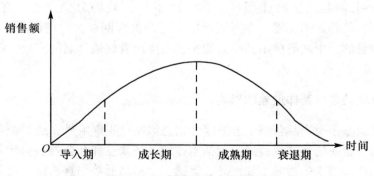

图 1-3　一般产品生命周期图

产品生命周期可以分为导入期、成长期、成熟期和衰退期。在产品的导入期，产品的知名度很低，消费者在购买产品的时候很难选择。这时候，制造商就需要得到渠道成员的支持，尽可能说服经销商经销其新产品，这样新产品才可能在较短的时间内进入市场。同时，经销商通过产品的摆放、演示，可以促进产品的销售。同样，在产品的成长阶段，销售量快速增长，这时在渠道的管理和选择上，应尽可能提高市场的覆盖率，多增加销售渠道。在成熟阶段或衰退阶段，渠道的增加或减少，对产品的销售起到极大的作用，对整个企业的经营业绩起着不可磨灭的作用。

### 三、分销渠道对价格策略的影响

价格是企业重要的营销策略，一件商品的价格除了和自身的品质有关外，还要受到分销渠道的影响。这表现在下列几个方面：（1）企业对中间商的价格折扣。一般来说，分销渠道成员能够或愿意提供给生产者或消费者某些交易职能，如推销、服务、储存、记账等，因而企业就给予中间商一些价格折扣，以鼓励中间商多承担某些服务功能。同时，根据中间商购买商品数量的大小，也要提供给中间商数量方面的折扣。（2）分销渠道的长短，运输方式，也会对商品价格产生影响。若分销渠道长，涉及的渠道成员多，环节多，则流通费用就增加，成本也增加，导致价格很难降低。例如，宝洁公司为了将肥皂打入日本市场，就使用了较长的分销渠道。首先它把肥皂卖给进口批发商，再转手卖给当地批发商，最后才到零售商手中。经过这些分销层次后，肥皂的零售价格比进口价格高出 2~3 倍。可见，渠道的长短，运输方式的不同，对商品价格是有很大影响的。

### 四、分销渠道对促销策略的影响

促销策略作为市场营销组合策略中的重要组成部分，对扩大商品的知名度，起着重要作用。但是，这种作用的发挥，离不开有效的分销渠道。在渠道成员中，中间商担负着促销功能。中间商利用自己的销售网点，宣传商品，展示商品，达到促销的目的。中间商推销商品的能力，对生产者促销计划的实施，有重要的影响。

### 五、分销渠道对整体效益的影响

分销渠道除了对产品营销组合策略、信息策略产生影响外，还对企业的整体效益产生影响。企业的整体效益通常包括整体的经济效益和社会效益两部分。企业的经济效益受许多因素的影响，如产品、促销、价格高低等因素，但分销渠道选择的好与坏，对企业经济效益产生重要影响。如选择合适的分销渠道，可以减少不必要的中间环节，减少周转时间，节省流通费用。同时，有利于消费者购买，使消费者快速、便利地购买到所需要的商品；还能保证商品的品质，扩大商品销售，维护企业声誉等。总之，选择合适的分销渠道，能够节省分销成本，提高分销效果，从而提高企业的整体效益。

# 第三节 分销渠道的作用与功能

## 一、分销渠道的作用

分销渠道的最重要作用就是把商品从生产者手中转移到消费者手中。在这个过程中，发挥重要作用的是中间商，中间商一头联结生产，一头联结最终消费者，因此，从某种意义上说，分销渠道的作用就是中间商发挥的作用。在社会经济生活中，由于生产和消费之间存在着时间、空间、数量、品种、花色等方面的差异，要想使企业生产出来的商品顺利地送到消费者手中，就需要中间商发挥其桥梁和纽带作用。这主要表现在下列几个方面：

（一）调节产销矛盾

1. 调节生产与消费之间在商品数量上的矛盾。由于企业生产商品是大批量的，而消费是零星分散的，这就造成生产与消费之间在商品数量上的矛盾。这就需要中间商把企业生产的商品集中起来，然后化整为零（如农产品的经营），从而解决生产与消费之间在数量上的矛盾。

2. 调节生产与消费之间在品种、规格及花色上的矛盾。一方面，由于生产的专业化，生产企业生产的商品品种、花色等都是有限的；另一方面，消费者的消费需求因年龄、文化、职业、爱好的不同而不同，其消费需求具有多样性。因此，生产的单一化与消费的多样化之间就存在着矛盾。为了解决这些矛盾，就必须发挥中间商的作用，将各种不同品种、规格、花色、等级等方面的商品，分别搭配起来，满足不同市场、不同消费者的需求。

3. 调节生产者与消费者之间在时间上的矛盾。有些商品是常年生产、季节消费的，如服装厂生产的商品。还有些商品则是季节生产、常年消费的，如农副产品等。这样，生产与消费在时间上的不同，客观上就导致了生产与消费的矛盾，这就需要中间商把商品收购进来，均衡地供应给市场，以满足消费者需要。

4. 调节生产者与消费者之间在地区上的矛盾。生产与消费的矛盾，除了在时间、数量、花色、品种等方面存在外，还表现在空间上、地区上。有些商品是一地生产、多地消费，有些商品是多地生产、一地消费，这样生产与消费之间在空间上就存在矛盾。为了解决好这些矛盾，中间商就需通过分销渠道的有关环节，如运输部门，将产地商品送到销地，以解决好产销矛盾。

（二）减少交易次数，节省流通费用

在商品流通过程中，中间商的使用，可以减少商品的交易次数，如图1-4所示。

在图1-4中，有4个生产厂家，每家商品销售给4个零售商。如果不使用批发

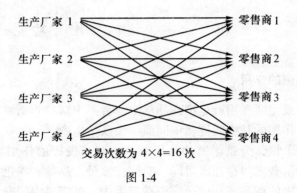

交易次数为 4×4=16 次

图 1-4

商，则共需要进行 16 次交易，才能完成交易任务。如果通过批发商，则商品的交易次数则由原来的 16 次减少到 8 次，如图 1-5 所示。在每次交易过程中，都要发生一定的费用，交易次数的减少，意味着商品的流通费用就会降低。

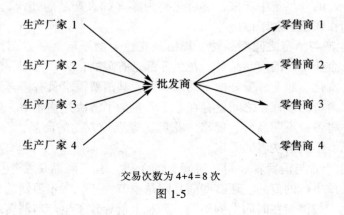

交易次数为 4+4=8 次

图 1-5

（三）搜集市场信息，指导生产

中间商直接与消费者打交道，最了解市场，知道哪些商品畅销，哪些商品滞销，也最能了解消费者的市场需求变化。因此，中间商可以利用自己网点多、信息灵敏的优势，将搜集到的市场信息反馈给生产企业，从而指导生产企业按市场需求进行生产；同时，也可将竞争对手的信息提供给生产者，做到知己知彼。

**二、分销渠道功能**

如前所述，图 1-2 为洗衣粉的分销渠道系统的示意图。在这个示意图中，洗衣粉的制造企业，根据产品的特点，采用了多渠道的分销系统，以便发挥渠道功能，快速地将产品送到消费者手中。分销渠道的功能主要是实现商品的转移，在这一过程中，需要各个成员的共同努力，完成产品的一系列的价值传递活动，从而增加了产品的价值。因此，分销渠道的主要功能包括以下几个方面：

1. 调研：即搜集、分析和传递有关顾客、竞争者及相关的市场信息，制定分销渠道计划，帮助产品从生产领域向消费领域转移。

2. 促销：传递与供应品相关的信息，并进行说服性的沟通。

3. 洽谈：供销双方达成产品价格和其他条件的协议，共同实现商品所有权的转移。

4. 分类：协调厂家和消费者之间的矛盾，按消费者的要求整理产品，对产品进行分装、分级、调配等活动。

5. 寻找：为制造商寻找潜在的顾客，解决买卖双方的矛盾，并提供合适的服务。

6. 实体分配：提供供应品的储存和运输，保证正常的供货。

7. 财务：补偿渠道的成本，收付货款，提供财务支持和消费信用。

8. 风险：在执行分销任务过程中，承担相关风险。

分销渠道的功能，在商品的转移过程中必须被履行，但具体功能的执行，可能由一个或几个成员共同承担。这里要注意的是，在渠道中，某些机构可以被代替或取消，但这些机构所执行的职能不能被取消，这些机构一旦被取消，它们的职能将向前一个环节或向后一个环节转移。

## 第四节　分销渠道流程与结构

### 一、分销渠道流程

第一，实物流（见图 1-6）。

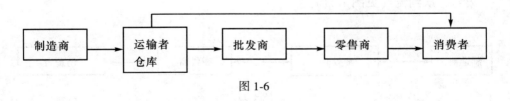

图 1-6

第二，所有权流（见图 1-7）。

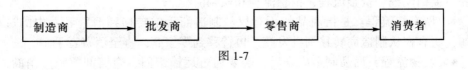

图 1-7

第三，促销流（见图1-8）。

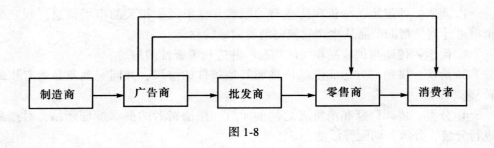

图 1-8

第四，资金流（见图1-9）。

图 1-9

第五，信息流（见图1-10）。

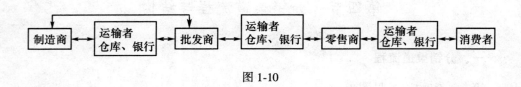

图 1-10

第六，谈判流（见图1-11）。

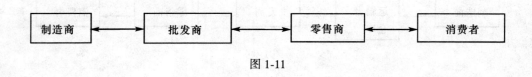

图 1-11

分销渠道流程是指商品从生产领域向消费领域转移过程中的所有权流程、实物流程、促销流程、资金流程、信息流程和谈判流程。

● 所有权流程：是指商品的所有权从制造商手中转移到消费者手中的过程。比如，所有权从制造商转移到批发商，再转移到零售商，直至消费者手中。

● 实物流程：商品制造出来后，需要通过运输部门、仓储部门及分销商，向消费者进行转移，这个过程就是实物流程。

- 资金流程：是指产品所有权在分销渠道成员内转移时，所发生的资金交付过程。
- 促销流程：是指通过广告、人员推销、营业推广等促销活动的流程。
- 信息流程：是指商品信息在渠道成员之间进行流动。信息流程始终贯穿在整个渠道过程中。
- 谈判流程：是指产品在渠道转移过程中进行的谈判活动。谈判流程贯穿在整个渠道过程中。比如制造商、批发商和零售商之间为产品的种类、价格、促销条件等进行的谈判。

## 二、分销渠道的类型

（一）分销渠道级数

分销渠道级数是指在渠道中中间商的环节数目，可以分为以下类型：

1. 零级渠道：指制造商与消费者直接见面的分销渠道。如下所示：

制造商———→消费者

2. 一级渠道：指只有一个中间商环节的分销渠道。如下所示：

制造商———→零售商———→消费者

3. 二级渠道：指有两个中间商环节的分销渠道。如下所示：

制造商———→批发商———→零售商———→消费者

4. 三级渠道：指渠道中有三个中间商环节的分销渠道。如下所示：

制造商———→代理商———→批发商———→零售商———→消费者

（二）直接渠道与间接渠道

直接渠道是指制造商不通过中间商环节，直接将产品销售给消费者的分销渠道。大约有80%的工业品和20%的消费品经常采用直接渠道。直接渠道可以直接面对最终消费者，及时了解消费者的需要及偏好，为消费者提供良好的服务；直接渠道减少了中间环节，可以降低成本。但直接渠道也有其不足之处，即它的市场覆盖面有限。对工业品而言，由于工业品技术复杂，需要企业按客户的要求给予特殊的服务。例如，大型设备制造商可能要为客户提供上门安装、操作指导、设备维护等服务。同时，工业品用户比较集中，每次购买量大，这样选择采用直接销售形式就比较有利。有些消费品也可以采用直接销售形式，如鲜活产品的销售就需要以直接渠道进行销售，以加快产品的流通速度。间接渠道是指通过中间环节的分销渠道。大多数的日用工业品是采用的间接渠道。

（三）宽渠道与窄渠道

渠道的宽度是指同一渠道层次中使用的中间商数量。同一层次中使用的中间商数量多,市场竞争激烈,覆盖面宽,则称该渠道为宽渠道;反之,则称之为窄渠道。

根据渠道的宽度，有三种分销方式可供制造商选择：

1. 密集型分销：指制造商通过尽可能多的批发商和零售商销售其产品，使广大的消费者和用户能随时随地购买到所需要的商品，如日用消费品就适合采用这种分销方式。这种分销方式的市场覆盖率高，但不足的地方是，渠道成员之间竞争激烈，易造成市场混乱，导致管理成本上升。

2. 选择型分销：指制造商在某一地区，选择几个符合企业发展要求的中间商销售其产品。这种分销方式适合所有的产品，但在消费品中，选择品和特殊品采用选择性分销方式比较好。它是介于密集分销和独家分销之间的一种形式。

3. 独家分销：指企业在某一地区市场上或某一层次上只选择一个中间商来销售其产品。这种分销方式的市场竞争程度低，厂家与商家的关系密切，易于调动中间商的积极性，但由于该区域只有一个中间商，所以企业销售量的大小，与中间商的努力程度密不可分。因此，采用独家分销的企业，一般都与中间商签订排他性协议，如独家经销合同，以保证厂家的利益。

# 第五节　分销渠道管理

## 一、分销渠道管理的必要性

分销渠道管理是指在企业经营活动中，根据企业的营销战略和策略，通过计划、组织、控制、协调等过程，有效地利用企业的人、财、物，促进分销渠道的整体运作效率和效益的提高。企业的分销渠道管理涉及区域广泛，成员众多，且各自具有独立利益，是一项复杂的经济管理活动。如果没有协调的管理活动，则整个分销过程就如同一盘散沙，没有目标和效率。如果对这种状况不加以协调和控制，在分销活动中，每个渠道成员的行动方向就可能不一致，甚至相互抵触。即使目标一致，也可能由于整体配合的不协调，而达不到企业的营销目标。因此，分销渠道管理在现代营销活动中的作用日益得到提高。具体来看，分销渠道管理的必要性表现在以下几个方面：

（一）规范和协调渠道成员的行动，提高渠道的整体运作效率

在分销渠道的管理活动中，制造商的主要任务是生产产品，其生产出来的产品，要通过分销渠道销售出去；而中间商的职责是帮助制造商实现商品的转移，即从制造商手中转移到消费者手中；消费者则通过购买产品，得到商品的使用价值；运输商的任务是将产品实体从生产地运送到消费地。由于每个渠道成员的任务和职责都不同，每个成员都希望利益最大化，这样渠道成员间不可避免地会产生利益冲突，降低渠道运作效率。因此，分销渠道管理的任务，就是要发挥渠道成员的特长，协调每个成员的利益，保证渠道任务的完成。

（二）发挥渠道竞争优势

竞争优势是指比竞争对手做得更好。渠道竞争优势主要是指成本优势，即通过寻找合适的中间商，充分利用中间商的网络资源，以较低的成本销售产品。在竞争优势的来源中，通过产品的不断创新可以获取竞争优势，但随着市场信息的快速扩散，技术的不断更新和扩散，产品的竞争优势很快就会被竞争对手赶上。如果将企业文化作为竞争优势，这又需要长期的建设方能获取。而以渠道参与竞争，是现代企业获取竞争优势的有利武器。

（三）降低分销渠道成本

据麦肯锡公司的一项分析资料显示，分销渠道费用通常要占商品零售价格的15%~40%；另外，日本的一项研究结果表明，在一般商品的价格中，50%是制造费用，另外的50%是渠道费用。可见，降低渠道成本已经是企业管理的重要内容，通过对分销渠道进行管理，可以提高渠道的运作效率，降低分销成本。

**二、分销渠道管理的目标**

分销渠道管理的目标是指在一定时期内，通过有效的渠道管理所要达到的目的。具体来说，有以下几个主要目标：

第一，市场占有率目标。市场占有率是指一定时期内，企业的产品在市场上的份额。它是反映企业营销能力的一项指标，与企业的规模和竞争力有关。企业将市场占有率作为分销管理的目标，是因为企业生产的产品主要是通过分销才能将产品转移到消费者手中。

第二，利润额目标。利润额是指企业的分销活动能给企业带来的利润数量。利润额的多少反映了企业的经营状况，利润指标不仅是渠道管理的目标，而且是企业经营活动的指标。

第三，销售增长额目标。销售增长额是企业发展状况的基本指标，反映分销效果与以往同期相比的增长情况。该指标与市场占有率指标密切相关，一般来说，市场占有率提高了，商品的销售额也会增加。

上述三个指标是紧密相联的，都反映了企业发展的经济实力和竞争力。

**三、分销渠道管理的任务**

分销渠道管理就是根据渠道的基本职能和性质而开展的活动。其任务主要有：提出并制定分销目标；监测分销效率；协调渠道成员关系，解决分销渠道冲突；促进商品销售；修改和重建分销渠道。

（一）决定分销渠道的模式

主要是指企业是选择直接渠道模式还是间接渠道模式来销售产品。分销渠道模式的选择，受企业的经营规模、商品的特性、市场的集中程度等影响。一般来说，像日用消费品，市场分散，消费者的购买方式是零星购买，产销之间存在着品种、数量、地区上的矛盾，解决这种矛盾的方法，就是选择一个合适的中间渠道模式。有些产品如某些工业品，则适合选择直接销售渠道。

（二）决定分销渠道成员

企业决定了分销渠道模式，就要开始物色适合自己的渠道成员——中间商了。中间商的选择，要考虑中间商的市场拓展能力、市场信誉、所拥有的网络资源等；同时，企业还要考虑自身的规模、市场范围、资金实力、产品的市场定位等条件。只有选择与自身条件相适应的中间商，企业才能有效地开展市场营销活动。假如一个规模很小的企业，选择一个规模很大的中间商，这样小企业的产品很有可能在中间商的产品中占有的份额很小，对中间商的影响很小，那么，中间商不一定会卖力地为你推销产品。从这个意义上讲，选择合适的中间商对企业来说是非常重要的。

（三）决定终端销售地点

终端销售地点的选择与目标市场的确定是密切相关的。企业在经营活动中，有了明确的市场战略后，就应该按消费者的需要，及时地将产品送到消费者购买的地点，解决商品和消费者之间在空间上的矛盾。终端售点的决策，涉及终端售点的商场数量、详细地点、特点、交通状况、顾客的人数、当地的经济发展情况、竞争对手状况等内容。

（四）签订和执行销售合同

在企业经营中，与相关企业开展业务活动时，一定要按程序，签订销售合同，以明确双方的权利和义务，并监督执行。

（五）协调和解决渠道冲突

由于渠道在运行过程中，涉及各个利益主体，各渠道成员经常会因为目标不相容、信息不顺畅、沟通不及时发生冲突。渠道管理的任务就是要协调渠道成员之间的关系，及时解决成员间的矛盾，保证渠道的正常运转。

（六）提高分销效率

分销效率是分销渠道管理的最终目的，它通过分销渠道的设计、修改、重建，通过对中间商的管理和控制，达到分销渠道运行的最优状态。

## 本章小结

分销渠道是指某种商品和劳务从生产者手中转移到消费者手中所经过的路线，包括帮助企业实现产品转移的所有企业和个人。分销渠道是一组路线，对某个具体的产品而言，它是一条具体的流通路线；分销渠道一经建立就具有稳定性的特点；在分销渠道中，每个成员的职责分工明确。分销渠道在整个营销组合策略中处于"瓶颈"地位，对产品策略、价格策略、促销策略有着重要的影响。分销渠道还可以按有无中间商，分为直接渠道和间接渠道。分销渠道的流程有促销流、实物流、所有权流、资金流、信息流、谈判流等。分销渠道在企业的经营活动中，发挥着重要的作用。加强分销渠道的管理，可以提高渠道的分销效率，降低成本，提高企业竞争优势。

## 思 考 题

1. 什么是分销渠道？它有哪些基本的功能？
2. 什么是直接渠道和间接渠道，它们之间有什么区别？
3. 分销渠道在市场营销组合中的地位如何？

## 案例分析

### 康师傅从大通道到"通路精耕"

从"康师傅"饮料的发展过程中，我们可以清楚地看到，顶津食品有限公司是如何领先于渠道变革潮流的。

#### 一、初涉饮料业，出师不利

顶津食品有限公司下属有五个事业群：方便面事业群、饮品事业群、糕饼事业群、配套事业群、德克士。康师傅方便面一直是顶津食品有限公司的当家产品，从上市起就一炮走红，发展之路十分顺畅。与之相比饮料事业群的发展却是一波三折。

饮料事业群的前身是 1994 年在杭州投资的康莲国际食品有限公司（以下简称"康莲"）。康莲首期投资 3 000 万美金，目标就是做中国的饮料老大。其产品在当时也是十分超前的"康莲蜜豆奶及清凉茶系列"，并且采用了先进的包装设备及材料"Tare Park"利乐无菌砖（以下简称 TP 装），无论从工艺还是从品质上讲都无可挑剔。

然而 1995 年正式上市以后，在制作十分精良的广告片的密集轰炸下，销售却没有达到预期的效果，业绩平平。此时的高效率设备却带来了令人尴尬的局面——产品大量积压，这是决策层始料不及的。

当时产品的设计思想是：随着人们生活水平的提高，富含植物蛋白的豆奶一定会被热爱健康的人们所接受。然而这一思路绝对是超前了，几年后的今天，牛奶产业才开始刚刚拉开序幕。为了让更多消费者认识到这一点，康莲做出了让业界即使在今天也瞠目结舌的举动——"百万大赠送"，销售重点城市居民每户派送三个口味的康莲蜜豆奶，工程之巨难以想象。好在当时康莲聚集了一批非常优秀的员工，此次活动在物流、生产、销售、财务等部门紧密配合下执行十分到位。虽然这次活动锻炼了一支高效的队伍，然而市场销售依然没有突破性的进展。

原因何在？营销部门也在紧锣密鼓地展开调查，答案很快出来了：市场定位出了问题。蜜豆奶的零售价是 1.80 元/盒，这个价位以及"豆奶"的概念，使消费者习惯地将它归为和牛奶一样的营养类产品，而不会把它当做一般的饮料来饮用，并且高价的豆奶制品在当时的市场空间并不大，而决策层却希望他能够卖到和一般饮料一样的量，两者之间存在着巨大的反差。

**二、转变，需要有壮士断臂的气魄**

面对窘境，康莲的反应也很快，当即作出了以下重大整改：

（一）回归集团借助康师傅的品牌实现战略目标

1996 年康莲改为顶育食品有限公司，后又改为顶津食品有限公司。

当时，康莲的品牌在华东一带的知名度已经是家喻户晓，放弃意味着前期的所有投入化为灰烬。然而，启用一个新的品牌来实现公司的战略目标所冒的风险也是巨大的。康莲在审时度势后果断地选择了前者。

（二）调整产品结构

1. 在短短的几个月时间内，顶津公司就完成了所有的改造，年初康师傅系列饮品横空出世。康师傅系列饮品共有两大系列：一个系列是清凉系列，包括柠檬茶、酸梅汤、冬瓜露、大麦红茶、大麦奶茶；另一个系列是果汁系列，包括荔枝汁、苹果汁、水蜜桃。两大系列均采用 TP 装和 CAN 装，主打 TP 装。

2. 为了使消费者喜欢并且长期饮用 TP 装饮料，公司将产品零售价定在 1.2 元，以此零售价倒推分别制定了渠道的价格（见表 1-1）。

表 1-1　　　　　　　　**TP 装饮料的销售价（清凉系列）**　　　　　　　　元/箱

| 产品 | 经销商进价 | 批发商进价 | 零售店进价 | 零售价 |
|---|---|---|---|---|
| TP 系列 | 21.5 | 22 | 22.5 | 28.5 |

3. 针对经销商的政策是：

- 区域经销制，基本上一个城市一家经销商。
- 经销商的条件是必须有 20 万元的专款运作本品。
- 款到发货。
- 年终完成相应的销售量得到相应的返利：100 万元返 1%；200 万元返 1.2%；500 万元返 1.8%（上述指超出部分）。
- 阶段性进货激励，随季节不同临时通知。
- 邀请各地经销商来杭州参加上市订货会，并且制定进货奖励：一次订货

1 000 箱奖励价值 100 元左右的礼物；一次订货 3 000 箱奖励价值 500 元左右的礼物；一次订货 5 000 箱奖励价值 1 000 元左右的礼物。

完善的价格体系，良好的利润空间，加上非常有诱惑力的上市订货会，使得康师傅饮品刚一上市，销售即可用"疯狂"二字来形容，当年的销售额即突破 1 亿元（由于厂址原因，主要的销售区域局限在华东）。

（三）初期的销售渠道

以现在的眼光看这个时期的顶津食品有限公司渠道结构（见图 1-12），似乎还较为"原始"，主要有以下特点：（1）注重大区域制，鼓励经销商做大。（2）给予渠道充分的利润，依赖渠道的分销。（3）业务人员通常以出差的形式拜访几个大经销商，基本上还没有管理的概念。（4）管理粗放，由于订单固定，单数少，物流业较为简单。（5）市场空间大，基本上属于"断货"销售，区域间的窜货更无从谈起。当时，将此销售戏称为"躺销"。

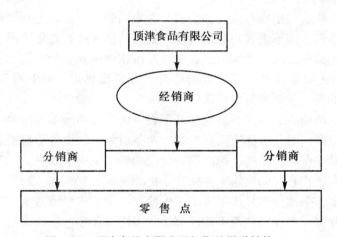

图 1-12　顶津食品有限公司初期的渠道结构

上述情况的出现，主要原因有：（1）大的环境依然是需求旺盛，可选择的产品少，企业外部竞争不是很激烈。（2）由于销售体系并未建立，还只是以经销商为主的渠道。（3）企业资源有限，只能通过让利，鼓励社会资源的参与。

虽然这个阶段的顶津与其他的企业相比并没有多大的过人之处，但是也不乏可圈可点的地方：（1）制定了完善的行销方案。从消费者到整个渠道，无不考虑在列，这是同期其他企业缺乏的。（2）注重员工的培训，特别是销售人员。如何管理经销商是当时必备一课，这为未来激烈的市场竞争打下了良好的人力资源基础。（3）制定严格的销售制度。这点是难能可贵的，坚持制度销售，顶津在这个时候已经超越许多同行。一方面注重对人的专业培养，另一方面依靠系统出效益。（4）

实行产品经理制度，每个产品的研发、面市，后期的管理都有专人负责。

### 三、赶在渠道的变革之前变化：初露锋芒

（一）背景

1997年是中国饮料业兴旺的一年，一夜之间各类饮料如雨后春笋般出现在人们面前。即使如此，饮料需求还是远远大于供应，按理这应该是坐等收获的季节。但是繁华意味着竞争即将开始，顶津食品有限公司敏锐地觉察到了这一点。

如何在竞争中取得优势？由于设备同出一厂，包装、成本基本上没有差异，于是它把目光盯在了渠道。"由几排破房子码上一堆花花绿绿包装食品饮料，并且清一色地撑着积满厚厚灰尘的帆布遮阳棚"。这几乎就是当时所谓的"渠道"的经典画面，然而顶津食品有限公司从这里看到了未来，提前抢占渠道，就是企业最大的优势。

（二）销售政策的进一步调整

与往年一样，经销商订货会如期召开，不同的是这次它把会议地址放在各个城市，并且邀请经销商下级客户参加会议。此时的销售政策除年终返利以外，绝大部分是针对分销商的。而与此同时，各重点城市相继成立了营业所，每个营业所配备3~4名员工，主要是开发市内二批与郊县的分销商客户，能够转单的转给经销商做，转不了的就直接开发为经销商。

一时间经销商人心惶惶，然而却又不得不配合公司的策略调整。一方面外围市场的确顾不过来，另一方面市内有专业的业务员开拓，销售明显提升很多，并且还带动经销商其他产品的销售，因此第一战役的转变取得了双赢。

就在大家还在喜悦的气氛中迎接旺季的到来时，公司却又开始新的一轮调整。所有重点城市，必须分产品或渠道由至少两家经销商来经营（见图1-13）。这一下如同炸了马蜂窝，不仅经销商不能理解，就连许多业务主管都很纳闷。但是军令如山倒，必须强制执行，好在旺季已经来临，已顾不得吵架。

这一时期顶津食品有限公司渠道管理的特点有：

第一，不再依靠经销商的网络，而是将分销渠道逐步掌握在自己手里。

第二，由于有了竞争，经销商互相开始有了比较，开始重视自身的业绩发展。

第三，积极地开拓空白市场，取得更大的市场份额。

第四，由于分产品类别经销，原本不好卖的品种因为有人重视，竟然有了新的突破，如TP果汁系列，在某些地区甚至超过TP装清凉饮料。

第五，对经销商进行筛选、淘汰，制定经销管理的报表，建立和完善了客户档案，如记录经销商的交易的客户账卡、经销商渠道管理卡、进销存管理等。

第六，销售管理部门脱颖而出。这是一个介于储运和财务之间的特殊部门，主要负责每个经销商订单、配送、账期、促销资源等的管理。它的出现使得对经销商

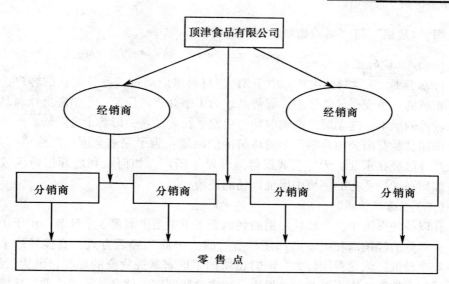

图 1-13　顶津食品有限公司调整过的渠道结构

的服务变得有序而又专业。

第七，业务部门开始实行路线管理，使渠道管理变得更加有效。

第八，增加新品，如康师傅纯净水、八宝粥等，拓宽了渠道的辐射面。

（三）调整后的结果

顶津食品有限公司的这场变革事先完全没有预兆，业务人员几乎每天都在经销商的牢骚中度过。但是变革的思路是非常清晰的：掌控渠道，开始真正意义上的渠道管理，使公司销售的触角扎实地渗入到渠道的核心中去。有资料表明 1997 年的浙江区经销商递增了 5 倍，而直接掌控的经销商更是递增了 10 倍！从东海的舟山群岛到浙西山区都有康师傅饮品的踪影。

这次的变革影响是巨大的，第一次让销售人员从"躺"到"站"，第一次品尝了做市场的艰辛，第一次体会了团队作战的魅力；这也是一次思想的变革，原来夹个包到经销商处带张汇票回来就可以完成任务的时代，在顶津画上了句号。一个以分销，提升铺货率为目的的时代开始了。由于这场变革来得过快，很多人还不能适应，就在 TP 产品销售高潮时离开了公司。若干年以后再回头看看，不得不由衷地佩服顶津食品有限公司的高瞻远瞩。

1997 年顶津食品有限公司在饮料业初露锋芒，那一年业绩提升了近 300%，顶津食品有限公司第一次甩开了对手。而此时的其他饮料公司似乎还沉浸在与经销商商谈完一笔生意后举杯欢庆的"幸福时光"中，殊不料一场危机悄悄地袭来！

### 四、"危机"与"通路精耕"时代的到来

#### (一) 环境的变化

1998年是TP饮料的灾年。由于TP包材料供应商过度地开发新的客户，使得这一领域的竞争变得异常激烈，弱势品牌为了争夺市场份额，不惜降低饮料品质来获取较低的成本。这无疑是杀鸡取卵，引发了行业动荡，形势十分严峻。

顶津食品有限公司面临两个亟待解决的问题：为了完成全国品牌战略的需要，除杭州外已经在东北、天津、武汉等地开设了新厂。如何顺利地开拓新区域的业务？如何在这场恶劣的环境中保证市场的递增？

#### (二) "通路精耕"

在以前的渠道中，产品从经销商到消费者手中至少需要3个环节。由于历史原因，大部分的经销商和批发商都还是落后的"坐商"经营方式，直接导致了销售渠道效率较低，流通费用较大，同时也增加了厂家掌握货流的难度，窜货、乱价、渠道间的恶性竞争也不可避免地发生。解决这些问题，就必须要求企业直接渗透到渠道中间去，减少销售环节，合理地布局经销商的区域，形成合理的价差。顶津食品有限公司把它称之为"通路精耕"（见图1-14）。

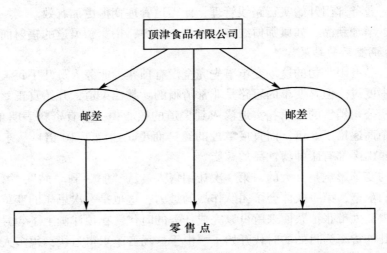

图1-14 顶津食品有限公司"通路精耕"渠道结构

"通路精耕"主要从下面3个方面入手：

第一，降低渠道的层次，对于重要城市，寻找能够直接为零售点服务的批发商作为经销商。在顶津把他们形象地称为"邮差"，意喻能够主动配送的人。少了一道中间环节，减少了渠道"盘剥"，货物能够以合理的价格更加顺畅地到达消费者

的手中。

第二，合理划分区域，保证每个"邮差"都有合适的销售区域。这是市场价格稳定的前提。

第三，提供优质的服务，有专门的推广业务员代替协助"邮差"拜访零售点，帮助其拓展市场（至 1999 年顶津食品有限公司掌握的零售点数量已经达到 27 万家）。

"通路精耕"使顶津食品有限公司更加贴近市场，与客户之间的关系更加紧密，对于新产品的上市可以保证在最短的时间内十分顺畅达到区域内各个零售点，同时也提升了自身的"商誉"，是典型的"双赢"模式。

"通路精耕"的实施必须有相应的配套措施：第一，各地路线拜访。建立区域内零售点的客户访销卡，制定合理的拜访频率，提升业务代表销售效率。第二，各地区域划分。区域内的商圈界定，客户数、相互之间的距离，经销商的配送能力。第三，良好的物流支持。"通路精耕"需要服务的经销商数量剧增，良好的物流是实施"通路精耕"有力的保障。第四，专业的销售团队是"通路精耕"实施中的中坚力量。

"通路精耕"需要一支庞大的分销队伍，这对于企业的成本与管理都是一个重大的考验。顶津食品有限公司的做法是：（1）通过强大的研发能力不断地推出新品，以满足销售系统的需求；（2）注重对员工的培训；（3）中层以上的干部选用台籍人员；（4）步步为营；（5）强大的服务力量。

从 1998~1999 年由于 TP 装行业的整合，以 TP 销售为主的顶津食品有限公司业绩不可避免地发生了滑坡，给"通路精耕"的实施带来了许多负面的影响，然而顶津食品有限公司的决策层，坚持自己的观点："中国内地渠道的发展是跳跃式地成长，而不是阶段式地成长。"必须有前瞻性工作才能取得未来。

（三）结果

经过两年的艰苦努力，2000 年"通路精耕"已经遍布整个中国内地各地市，销售业绩提升事实上已经是"万事俱备，只欠东风"。果然借着康师傅 PET（宝特瓶）系列茶饮料迅猛崛起，2001 年顶津食品有限公司的业绩达到 26 亿元的历史新高，2002 年的销售额预计可以突破 40 亿元，无可争辩地成为中国饮料业的巨头。

从大流通到"通路精耕"，顶津食品有限公司走过的路并不平坦，但是对于市场的前瞻性研究以及坚忍不拔的精神值得我们深思。蚕食了城市销售渠道，顶津食品有限公司的下个计划是乡镇的"通路精耕"。

（资料来源：胡滨：《康师傅从大通道到"通路精耕"》，载《渠道为王》，四川科学技术出版社 2003 年版，第 92~96 页。）

**思考题**

试分析"康师傅"分销渠道变革的过程及对企业渠道管理的启示。

# 第二章　分销渠道环境

学完本章后，应该掌握以下内容：

1. 分销渠道环境包括哪些内容；
2. 各种环境因素如何影响分销渠道管理。

任何一个分销渠道的运作都是在一定的外部环境的制约与影响下进行的，而环境的不断变化又会引起渠道内部的分化、重组与变革。所以，对分销渠道环境的客观了解，既有助于各渠道参加者扬长避短、趋利避害，确立正确的战略定位，实现企业自身的目标；也有助于增进各成员间的相互了解与联系，提高通路的开放度与效率，缓和冲突与压力，保持整个渠道的灵活性与生命力。

一般来讲，分销渠道环境有广义与狭义之分。广义的分销渠道环境主要包括两个组成部分，即微观环境与宏观环境。微观环境指与分销渠道成员紧密相联的、直接影响其分销能力的各种参与者，在这个环境圈中，主要包括制造、批发、零售、仓储、运输、信息、广告、银行、保险、咨询、调研、选购等环节。宏观环境则涉及诸如趋势、机会、威胁、限制等影响企业战略地位的巨大社会力量，包括政治、法律、经济、社会文化、自然、技术等多方面的内容。这些力量主要以微观环境为媒介对分销渠道间接发生作用，而微观环境中的每一个成员也可以通过自己的意识与行为对宏观环境的变迁起着潜移默化的作用。

相对而言，狭义论者认为，环境研究，应侧重于"不可控"这一特性，企业要做的应是更多地考虑如何去适应，所以他们的理论分析倾向于对宏观环境的讨论，而将微观环境的分析放入企业的战略制定、具体的管理实务和公共关系中去。我们认为，这样不会使环境分析成为一句空话或与具体业务分析相脱节，而是更具有层次性和可操作性。遵照这一体例，本章将主要讨论对分销渠道产生间接影响的政治与法律、经济、社会文化、自然、人口、科技等宏观环境，为下一章的分销渠道战略规划作一个背景铺垫（见图2-1）。

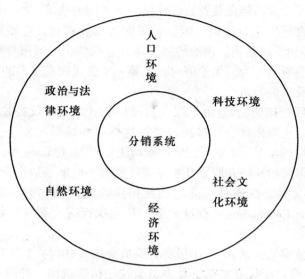

图 2-1　分销渠道环境因素

## 第一节　政治与法律环境

政治与法律环境是指与分销渠道有关的各种法规、执法机构及社会团体的活动。在民主与法制运动日益高涨的今天，它们对渠道及渠道成员的决策活动影响越来越大，下面我们将具体讨论其主要趋势及其与分销渠道管理的关系。

### 一、涉及分销渠道运作的立法增多，法律体系越来越完善

随着市场经济和营销观念的发展，分销活动对社会关系的影响日益扩大，由此引发的大量的社会矛盾必然需要权力机关予以调节。所以，许多国家尤其是一些西方发达国家，均致力于建立科学合理的法律体系，以规范、监管分销渠道成员活动，保护公平竞争，保护消费者利益，保护社会的整体利益与长远利益。以美国和中国为例，调节分销渠道关系的法律法规主要有下列几种：

（一）美国的法律法规

1.《谢尔曼反托拉斯法》。《谢尔曼反托拉斯法（1890）》（The Sherman Anti-trust Act）是美国反垄断法律体系中的"基本法"，目的是为了保护公众免受垄断之害。其立法出发点是：竞争是有活力的经济的惟一表现形式，它能促进革新以刺激经济增长，提高经济效率，降低生产成本，增加消费者剩余和经济净福利。基于这样的立足点，此法对垄断进行了严格的限制。在其第一部分中，严格禁止以合

同、合并和共谋等方式限制商业贸易。任何一个书面的或暗示的合同或共谋，即使就其本身内容而言可能是合法的，但一旦限制了商业贸易，它便触犯了《谢尔曼反托拉斯法》，必须予以禁止。该法的第二部分意在禁止任何可导致在洲际和对外贸易活动中出现垄断的行为，无论何时，只要一个公司拥有过多的市场势力，法院便会裁定分拆或没收该公司。

2.《克莱顿反托拉斯法》。由于在现实操作中《谢尔曼反托拉斯法（1914）》无法充分有效地制止弱化竞争和垄断趋势等这样一些情形的发生，为了弥补《谢尔曼反托拉斯法》的不足，《克莱顿反托拉斯法》（The Clayton Antitrust Act）应运而生。它禁止公司间相互持有股票及相互兼任董事、监事，禁止价格歧视、附带条件交易和排他性交易。在通过《克莱顿反托拉斯法》的同时，联邦贸易委员会（The Federal Trade Commission）获准成立，负责执行《克莱顿反托拉斯法》和相关法律。

3.《联邦贸易委员会法》。《联邦贸易委员会法（1914）》（The Federal Trade Commission Act）通过了设立联邦贸易委员会这一执法机构，并强调所有不公平的竞争方式均属非法。尽管该法未详细界定"不公平的竞争方式"，但它将此项权利赋予了联邦贸易委员会，由联邦贸易委员会在具体的执法过程中细化之，以禁止那些游离于《谢尔曼反托拉斯法》和《克莱顿反托拉斯法》之外的垄断行为，这给实际操作带来了方便，也无形中增大了联邦贸易委员会的权限。

4.《鲁滨逊-帕特曼反托拉斯法》。尽管《克莱顿反托拉斯法》禁止价格歧视，但由于一例外条款而显得不那么完善，即允许因商品的等级、质量和数量的不同，或销售、运输的成本不同而可以制定不同的价格或予以不同的价格补贴。这一条款使得许多大的零售商可以运用其购买能力而以歧视性价格进行交易。《鲁滨逊-帕特曼反托拉斯法（1936）》（The Robinson-Patman Act）即是为了弥补《克莱顿反托拉斯法》没有明确界定"非法的价格歧视"这一不足之处而出台的。在该法案的第二部分第一条中便定义了何谓"非法的价格歧视"，即对相同等级和质量的商品索要不同的价格，且这种歧视可能会在某一行业中实质性地弱化竞争或形成垄断趋势，或者这种歧视会破坏或限制其他经营者和顾客与这些从价格歧视中得到利益的经营者和顾客之间的竞争。不过，该部分有两个重要的例外条款：（1）允许由于不同的方法、数量导致商品制造、销售、递送成本的不同而在价格补贴上有所不同。（2）允许由于影响市场行情的客观条件发生变化时，如已经或将要腐化的易腐商品、过时或季节性商品、法庭拍卖的扣押物、企业停业甩卖的商品，均可以在价格上有所不同，但这些例外条款绝对不能破坏竞争。另外，该法禁止向非独立的经纪人给予佣金补贴，禁止促销补贴或提供额外的服务及方便，并授予联邦贸易委员会对数量折扣加以限制。

5.《反吞并法》。《反吞并法（1950）》（The Celler-Kefauver）修正了《克莱顿反托

拉斯法》的第七部分,扩大该法在禁止公司之间相互吞并而有害于竞争的权利。

表 2-1 包含了美国对分销渠道关系调整的主要法律,是对以上介绍的一个总结。另外,还有一些法律如《兰汉姆法》(商标法,The Lanham Act)、《消费产品安全法》(The Consumer Product Safety Act)、《危险物资法》(The Hazardous Substances Act)、《国家环境政策法》(The National Environmental Policy Act)、《合作研究与发展法》(The Cooperative Research and Development Act) 等都有涉及规范调整分销渠道关系的内容。

表 2-1　　　　　　　　　　美国调整分销渠道关系的主要法律

| 法案 | 制定时间 | 主要条款 | 防御条款 | 最重处罚 个人 | 最重处罚 公司 |
|---|---|---|---|---|---|
| 谢尔曼反托拉斯法 | 1890 年 | 1. 禁止限制商业贸易的合同、合并或共谋 2. 禁止在洲际或对外贸易中导致垄断的行为 | 证明该行为并未弱化竞争或导致垄断 | 10 万元的罚金或 3 年监禁 | 100 万元的罚金、罚没财产、禁令、赔偿受害人损失的 3 倍 |
| 克莱顿反托拉斯法 | 1914 年 | 以下行为若导致弱化竞争或垄断趋势,应予以禁止:相互兼任董事、监事;价格歧视;附带条件合同;排他性交易 | 同上 | 董事、监事和机构受法律制裁,5 000 元罚金或 1 年监禁 | 禁令,赔偿受害人损失的 3 倍加上民事处罚 |
| 联邦贸易委员会法 | 1914 年 | 强调执行克莱顿反托拉斯法和其他法案,并禁止所有不公平的竞争方式 | 同上 | 恢复原状,禁令,5 000 元罚金或 1 年监禁 | 恢复原状,禁令,罚没财产,1 万元罚金或一天监禁;民事处罚 |
| 鲁滨逊-帕特曼反托拉斯法 | 1936 年 | 禁止实质上导致弱化竞争或垄断趋势的价格歧视,如:不应得的经纪人补贴;某些情况下的促销补贴;某些情况下的促销服务 | 证明无害于竞争;成本优势,市场环境变化下的出售;与竞争者低价或服务相匹敌的差别定价;按同等条件依比例给予的促销补贴和促销服务 | 同克莱顿反托拉斯法 | |
| 反吞并法 | 1950 年 | 禁止以购买股票或资产的形式导致弱化竞争或垄断趋势的水平和垂直性吞并 | 证明该行为没有导致弱化竞争和垄断趋势 | 同克莱顿反托拉斯法 | |

社会变迁的加快加深，给美国立法和司法机关带来了沉重的负担。为了减轻压力、提高工作效率，立法机关批准成立了更多的行政执法机构，赋予其"准司法机关"的地位。如公平局、国家劳工关系委员会、职业安全与健康局、消费品安全委员会、食品和药品局、交通运输部、洲际贸易委员会、证券与外汇委员会，当然还有联邦贸易委员会。

另外，由于美国与英国一样同属于普通法系，法院的裁定也可作为法律渊源之一，可适用于随后发生的类似案件。

**（二）中国的法律法规**

我国市场经济起步较晚，经济立法还处在不断发展与完善之中，其中涉及分销渠道关系的主要法律有：

1.《中华人民共和国反不正当竞争法》（1993年）。该法明确规定，经营者在市场交易中，应当遵循自愿、平等、公平、诚实信用的原则，遵守公认的商业道德。严禁经营者采用不正当的手段从事市场交易，损害竞争对手；严禁公用企业或者其他依法具有独立地位的经营者，限定他人购买其指定的经营者的商品，以排挤其他经营者的公平竞争；严禁政府及其所属部门滥用行政权力，限定他人购买其指定的经营者的商品，限制其他经营者正当的经营活动；严禁政府及其所属部门滥用行政权力，限制外地商品进入本地市场，或者本地商品流向外地市场；严禁经营者采用财物或者其他手段进行贿赂以销售或者购买商品；严禁经营者利用广告或者其他方法，对商品的质量、制作成分、性能、用途、生产者、有效期限、产地等作引人误解的虚假宣传；严禁经营者侵犯他人的商业秘密；严禁经营者以排挤竞争对手为目的，以低于成本的价格销售商品；严禁经营者违背购买者的意愿搭售商品或者附加其他不合理的条件；严禁经营者捏造、散布虚伪事实，损害竞争对手的商业信誉、商品声誉。

2.《中华人民共和国价格法》（1997年）。在实行社会主义市场经济体制后，我国大多数商品和服务价格实行市场调节价，只有极少数商品和服务价格实行政府指导价或者政府定价。《中华人民共和国价格法》明确规定在经营者自主定价的过程中，必须明码标价，注明商品的品名、产地、规格、等级、计价单位、价格或者服务的项目、收费标准等有关情况，不得在标价之外加价出售商品，不得收取任何未予标明的费用。严禁经营者相互串通，操纵市场价格，损害其他经营者或者消费者的合法权益；除依法降价处理鲜活商品、季节性商品、积压商品等商品外，严禁经营者为了排挤竞争对手或者独占市场，以低于成本的价格倾销；严禁捏造、散布涨价信息，哄抬价格，促使商品价格过高上涨；严禁利用虚假的或者使人误解的价格手段，诱骗消费者或者其他经营者与其进行交易；严禁对提供相同商品或者服务、具有同等交易条件的其他经营者实行价格歧视；严禁采取抬高等级或者压低等级等手段收购、销售商品或者提供服务，变相提高或者压低价格；严禁违反法律、法规的规定牟取暴利。

3.《中华人民共和国产品质量法》(2000年)。修订后的《中华人民共和国产品质量法》禁止伪造或者冒用认证标志等质量标志；禁止伪造产品的产地，伪造或者冒用他人厂名、厂址；禁止在生产、销售的产品中掺杂、掺假，以假充真、以次充好；严禁任何单位和个人排斥非本地区或者非本系统企业生产的质量合格产品进入本地区、本系统。

另外，还有消费者权益保护、商标、广告、市场监管等方面的法律法规。由于我国现在还处于经济发展初级阶段，许多行业的生产经营规模尚小，而一些垄断现象又多属于行政性垄断，故我国反垄断法迟迟未能出台，但并不是完全没有反垄断的措施，相关规定散见于以上的法律法规中。另外，我国还设立工商行政管理部门、技术监督部门、物价部门等行政执法机关，并赋予它们行政立法的权限，从而更直接、更具体地对市场运行进行调控与监管。

### 二、政府机构执法涉及面更广，力度更强

有了法律法规，还必须贯彻执行，这样法律法规才能起到应有的作用。各个国家都根据自己的情况，建立了相应的执法机关。

随着市场经济的发展，这些行政执法机关的权力有加强的趋势。一方面，市场经济的纵深发展加速了社会生产关系变革，新的社会矛盾层出不穷，立法机关为保持自己的严肃性，不愿朝令夕改，同时又不愿缺乏弹性。在此情况下，立法机关倾向于订立一些原则性文件，而把具体细则的制定权赋予实践经验丰富的行政执法机关，这样使得行政执法机关客观上对触及面拓宽拓细，对市场运行各环节的影响加强。另一方面，生产关系的变革也迫使政府机关提高知识素质和办事效率，如许多国家行政执法机关加强对领导人员和业务人员的培训，执法程序简明、公开，健全执法监督系统等，客观上为更透彻、更具体地调控、监管市场铺平了道路。

### 三、公众利益集团不断发展，对市场运行各环节的影响越来越大

随着市场形态从卖方市场逐渐向买方市场转变和社会文化观念的变革，公众利益团体的数量和权利不断增加。其中，最主要的是保护消费者权益及保护环境的团体，它们多为半官方和民间组织，对政府和企业施加压力，要求保护环境和消费者权益，吸引了越来越多的参与者。许多国家已经立法和成立专门机构保护消费者权益和生态环境，对损害消费者利益和破坏生态环境的企业进行限制和惩罚，这已成为全球的大趋势。

更多法律的问世，更严格的执法和各种"压力集团"的增加，综合在一起给分销渠道各环节成员增添了更多的限制。各成员必须认清形势，协同公关部门和法律中介机构将个体的营销活动转向公共的范畴，减少不必要的纠纷和损失。

## 第二节 经济环境

分销渠道的运行与发展状况，直接取决于消费者购买力大小与支出模式。消费者购买力越大，则市场容量越大，整个分销渠道内部分工就越细，相互协作就更和谐，触及面越深越广，分销的产品和服务就会越多越全，分销的手段与形式就越多越新。反之，消费者购买力小，则分销渠道发展的市场空间就会受到限制，将无法有效运作和良性发展。同时，消费者的支出模式又影响着分销渠道的结构特征与产品品种。消费结构的变化势必会导致分销渠道运载的产品与服务的品种发生变化，或引起分销渠道内部分化、重组和新的分销渠道出现，或两者兼而有之。而消费者购买力大小与支出模式又是置于整个经济环境之下，作为整个经济环境的一个环节或一个运行结果。所以分销者只有了解了整个经济环境，才能全面系统地认识消费者购买力与支出模式，进而规划自身业务的运行与发展。下面我们按微观、中观、宏观的梯次对经济环境的趋势作简要介绍。

### 一、购买力水平与结构

购买力是构成市场和影响市场规模大小的重要因素，对分销渠道的运行与发展起直接作用。购买力大小由消费者收入、支出和储蓄信贷等因素决定。

（一）消费者收入

消费者收入是指消费者个人从各种来源中所得到的全部收入，包括消费者个人的工资、退休金、红利、租金、赠与等收入，它可分为个人可支配收入和可任意支配收入。前者指从个人收入中扣除税款和非税性负担后所剩下的余额，即个人能够用于消费或储蓄的收入部分；后者则是个人可支配收入减去维持生活所必需费用（如食物、衣服、住房、水电、燃料等费用）后的余额。个人可任意支配的收入是消费者需求变化中最活跃的因素，也是分销者最关注的部分。这部分收入主要用于满足人们基本生活需要之外的开支，是影响高档耐用品、奢侈品、新产品、高附加值产品和服务等销售的主要因素。分销者若想获取较高利润和新的发展机会，就应该在这部分收入上寻找突破口，细分拥有个人可任意支配收入消费者的特征，送达满足其需求的产品和服务。消费者收入、个人可支配收入和可任意支配的收入都取决于国家的经济发展水平和分配制度。随着我国经济健康快速地增长，多种分配方式的实行和社会福利制度的逐步完善，居民的各项实际收入均有较大提高，这确实给分销渠道的运作带来了广阔的市场空间。

（二）消费者支出模式和消费结构

消费者收入的变化会引起消费者支出模式发生相应的变化，继而使一个国家或地区的消费结构也发生变化。一个经常用来衡量此变化的是德国统计学家恩格尔定义的恩格尔系数（食物支出变动的百分比/收入变动的百分比）。恩格尔定律表明，随着家庭个人收入的增加，收入中用于食物开支部分的增长速度要小于住房、服装、交通、娱乐、教育等其他费用支出及储蓄的增长速度。后来许多国家的实践证明恩格尔定律是正确的。我国是一个发展中国家，近几年居民人均收入增长较快，但由于人口众多，居民的收入水平与世界人均水平尚有一定的差距，这就决定了许多居民当前的支出模式仍然要以食物等生活必需品为主。但另一方面，分配制度与福利制度的改革，拉大了个体间收入的差距，改变了支出结构，消费需求呈现多层次、个性化等特征，住房、医疗、娱乐、教育等支出也占据一定的比例。分销者要重视这些变化，根据不同的顾客群制定不同的分销渠道战略与策略，传送适销对路的产品与服务。

（三）居民储蓄与消费信贷

影响消费者购买力和支出模式的因素还有居民储蓄与消费信贷制度。从某种意义上讲，一个当期没有任何收入的人亦可凭借其储蓄和向银行等金融机构借款来进行消费。当收入一定时，储蓄越多，现时消费量就愈小，但潜在收入与潜在消费量愈大，消费结构则会倾向于耐用品与高档品。同时，信贷意识的普及与信贷制度的完善，也会刺激许多潜在的消费者变成现实的购买者。我国居民有勤俭持家的传统，长期以来形成储蓄习惯，到目前为止，已形成了巨额的居民储蓄存款。这种消费意识弱化而储蓄意识增强，显然对企业产品的价值实现和整个社会的再生产形成障碍。但是，如果能通过开发设计新的分销渠道或传递新的产品与服务来满足居民的潜在需求，这不仅可以使一个企业获取大量的生产资金，活力重现，也对整个行业乃至国民经济的良性循环起到很好的促进作用。

## 二、地区与行业的发展状况

各地区由于资源禀赋与发展进程不一致，经济状况存在着不同程度的差别，这使得各地区的市场状况与消费特征也有着一定的差异。分销渠道成员在延伸渠道至某一地区市场时，应充分注意这种地区间的差异，避免"一刀切"带来的盲目与损失。我国存在明显的地区经济发展不平衡的现象，在东部、中部和西部三大地带之间，经济发展水平客观上存在着"东高西低"的总体区域差异，东部经济实力明显高于中西部。同时，在各个地带的不同省市还呈现出多极化发展趋势。随着国家西部大开发战略的贯彻实施，许多东部企业和大陆以外的企业开始逐步进军中西部，中西部由于存在资源和成本的优势，市场前景看好，分销者也不要放弃这一长远利益和战略要地。

由于各国经济发展方式与所处发展阶段不同，其行业与部门的发展也有所差异。西方发达国家依次经历农业革命、工业革命，进而进入以信息技术为主的知识经济阶段。农业、机械制造等传统产业部门发展缓慢，而高科技、网络等新兴行业成为时代新宠，增长突飞猛进，也给分销渠道带来新的革命。我国作为发展中国家，要赶超西方发达国家，就必须有意识地运用产业结构演进规律，有重点地发展一些关联性强的产业和瓶颈产业，以带动和支持其他产业的发展。今后一段时间，我国将重点发展农业、原料和能源等基础产业，这些行业势必带动商业、交通运输、通信、金融等行业和部门的相应发展，也给整个市场分销活动带来一系列影响。分销者要密切注意这些行业部门的发展动态，协调好与它们的关系，为自己构筑战略网打下坚实的基础。

### 三、经济发展阶段

通常认为，人均国民生产总值从 300 美元上升到 1 000 美元是经济起飞前的准备阶段；超过 1 000 美元则进入经济高速发展的起飞阶段。所谓经济起飞阶段是指某国已克服了种种经济发展障碍，创造了使经济持续、协调发展的力量，如同飞机在地面上克服了各种阻力得以起飞一样。在起飞阶段，市场将发生下述四种影响企业活动的变化：

（一）市场规模扩大

进入经济高速发展阶段以后，原自给性农业经济迅速向城乡一体化的交换经济转变。农产品市场供给量剧增使农村居民收入大幅度增加，从而增加了对工业消费品的市场需求，继而使生产资料市场规模扩大，又促进了农业产出的增长，这种良性循环带动着整个国民生产总值的增长，也使整个市场的供给和需求增加，市场规模迅速扩大。

（二）企业的投资机会增多

随着整个市场规模的扩大，原料、产品、资金、劳动力等生产要素将打破传统的封闭、阻隔状态，出现广泛的社会化流动。其中，生产资料和工业消费品大量流入农村市场，大量农村劳动力又向城市转移，资金等生产要素跨行业、跨地区广泛流动。这样，就增加了各种类型企业的投资机会。

（三）市场交换成为企业的根本性活动

生产要素的社会化流动，必然要求企业间开展广泛而密切的专业化协作。在此条件下，原属封闭式的企业内部经济关系显然已经不适应，每个企业都需要与外部进行广泛的经济联系，而取得或维持这种联系的根本途径则是市场交换。因此每个企业将围绕着市场交换展开一切活动。

（四）信息竞争将成为市场竞争的焦点

一方面，市场规模扩大会带来一种自然的经济损失，即商品流转环节和时间要增加，供求衔接的时空矛盾会突出，从而会降低企业实现其产品价值的速度，这必然使企业对信息沟通的要求增加。另一方面，科技发展、产品更新、生产要素流动等各方面的剧烈变化，在强化企业对信息沟通的紧迫感的同时，会使市场信息呈现出爆炸性的扩充，从而会增大市场信息的捕捉难度。由此可见，信息竞争将成为市场竞争的焦点。

我国目前正开始进入经济起飞阶段，市场规模进一步扩大，企业投资机会增多，市场交换成为企业的根本活动，信息竞争将成为市场竞争的焦点。分销者应当注意起飞阶段市场中的四种变化，主动迎接市场的挑战。

## 第三节　社会文化环境

社会文化环境是指一个社会的民族特征、价值观念、生活方式、风俗习惯、伦理道德、教育水平、语言文字、社会结构等的总和。社会文化环境是塑造消费者需求与偏好的核心因素。当价值观念、社会结构等发生变化时，个体对产品和分销方式的偏好也会随之变化。例如，当社会上崇尚一种"速食文化"，即追求饮食方便时，这将给食物分销渠道的所有层面带来巨大影响。人们更倾向于户外就餐，于是给餐馆和方便店等供应速食的分销点带来了可观的利润，而食物制造商、运输商等，也会把更多的注意力放在传递速食给这些分销点的分销渠道上。同时，杂货商和超市会通过开发熟食、深加工食品、绿色食品等产品和服务来迎合消费者的方便之需，对抗方便店和餐馆的竞争。再举一个例子，现在人们对健康非常关心，宁愿支付比传统医疗方式更多的钱来获取良好的身体状况。这样，就导致一些新的医疗服务分销形式的出现，如卫星诊所、网上医院、上门护理等，给传统的医疗服务分销渠道带来一定的冲击。

以上仅仅是社会文化变化对分销渠道影响的两个例子，其他社会文化趋势诸如妇女参加工作的人数增多、家庭结构的变化，对物质生活的关心等都对分销渠道的战略设计产生深远的影响。社会文化因素主要通过影响消费者思想和行为，间接地影响分销渠道，下面讨论与分销渠道关系较为密切的几个因素。

### 一、价值观念

价值观念是人们对社会生活中各种事物的态度、评价和看法。生活在不同社会环境下，人们的价值观念不同，对分销渠道的影响也有所差异。如日本人强调产品的新鲜和质量，故每次购买量小，购买次数频繁，这样就要求分销渠道商广设分销点，进货次数多，运货准确高效等；而在希腊和意大利，人们有贮藏的习惯，喜爱大批量购物，所以其零售网点少，营业场所大，进货频率相对而言比较宽松。不同文化下的价值观念对分销渠道的影响是一个十分有趣的话题。美国学者保罗·A·赫比格（Paul A Herbig）饶有兴趣地对此进行了深入的研究（参见专题2-1）。

专题 2-1　文化对分销渠道的影响①

世界各地的中间商有着很大的不同。同美国的超市相比，中国香港的超市经营的新鲜商品比例更大，规模更小，消费者人均销售额更少，而且彼此间的位置也相隔得更近。日本人强调产品的新鲜和质量。劳逊（Lawson）是一家著名的便利商店，其食品每天进货三次——午夜、中午前和夜晚的早些时候，购物者也频繁地去商店，每晚只买一点，而不是大批量地购买。在德国和英国，平均每 160 个居民拥有一家零售商。而在希腊和意大利，平均 64～67 个居民就有一个零售商。零售企业的数目在持续下降，这在北欧更加明显，北欧地区的大型零售企业的密集度比南欧要高得多。

意大利的分销体系是以非常分散的零售和批发结构为特点的。在荷兰，买家直接同生产商进行合作式交易。在德国，邮寄订单销售是很重要，而在葡萄牙却不是这样。在挪威，地区型的分销商占主要地位。从传统意义上说，消费者合作方式在欧洲是很流行的，他们控制了瑞士近 1/4 的食品销售量，并宣称瑞士 1/3 的家庭都是其成员。在芬兰，综合性的零售商占统治地位，因而其人均拥有商店数目较少，四家批发企业控制了所有贸易的大部分，比如其中的一个批发商 Kesko，就控制了市场 30% 以上的份额。

由于不同国家的消费者购买的特定商品不同，因而分销渠道也必定会因国家和文化的不同而不同。在德国，隐形眼镜护理液只有在销售眼镜的公司才能买到，而在法国，它在绝大多数杂货店都有售。在美国的零售商店中可以买到杂志，而在英国，报摊是购买杂志的惟一渠道。在意大利，儿童食品是通过药房销售的，而德国在杂货店就可买到它们。

有时在美国有效的东西到了世界其他地方就不再适用，反之亦然。在 20 世纪 90 年代初期，全世界范围内百奈顿（Benetton）商店的数目达到了 7 000 个，但它在美国的数目降到了不足 400 个，只有 5 年前商店总数目的 1/2。造成这种情况的原因是：百奈顿有争议的广告在欧洲也许是可以接受的，但在美国本土却遭到非议。大型超级市场（Hypermarkets）这个由法国人提出的零售形式在 60 年代末期就取得了成功，其规模是一般折扣商店的 3 倍，它出售从杂货到耐用品的各种商品，而它在美国却被证明是一个大失败。沃尔玛（Wal-Mart）、超值（Supervalue）和卡玛（Kmart）都开发了有数个足球场大的商店，但很快就关闭了它们。这些商店太大了：通道挨着通道，货架有数层楼高。为了取得成功，这样的商店必须吸引相当于正常折扣商店 4 倍的购物者，并使交易量增加 1 倍。

日本的分销体系起源于 17 世纪后期，那时手工作坊业和新兴的城镇人口形成

---

① 改编自保罗・A・赫比格著，芮建伟等译：《跨文化市场营销》，机械工业出版社，2000年，第 337～344 页。

了商人阶层。在日本的封建社会时期，全国有许多大大小小的自治区域，每个区域都有自己的分销体系。想成功地占据某个地区市场的生产商，需要同该地区的批发商建立起联系。在那个年代，日本有 500 个这样的地区。对于许多生产商而言，把产品大批量地卖给零售商和最终用户是困难的，因而通常需要一个较大的批发商网络。由于绝大多数日本公司通常是在较少股本和大量债务的情况下运作的，这种体系是很持久的。生产商为批发商供应商品时要作出期限为六个月或更长的承诺。渠道成员间的牢固的个人关系是一种社会规范，渠道成员通常会分享信息。这种行为是源于传说的乡村生活，在那里诸如种植、灌溉、收获稻米这些工作必须经过人们的共同努力才会成功。

日本的分销体系既服务于社会目的又服务于经济目的，而且社会的或社会学的目的也时时会遮住其经济学的逻辑。渠道成员在总体上与家庭成员并没有什么不同，所有的层次和人员都通过传统和情感紧紧地联系在一起。如果某些渠道成员不得不离开，这将是一个伤感或悲剧性的决定。这些渠道成员也许无法承受丢面子和失去自尊的社会后果。由于这些因素的暗示作用，职位较低或能力较差的渠道成员常常具有内敛性和忍耐性。

由于没有像美国的社会保障和失业救济那样的社会福利系统，日本的分销体系通过维持就业和收入而成为就业的缓冲区，从而起到一种社会福利保障网络的作用。绝大多数日本人在 55 岁退休并得到一次性发放的退休金（最多三年的工资），但即使过了 70 岁以后仍生活得很好。那些无法从其前雇主的下属公司或供应商那里找到兼职工作的人和那些没有充足的资金用于生活的人——这是对绝大多数退休人员而言——常常把他们退休金投资于小零售商或批发商，从而在退休期间得到比较稳定的收入。这是一个灵活的"工作制造设备"，它起到吸收多余劳动力的缓冲作用，特别是那些退休人员和在经济衰退期间无法找到其他工作的人。

宝洁公司就是在这种传统体系下运作的。在日本，宝洁公司的市场营销工作就是说服日本人的母亲（和她们的有影响的婆婆、丈母娘），她们如果使用一次性尿布片（diapers）并不是懒惰和没有爱心的标志。宝洁公司通过发放数以百万计的免费样品给消费者而进入日本的一次性尿片市场。这不仅可以使消费者对该产品产生了一种免费的感觉，而且还在整个分销渠道中建立了一种义务关系。批发商和零售商必须对这种优惠给予回报，他们在超级市场、百货商店和家庭商店对宝洁公司的产品进行特别的展示。

相比之下，玛泰耳（Mattel）公司对这种体系很反感。当玛泰耳公司决定像在世界其他地方一样，也在日本销售该公司的玩具时，该公司决定销售同样的玩具，而不是特别设计的品种。玛泰耳公司越过了批发商，而与 1 400 家大众商品超级市场、西方式的购物超市直接进行联系。许多日本女孩子认为芭比娃娃像传统的日本装饰性玩偶一样，属于陈列品，结果她们很少为其玩具购买附带用品。

作为公司分销系统的一部分，松下公司通过 56 000 家零售店销售商品，这些零售店中有一半只销售松下的产品，完全依赖于松下公司。如果松下的产品落后于索尼的产品，相关的零售商将深受其害。这种排他性使得厂家有更大的压力去创新，并赶上竞争对手。这也为生产商提供了一个牢固的顾客基础及其所生产的所有产品的稳固的出发点。生产商越来越多地与破坏其价格结构及其他渠道的独立折扣商发生争执。松下公司正在重新构造其折扣体系。这个体系过去常常根据商店存货中松下产品所占的百分比而给商店以一定的回报。该公司现在将根据商店实际销售松下产品的数额而给予相应折扣。在日本，销售松下牌家用电器的全国性商店，在使松下成为日本最大的消费者电器公司的过程中立下汗马功劳。松下在日本的销售额中，这些商店占了 60%。

## 二、民族传统与宗教信仰

民族传统是一个民族根据自己的生活内容、生活方式和自然环境，在一定的社会物质生产条件下长期形成，并世代相袭而成的一种风尚，由于反复练习而巩固下来并变成需要的行动方式等的总称。它在饮食、服饰、居住、婚丧、信仰、节日、人际关系等方面都表现出独特的心理特征、伦理道德、行为方式和生活习惯，对消费者的消费偏好、支出模式等产生重要影响。例如，西方国家的人们常常超前消费，而我国人民长期以来形成储蓄的习惯，并注重商品的实用。有一则小故事反映了这种差异。一个美国的老太太在临死前说："我终于还清了银行的购房贷款了。"一个中国的老太太在临死前说："我终于攒足了买房子的钱了。"可见两者在消费观念与结构上存在明显的不同，不过分销者也不要忽视了传统习俗的变化与不同传统之间的交融。

在民族传统中，分销者应特别注意传统节日。在西方国家，每逢 12 月 25 日圣诞节，各种食品、日用品和礼品出现销售高峰；而在我国春节前夕形成生活用品购买的最高峰；此外，在清明节、端午节、中秋节、国庆节、劳动节和双休日，人们对商品和服务的需求也显著增长。从近几年"五一"的情景，我们便可以看出"假日经济"的火爆。

另外，分销者还应注意各民族的禁忌，入乡随俗，避免不必要的损失。

宗教信仰对分销渠道也有一定的影响，特别是在一些信奉宗教的国家和地区，其影响力更大。不同的宗教信仰有不同的文化倾向和戒律，从而影响人们认识事物的方式、价值观念和行为准则，影响着人们的消费行为，从而带来特殊的市场需求。教徒信教不一样，信仰和禁忌也不一样，这些信仰和禁忌限制了教徒的消费行为。某些国家和地区的宗教组织在教徒的购买决策中有重大影响，例如，一种新产品出现，宗教组织有时会提出限制和禁止使用，认为该商品与该宗教信仰相冲突。相反，有的新商品出现，得到宗教组织的赞同和支持，它就会号召教徒购买、使用，起一种特殊的推广作用。因此，企业应充分了解不同地区、不同民族、不同消费者的宗教信仰，提倡适合其要求的产品，制定适合其特点的分销策略。否则，会触犯宗教禁忌，失去市场机会。这说明，了解和尊重消费者的宗教信仰，对企业营销活动具有重要意义。

### 三、教育水平与文化素质

教育水平是指消费者受教育的程度。一个国家、一个地区的教育水平与经济发展水平往往是一致的。不同的文化修养表现出不同的审美观，购买商品的选择原则和方式也不同。一般来讲，教育水平高的地区，消费者对商品的鉴别力强，容易接受广告宣传和接受新产品，购买的理性程度高。因此，教育水平的高低影响着消费者心理和消费结构，影响着企业营销组织策略的选择以及销售推广方式的差别。例如，在文盲率高的地区，用文字形式做广告，难以收到好效果，而用电视、广播和当场示范表演形式，容易为人们所接受。又如在教育水平低的地区，适合采用操作使用、维修保养都较简单的产品，而在教育水平高的地区，则需要先进、精密、功能多、品质好的产品。因此，在产品设计和制定产品及分销策略时，应考虑当地的教育水平，使产品的复杂程度、技术性能与之相适应。另外，企业的分销机构和分销人员受教育的程度等，也对企业的市场营销产生一定的影响。

# 第四节　自然与人口环境

### 一、自然环境

一个国家或地区的自然地理环境包括该地的自然资源、地形地貌和气候条件，这些因素对当地的生产关系、社会文化等都具有决定性的影响。分销者应注意这些隐藏在社会关系后面的自然因素，认真分析自然地理环境变化的趋势，创造新的市场机遇。

#### （一）地理环境

分销者必须充分考察目标市场地区的地形地貌和气候，以便制定正确的分销路线、分销方法以及仓储选址等策略。例如，从经营成本上考虑，平原地区道路平坦，运输费用较低，故可增加传递次数，减少仓储点；而山区丘陵地带道路崎岖，运输费用高，可以增加运输批量，增加仓储点的容量，采用先进的仓储方法等减少传递成本，保证渠道高效畅通运行。又如，从保证产品质量与新鲜的角度考虑，高温地区在分销产品的过程中要采用冷却、防疫等技术，多雨地区则要采用干燥防潮等技术。另外，分销者还应根据不同地区的气候与地形特征来调整自己的产品线，如高温地区，应以降温产品为主（如冷饮、电风扇、空调、冰箱等），而严寒地区则要把祛寒产品放在首位。再如，交通方便的地区，分销商可以将各条产品线呈现于顾客之前供其随意挑选，而对交通不便的地区，分销商则应注意根据当地消费者各项需要事先搭配好较全面的产品组合，一揽子满足顾客的需要，方便顾客。我国地域辽阔，地形地貌复杂，气候多变，这给跨区域分销带来一定的难处，分销者只有认真分析这些差异，根据差异制定不同的策略，才能适应市场的需要。

### （二）自然资源与环境保护

自然资源是自然界提供给人类的物质财富，由于自然资源直接关系到人类的生存环境，故对其开发利用是受到限制的。加之工业革命的兴起造成一些资源的枯竭和环境的污染，人类的环保意识逐渐增强，自然资源和与之有关的社会文化对分销者的约束越来越大。我国自然资源十分丰富，但从人均占有量来考察，我国又是资源短缺的国家，而且资源的分布也很不均衡。自然资源是分销活动的物质基础，所以分销者既要根据自然资源的丰缺程度调整分销产品组合和分销方式，又要开发绿色产品和分销方式，塑造企业形象，创造营销机会。

## 二、人口环境

分析人口环境主要是分析人口环境发展的主要趋势及其对分销渠道会带来何种影响。人口是构成市场的主要因素，一般来说，人口的多少直接决定着市场的潜在容量，人口越多，市场规模就越大，当然，必须以具有一定的购买力为前提，否则不能出现较大规模的市场。以下主要分析人口数量与增长速度、人口的地理分布及其区间流动、人口结构等的趋势及其对分销渠道运作的影响。

### （一）人口数量与增长速度

世界人口正呈现出"爆炸性"的增长。1991年世界人口为50多亿，2000年则为60多亿。有关资料显示：世界人口还将以每年8 000万~9 000万的速度增长，其中80%的人口增长来自发展中国家。我国总人口已达到13亿，每年以1 000多万的数量迅速增长。众多的人口及人口的进一步增长，既给分销者带来了市场机会，也带来了威胁。一方面导致我国资源的人均占有量低于世界平均水平，并使我国人均资源消费水平偏低，从而给分销者带来更大的约束；另一方面，众多的人口又预示着一个有着巨大容量和发展潜力的市场，如果经济增长速度与人口增长速度相匹配，将会促成现实市场规模的扩大，从而给分销者提供更多的发展机会。

### （二）人口的地理分布及区间流动

地理分布指人口在不同地区的密集程度。由于自然地理条件以及经济发展程度等多方面因素的影响，人口的分布不是均匀的。从我国来看，人口主要集中在东南沿海一带，约占总人口的94%，西北地区人口占6%左右，而且人口密度逐渐由东南向西北递减。另外，城市的人口比较集中，大城市的人口密度很高，在我国就有上海、北京、重庆等好几个城市的人口超过了1 000万人，而农村人口则相对分散。人口的这种地理分布表现在市场上，就是人口的集中程度不同，则市场大小不同；消费习惯不同，则市场需求特性不同。

同时，由于经济发展和社会文化观念的变迁，人口也出现了大规模的地理流动。发达国家人口流动呈现两种趋势：（1）人口从农村流向城市。由于城市人口密度增大，这样分销者可以扩展城市的分销网点，改变分销结构来获取发展机会。（2）人口从城市流向市（县）郊。由于人口从农村移向城市，导致城市交通拥挤、住房拥挤、商业网点过多而形成过度竞争、环境污染严重。因此，一些富有阶层向城郊流动，城区中心的居民也向往一种宽松、安宁、空气清新的田园生活。分销者可在城郊设立购物中心和巨型市场，通过改变分销结构与布局来满足这部分的需求。

（三）人口结构

人口结构主要包括人的年龄结构、家庭结构和社会结构等。不同的人群表现出来的行为特征和消费需求不一样。如老年人对保健用品、营养食品、老年人生活必需品等需求旺盛，且老年人购物时多属成熟型，一般肯多花时间进行选购；青年人对时尚产品、家居用品、娱乐等兴趣较大，购物多属冲动型，购买过程简单。我国现阶段青少年比重约占总人口的一半，反映到市场上，在今后 20 年内，婴幼儿和少年儿童用品及结婚用品的需求将明显增长。同时由于计划生育政策的切实执行，同世界整体趋势相仿，我国将出现人口老龄化现象，而且人口老龄化的速度将比西方发达国家更快。另外，在我国，"四代同堂"的现象已属罕见，小型化"三位一体"的家庭模式已很普遍，并逐渐由城市向乡镇发展。家庭数量剧增必然引起对炊具、家具、家用电器和住房等需求的迅猛增长。所以，分销者可以分步骤、有重点地调整产品结构，变化分销方式，以迎合这种趋势。

再从人口的社会结构来看，我国人口的绝大部分在农村。因此，农村是一个广阔的市场，有着巨大的潜力，分销应适时地向农村市场拓展。

# 第五节　科技环境

科学技术是人类在长期实践活动中积累的经验、知识和技能的总和，是最活跃、最主要的生产力。科学技术的发展，首先引起经济、自然因素的变化，继而引起法律、政治、人口、社会文化因素的变化。这种连锁反应必然会对分销渠道的运行产生一系列影响。

## 一、科学技术发展的新趋势

第二次世界大战以来，科学技术发展速度之快，发展规模之大，发生作用范围之广，影响之深远，是历史上前所未有的。分销者应注意科学技术的下述趋势：

（一）科学技术加速发展和急剧变革

当代科学技术的发展具有呈指数增长的趋势。近 30 年来，人类取得了辉煌的科技成果。科学知识的更新速度也在加快，当今，工程师知识的半衰期期为 5 年，即 5 年内有一半知识已过时。科学技术的发展加剧了社会的变迁，主要表现有：（1）社会结构和工作岗位出现分化，越来越多的人从事科学研究和技术创造，从而形成了一个社会阶层。（2）各国科研经费投入也以指数增长，企业界也大量投资于研究与开发活动，通过培养核心竞争能力以获取和保持经济上的竞争优势。（3）科学知识更新速度的加快，使得职业培训成为一种终身教育，各公司均十分注意对员工的再教育，以提高本公司的人员素质。

（二）技术革新与运用的规定也在增加

科学技术的飞速发展像一把双刃剑：一方面为创造人类的幸福提供了前所未有的能力；另一方面也使人们掌握了可以毁灭地球上生命的能力。许多人认为技术会对自然生活，甚至对人本身带来威胁，他们反对建核电站、高楼，反对发展克隆技术，由于这些人的作用，一些国家的政府机构增加了在技术革新和运用中有关安全和健康的规定。分销者要清楚地认识技术的两面性，警惕技术发明的消极作用，避免触犯政府规定，损害企业的形象。

## 二、科学技术环境对分销渠道的影响

科学技术环境的深刻变化对分销渠道的影响，主要表现在以下三个方面：

（一）对分销渠道输入环节的影响

科技发展为厂商带来了新材料、新工艺，每天都有新品种、新款式、新功能、新特色的商品问世。大量新产品进入分销渠道，为分销者提供了更广阔的市场空间和更多的发展机遇；同时，新产品的高科技含量又对分销人员素质和分销渠道结构提出新的要求和挑战，这给分销渠道的输入带来威胁，陈旧、保守的分销渠道将无法输入和消化新的产品。

（二）对分销渠道管理方面的影响

科学技术尤其是信息技术的发展和应用带来了企业管理与决策的革命。信息及网络技术的普及与发展，对分销渠道的管理产生的影响可表现为以下几个方面：（1）使"零库存"成为可能，分销者既可以降低库存成本，又可以保证经营的灵活性。（2）使建立庞大的"战略关系网"成为现实，分销者通过电子商务与利益相关者发展业务，建立长期客户关系，在公共关系策略的辅助下构筑牢固的"战略网"。（3）使进军更广阔的国内国际市场成为可能，一方面网络技术提高了工作效率，以往看起来十分复杂繁琐的存货管理、客户管理及财务管理现在只需敲几下键盘或打个电话、发个传真便可轻松准确地完成；另一方面分销者可以通过现代化通信技术获取更多、更全、更新的市场资讯，分销者足不出户便可了解到某一国家或地区某一行业甚至某一细分市场的规模与特征从而为营销决策做好更充分的准备。这些都为分销者扩展业务奠定了基础。（4）使建立灵活的内部管理体系成为可能。网络技术的发展打破了传统的企业管理制度，SOHO（small office，home office）一族的出现使得企业内部固定的上下隶属的行政关系变得平面化、网络化。每一个员工面对的不是固定的上司，而是电脑，彼此间可以自由平等地交流，灵活地形成工作团体；如果在家工作，还无须恪守死板的上下班时间，这样既提高了工作的效率和积极性，也保证了工作的灵活性。

不过，科技的发展也加剧了渠道内部的分化与重组，增加了渠道冲突与矛盾，给渠道管理带来一定的挑战。

（三）对分销方式的影响

科学技术给分销者带来新的分销方式和手段，自动售货机、邮购、电话订货、电视购物、网上虚拟市场、网上商店等已逐渐扩展，对传统分销渠道造成越来越大的冲击（关于这一点本书以后章节有详细论述，在此不再赘述）。不过，分销者不应一味地去追逐这些分销的新技术、新手段，而应重点考虑如何将新的分销方式与传统分销渠道相融合，更好地满足目标市场的需求。

## 本章小结

分销渠道环境主要包括两个组成部分，即微观环境与宏观环境。前者指与分销渠道成员紧密相联的、直接影响其分销能力的各种参与者，在这个环境圈中，主要包括制造、批发、零售、仓储、运输、信息、广告、银行、保险、咨询、调研、选购等环节；宏观环境则涉及一些诸如趋势、机会、威胁、限制等影响企业的战略地位的巨大社会力量，包括政治、法律、经济、社会文化、自然、技术的多方面的内容，这些力量主要以微观环境为媒介对分销渠道间接发生作用，而微观环境中的每一个成员也可以通过自己的意识与行为对宏观环境的变迁起着潜移默化的作用。

分销渠道的宏观环境包括政治与法律、经济、社会文化、自然、人口、科技等环境。它们给分销者既带来机遇也带来挑战。每一个分销者都应该审视这些环境的现状与变化趋势，结合自己的资源情况选择正确的分销战略和策略。

## 思考题

1. 试述政治与法律环境对分销渠道运作的影响。
2. 论述经济环境对分销渠道运作的影响。
3. 试分析社会文化环境对分销渠道运作的影响。
4. 简述自然环境对分销渠道运作的影响。

5. 简要说明人口环境对分销渠道运作的影响。

6. 试解释科技环境对分销渠道运作的影响。

7. 假设你是某矿泉水公司 W 地区的销售经理，总公司要你对地区的宏观环境进行调查，并写出一个报告以供决策层参考，现在请你写出调查的初步结果。

## 案例分析

### 沃尔玛的跨国分销①

在中国香港，沃尔玛 Value 俱乐部的购物者常常通过减少在该商店购物的开支和光顾该商店的次数，来促使商店选择更好的地理位置，并把产品的尺寸改造得更小。导致这种情况的原因之一是中国香港的消费者似乎很看重便利性、服务质量和商店的价值观。以上这些，加上香港较小的生活空间、数量有限的停车场、相对较少的汽车以及拥挤的交通状况，暗示了商店俱乐部的基本性质与香港地区特点是不太协调的。Value 俱乐部远离公共交通的主干道，因而要求购买者在出租车和公共汽车上花费额外的时间，商店低廉的价格会被交通费用抵消。中国家庭妇女传统的购物方式是每天都去商店，对她们而言，最方便的商店就是那些位于上下班的回家路上或住所附近的商店。人们对商品的不熟悉也给 Value 俱乐部带来了损失。生活空间的狭小意味着以加仑为单位的罐子将得不到喜爱，商店必须供应较小的容器以方便人们使用和存放。

墨西哥分散的批发体系意味着较高的交易成本和低效率。在美国拒绝接受信用卡的商店俱乐部发现他们在墨西哥不能维持这一政策，因为许多墨西哥人用信用卡管理他们日常购买行为中的现金流动。随着北美自由贸易区（NAFTA）的出现，墨西哥看上去似乎是零售商的天堂。在这个时候，沃尔玛计划开设（和 CITRA 合作）5 家叫做 Rurrera 俱乐部的商店俱乐部。百事可乐公司同墨西哥的零售商合作，在墨西哥城以外开设两家新商店俱乐部。1945 年成立的 Sear 公司计划出资 1.5 亿美元开设新的商店和购物商场，并翻修旧商店。麦当劳计划在 2000 年耗资 5 亿美元开设 250 家新餐馆。1994 年 12 月，比索的贬值为这些计划注射了一针大剂量的清醒剂，许多零售商恢复到原有规模或暂停计划直至墨西哥的经济形势明朗起来。

沃尔玛试图大规模地进入墨西哥市场，却发现在美国行之有效的方法，在墨西哥却没有效果。墨西哥人倾向于以家庭为单位购物，并将之看做是周末娱乐的一部分，这就要求商店的通道要宽一些。由于墨西哥人的汽车拥有率并不像美国人那样高，零售商必须使他们的商店靠近居民区。在杂货店的食品区，墨西哥人喜欢商品

---

① 资料来源：作者根据网上的有关资料整理而得。

和肉类能像他们的当地市场那样摆放,墨西哥消费者认为事先包装好的商品是不新鲜的。沃尔玛的目标是墨西哥 8 200 万人口中 800 万中产阶级以上的人群。在 Monterey 的沃尔玛商店的价格要比向北 150 英里的 Laredo 商店的价格高 12%~20%,这要归结于交通费用和关税。沃尔玛在墨西哥城的商店被控告敲诈消费者。

绝大多数墨西哥人在不同的商店购买鸡蛋、商品和带包装食品。他们每天要去 3 家或更多的商店或每天去某个商店两次。他们绝大多数人常常去自助商店或超市购买包装精良和处理好的商品。对于要求新鲜的商品,购买者趋向于频繁地去小商店和露天市场。墨西哥还有专门出售面包、红肉和鸡的商店。墨西哥购物者选择食品商店的最重要的因素有:良好质量、低廉价格、个人保障、环境清洁、顾客服务和产品种类。只有不到1/7的人改变过他们常去购物的食品商店。墨西哥人对他们喜爱的商店表现出很高的满意度,并认为他们是很优秀的。墨西哥的家庭妇女偏爱去一种传统的蔬菜市场购物,她们可以去找她们认识且中意的商人(而不是去非个人化的超市),即使这个商人也许并没有最好的产品,但她或他是她们的朋友就够了。

## 思 考 题

1. 沃尔玛在几个发展中国家和地区的失败说明了什么?
2. 如果你是沃尔玛国际业务部的负责人,你如何调整你的国际分销政策?

第 二 编

# 分销渠道战略设计与选择

# 第三章　分销渠道战略规划

学完本章后，应该掌握以下内容：

1. 分销渠道战略的特点；
2. 分销渠道战略规划流程的内容；
3. 其他营销组合战略对分销渠道战略的影响；
4. 各种渠道评价方法的利与弊。

菲利浦·科特勒（Philip Kotler）在其《营销管理》一书中曾引用了这样一句名言："公司有五种类型：其一为令事情发生者；其二为想到事情会发生；其三为观望事情的发展；其四为惊讶于已发生的事情；其五为对已发生的事情漠然无知。"任何一个分销者一旦沦为最后两种类型，就将成为市场竞争的弱者：面对纷繁复杂的市场情势茫然不知所措，或坐井观天浑然不知威胁与挑战，这些都是失败与被淘汰的前兆。改变这种状况的最佳途径便是熟谙市场导向的战略计划。通过了解市场环境并以此制定战略规划，可以分清市场中潜在的机遇与挑战，可以结合自身的优势和劣势分析，明确下一步的目标，甚至可以左右市场行情朝自己的预期目标运行。本章将主要介绍分销渠道战略规划的内涵及意义，分销渠道战略规划的具体步骤。

## 第一节　分销渠道战略规划概述

### 一、什么是分销渠道战略

"战略"一词来源于希腊字"strategos"，原意是"将军的艺术"，即指挥军队的艺术和科学。随着市场经济的纵深发展，企业外部环境范围扩大，内容更复杂，变化更频繁。为求得生存和发展，企业必须在犹如战场的市场中进行统盘谋划，确定自己的目标，规划行动方案。此举颇似"将军的艺术"，于是企业家和学者们借用"战略"一词来表述一些重大的、长期的、带有全局性和决定性的计谋。分销渠道战略是指厂商或其他渠道成员为实现自己的任务和目标，针对各种变化的市场机会和自身的资源而制定的带有长期性、全局性、方向性的渠道规划。其中渠道是指产品从制造商手中传递至消费者手中所经过的各中间商连接起来的通道。分销渠道战略一般具有以下几个特征：

（一）全局性

从内容上讲，分销渠道战略是以厂商及其他渠道成员为对象，在考虑到方方面面的因素后，根据其总体发展的需要而制定的。它所规定的是分销的总体行动，追求的是分销活动的总体效果。虽然它包括一些局部活动，如运输、仓储、联系中间商等，但这些局部活动是作为总体行动的有机组成部分在战略中出现的，这样也就使分销渠道战略具有综合性和系统性的特点。

（二）长远性

从时效上讲，分销渠道战略具有一定的稳定性。渠道战略把握的是一种趋势，它是以企业外部环境和内部条件为基础制定的，但由于两者均处于不断变化的状态中，所以制定战略要具有一定的前瞻性。针对环境变化的趋势制定长期基本不变的行动目标和实现目标的行动方案，谋求长远的发展。而那种针对当前形势，灵活地适应短期变化，解决局部问题的方法都是战术。当然，分销渠道战略的长远性并不是强调其一成不变，当客观情形的发展与你所预测的长期趋势发生偏差时，就应该及时修正、调整或重新订立分销渠道战略规划，谋求另一种长期发展模式，如若抱残守缺，其损失和危害将是不可估量的。

（三）抗争性

在激烈的市场竞争中，犹如逆水行舟，不进则退，所以每一个企业或每一次行动都要考虑竞争的冲击与压力，锐意革新，不断进取。战略规划正是这一活动的关键。它既要制定在激烈的竞争中如何与竞争对手抗争的行动方案，同时也要针对来自各方面的冲击、压力、威胁和困难制定解决方案。它与那些不考虑竞争、挑战而单纯为了改善企业现状，增加经济效益，提高管理水平等为目的的行动方案是不同的。一个好的战略可以改变企业的市场竞争地位，甚至可以使企业起死回生，发生质的飞跃。

（四）纲领性

分销渠道战略制定的是分销活动总体的长远目标、发展方向、发展重点、前进道路以及实施总体规划所采取的基本行动方针、重大措施和基本步骤。这些都是原则性的、开拓性的规定，具有行动纲领的意义，必须通过展开、分解和落实等过程，才能变为具体的行动计划。

（五）归属性

分销渠道战略作为整个企业竞争战略或市场营销战略的一个子战略，应该与其他子战略如产品战略、定价战略、促销战略等有机结合，共同为企业的总体战略目标服务。脱离了企业总体战略目标的约束以及其他子战略的配合，这样制定出来的分销渠道战略是不成功的、无效的，甚至是有害的。

## 二、制定分销渠道战略的意义

分销渠道直接担负着将产品传送到消费者手中的功能，是实现产品价值的实质性环节，因此分销渠道战略正确与否关系着企业的兴衰成败。许多忽视分销渠道战略或制定了错误渠道战略的公司，都受到了市场严厉的惩罚。

一般来说，制定分销渠道战略的意义至少有以下几条：

（一）有助于提高分销效率和效益

分销渠道战略是在充分考虑内外部因素的基础上，对分销渠道作出长期的、全局性的规划。它规定了企业分销的总体目标与基本行动纲领，并将所有的分销活动贯穿起来，避免了重复和无序，从而增进了效率和效益，促进了物流和资金流，提高了企业的获利能力。

（二）有助于增强企业的应变能力

任何一个企业在经营管理中都要与整个外部环境的一部分打交道或发生交换关系。分销渠道也不例外，前面讨论的政治与法律、经济、社会文化、自然、人口、科技等环境对分销活动的影响。由于这些相关环境处于不断变化的状态之中，复杂而难以预料，企业要得以生存，必须提高自身的应变能力，即适应环境发展变化的随机应变和自我调节的能力。分销渠道战略作为整个经营战略的一个子战略，也是以不确定、不连续的经营环境为前提的，对这些环境作出充分的分析和迅速的反应，有助于企业总体目标的实现，也有助于分销活动的顺利开展，从而保证企业在动荡环境中生存与发展。

（三）有助于提高企业的人员素质和管理效率

制定分销渠道战略要求高层管理人员具有战略思想和眼光，经常洞察、预测、分析外部环境，对环境的变化不仅能够迅速作出反应，甚至能够作出预先反应来影响和控制变化。同时还必须根据战略的要求，调整组织结构，培训和任用适当的管理人员。在执行的过程中，必须综合运用各种有效的管理手段和方法，合理分配和利用各种资源，努力建设独具特色的企业文化，建立完善的监控和反馈体系等等。在不断的战略制定、执行、监控、调整的过程中，提高分销人员的素质和工作效率，从而带动整个企业全面实施现代化管理。

（四）有助于企业总体目标的实现

企业经营战略的各个子目标之间形成有机、有序的组合，才能促进整体战略的实施。但是，各个子目标也应有主次之分，主目标不仅关系全局的运作，而且是带动其他子目标实现的关键。由于分销在整个经营活动中的重要地位，其战略计划自然对全局关系重大，也是其他子目标与总体目标之间的纽带和传导中介；而分销渠道战略执行情况也应是产品、定价、促销、财务预算等活动在制定下一步战略目标时应考虑的关键因素。

（五）有助于"战略网"的形成

现代市场竞争已不再局限于单个企业之间的竞争，而升级为"战略网"之间的竞争。单个企业与利益相关者发展稳定的关系，形成战略联盟或战略网，建立一个较竞争者更为有力的价值让渡系统，从而获取更多的市场份额和利润。分销渠道作为价值让渡系统的物质载体，其战略的计划与实施对战略网的形成起直接的促进作用。良好的分销渠道战略有助于减少渠道冲突或妥善解决好随机出现的渠道冲突，从而稳固和发展上游成员与下游成员之间的关系，并在共同利益的推动下形成战略同盟，提高各自的竞争力。

### 三、分销渠道战略框架

制定分销渠道战略的基本步骤可分为三步：（1）战略定位。这一部分要确立与企业总体战略相关的渠道战略的宏观维度，兼顾公司战略与分销目标，即在明确公司战略之后，对影响分销渠道运行的各种宏、微观环境进行分析，并在此基础上形成分销渠道战略目标。（2）分销渠道设计，即确定分销渠道结构。分销渠道的设计，要以既能刺激销售又能达到公司目标的方式来满足消费者的需求，同时，也应重点考虑其涉及的物流后勤设计。（3）计划的最终形成阶段，即确定分销渠道战略规划。这一阶段主要是建立一个分析系统，对第二步的分销渠道设计方案进行评估和挑选，最终形成指导分销活动的蓝图。以上的基本步骤中，每一步中都包含着许多具体的细化工作和需要考虑的因素，基本框架见图3-1。

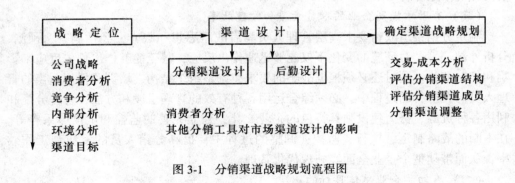

图 3-1　分销渠道战略规划流程图

## 第二节　分销渠道战略规划程序：战略定位

公司管理的一个基本职责就是不断地进行战略定位以适应变化着的市场环境。

管理层必须时刻监控和评估市场、竞争活动、经济环境、法律法规、消费者和顾客以及其他影响公司战略定位的重要因素。当总体战略一旦被开发出来，应对环境带来的机会和威胁时，分销渠道战略就必须立即形成，以便有效地将公司与市场联结起来。本节将讨论在竞争环境中公司如何进行战略定位（如图 3-2 所示），并给出可供公司管理层选择的几种战略。

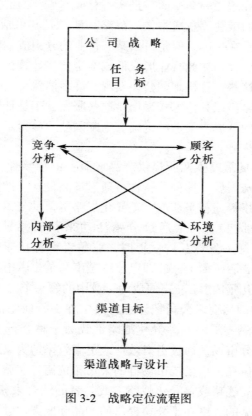

图 3-2　战略定位流程图

## 一、公司战略

著名的战略专家安德鲁斯（Andrews）曾对公司战略作了一个基本的描述：公司战略解释着这样一些活动，即一个公司集中所有资源将其与众不同的能力转变为竞争优势进行竞争活动。所以，公司必须发展一个战略规划程序以便在潜力巨大的细分市场上获得一些差异性的优势。下面我们将描述战略管理流程的具体内容。

（一）可供选择的战略

迈克·波特（Michael Portor）在其《竞争战略》一书中介绍了三种能使公司

确立行业定位和获取超额利润的基本竞争战略：成本领先、差异化、集中。每一种战略对市场营销的运作赋予了不同的要求，也使得渠道结构设计有所差异。下面我们从渠道需要的角度来逐一讨论这三种基本竞争战略。

1. 成本领先战略。此战略适用于价格敏感型消费者这一细分市场，它要求尽可能地以最低的单位成本来制造和分销产品。赢得总成本最低的公司通常要求具备较高的相对市场份额和超额利润，而一旦获得总成本最低的地位，将对现存的和潜在的竞争者构成强大的威胁。总成本领先战略一般总是与低成本制造、技术革新、持续的资本投入等联系在一起。但是，当某一行业的分销成本较高时，创造性的渠道战略同样也可以促成公司在此行业形成低成本定位。计算机行业中邮购公司的兴旺就证明了这一点。这些计算机邮购公司发现，许多消费者对计算机零售商提供的额外服务不感兴趣或希望以其他方式来提供这些服务，于是计算机邮购公司应运而生。这种无店铺零售的低成本渠道结构确实为邮购公司赢得了比提供全面服务的零售商更为显著的成本优势。

2. 差异化战略。此战略强调所提供产品或服务的独特性，以满足那些对价格不敏感的消费者的特殊需要。这种独特性可通过产品设计、性能、质量、服务的差异化和差异化分销网络等途径来获取。差异化战略可帮助公司培养知名品牌和顾客忠诚，从而获取竞争优势。一个通过分销活动来获取差异的经典案例是汉斯（Hanes）推广 L'eggs 这一丝袜品牌。那时，竞争者都拥挤于传统的分销渠道中，如百货公司和妇女服装店，而 L'eggs 却定位在超市和杂货店中，加上新颖独特、便于分销的包装设计，几年内，L'eggs 便成为行业中的领头羊。

3. 集中战略。此战略要求公司把注意力集中在一行业中的某一特殊细分市场（即补缺市场）。成本领先战略和差异化战略都致力于整个行业，而集中战略则是关注于某一独特的细分市场，通过更有效地或更高效率地为某一狭小市场服务获取竞争优势，与那些定位在大市场或市场群的公司相抗衡。实施集中战略的公司也可以通过运用总成本领先战略或差异化战略，或二者的综合来获取竞争优势。不过，值得注意的是集中战略的关键在于公司提供的产品和服务对独特的细分市场上的顾客要有强大的吸引力。Snap-on 工具公司就成功地集中于职业技工这一狭小市场，通过全国范围内的递送网络将高质量的工具直接运至技工手中。尽管 Snap-on 的产品价格高于其他公司，但公司发现了对产品质量和快递服务有很高要求的这一市场群，从而获得了成功。

要注意的是，在同一个行业中，有可能三种竞争战略被同时应用。如在美国的电视机行业中，通用电气公司采用总成本领先战略，它有一条宽阔的低价格电视产品线，通过多种渠道将产品分销到全国各地，其中不仅包括传统的中间商，还有凯玛特、西尔斯、沃尔玛等批量买卖商，甚至还有一些超市和杂货店。索尼公司则实行差异化战略，追求产品的高品质，只在电视或电子专业店和上档次的百货店出售其产品。克汀斯·玛斯公司（Curtis Mathes）采用集中战略，集中于避免风险的消费群，该公司强调产品的高质量，并提供6年的产品保证，同时仅通过专营其产品的特许店这样有限的网络来分销其产品。

可见，在同一行业中每一战略都可获得成功，但采用不同的战略时，其产品和分销渠道也有所不同。

（二）任务声明

每一个经济组织都是为了某些目标而组建和发展的，在比较规范的公司里，其基本目标都会在任务声明中明确地表达出来。一般来讲，任务声明不仅包括对公司计划进入的市场进行一般性描述，以从中寻找有利于自我定位的信息；还包括对市场机会的描述和如何运用手中资源达到特定目标的细节。从表面来看，形成任务声明的程序似乎十分简单，其实不然。一个任务声明如果界定得太狭窄会导致管理层忽视许多好的市场机遇，而界定得太宽泛又会使得执行者无法指定明确的方向，以致无法实现预定的目标。

大多数企业组织刚开始会确立一个明确固定的任务，然而随着时间的推移，操作上的困难、持续的增长和不可预测的机遇等，使得原来的任务变得不再清晰和不合时宜。要改变这种状况，管理层就必须不断地结合自身资源和能力对各种市场机遇进行评估和选择，不断地问自己一些关键的问题，如我们的目标到底是什么？谁是我们的顾客？我们让渡给顾客什么样的价值？我们的业务将来会怎样？对这些问题的深思熟虑有助于任务的修订和调整，从而保持任务的时效性和准确性。另外，管理层既要善于把构思、概念等组合成任务说明，也要善于向组织成员传递已制定或已修订的任务。一个好的任务说明将强化组织成员的责任感、方向感和对自身价值作用的认识。

下面提供一个任务声明的经典范本，是某公司在20世纪70年代中期的一个五年计划的任务声明：

我们公司是一个为美国成了家的中产阶级服务的家用品商店。我们要想成为这些人的家庭、房间和汽车所需耐用品的主要分销商，我们要成为在功能上而不是在时尚上有广泛接受基础的非耐用品的主要分销商……要让美国的中产阶级因我们完善的服务、公平交易的良好声誉和我们的保证而对我们称赞不已……我们不是时尚店。我们不是为古怪的人或富有者服务。我们不是折扣商店也不是先锋店……我们进入的是美国中产阶级的世界，反映他们的需要、顾虑、困难、过失。我们必须审视自己的职责，努力扩展、发扬它。无论其他市场如何诱人，我们也不能动摇我们的任务、信心和职责。

从这一任务声明中，可以明确地看出该公司在20世纪70年代中期的目标市场是美国成了家的中产阶级，同时也可以清楚地了解该公司要在产品和服务的功能上而不是时尚上下功夫来满足目标市场的需求。另外，此任务提出了自己的竞争优势：完整、声誉和保证，结尾处也富有人情味和雄心壮志。

（三）具体目标

任务声明仅仅提供一种直观的感觉：企业要努力取得什么和行动的一般准则。战略管理流程的下一步就是要在此基础上制定出更具体、更特定的目标。这实际上是一个发展目标梯队的过程。在大目标下一层一层地往下精炼、缩小、具体化，最终形成特定的、直接指导预期行动的目标。一般来讲，每一企业都有两种类型的目标：资金和市场。管理层以往习惯于将利润作为资金目标的首选，现在看来，这一观念已显过时。越来越多的人认识到利润并不是一个好的量度，更为重要的是公司的投资回报这一相对概念。关于市场目标也有很多种类，它们可能是与任务声明一脉相承的、对目标市场更具体的描述；也可能是在目标市场上要达到的具体销售额或市场份额。我们在描述时，将资金目标和市场目标分开阐述，但在实际的具体运作中两者密不可分，公司正是通过实现市场目标来完成资金任务的。

制定和执行公司任务和目标的过程中会涉及对顾客、竞争情况、企业自身能力、外部环境力量等的缜密分析，分析的正确与否直接关系到任务和目标的可靠性、可行性和成功的概率。

## 二、市场分析

公司都是为顾客服务而存在，所以制定竞争战略首先应从市场分析入手。为了确定其竞争的战略边界，公司必须界定其准备进入的市场范围、细分市场，并确定特定的目标市场。市场分析对竞争战略的制定至关重要。

（一）界定市场

对市场内涵和范围的正确认识是竞争战略成功的关键之一，然而这却是一项十分复杂和困难的工作，因为界定市场有许多种方法。不过，人们通常用产品或产品类别来界定市场，如你经常听到的"汽车市场"和"软饮料市场"。这类市场描述暗示着产品的购买者在需求上不是类似的，因而能以产品为标准来界定市场。事实上，界定市场的标准，第一是顾客的需求。第二是基础技术的类型，在有些情形中，如家庭娱乐，几种不同的技术都可以满足一个特定顾客的需要，立体声收音机、留声机、收音机、磁盘播放器等代表着音乐复制的不同技术。第三是服务的顾客群体。每一个顾客群各自对带有某种差异的产品或服务有着明显的偏好。运用这三个维度，我们便可以科学准确地界定市场的内涵和范围。举一个例子，如界定厨具的市场，在顾客需求维度中选取烘、煮、加热三种情形，在技术维度中选取煤气、电、木炭三种，在顾客群体维度中选取机构、餐馆、家庭三种，如图3-3所示。

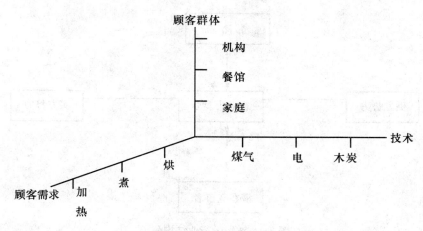

图 3-3　三维市场界定

　　在上述三维空间中，你可以在每一维度中任意选取一种情形组成一个细分市场（如家用、烧煤气的烘烤器具市场），还可以合并几种情形组成一个市场群。通过这些刻度，你可以清楚地认识到市场的内涵和边界，从而为制定竞争战略和营销策略奠定坚实的基础。

　　（二）市场细分

　　即使如图 3-3 所示界定了市场的内涵和边界，每一个市场还可以根据不同的标准进一步进行细分，如产品的特征、购买便利、可用性、服务、渠道战略等，运用这些标准，都可将市场分割成具有某些共同特征的市场片和补缺市场，甚至细分到个人。不过市场细分最终要为战略定位服务，脱离了战略定位，市场细分会变得毫无意义。

　　另外，在市场分析中还要注意市场大小和增长率、销售模式和周期、整个行业的吸引力等重要参数的信息，作为评价战略机遇的参考。

　　**三、竞争分析**

　　在战略定位中第二个主要的分析过程是竞争分析，因为制定战略的基本目的就是打败竞争对手。竞争分析的第一步是对行业结构的审视，这有助于洞察该行业的吸引力和竞争对手。另外要辨别竞争者和评估竞争者的优势和劣势，借此推测竞争对手面对新的经营组织进入该行业时的各种反应。

　　（一）行业结构

　　图 3-4 展示了迈克·波特的五因素行业结构模型，该模型的重点放在引起某一行业竞争密集度的原因上。波特描述的五种力量中，每一种力量都与分销渠道结构

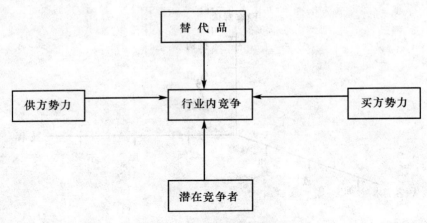

图 3-4　波特的行业结构分析

有直接的联系。

　　行业内竞争状况取决于竞争者的数量、相对规模、战略的类似点、资产和成本结构以及退出障碍等因素。一般来讲，被极少数厂商控制的行业竞争强度要弱于所有厂商规模相当的行业；固定成本较高的行业由于厂商对可用资产的追逐而使得竞争强度较高；竞争者各自采用具有较高程度的差异化战略，则该行业竞争强度会变得较低，价格倾轧现象就不易发生；最后，退出障碍的存在，如特殊资产或对顾客的承诺与合同等，也会增大竞争强度。

　　新竞争者的加入肯定会增加行业竞争的密集度，但如若存在显著的进入障碍，潜在竞争者的威胁就可大大减少。进入障碍一般与成本有关，如进入该行业必须投入大量资本，必须具备较大的经济规模，该行业的渠道安排难以复制，等等。进入障碍可能使新加入者无法进入获取成功必经的分销渠道，无法获取顾客忠诚，而不得不退出该行业。

　　替代品通过提供一个价格上限和产品性能基准来影响行业内竞争。相比较而言，替代品具有相同的功能或能为顾客提供相同的利益，只是外部特征不同而已。如软饮料最先只用玻璃瓶包装，后来，铝罐、塑料瓶都成了玻璃瓶的替代品。一旦这些替代品包装的软饮料与该行业内原包装的产品在价格与性能属性上相差无几，且消费在二者之间的转换成本很低，那么软饮料行业内的竞争强度将急剧增大。

　　影响供方势力的因素主要是供应方公司供应原料的能力，其产品和服务对价格的影响以及他们的顾客战略。供应方势力也直接与供应商的数量、注意力、顾客转换供应商的成本和可达到性、寻求前向整合的供应商潜力等因素有关。

买方势力是指顾客在该行业中保持低价和谋求更多服务的能力。影响买方势力的因素与影响供方势力的因素类似。当顾客数量有限，或顾客购买量占产量的极大份额，或后向整合的可能性极大，买者便可以在此行业保持低价或要求高水平的服务，从而影响厂商的盈利情况。

（二）辨别和评价竞争者

对行业结构进行审视是竞争分析中重要的第一步，但发展和制定一个战略定位还需要获取单个的竞争对手及其能力的具体信息。在许多行业中，首要的或基本的竞争对手是很容易被辨别的。如果你不能清楚地识别自己的竞争对手，不妨从顾客需求这一角度考虑，即与你满足相同顾客需求的厂商，均可以列为你的竞争对手。一旦竞争对手确定，你可以通过寻找以下几个问题的答案来进一步了解你的竞争对手。

- 竞争者主要的目标是什么？
- 竞争者为实现其目标正在运用的战略是什么？
- 竞争者实施其战略的能力有哪些？
- 竞争者下一步战略最有可能是什么？

面对每一个重要的竞争对手时，向自己询问以上问题并找出确切的答案，这对制定自己的战略定位和渠道战略是十分重要的。

### 四、内部分析

市场分析和竞争分析是战略定位的关键步骤，而清晰、客观地评价公司自身的能力同样必不可少。对管理层而言，对公司的优势和劣势进行较为苛刻的评估是一个十分痛苦的过程，但这一过程有助于管理层认识自己；若缺乏这一过程，要想客观地制定公司战略则是完全不可能的。内部分析的第一步是对公司业绩的审视，然后对每一环节上的优势和劣势进行评价。要想使内部分析卓有成效，就不能放过公司整个业绩中任何一个突出的方面。

（一）业绩分析

"温故而知新"，对公司过去业绩的评价是非常有价值的，它有助于增强战略层的洞察力，增加成功的机会。业务评价必须同时从财务业绩和市场业绩两方面入手，关于评价指标和评价体系很多专业书上均有介绍，这里就不再赘述。

（二）优劣势分析

表3-1列出了一个内部各环节优劣势分析的清单。

表 3-1　　　　内部评价清单

| 生　产 |
| --- |
| 成本结构 |
| 可变性 |
| 生产装备 |
| 工作团队势力 |

| 财　务 |
| --- |
| 资产负债状况 |
| 盈利性 |
| 流动资本 |
| 吸纳资本的能力 |

| 市　场 |
| --- |
| 质量 |
| 差异化 |
| 顾客忠诚 |
| 名称识别（知名度） |
| 产品线 |
| 销售势力 |
| 广告/促销技巧 |
| 分销能力 |
| 渠道关系 |
| 细分 |

| 管　理 |
| --- |
| 经历 |
| 深度 |
| 专家 |
| 文化 |
| 创造性 |
| 组织化 |

在表 3-1 中：

第一个环节是生产。即使是没有制造环节的厂商也应该从其成本结构、运作的可变性、生产容量和类似的角度来考虑其生产能力，这些方面直接决定着对不同战略选项的适应能力。

第二个环节是财务。无论厂商能否取得或拥有所需资金，都要注意自身的资产负债状况、资金流动性和整个财务运作的"健康"状况，这些都直接影响着执行战略的能力。如一个大型零售商在面对区域性小商店时，他就有能力采取扩张战略来排挤小商店。

第三个环节是市场。公司产品质量方面的声誉、知名度、顾客忠诚、分销渠道等都可能演化为公司的优势或劣势，从而影响战略定位。

第四个环节是管理自身。管理的能力、质量，甚至深度都是决定公司制定和执行战略的重要因素。

## 五、环境分析

环境分析主要涉及一些影响公司战略定位的趋势、机遇、威胁和限制等，包括对社会文化、技术、经济和法律等战略计划必须适应的环境进行分析。我们在第二章中已经就各宏观环境对战略计划和渠道计划的影响一一作了详细分析，这里不再赘述。

## 六、渠道目标

分销渠道最基本的目标就是符合企业的战略目标。以上讨论的包括顾客、竞争、内部、环境分析等的框架，已经能够保证管理层制定总体战略，并为包容在总体战略中合适的分销渠道目标设置参数。

分销渠道毕竟是所有的参加者有机结合起来的一个经济共同体，目的是获取各自所需的盈利和投资收益。所以渠道目标一般以销售量、市场份额、盈利性、投资收益等为标准进行衡量。不过，此处我们从渠道运作的角度来讨论渠道目标，这样就衍生出三个目标：市场覆盖率和分销密度、渠道控制和可变性。

### （一）市场覆盖率和分销密度

有三种市场覆盖水平可供战略制定者选择：（1）密集分销。密集分销是指在尽可能多的地点分销产品，它与总成本领先战略或目标市场的重点放在追求低价和便利的消费群的战略相匹配。（2）选择性分销。选择性分销是指在有限的地点分销产品，它与差异化战略相匹配。（3）排他性分销。即只在非常少的地点分销其产品，它通常与集中战略相匹配。

### （二）渠道控制

一个公司若要影响或安排整个分销渠道的所有活动，便要建立渠道控制的目标。制造商通常想控制所有的中间商，以获取更大的销售能力和提高售后服务质量。而中间商也想获得对制造商的控制权，从而确保供货的持续性、产品质量的不断改进和更低的价格。当然，对渠道控制的程度与整个公司的战略直接相关。

很多人认为市场覆盖率与渠道控制这两个目标之间有着很强的相关性。如密集分销经常与渠道控制目标相一致，甚至两者似乎根本就是一回事。其实不然，许多实行集中分销战略的公司也可以成为某一分销渠道的实际控制者。

（三）可变性

发展分销渠道必然要在渠道各成员之间形成某种程度的协议或许诺，这些协议是为了确保渠道的稳定性，增进彼此间的信任，但是当市场竞争环境发生变化时，渠道内部也要进行分化和重组，以往的协议便成为内部改革的主要障碍。所以，在分销渠道设计一开始便要考虑渠道的可变性。有些行业如新兴产品行业由于产品与市场发展均不成熟，面临的市场竞争环境具有不确定性，可变性更是其分销渠道设计重要的目标。

## 第三节　分销渠道战略规划程序：分销渠道设计

前面一节主要论述了公司总体战略的制定，公司定位及渠道目标等有关内容。分销渠道作为公司实施战略和市场定位的一个重要工具，其设计主要包括市场渠道设计和后勤设计。本节将主要探讨市场渠道设计，我们会延续上一节的顾客分析和市场细分，不过此时分析的重点在于市场细分对制定渠道战略的作用，以及作为渠道设计潜在的驱动力量——顾客购买行为。在此基础上，我们会探讨营销组合中各元素之间的相互关系，主要是分析产品、促销、定价三方面的战略对分销渠道的设计和实施有何影响。

### 一、顾客分析

分销渠道设计和所有其他营销战略决策一样，都必须首先关注于顾客分析。上一节是从宏观层面上对顾客情况进行分析，以助于制定公司战略，而制定具体的渠道设计战略，就必须从微观层面进行顾客分析，这种微观分析包括两个相互联系的步骤：辨别和选择目标细分市场、分析顾客购买行为。

（一）市场细分

现实中不存在只提供一种产品或服务的市场，所有的市场都是由许多不同的细分市场构成，每一细分市场各自都有某种不同于其他细分市场的需要和欲望。有效的市场细分要求营销者能清晰地辨认出其正在或将要提供产品和服务的群体或细分片。

细分市场的方法很多，但这并不是我们要讨论的重点，其详细内容可参见有关营销方面的专业书籍。下面我们将简要论述市场细分的过程及其在分销渠道设计中的重要性。市场细分最基础的一步就是区分市场究竟是消费者市场还是组织市场。前者是个人或家庭为生活需要而购买产品的市场，后者则是一些组织为进行再生产而购买产品的市场。事实上，许多产品既可以定位在为最终消费者服务也可以定位在为组织的再生产服务，所以很多公司同时进入这两类细分市场，但要注意这两类市场运用的分销渠道是存在很大差异的。

如果只局限于以上宽泛的市场细分，那将对分销渠道的分析和设计毫无裨益，我们还必须清楚地界定顾客群。在消费者市场中，营销者常运用人口、地理、心理、行为模式等变量对市场进行深入的分析，如表3-2所示。

表3-2　　　　　　　　　　　消费者市场中的细分变量

| 细分变量 | 项　目 |
|---|---|
| 人口变量 | 年龄、性别、种族、职业、收入、教育、家庭规模、家庭生命周期、社会阶层、信仰 |
| 地理变量 | 地区、城市规模、气候 |
| 心理变量 | 性格、动机、态度、生活方式 |
| 行为变量 | 品牌忠诚、预期利益、使用量、价格敏感度 |

业务市场也可以进行类似的深入分析，但其细分变量有所不同，多为地理、组织类型（制造商、批发商、零售商、政府机构等）、顾客规模、产品用途等变量。

即使是按照以上一个变量或几个变量的组合细分出来的非常狭小的市场片，也不可能出现两个需要和欲望完全相同的个人或组织，市场细分的极端便是单个人或单个组织，所以如何把握细分的尺度是非常重要的。要使市场细分成为最有用的，它必须具备四个特征：足够的市场规模，确定的需要，有足够强的支付能力，能有效接近。

（二）顾客购买行为

有效的分销渠道设计远不能止于目标细分市场的确定，对目标细分市场中的顾客购买行为的理解也是非常关键的一环，因为顾客购买行为是正确的渠道设计的潜在驱动力量。分销渠道设计的重点之一便是回答这样一些问题：顾客在哪里购买该产品、何时购买以及如何购买。对这些问题的解答有助于明确市场覆盖目标，也有助于营销者了解顾客对产品信息、购买信贷等服务方面的需求情况。

1. 消费者行为。一个非常通用的分析框架是由刘易斯·布克林（Louis Buck-lin）提出的，如表3-3所示，该框架对消费者市场进行了细分，并逐一回答了以上的问题，同时提出了相应的市场覆盖战略。

必须再次强调的是，每一个消费者都是不同的。如果消费者购买行为的差异一旦被公司认定，将为市场细分和制定独特的渠道战略创造极佳的机会。如在表3-3中，一个公司可以选择那些购买行为属于"方便店-方便品"一类的购买者作为目标市场，而生产同一类产品的另一公司则可定位于"特殊店-特殊品"的购买者。

表 3-3                           商品和产品类型的分类

| 分　类 | 行　为 | 相匹配的渠道覆盖战略 |
|---|---|---|
| 方便店-方便品 | 消费者会在最近的分销点购买最容易到手的品牌 | 密集战略 |
| 方便店-选购品 | 消费者会在最近的分销点对不同的品牌进行比较、选择 | 密集战略 |
| 方便店-特殊品 | 消费者从最近的、有其最喜爱品牌的分销点进行购买 | 选择/排他战略 |
| 选购店-方便品 | 消费者对品牌漠不关心，但会基于价格和服务对分销点进行比较 | 密集/选择战略 |
| 选购店-选购品 | 消费者会对品牌和分销点同时进行比较 | 选择/排他战略 |
| 选购店-特殊品 | 消费者会购买其最喜欢的品牌，但也会基于价格和服务对分销点进行比较 | 选择/排他战略 |
| 特殊店-方便品 | 消费者忠诚于特定的商店而对品牌毫不关心 | 选择/排他战略 |
| 特殊店-选购品 | 消费者忠诚于特定的商店但会对店中的品牌进行比较 | 选择/排他战略 |
| 特殊店-特殊品 | 消费者忠诚于特定的商店和特定的品牌 | 选择/排他战略 |

2. 组织购买者行为。关于组织购买者行为，学者们提出了许多种有趣且有用的模式，其中具有代表性的是芭芭拉·邦·杰克逊（Barbara Bund Jackson）提出的两个基本模式：朝三暮四型和从一而终型，实际上，这两种模式属于两种极端的情形，现实中业务购买者的行为多处于两者之间。

● 朝三暮四型。这类购买行为是为了保持供货渠道的多样性和可变性，购买者会向许多供应商同时订货，会经常更换供应商。此类行为多见于政府的购买活动。政府购买量较大，同时为了给予众多供应商公平的机会，政府经常会将购买合同分拆成几份，分发给几个供应商，并在下一次购买活动中，更换掉一些以前的供应商。

● 从一而终型。与上一种行为相对应的是购买者只与一个供应商打交道，所有产品都从此供应商处购买，长期不变。这种情形多发生于供应商在渠道中占据绝对控制地位或购买者与供应商形成紧密的战略网。

决定组织购买者行为模式的主要因素是转换供应商的成本，这个成本包括投资和风险。寻找新供应商所需投资小、风险低，组织购买者则会寻找多种供应源，不断调整供应商结构；相反，寻找新供应商所需投资大、风险高，组织购买者只有保持原有的供应渠道。

另外，从经营决策的角度来讲，短期内，买卖双方尚处于不断磨合、适应的阶段，组织购买者行为多呈现不稳定状态；从战略上考虑，购买者必须建立一些固定的、高质量的供货源，以对抗市场的风云变幻。

**二、产品战略对分销渠道设计的影响**

分销渠道设计必须同公司营销战略的其他方面紧密配合，结成一体。所以产品、定价、促销等战略对分销渠道的设计必然产生巨大影响。其中有关产品方面的战略决策对塑造渠道设计和结构尤其重要。下面我们将讨论产品特性、新产品开发、产品生命周期、品牌战略等因素对渠道设计的影响。

（一）产品特性

一个产品通常有许多特性，这些特性对渠道设计来说意义重大，如单位价值、易腐性、运输特性、技术复杂程度、标准化等都是决定渠道结构是否合理的关键因素。

1. 单位价值。单位价值低的产品常常要经过好几个渠道层次才到达最终消费者，其分销渠道较长。原因在于这些产品通常不能产生足够的净利润，从而制造商无法消化更直接的分销形式所带来的高成本。如牙刷制造商若采用零渠道的方式，由厂商派人一家一家去推销，其分销成本绝对大大超过通过中间商化整为零所花费的全部费用。相反，那些单位价值高的产品，由于其分销成本只是产品总价值极小的一部分，其产生的净利润足以弥补直接分销所带来的成本，所以短渠道比长渠道更有利可图。单位价值还和分销覆盖密度相关联。一般来讲，单位价值低的产品多被顾客视为便利产品，因而需要密集分销；而单位价值高的产品都被视为选购品和特殊品，这样可在选择性分销和排他性分销中灵活选择。

2. 易腐性。易腐性是影响渠道设计的另一个产品特征。易腐性强的产品如新鲜食品和海产品通常采用短渠道，以降低产品坏损的风险。易腐性强的产品不仅仅局限于物质上的易腐烂产品，还包括商业生命周期短的产品，如一些非常时尚的服装，由于消费者的特定需求停驻时间非常短暂，所以这些产品也应当采用短渠道，尽早尽快地分销出去。

3. 运输特性。那些由于沉重、体积大、易碎等特性而不易运输的产品通常也要采用短渠道，因为其运输困难，每一次的倒转成本均很高，还会增加易碎产品损坏的可能性，所以运输的次数应尽量减少，渠道级数应尽量压低。

4. 技术复杂程度。技术复杂的产品通常需要精细的服务或至少有训练有素的人员对产品进行诠释。因此，这些产品多采用直接分销渠道。大多数工业产品和一些消费品属于此类。比如在20世纪80年代，许多零售商对个人电脑的技术不甚了解，甚至不懂得如何去操作电脑。所以，一些个人电脑制造商只好自己开设专卖店和选择一些经过培训的中间商，从而为顾客提供更充分的服务。

5. 标准化。产品的标准化常常与技术复杂度相关联，越是非标准化的产品，其在分销渠道的运作中所需的技术知识和技巧越多。从某种程度上来说，每一个消费者都有其独特的需求，而产品要满足这些需求，就必须采用直接渠道，在生产者和消费者之间构成一对一的直接关系，但大多数产品属标准化产品，不需要实行顾客定制化，所以多采用间接渠道。

（二）新产品开发

任何一个渠道成员都可以进行新产品开发活动，而且可能会对渠道成员间的关系结构产生重大影响。新产品的内涵很广，但一般是指厂商以前没有推向市场的产品。下面将要论述制造商、中间商等在新产品开发活动与分销渠道设计中的相互关系。

1. 制造商。每一年制造商们都要开发出成千上万的新产品，新产品问世对分销渠道有着显著的影响，而分销渠道又会显著影响新产品成功的概率，对许多制造商来说，现存的分销渠道是他们新产品被认可的一个主要决定因素。如果不考虑新产品开发中的渠道因素，可能会带来灾难性的后果。所以，当新产品开发需要调整分销渠道和建立新的渠道时，大多数制造商十分谨慎，因为他们不熟悉的渠道结构中的不可测因素太多了，没有经验可谈，一不小心就可能失足。

2. 中间商。批发商和零售商也有新产品开发活动，他们关于扩展其所经营的产品线之广度和深度的任何一个决定都可能需要新的渠道安排。如寻找货源、建立新的关系网、对以往关系网或货源的删除或调整，等等。中间商实施新产品开发的动机与制造商不尽相同，制造商更多的是想扩展其产品种类，而中间商则是想扩充货源，寻找更多的供应商。

另外，由于中间商在分销渠道中更接近顾客，更容易收集到顾客的反馈信息和消费需求信息，所以中间商还经常是制造商新产品构思的源泉。

（三）产品生命周期

产品生命周期表明产品随时间的推移而呈现的不同市场阶段，它描述了产品从投入、成长、成熟到衰退这一过程中，其销售和利润情况的变化轨迹。而每一阶段的分销渠道设计的侧重点也有所不同。

1. 投入期。在投入期间，新产品往往会遇到分销渠道的抵制。当中间商拒绝让新产品摆上他们的货架时，希望密集分销的制造商是无法达到其目的的。所以，这一段时期大多数制造商会小心行事，只在有限的地理区域内推广其新产品。不过，这也要归咎于制造商对市场前景无法作出正确的判断，因而不愿大规模投资扩产。另一方面，制造商的这种小心有时会在市场需求突然增大时而显得措手不及，搅乱整个渠道关系。如吉列剃须刀刚推出来时，其需求急剧上升，大大超出了厂商的预期，而此时吉列公司短时间内无法大规模扩大生产规模。零售商售完存货后，又向公司大量订货，吉列公司无法满足供货需求，只好在零售商中进行有限的分配，渠道关系因此受到了严重的损害，有些零售商甚至决定从此不再出售吉列的产品。

2. 成长期。如果新产品推广获得成功，接下来就进入成长期，整个市场的需求开始增加，而竞争者也逐渐加入该行业。此时，分销范围要扩宽至新的区域市场，覆盖的密度也要增强，以抢占市场，对抗竞争。由于这一阶段市场扩展迅速，所以分销的关键任务就是保证产品的可得到性（避免吉列那种情况的发生）和取得更大的市场渗透力。

3. 成熟期。此时销售规模和分销结构都趋于稳定，利润也开始下降，竞争强度却在上升。这一时期分销的关键目标就是要通过满足渠道各参加者的需要，来确保分销密度保持在一个合适的水平上。这一时期也有许多厂商开始寻找新市场或新用户，以期产品进入第二个成长期。不过这类努力需要变换渠道甚至建立新的渠道，简单些的情况如进军国际市场，只需将新的渠道参加者添加至原有的渠道结构中去；复杂些的情况如改变现有的渠道结构来吸引不同的细分市场。许多厂商通过这些渠道再设计而在稳定的市场中获得了第二个成长期。

4. 衰退期。当产品进入衰退期时，保持已有的分销密度是十分困难的。一些渠道参加者会从他们的货架上撤下这些产品，而换上其他"热卖"的产品，只有少数渠道参加者会继续保留该产品。所以，此时低成本的渠道安排变得非常重要。

（四）品牌战略

产品战略对分销渠道影响的第三个关键方面是渠道参加者的品牌战略和策略。对于制造商而言，拥有属于自己的品牌是有很多好处的，如便于识别、便于建立顾客忠诚、有助于新产品的推广、有助于企业形象的建立和深入人心，等等。现在有许多中间商创立了属于自己的品牌，这也给中间商带来了许多益处，如便于建立顾客对分销点的忠诚、进货成本降低、售货价格更有竞争力，等等。在西方发达国家，制造商品牌与中间商品牌之间的竞争现在已经进入白热化阶段，在这场"品牌之战"中，有一些中间商减少了标有制造商品牌的商品库存，同时制造商也拒绝为中间商品牌者生产产品，因而导致了渠道关系的不断变化，甚至增加了营销渠道中的压力和冲突。

### 三、促销战略对分销渠道设计的影响

促销活动和战略在营销渠道设计中扮演着一个重要的角色。这些活动包括推拉战略、广告、销售促进、人员推销等。即使是单个渠道成员的促销努力都会直接影响到渠道中相关厂商的行为，更不用说所有成员的共同努力了。

（一）推拉战略

制造商有两种可供选择的基本促销战略：推式战略和拉式战略。拉式战略一般

希望通过对最终消费者和工业用户进行促销活动以刺激他们的产品需求，从而迫使批发商、零售商或分销者不得不经营该产品，即产品是通过创造终端需求而被拉进分销渠道的。所以该战略多采用广告和销售促进等工具。相反，推式战略则是把制造商的促销努力集中于分销渠道的成员身上而不是终端需求者，所以多采用贸易广告和折扣，销售促进和人员推销等工具。只有极少数制造商运用单纯的推式战略或拉式战略，大多数制造商是两者的综合应用。推拉战略的运用直接影响到渠道关系和结构设计的侧重点。

（二）广告

分销渠道中的任一成员均可运用广告来影响最终使用者和该渠道的其他成员。下面我们主要讨论贸易广告和合作广告。

1. 贸易广告。贸易广告是专门用来与渠道各成员进行沟通的广告形式。在美国，大多数在全国范围内进行普通广告活动的产品也得依靠贸易报纸和杂志来接近渠道成员。因为贸易广告通常比面向消费者的广告信息更多更全，广告诉求也更合理而不是非常感情化的，制造商通常在贸易广告中描述自己的产品、建议运输产品的方法，指出中间商经营此产品的益处，甚至阐释一些自己的营销计划等，以促进彼此间的交流与沟通。

2. 合作广告。在分销渠道安排中一个非常有意义的广告形式就是合作广告，即在零售商和他们的供应商之间进行联合促销。由厂商或批发商开发出广告的基本内容，再加上各地区零售商的名称与地址等内容。尽管合作广告对制造商和中间商来说都是有利也有弊，但其已广泛存在于各行各业，尤其是消费品行业，它给渠道成员的关系带来新的含义。

（三）销售促进

销售促进已成为所有渠道成员营销战略的基本元素之一。销售促进有很多种形式，以下主要介绍对分销渠道影响最大的几种。为了论述的方便，我们将销售促进的形式归为两大类：消费者导向的促销以及贸易导向的促销。

1. 消费者导向的促销。这是制造商拉拢消费者战略中的一个核心部分，目的是刺激消费者对制造商产品的需求。常见的促销方式有优惠券、特惠包和捆绑促销等。

● 优惠券。优惠券一般通过大众传媒、直接邮寄、附带在产品的包装上或零售商传送给消费者。消费者可持此券在购买时享受价格折扣，零售商由此而承担的损失和费用由制造商予以补偿。优惠券的主要目的是通过吸引新用户、品牌摇摆者和价格敏感者或增加重复购买率来刺激中间商销售该产品。中间商也可以自行发行优惠券来刺激销售。制造商发行优惠券后，应该及时通知零售商，让其做好存货安排，并承诺补偿其经济损失；否则，零售商对优惠券情况毫不知情，消费者持券购买时得不到许诺的优惠或产品已被抢购一空，这样既损害公司在消费者心目中的形象，也严重破坏了渠道关系。

● 特惠包和捆绑促销。两者也是现实生活中常见的促销手段。如洗衣粉特惠包，加量不加价，每包中免费多赠送 100 克或 50 克洗衣粉；牙膏与免费的牙刷捆绑促销；饮品与免费的精美容器捆绑促销，等等。但特惠包与捆绑促销由于包装上的改变往往会给批发商和零售商带来一些麻烦，如得重新考虑如何储存、运输、安排货架等，有些中间商由于这些不便和成本的增加而不愿参与特惠包和捆绑促销的活动，所以此时制造商要注意重新调整渠道设计，发展渠道关系，以免其促销战略无法实施。

2. 贸易导向的促销。销售促进是指供应商为使中间商购买、促销或展示其产品而开展的一系列促销活动，促销形式多为进货价格上的折扣。贸易促销导致的第一个结果是"超前购买"，当进货价格折扣高，而储存、运输费用相对而言比较低时，许多中间商会贪图进货价格上的优惠而大肆进货，储存起来。第二个结果是倒卖，由于制造商在各地贸易促进的幅度不一样，这样就可能出现地区间转卖的现象，于是在贸易促进幅度小的地区，中间商从倒卖者手中进货的价格可能还会低于制造商。以上这些情况都会极大地影响营销渠道设计和渠道关系，但这并不意味着销售促进的影响都是负面的，只要正确地计划和执行，它也会产生积极的影响。

（四）人员推销

现在很难发现不运用人员推销的公司，即使是那些雇用了销售中介，由其负责与批发商和零售商打交道的公司，它也得派人先把其产品推销给这些中介机构。在零售这一层面，即使是所谓"自我服务"的零售店，店员也得向消费者提供信息和帮助。所以，问题不是人员销售是否存在，而是其在分销渠道中的作用如何。

工业产品渠道中，人员推销往往是促销活动的主力军。产品的技术复杂度越高，在分销渠道的每一个层级中所需的人员推销越多。公司越是推行推式战略，人员推销在取得中间商的信任与支持，给予渠道参加者信息和帮助等方面的作用越大。销售培训计划和传教士式销售是两个经常被运用的促销战略，下面作简要介绍。

1. 培训计划。批发商和零售商在许多操作领域，尤其是自己的销售人员和培训方面经常需要制造商予以极大的帮助，所以制造商应对中间商开展有关产品和销售技巧方面的培训，帮助他们摆脱这种窘境。有趣的是，许多制造商忽略了这样一个事实：批发商和零售商的销售人员更乐意接受他们熟知的和运作起来得心应手的产品。

2. 传教士式销售。传教士式销售是制造商为辅助批发商和分销商的人员推销而采用的一种销售促进活动，即制造商派出自己的销售人员帮助中间商及其销售人员促销其产品，为中间商获取订单。这样加强了中间商的促销力量，但同时也增加了制造商的促销成本，且由于利益关系，中间商的销售人员一般都比较讨厌这些

"传教士"，因为一旦他们熟悉了渠道，他们将是这些中间商销售人员最强劲的竞争者。

销售培训计划的制定和传教士式销售的运用是整个促销活动对渠道设计产生影响的两个发力点。渠道中中间商的类型和他们特定的作用可能直接决定这两个发力点发力的大小。如一个拥有许多推销能力强且属技术型推销人员的计算机零售商，他就不需要制造商对他进行培训。若非如此，零售商则会急切需求制造商的培训。总之，公司推销人员在各级渠道中表现出来的推销能力直接影响着渠道结构的调整和渠道关系的进化。

### 四、价格战略对分销渠道设计的影响

价格应该是产品、沟通、分销和渠道中每一个成员的活动创造价值的总和。价格水平首先由制造商设置，他们在考虑到产品对消费者或最终用户的价值、竞争价格、吸引中间商加入渠道结构并较好地执行其职责所需的利润等因素的基础上对产品制定一般价格。下面我们将讨论参考价格、各种折扣和销售条件、运输造成的费用问题及分销渠道中的价格变化，等等。

（一）参考价格

大多数产品有参考价格。参考价格是厂商建议的零售价，尽管有些零售商不按此价出售该产品，但参考价格却为整个渠道内的价格协商奠定了一个基准。参考价格多是在综合考虑各方正常利润的基础上谋划出来的，现在许多行业已经形成了比较固定的平均利润率，各经营者达到这一平均利润率即属正常。当然，具体到每一个渠道成员，其利润率多高，就要看其讨价还价的能力了。

（二）折扣

价格折扣即是对上述参考价格的一种变动，常见的折扣形式有数量折扣、功能折扣、季节折扣和现金折扣。

1. 数量折扣。许多制造商会因顾客购买数量大而给予价格上的折扣，分累计折扣和非累计折扣两种。实行数量折扣有助于鼓励零售商从批发商处进货，而不是直接向制造商购买，因为批发商进货量大而可以获取比零售商更大的折扣，此时批发商在售货价格上可能比制造商还具备一定的优势。另外，数量折扣的存在，也促使了零售商间的合作。一些小的零售商联合起来实行共同进货，以获取价格折扣。由此可见，折扣战略对渠道设计是有重大影响的。

2. 功能折扣。功能折扣指由制造商对履行了某种功能如推销、储存和账务记载的贸易渠道成员所提供的一种折扣。制造商可以基于各成员所提供服务的不同而给予不同的价格折扣。

3. 季节折扣。季节折扣是卖主向那些购买非时令产品的买者提供的一种折扣，这种折扣使卖主在一年中得以维持稳定的生产。

4. 现金折扣。现金折扣是卖主对那些购买产品时付现金的买者提供的一种折扣。实际运作中，极少有渠道成员付现金，他们多半维系某种信用关系。现金折扣则是引诱他们兑现的一种有力工具。如"2/10，N/30"，即表示 10 天内兑现则享受 2%的折扣，而超出 10 天而在 30 天内兑现则得支付全部货款。由于现金折扣率远高于银行贷款利率，许多买者宁愿向银行借款来支付货款，从而赚取差额和维系良好的买卖关系。

（三）运输费用

分销渠道中定价的一个重要内容便是针对运输费用的分配。运输直接影响着产品在渠道中运行的总成本。下面有几种不同的运费分担方式：

1. 离岸价格。离岸价格意味着卖方只需将产品运至运输点，此时，产品和风险即已转至买方，同时买方还得支付运输费用。这似乎是一个简单而公平的方式，因为它对每一个买者均是公平对待，但它也会给卖方带来一些难题。由于运费随距离而增加，离卖方近的买者购货成本就远低于离卖方远的买者，于是买者都会就近购买，这样卖方要突破地域限制就十分困难了。

2. 到岸价格。到岸价格意味着卖方只有将产品运至顾客所在地或顾客指定的地点才算完事，在此之前，所有权和风险都由卖方承担，另外，卖方还得负担运输安排，垫付运输费用。在比较规范的到岸价格中，所有买主都会以同样的价格购买，包括运费的支付也一样，而不论距离的远近。这样地域就不成为削弱卖方竞争力的重要因素了。

3. 顾客自运补贴。由于今天许多全国性或大型区域性的批发商和零售商拥有自己的运输装备，他们不仅自行运输产品于仓库和商店之间，也运输于制造商和仓库或商店之间。对于这种顾客自运，许多制造商给予补贴，至于补贴多少，由双方参考运费标准自行商讨。

（四）价格变化

在市场竞争中，价格变化是不可避免的。只要变化幅度不太大，不引起所有竞争者的强烈反应，价格变化将不会引起渠道的巨大震动，但经常变动价格会对渠道设计产生深远的影响。

1. 价格持续上涨。随着原材料、劳动力成本的上升，价格会持续性攀升。当供应商提高产品价格时，分销渠道中的其他成员都应该认真考虑是否要增加存货，价格变动趋势如何，利润变动情况等问题。通常，供应商会在涨价之前通知下级成员，以便让其有机会调整存货结构和数量。

2. 价格短期变化。困扰所有渠道成员的问题是：价格短期变化究竟带来何种效应？心血来潮的价格战会引起渠道的剧烈震动，也会破坏彼此的关系，而突击降价战略的恰当运用又会给企业带来新的竞争优势和意想不到的长期效应。这些都是企业在进行渠道设计时要考虑的因素。

# 第四节　分销渠道战略规划程序：后勤规划

后勤渠道的首要目标就是准时运送货物和提供辅助服务。在分销渠道通过产品、定价和促销等活动的协调配合为促进交易服务时，后勤渠道则要为顾客提供获得产品和服务的时间和地点。随着市场交换的广度和深度逐步扩大，渠道内分工也逐渐细化，出现了许多专门从事渠道后勤工作的企业组织，他们高效率地工作，客观上使得后勤规划能提供更优质的顾客服务，同时使得企业总成本降低。当然，取得高水平的后勤能力并不一定要将交易和后勤分开进行规划，但这样做至少带来两个潜在的益处：（1）分开规划使得公司可以通过制定较集中的交易战略而将全部营销力量集中于顾客细分市场。（2）可以使公司将后勤定位作为一种战略资源，准确的后勤定位将给公司带来极大的竞争优势。可见，对分销渠道和后勤渠道分开进行规划可以使公司定位在低成本的供应商和优质服务的提供者这样一个双赢的局面。不过，分销渠道规划与后勤渠道规划分开运作并不是各自为政的，两者是相互衔接、密切配合的，共同为公司的整体目标服务。

## 一、后勤管理流程

正确认识后勤工作是至关重要的。公司的决策层必须清楚地了解：越是经济发达的国家，后勤的总费用越应该成为管理决策重点考虑的对象；后勤总成本远不止包括运输费用，实体分配各阶段的库存管理和维护工作也要用去不少资源；实体分配过程中的责任和风险会对所有渠道成员产生直接影响，而不论这些成员处于渠道的哪一层级。所以必须摒除"只有制造商才需要后勤规划"的观念。为了更好地理解以上这些要点，我们下面从价值创造和边界扩张的角度来考察整个实体分配过程。

### （一）价值创造

审视整个后勤渠道的一个好方法是从价值链角度来剖解。后勤渠道实质上就是传送产品和所有权的管道、链条和流程，通过它的运作来实现产品价值的增值。没有后勤渠道，产品和所有权就无法送达到顾客手中，再珍贵或稀缺的产品也无法实现其价值。例如，存储在批发商或制造商仓库中的空调对于一个潜在购买者来说是毫无价值的，只有当顾客需要并可以在其喜爱的分销点得到空调时，产品的价值和增值才体现出来。另外，如果后勤渠道缺乏效率，不能准时地传递产品和所有权，也会直接影响产品价值的实现。如当一个顾客需要等上两三天才能得到他所需要的空调，其购买欲望可能早就被消磨得无影无踪，或在空调送达之前，炎热的天气已经结束，潜在购买者可能推迟购买而转向其他时令产品。可见，后勤渠道运作充分诠释了"时间就是金钱，效率就是生命"这一至理名言，不能准时准点传输的后勤渠道是缺乏效率的。

事实上，大多数后勤活动是在价值实现和增值之前便已开展了。如许多零售商会在下一个销售旺季还未到来时提前好几个月做好存货计划，购进预计会热销的产品，以备不时之需。

（二）边界扩张

后勤活动的一个独特特征就是它包含了一系列边界扩张的活动和功能。对某一公司而言，所谓"边界扩张"是指与超出其工作或管理领域的职权范围的一些活动进行交流、衔接。如传送产品，你就得和装卸、运输等与自己毫无关系的部门打交道。其实，后勤渠道的规划就是如何进行边界扩张，如何将那些不属于自己的职权纳入到公司的战略计划中来，为公司所用。这种边界扩张可以在公司内部和外部同时进行。

1. 内部边界扩张。公司的后勤规划是为协调营销、生产、财务等活动服务的。抽象地讲，所有的经济组织都是为了达到销售增长、利润增加、股价不断提升等这样一些基本的目标。然而，现实生活中这些基本目标是互相冲突的，如要使企业获得持续增长或增长的潜力就必须不断进行新产品开发，而产品线的增加必然会影响到生产成本和生产规模，极有可能不符合财务的成本控制要求，这样增长的潜力与利润目标产生矛盾；营销方面，要获取销售的增长，必须抢占市场份额，这势必引起营销总费用的增加，而短期内营销效果不甚突出，利润并不会大幅度攀升，甚至还会下降。以上这些基本目标相互冲突的情形并不只存在于制造商中，批发商和零售商同样面临着两难困境。不过，正是这种两难困境为整合后勤的快速扩张提供了动力。

整合后勤正是为调节和缓解企业内部组织之间的冲突而服务的。作为一种边界扩张活动，后勤有助于生产与营销活动的衔接，如后勤系统中对成品的战略性储存就有助于抑制市场的投机活动，保证生产的持续性，不至于使生产和销售脱节。不过，要缓和生产同营销等环节之间的差异也非易事，后勤组织必须制定准确的时间和存储战略，促进公司内部各部门之间的衔接，从而保证公司整体战略顺利实现。

2. 外部边界扩张。公司在渠道中向外扩张边界远比其内部边界扩张复杂得多，因为渠道成员间的冲突更多更大，交织在一起，混杂不清。每一个渠道成员通常都有不同的组织结构、传统和文化价值观，这样，渠道其实成为了成员们相互适应、谋求合作的竞技场所。于是，从某种程度上讲，后勤渠道对解决和缓和成员间的差异就显得非常重要了。

公司的外部边界扩张大多是基于后勤活动而展开的。我们举个例子来说明，如在一个垂直营销系统中，零售商和制造商之间只进行销售价格和运输费用的协商，其他方面签订固定协议，这样，两者每天的工作关系就完全靠彼此的后勤系统来维持。

总而言之，后勤渠道结构和渠道成员的行为模式是影响渠道不断运转的核心因素。每一个参加者都希望能按预定计划和固定路线发挥其具体的作用和交换关于其具体运作细节的信息，来保证整个后勤渠道发挥预定的功效，因此，各成员的内部衔接即内部边界扩展和彼此间的衔接即外部边界扩展都应该合理谋划、积极运作。

**二、建立服务目标**

后勤活动的首要任务便是服务顾客。顾客服务能力定位是整个营销战略的重要内容。本部分将讨论创造优质服务的后勤运作的几个方面。从后勤的角度来讲，一个公司既要为外部顾客服务，也要满足内部顾客的需要。外部顾客往往在整个渠道运作中所受到的关注更多，因为他们直接代表着价值链，是实现利润的关键。因此，公司为其顾客服务得怎样以及这些服务又是怎样帮助顾客为顾客的顾客服务，都对后勤能力设计至关重要。可能有些公司认为只要为顾客提供优质服务即可，哪管得了顾客为他的顾客是怎样服务。这种看法未免有些"短视"，后勤渠道中每个阶段的服务质量都直接影响产品价值的顺利实现和增值，任何一个阶段的服务出现了问题，都会使价值增值过程中断，各成员经济利益受损。所以，从战略的角度来讲，公司不仅要考虑它提供的服务的直接效果，还要考虑服务的间接效果，以保证整个渠道的畅通和价值增值各环节的衔接。

后勤服务的第二个方面涉及公司内部运作。为公司内部的生产流程提供库存、运输等增加产品价值的后勤服务，对保持公司内部运作的有效性和灵活性是十分重要的。

下面我们将从三个方面探讨顾客服务性能：一是服务顾客的传统方式；二是与后勤性能和顾客满意度有关的零缺陷观念；三是从后勤性能结构化的角度探讨服务细分与选择之间的关系。通过探讨这些观念、方法，可以提高后勤服务性能，帮助公司取得竞争优势和差异化。

（一）基本的顾客服务方式

传统的顾客服务是从三个方面来进行测量的：产品的可获得性、服务能力和服务质量。每一个方面都代表着对日常后勤服务性能进行量化测定的一种方法。

1. 产品的可获得性。测定顾客服务水平的焦点是公司的产品库存量是否能很好地满足顾客的需要，所以许多公司不断地从生产和供应源输出产品，充实其各地的库存点，以保证各库存点有充足的供货能力。评价各库存点的供货能力，即产品的可获得程度，可以有很多方法，如比较计划的入库率和实际入库率、计算入库数量占订单总量的比例、测定订单装运完成率等。不过有一点要注意：供货能力越强，也预示着存货投资越大，公司可在成本和利润之间进行权衡，从而确定自己的供货点数量和各点的供货能力。

2. 服务能力。服务能力是指公司订单履行运作的速度、连贯性和可变性。公司订单履行程序一般包括以下几个步骤：顾客订单传入──→资信认可──→入库领取产品──→运输至供货点──→开票和递送。公司的服务能力直接受制于这个订单履行流程。

服务的速度，是指整个订单流程运行所花费的时间。有些制造商实行在中间商处寄售的方式，发出订单和递送产品几乎同时进行，服务速度非常快。但在大多数情况下，整个流程运行还是需要一些时间，从几小时到几周，甚至几个月。当然，绝大多数顾客希望尽快得到自己所需的产品。在今天这种"快餐文化"盛行的社会里，服务速度更是一些公司制胜的法宝。不过速度是以成本为代价的，同时也可能会影响到服务的质量。

订单循环的连贯性在测定公司服务的能力方面比订单循环时间更为重要。每个循环的衔接与整个过程的统筹规划直接影响着订单履行程序的效率和速度。任何一个环节的延误或故障都会直接导致服务能力的削弱或瘫痪。

可变性是指公司适应特殊的顾客服务要求的能力。事实上，随时都可能出现新顾客和新需求，为了满足他们就可能需要新的后勤工具、渠道和方法，公司后勤系统应该事先制定好备用方案或及时地对订单履行程序进行临时性调整，以提高自己的应变能力。

3. 服务质量。服务质量是指公司在进行与订单履行有关的所有活动中避免差错的能力。如运输过程中产品无损坏、发票无差错、退货无阻碍和突发事件能得到快速解决等，这些都是高质量服务的体现。尽管很难对服务质量进行测定或量化，但优质的后勤服务至少具备三个特征：（1）服务内容及相关信息公开化、透明化，每一个顾客都能及时地了解其他顾客所获得服务的细节；（2）不会因征求公司管理层的批准或开展其他业务活动而延误服务的提供；（3）公司的服务提供出现故障或未曾预料的问题时，公司会及时告知顾客并提出恢复方案和补救措施。可见，衡量服务质量的高低不在于对其过去业绩的评价，而在于服务提供者的诚实、可信、一视同仁。即使你曾有过不好的服务声誉，但只要你能与顾客坦诚布公、公平对待，并持续坚持这种风格，你的服务会得到顾客高质量的认可的。

（二）零缺陷

显而易见，顾客对服务都有一套自己的预期目标。零缺陷的观念就是供应者努力提供顾客订购的产品，并按他们指定的时间和地点准时送达，与顾客的预期目标毫无偏差。但现实中这种零缺陷的服务是很难办到的。一般来讲，在其他条件相同的情况下，运送产品的数量与出现服务缺陷的概率成正比，即运送产品越多，越容易出现服务缺陷。不过公司可以综合应用顾客联盟（即对一些地理位置接近或关系紧密的顾客进行集中服务）、通信工具、库存战略、储备运输工具、备选运输方案等手段，增加后勤的可用资源，促进后勤性能努力向零缺陷靠近。

### （三）服务细分与选择

公司可以通过对顾客的服务需求进行细分，并根据自己的服务能力从中选取有潜力的目标群来获取差异化优势。如有些顾客需要快递服务，而有些顾客并不在乎传递速度的快慢，只要在其能容忍的时间内送达即可。

绝大多数成功的公司是围绕这两个基本点来制定其顾客服务战略的：（1）服务是顾客订货的可靠传递，并在特定时间满足其所有需要。换言之，服务就是定时定点地满足顾客特定的需要。（2）要根据顾客的不同需要进行服务细分与选择，公司的服务战略应主要针对那些占据着绝大部分市场份额的关键顾客的需要和那些因优质的服务或特色而愿意增加购买量的顾客的需要而制定，对他们的服务需求水平和对服务的敏感度进行详细分析、分类，再结合成本的考虑确定基本的服务流程。如果选定的服务战略有助于市场份额和顾客忠诚度的增加，就应该坚持下去，并在随后的后勤执行中不断地调整、完善。

### 三、成本分析与成本-服务的灵敏度分析

一个公司的后勤系统设计都应该创造一个以最低的成本来达到顾客服务目标的整合运作结构。总成本分析为公司的后勤战略设计提供了一个基本的框架。在整个流程中从基本服务目标的确立到后勤系统的设计再到后勤的执行都要求以最低的成本来运行。但总成本分析通常是很难进行的，因为它需要的一些数据无法直接从企业内部的会计报表中取得。所以，总成本分析的关键是要建立以活动为基准的成本分析系统，通过确定库存、运输等关键活动的成本来估算整个后勤活动的总成本。

成本-服务的灵敏度分析是后勤系统设计的关键。公司可以通过分析后勤成本与服务效果或营销效果之间的相关程度，来调整后勤战略，重新细分市场和选择目标顾客群。在成本-服务灵敏度分析中应把握的一个基本经济原则是：只要公司从后勤服务中获取的边际收益大于或等于服务的边际成本，就可提升或维持公司的服务水平，从而获取更丰富的利润报酬。

## 第五节　分销渠道战略规划程序：分销渠道评价与调整

前面两节主要探讨了分销渠道和后勤渠道的规划，从中我们可能会得出一个错误的结论：制定多种分销渠道设计方案是实现公司渠道目标的最佳选择。事实上，这些多种方案或配备方案只是针对不同情况或从不同角度制定的预选方案，供决策层作决策参考之用，决策层还必须对这些预选方案作深入分析，从中选定最佳的分销渠道结构。

本节主要介绍评价各预选方案的方法。前面我们已经讨论过渠道目标来源于公

司总体战略，它既包括盈利性、投资回报率等经济目标，也包括市场覆盖率、渠道控制、可变性等营销目标，这些目标就是评价各预选方案的标准。本节从讨论交易成本分析开始，此分析将判定公司是否能通过内部协调和与外部独立的渠道成员建立固定关系等途径最好地发挥其分销功效。然后从公司满足其渠道目标的能力的角度介绍一些分析、评价分销渠道结构的方法。一旦最佳的渠道结构被选定，我们就会把注意力放在如何辨别、选择特定公司作为渠道伙伴。最后我们会讨论分销渠道调整战略决策，这受到现存渠道关系变化的影响。

## 一、交易成本分析

分销组织的安排可以在垂直整合（垂直营销系统）这一极端和完全依赖外部渠道成员之间变化，任何一个公司作出的基本决策是：哪些分销职能由公司自己完成，哪些职能依靠外部的分销关系？

垂直整合提供了渠道控制的益处，分销活动能被很好地协调和统一，以最少的重复获得高效的分销能力。垂直整合也有助于营销功能的持续执行与控制。但是，垂直整合通常需要大量的资金投入来培养和发展其分销能力，如库存、设备、运输、人力资源等所有分销活动所需要的环节都需要公司独自承担经费，另外垂直整合还会严重制约公司在不断变化的环境中的可变性、灵活性。

与垂直整合相对应的另一种极端情况是完全依赖其他独立的渠道成员来分销产品。这种组织安排得益于渠道分工的深化，专业化分工可以使分销活动更有效率且成本更低，但这种组织安排使公司无法控制渠道，同时各贸易伙伴之间的差异和潜在的冲突也不易调和，这些差异最终可能导致渠道冲突，从而降低整个分销系统的效率。

如何在以上这两种极端情形之间进行选择，就需要进行经济分析。渠道安排最终是为了让所有成员都获取利润，如果公司自己执行分销职能的成本比依靠其他公司的低，就可以选择垂直整合的分销组织安排，反之亦然。如果每一个分销职能的成本都可以进行这种内外比较，那么公司就可以在以下方面作出选择：其人员推销活动是由自己的销售力量还是雇用独立的销售机构来完成；其产品运输是由自己的卡车队还是由第三方承运者来实现；运用公共仓库还是建立私人仓库。交易成本分析从经济和行为的角度为这些选择提供了工具。交易成本分析的主题仍然是：成本最低的渠道结构是分销组织的最佳选择，此分析的关键是辨别渠道结构对交易成本的影响。

此处的交易成本主要是指获取信息、讨价还价、监控分销活动的执行等活动所花费的费用。交易成本分析理论认为：在理想的市场经济条件下，由于竞争的作用使得与外部公司建立契约关系的交易成本最小。因而最好通过外部渠道成员来实现公司的经济目标和可变性目标。但为什么现实中有不少公司实行垂直整合的分销系统呢？这与两种因素有关：一是人的因素；二是环境的因素。

- 人的因素。人的因素如"有限理性"和"机会主义行为"等都直接导致市场经济的不完善。有限理性是指人们处理外部信息和解决复杂问题时决策能力的有限性，这种能力的限制是由于决策者无发收集和处理所有的所需要的信息而导致决策的非理性。由于这种有限理性使得与外部公司建立良好的契约关系和减少冲突等工作变得困难而复杂，而垂直整合却能使这些问题的难度最小化。"机会主义行为"也是如此，它的存在使垂直整合成为现实生活中一种较佳的选择。

- 环境的因素。交易成本分析中重要的环境因素包括环境的不确定性和复杂性、渠道成员的多样性和多变性。由于这些环境因素的存在使得渠道关系变得不稳定、复杂化，而收集信息、寻找交易对象和交易价格等交易费用相应增加，所以大公司多采用垂直整合的渠道安排来减少交易成本，获取经济优势。

## 二、评价分销渠道方案的工具

一旦确定了多种渠道方案，接下来便是要对各方案的利弊进行比较分析。分析的重点必须放在每一方案都要满足公司渠道目标的能力上。当然，如上所述，有限理性等因素会使比较分析带有一定的主观性甚至是不科学的。所以，本部分将介绍一些分析评价的方法和工具，期望能帮助决策层进行理性的分析和评价，使之更符合客观现实。下面从易到难介绍三种分析评价方法。

（一）关键因素分类法

关键因素分类法要求决策者首先应清楚地了解可行的渠道方案，其次要确定比较各方案的目标和约束，再次要确定各目标和约束的权重，最后按照这些目标约束和权重对每一方案进行评估。

例如，假设一个生产餐馆装备设施的制造商明确了其产品线的三种分销渠道方案：（1）运用自己的销售力量和分销中心将产品销售和分配给全国的销售链和独立的分销点；（2）运用经纪人和独立的食品服务分销商网络；（3）运用自己的销售力量和独立的食品服务分销商品。

公司也确定了如下用于比较各方案的一套目标和约束：

- 销售量；
- 盈利性；
- 可变性；
- 控制力；
- 所需投资；
- 风险。

然后，公司确定了如表 3-4 中第二栏所示的各目标与约束的权重，并按 1～10 的分值评价各方案实现目标和避免风险的程度。其中，10 为实现目标的可能性最大和所需投资最少、风险最小，1 则相反。

表 3-4　　　　　　　　　　　　关键因素分类法

| 目标/约束 | 权重 | 渠道方案 | | |
|---|---|---|---|---|
| | | A | B | C |
| 销售量 | 0.1 | 10 | 4 | 7 |
| 盈利性 | 0.15 | 8 | 4 | 7 |
| 可变性 | 0.1 | 3 | 8 | 6 |
| 控制力 | 0.1 | 10 | 2 | 6 |
| 所需投资 | 0.25 | 3 | 10 | 8 |
| 风险 | 0.3 | 2 | 10 | 10 |

对以上数据进行分析比较的方法有三种：平均值法、偏好排序法、最低要求法。

1. 平均值法。即是对各方案按六个目标/约束的值和它们的权重进行加权平均，选择平均值最高的方案作为最佳方案。

渠道 A = 0.1×10+0.15×8+0.1×3+0.1×10+0.25×3+0.3×2 = 4.85

渠道 B = 0.1×4+0.15×4+0.1×8+0.1×2+0.25×10+0.3×10 = 7.5

渠道 C = 0.1×7+0.15×7+0.1×6+0.1×6+0.25×8+0.3×10 = 7.95

可见，同时运用自己销售力量和独立的食品服务分销商网络的渠道安排得分最高，按平均值法渠道方案 C 是最佳的选择。平均值法的科学性受制于各种目标/约束的权重的选择上，而且由于各权重的总和为 1，一个目标/约束的权重增加，必然会减少其他目标/约束的权重，这样各因素之间的相互影响还会加大平均值法主观性造成的不良影响。

2. 偏好排序法。此方法与平均值法运用的数据资料是一样的，但具体操作有所不同，偏好排序法要求决策者在逐个目标分析的基础上比较各方案。首先在权重最大的目标层进行比较，取数值最大的方案；若各方案值相同，则在权重次大的目标层再进行比较。如此进行下去，找出最佳方案。在我们选取的例子中，风险的权重最大，在风险这一层，方案 B 和方案 C 的值均为 10，而方案 A 为 2，所以排除掉方案 A，再在权重第二大的投资者这一层比较方案 B 和方案 C，从表 3-4 中可以得到，方案 B 的值大于方案 C 的值，所以，按照偏好排序法，方案 B 为最佳方案。

3. 最低要求法。最低要求法是决策者首先确定可行渠道设计的每一目标/约束所必须达到的最低值，然后再看各方案在每一目标/约束层是否达到了最低要求，若都达到或超过的即为最佳方案。如在上面的例子中，假定决策层确定的最低值为 5，那么方案 A 和方案 B 均被排除，只有方案 C 在每一目标/约束层上的值都超过了 5 而成为首选方案。最低要求法是一种比较稳健的、保守的评价方法。

以上介绍的关键因素分类法是一种简单而直观的渠道方案比较、评估方法，但它有两个缺陷：一是所依据的数据带有一定的主观性；二是无法对各方案的盈利性或销售量作较精确的判断。下面介绍的盈利性分析和模型分析在弥补这两个缺陷方面有所突破。

（二）盈利性分析

盈利性分析是一个比较各渠道方案的强有力的分析工具，如果管理层能准确估算出不同渠道方案的销售量和成本，那么盈利性分析便可将大量的细节加入到上面的关键因素分类法中去。当然，若缺乏具体渠道运作的经验，估算销售量和成本是很艰难的，此时我们要做的就是通过对公司和行业的成本结构进行深入的调研、分析来预测各方案的盈利性。下面介绍盈利性分析在许多行业中的特定应用——直接产品盈利分析（Direct Product Profitability，以下简称 DPP）。直接产品盈利分析的基本观点是：所有影响分销渠道中产品成本的因素都应该记入到产品的盈利分析中来。从中我们可以看出 DPP 分析的难度，即收集处理信息范围太广。

图 3-5 显示了一个直接产品盈利分析框架，它是由美国食品营销机构在 1985 年设计的一个能广泛用于全行业批发商和零售商的分析框架。

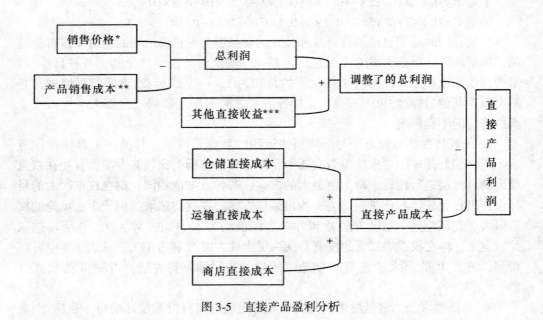

图 3-5　直接产品盈利分析

在图 3-5 中：

＊：对零售商而言，消费者支付的价格；对批发商而言，零售商支付的价格；

　　＊：对零售商而言，支付给批发商或供应商的产品价格；对批发商而言，支付给供应商的产品价格；

　　＊＊＊：交易折扣、促销折扣、预购净收益。

　　直接产品盈利分析中，三个直接成本（涉及仓储、运输、商店三个环节）的计算是关键。首先是确定成本的构成因素，这些因素有的测量特定活动所需时间（卸载、产品归类等），有的则测量运作的成本（如仓库租金、运输费用等）。其次是测量"产品输入"，即确定一些诸如产品总体积、每箱产品的数目、运送流程等信息。然后确定产品分配因素。产品分配因素是指影响每一流程成本的产品属性，这些因素包括产品的体积、重量、成本、递送、包装、转送频率。最后是计算出三个直接成本。计算的流程如图 3-6 所示。

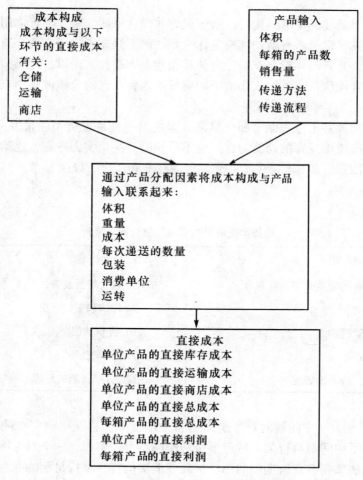

图 3-6　直接成本计算模型

### （三）数学模型分析

盈利性分析虽然提供了各种渠道方案的投资收益-成本估算，但它不能把各种数据整合到某一固定时点上，也不能对各方案在不同市场环境和消费量下进行测试。近几年来，数学模型的发展和运用弥补了盈利性分析的不足。现在许多数学模型不仅能帮助厂商进行分销网络决策、分销价格体系决策等量化分析，还能为分析、评价渠道关系提供严密的公式和方程，预测渠道发展的潜力和任何渠道调整的影响，还能模拟现实市场对渠道方案进行全面测试。尽管数学模型分析还存在着一些缺点和不足，但我们相信随着信息技术的发展和系统设计技巧的提高，数学模型分析会越来越完善、科学、有人情味。

## 三、评价分销渠道成员

确立一个最佳的渠道结构后，渠道规划并没有就此结束。不管你用什么分析技术和评价工具，以上所有活动都只是你一厢情愿，是在假定所有的渠道成员都会追随你的目标，并且与你没有丝毫冲突的理想状态下进行。所以公司必须辨认、选择特定的渠道合作伙伴，将加入渠道中的成员纳入到自己的分销体系中来。

### （一）制造商对中间商的评价

选择中间商并不像表面上那样容易。即使是一种特定类型的批发商和零售商，他们各自在渠道中发挥的功能与作用也不尽相同，甚至实力悬殊，这给评价中间商带来一定的困难。表3-5提供了一套评价的标准和尺度，以供参考。其中前四个项目相对重要一些。

表3-5　　　　　　　选择渠道成员的标准（供应商角度）

| 1. 财务能力 | 7. 培训计划 |
|---|---|
| 2. 市场覆盖率和销售能力 | 8. 营业场所设备、工具 |
| 3. 商誉 | 9. 订购和支付历史 |
| 4. 管理能力 | 10. 提供的服务 |
| 5. 产品线 | 11. 合作意愿 |
| 6. 广告和销售促进 | 12. 分享资源的意愿 |

1. 财务能力。中间商的财务能力是非常重要的，它既反映着中间商的整体实力，也显示了中间商执行某一特定渠道功能的能力。例如，一个财务能力差的中间商就可能无法如制造商所期望的那样扩展其消费信贷，维持足额的存货，准时支付货款，甚至可能用制造商的产品来弥补其损失，导致制造商钱货两失。

2. 市场覆盖率和销售能力。从地理意义上来考虑，按分销点数量和销售能力来测量的市场覆盖率是另一个重要指标。这一指标可能还包括中间商销售队伍的大小及其能力以及中间商的产品线和竞争能力等。

3. 商誉。在挑选过程中，中间商的竞争者和顾客对他的看法也是非常重要的因素，测评中间商在行业中和顾客中的声誉可能是测量其全部能力素质的最佳方法。

4. 管理能力。长期来看，管理能力是中间商成功的关键，尽管管理能力非常难以判断，但组织结构、深度、背景、人员培训、战略的充足性等都可以显示公司的管理能力。

评价中间商的能力也可以用前面的关键因素分析法，按每一指标的分值和权数对各中间商进行打分，从中选择得分较高的中间商来作为自己的渠道伙伴。

（二）中间商对供应商的评价

一个常见的错误观念是：渠道中间商仅仅是制造商的雇用机构，它是由制造商按其意愿来选择的。事实上并非如此。如沃尔玛、西尔斯、家乐福等优秀的中间商对制造商产生着巨大的影响，这些中间商影响着制造商的库存、产量，甚至影响其产品设计、生产流程和战略规划。这些中间商也要根据自己的战略需要来辨认、选择、评价供应商，从而确定最佳的合作伙伴。表3-6、表3-7分别提供了中间商对方便品供应商评价的标准尺度和百货店对时尚品供应商评价的标准尺度。

表3-6　　　　　　　　　　评价方便品分销渠道中的供应商的标准

| | |
|---|---|
| 接受未售商品退回 | 接受已损坏商品 |
| 对抱怨的快速反应 | 诚实 |
| 好名声 | 有充足利润的参考价格 |
| 没有最小订货额限制 | 方便的递送时间 |
| 方便的递送数量 | 订购容易 |
| 合作广告 | 训练有素的销售人员 |
| 稳定的销售力量 | 可靠的销售力量 |
| 新产品的可获得性 | 产品多种多样 |
| 提供产品展示 | 有促销建议 |
| 有促销折扣 | 信贷条款 |
| 数量折扣 | 全程的促销支持 |

表 3-7　　　　　　　　　　百货店对时尚品供应商的评价标准

声誉/合作
品牌名称/形象
价格/涨价
质量/适应性
制造商规模/历史
新颖程度/创造性
市场化程度

分销渠道结构就是在渠道成员的互相评价和选择中最终形成的。但此时渠道规划的程序还没有结束，渠道规划的后续工作就是根据市场环境的变化对渠道进行调整。

**四、分销渠道调整**

对公司来说最苦恼的一件事情就是制定并调整其现存分销渠道的战略。从本章的前述内容中我们可以体会得到，一个分销渠道的规划、建立是一个漫长而昂贵的过程。公司需要不断地投资于对实现公司战略目标至关重要的设备、工具、运作政策和流程、渠道关系，所以与产品、定价、促销等战略相比而言，分销战略彻底改造的概率要小得多，但这并不意味着分销渠道结构是静态的、固定的。

（一）分销渠道调整的动因

导致分销渠道不得不调整、修改的原因很多，如顾客购买模式的变化、产品所属生命周期阶段的变化和环境的变化等都会引起分销渠道作相应变化和调整。

顾客购买模式的变化，如早期顾客大多从制造商手中直接购买个人电脑。后来，由于个人电脑变得更加复杂，而价格又一降再降，此时，价格已不再成为约束人们购买个人电脑的主要因素，许多人便开始向有多条产品线、注重产品性能和操作过程的演示与培训、能随时帮助顾客解决一些操作故障的专业零售店购买个人电脑。这样，个人电脑制造商必须重新设计他们的分销渠道结构。

产品所属生命周期阶段的变化也是引起渠道调整的动因之一。当产品进行市场扩张或新的购买者进入时，不同的分销方法开始出现。如传真机最初只能从办公设备制造商或交易商处获得，但传真机的市场发展很快，今天的传真机制造商可以通过多种渠道来分销其产品，如计算机商店、电子产品商店、百货店、邮购公司、超市等。有人对产品生命周期中渠道修改、调整作了如下描述：

- 投入期：新产品力图通过能吸引早期使用者的专门渠道来进入市场。
- 成长期：由于购买者兴趣的增加，大量渠道出现，但其分销量仍少于专门渠道。

- 成熟期：随着增长速度放慢，更低成本的渠道获得发展。
- 衰退期：随着衰退的开始，非常低附加值的渠道出现。

分销渠道还因为环境的变化而被迫调整，如新法律法规的出台、经济环境的变化、社会文化价值观念的变化、技术革新等都会对传统分销渠道造成冲击，公司必须改变、调整已有的渠道战略和结构来适应环境的变化。

（二）分销渠道调整战略

在任何时候公司都可以考虑采用这样两种分销渠道调整方式：

1. 删除或增加某些渠道伙伴。在分销渠道中，任何一个伙伴没有履行其应尽的职责，公司便可以考虑终止与其合作。而某些批发商和零售商有助于公司进入一个新的地理区域，或有助于提高公司在已有地理区域的市场覆盖率，或有助于公司接近新的顾客群等等，公司就应该考虑将其归入自己的分销系统。

2. 删除或增加整个分销渠道。删除整个分销渠道可能源于整个渠道的低效率，而增加一个渠道和创造一个新渠道则需要对整个营销战略进行重新评价和制定新的执行计划。这种渠道调整方式通常需要对整个营销组合进行重新评价和评估其对现存分销渠道的影响，因而显得比第一种调整方式要复杂得多。

## 五、多重分销渠道

至此，我们强调的是一个公司必须确定其最佳的渠道战略，而不是说一个公司只能选择一种渠道来分销其产品。事实上，许多公司都采用了多重渠道的分销战略来扩大其市场覆盖率，吸引不同的细分市场，增强对目标市场的渗透力等。所以一个制造商运用的全部渠道可能包括联合了极少数渠道伙伴或没有联合渠道伙伴的直接渠道和运用了许多渠道成员的间接渠道；在某些地方，制造商用自己的销售力量和仓储工具来分销产品，而在其他地方则完全依赖于中间商和其他渠道成员来进行分销活动。

## 本章小结

本章从分销渠道的战略入手，阐述了制定分销渠道战略的意义和作用，并详细论述了分销渠道战略规划的过程。

第一步，从公司的总体战略开始，首先介绍三种基本竞争战略：成本领先战略、差异化战略和集中战略。不同的战略对分销渠道安排的要求不同，而分销渠道战略的正确制定和执行又有助于公司总体战略的实现。同时也强调要使战略目标具体化、明确化，以便指导公司的整体行动。其次，介绍了市场分析、竞争分析、企业内部分析、环境分析的内容，为确立渠道目标服务。最后，我们介绍了三个一般渠道目标：市场覆盖率和分销密度、渠道控制和可变性。公司可以在这三个目标中进行取舍或排列，从而确定自己的渠道目标。

第二步，分销渠道设计。首先是对顾客进行微观层面的分析，确定市场范围和特征，其次详细分析了其他营销组合战略对分销渠道规划的影响。

第三步，与分销渠道紧密相关的后勤渠道的设计。首先阐述了后勤设计的大致内容和具体特征、意义；其次从建立服务目标开始具体探讨后勤设计的过程；最后简要介绍了一下成本分析的必要性。

第四步，分销渠道评价与调整。在确定了渠道设计方案后，公司决策层必须运用一些科学的分析工具对各方案进行评估，最终确定最佳的渠道战略。这些分析工具、方法包括交易成本分析、关键因素分类法、盈利性分析、数学模型分析。另外还应对分销渠道内的其他成员进行客观的评价。最后，随着市场环境的变化，公司必须调整其他分销战略，它既可以进行删除或增加某些渠道成员这类的轻微调整，也可以进行删除或增加整个分销渠道的重大调整，关键在于是否对公司有利。

## 思 考 题

1. 何谓分销渠道战略，它有哪些特点？
2. 制定分销渠道战略的意义表现在哪些方面？
3. 简述分销渠道战略规划流程。
4. 不同的消费者行为导致分销渠道战略有何不同？
5. 其他营销组合战略对分销渠道战略有何影响？
6. 简述各种分销渠道评价方法的利与弊。

## 案例分析

### 佩珀公司的分销苦旅

提到饮料行业，您脑海里一定会闪过百事可乐和可口可乐，可是，您曾经听说过佩珀饮料公司吗？十有八九您会疑惑地摇摇头。实际上，佩珀公司早在20世纪80年代初，就已经由30年前美国得克萨斯州一家制造浓缩饮料的小公司发展壮大为非可乐类饮料世界排名第一的大公司。就整个饮料行业来讲，它排名第三，仅仅位于百事可乐和可口可乐之后。1982年，该公司的总营业收入超过25亿美元，并创下连续27年盈利的纪录。说到这里，您或许会觉得奇怪：佩珀公司业绩既然如此骄人，现在又怎么会声名稀落，十人九不知呢？是的，任何公司都曾经走过弯路，佩珀公司也不例外。

是什么原因使佩珀公司的饮料曾经那样畅销盈利呢？质量上乘，广告促销，在全美无人不晓，这些固然是成功的原因，但光有这些不够。它成功的最主要原因是其分销战略。

饮料营销中销售通路最重要。人们往往认为是制造商创造了满足消费者需求偏好的方法，而零售商是影响消费者选择饮料的重要力量，但常常忽略了饮料业中分装厂商的影响。佩珀公司把浓缩的饮料卖给分装厂商，分装厂商将饮料稀释后装瓶，并辅以广告促销，推销给零售商，再由零售商卖给消费者。佩珀公司就是借助这种通路，源源不断地将产品销往市场。多年的苦心经营使佩珀公司和全美500多家分装厂商建立了密切的关系。分装厂商的销售人员经常与零售商保持密切联系，他们制作本地的促销广告，要求零售商将他们批进的佩珀饮料放在最显眼的柜台处，有时还运用折扣、特殊陈列品、优惠券和免费样品等手段来促进佩珀产品的销售。分装厂商很了解当地的市场情况和零售商的需要，以至于他们还能帮助佩珀公司制定各地区的分销方案。尽管这些分装厂商同时也经销可口可乐或百事可乐，但他们中的大多数人把佩珀饮料看做最佳品牌的饮料。可以这样说，佩珀的昔日辉煌，确实离不开分装厂商的鼎力相助。

但是，成也萧何，败也萧何。或许，佩珀公司还未意识到是什么决定着他的成功，1982年，佩珀公司改变了依靠分装厂商在当地做广告促销的做法，转而实行全国统一的集中营销方案。公司削减了地方性的销售人员，减少了对分装厂商的业务支持，并用全国性的广告活动取代了过去由分装厂商在当地做广告促销的做法。公司预计，采用全国统一的集中营销方案，可以大大增加公司产品的影响，从而刺激消费者的需求。但结果却事与愿违，当年佩珀公司产品的销售量下降了3%，到了秋季时该公司亏损4 000万美元，其市场排名也由第三位降至第四位。分装厂商与公司的关系也日益疏远，他们开始对公司采取防备态度。在分装厂商心目中，佩珀产品的特殊地位已经消失，它不过是一个普通的品牌而已。一位分装厂商毫不客气地说，"佩珀公司只有先抓住了分装厂商，才能抓住消费者"。这一说法非常正确。

事隔不久，佩珀公司意识到了其在通路策略上的失误。公司放弃了全国性集中市场营销方案，又想回到过去依靠分装厂商在当地推广促销的方案。公司试图与分装厂商重修旧好，但它能否鸳梦重温呢？

（资料来源：牛海鹏等编著：《销售通路管理》，企业管理出版社1998年版，第1页。）

**思考题**

1. 佩珀公司过去成功的主要因素是什么？
2. 为什么新的分销战略行不通？
3. 如果你是佩珀公司的营销主管，你将如何摆脱现在的困境？

# 第四章　不同类型产品的分销渠道的构建

学完本章后，应该掌握以下内容：

1. 不同类型产品的市场特点；
2. 不同类型产品的分销渠道模式；
3. 分销渠道模式选择的影响因素。

在分销渠道的构建与选择中，由于产品的类型不同，其市场特点与消费习惯也各不相同，因此在渠道的建设方面存在差异。即便是相同类型的产品，由于其管理的经验和管理水平的影响，在设计渠道的时候，也有所不同。本章将讨论日用消费品、工业产品、服务产品及高科技产品的分销渠道建设问题。

## 第一节　日用消费品分销渠道的构建

### 一、日用消费品的市场特点

日用消费品通常指人们的日常生活用品，也称为日用品，是消费者的生活必需品。主要包括塑料、五金、电料、服装、家电等百货类商品和粮食、饮料、烟草等副食类商品。日用消费品按选购的复杂程度可以分为便利品、选购品、特殊品。其市场特点是：

第一，分销机构多，市场分布广。消费者的购买人数多，居住分散，需要大量的分销网络，且密度大，分布广，每个都是潜在的购买者。

第二，分销的物流任务重。由于消费品的种类繁多，结构复杂，需求量大，而且生产资料的供应与生产过程，最终也将转化为消费品。从这个意义上讲，物流的分销任像就很重了。

第三，消费过程是零星、分散的，需要经常购买。因此，在分销渠道的建设中就要随时随地保持商品的供应，以方便消费者的购买。

第四，产品的品牌对消费者的购买行为有重要影响，尤其在选购品和特殊品的购买中。如：对显示身份地位的高档消费品，消费者是特别看重产品的知名度、美誉度及品牌形象的。

消费品的这些特点，对渠道的建设有着重要的影响，它关系到渠道选择的基本模式。

## 二、日用消费品常用的几种分销渠道模式

### （一）厂家直供模式

厂家直供模式是指生产厂家直接将产品供应给终端渠道进行销售的渠道模式。这种渠道有以下的优点和缺点。

优点：渠道最短，信息反应快，服务及时，价格稳定，促销到位，易于控制。

缺点：受交通因素的影响较大，适宜在消费比较集中的地方建立；在设立的过程中，会出现销售盲区；由于采用直供模式，管理成本较高（见图4-1）。

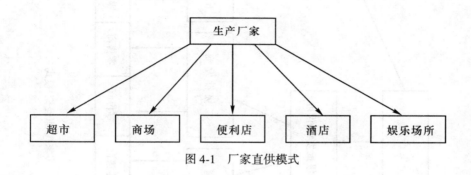

图4-1　厂家直供模式

### （二）多家代理（经销）模式

多家代理（经销）模式是指厂家在建立渠道的时候通过选择多家经销商来构建分销渠道，以建立庞大的销售网络。这种分销渠道有以下的优点和缺点。

优点：分销渠道的市场覆盖面较宽，销售面广，市场渗透力强，各级渠道成员的职责分明，网络较大。

缺点：渠道环节多，管理较困难，容易产生价格混乱的现象，导致"价格战"。而且，由于利益因素的影响，渠道还容易出现窜货现象（见图4-2）。

### （三）独家经销（代理）模式

独家经销（代理）模式是指企业在选择代理商的时候在某个区域只选择一个代理商，再由代理商来建立渠道系统的模式。这种渠道模式有以下的优点和缺点。

优点：开拓市场较容易，厂家与经销商很容易达成共识，能够最大限度地调动经销商的积极性，价格较稳定。

缺点：产品的销售大权交给了经销商，容易受到经销商的威胁。

因此，这类分销渠道，往往是企业在其自身的知名度不高或新产品上市时，选择该渠道。如商务通的分销渠道就是以小区独家代理的方式（见图4-3）。

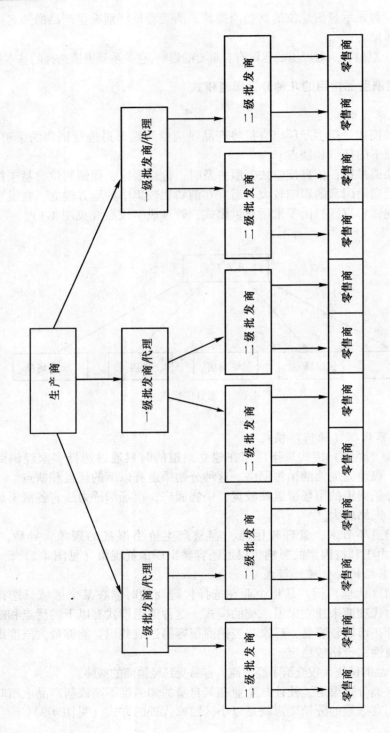

图 4-2　多家代理(经销)模式

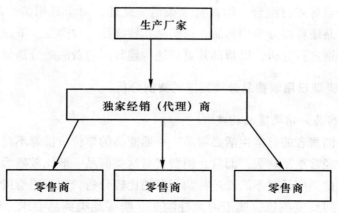

图 4-3　独家经销（代理）模式

（四）平台式销售模式

平台式销售模式指生产厂家以产品的分装厂为核心，由分装厂负责建立经营部，负责直接向各个零售点供应商品，从而建立以企业为中心的分销渠道。这种平台式的销售模式，适用于密集型消费的大城市，服务细致、交通便利。厂商通过企业的经销商平台构建强大的物流平台，每个经销商管理几条街，几百家店，送货上门，从而做到真正意义上的深度分销。这种渠道模式有以下的优点和缺点。

优点：责任区域明确、严格；服务半径小；送货及时、服务周到；网络稳定、基础扎实，受低价窜货影响小，精耕细作、深度分销。

缺点：受区域市场的条件限制较强，必须经过厂家直达送货，需要有较多的人员管理配合（见图 4-4）。

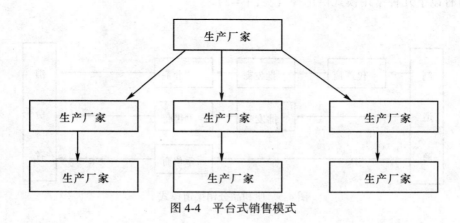

图 4-4　平台式销售模式

上述几种渠道模式在具体进行运用的时候，还可以根据企业的不同类型、规模、产品的特点等进行组合，形成复合渠道。此外，由于日用消费品本身的复杂性，日用消费品还可以分为便利品、选购品和特殊品三种类型。下面用实例就三种类型的渠道分别进行分析，以帮助其更好地构建日用消费品的分销渠道。

### 三、不同类型日用消费品分销渠道的实例分析

（一）便利品分销渠道的构建

便利品是消费者的日常生活必需品，一般商品的单位价值都不高，属于低值易耗品，消费者经常重复购买。而且，消费者对这类商品一般比较熟悉，有较多的商品知识，购买此类商品时不需要进行购买前的比较分析，也不愿意或者觉得没有必要花费很长时间反复挑选，属于习惯性购买。购买此类商品要求方便、快捷。同时，购买呈现出多次数、小批量的特点。

组建便利品的分销渠道时，应该考虑便利品的特性和消费者的购买习惯。

一般来说，在便利品的分销渠道网络中，零售商占有非常重要的地位，是分销渠道中的主力军。这些零售商的经营业态多种多样，有超级市场、百货商店、杂货店、便利店等。这些网点分布在居民区，以方便居民购买。同时由于零售商的规模和经营业态复杂，他们在选择进货渠道的时候，有的向附近的批发商进货，有的自主进货。这样在便利品的分销网络中，呈现出多种多样的分销渠道，既要有长的销售渠道，又要有分布宽广的分销渠道，同时企业也可能根据需要设立直接渠道，如副食品的销售。日用品的销售除了在网络的建设方面采用多渠道策略外，还要考虑渠道的地域分布。便利品的分销网络应主要建在居民区，同时还应建在主要的商业区内，以保证消费者在逛商场时，能够顺便购买这些便利品。通常，便利品的分销渠道有以下几种常用模式供选择（见图4-5）。

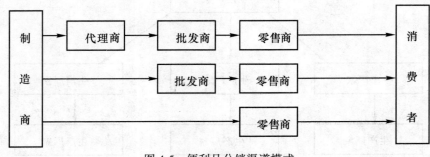

图 4-5　便利品分销渠道模式

**【例1】 可口可乐公司的分销渠道建设**

可口可乐公司将自己的销售原则总结为两条："最好的展示"和"随手可得"。"最好的展示"是指为零售终端制定生动、醒目的广告以及有效的商品的展示。"随手可得"则是可口可乐的渠道建设问题。

可口可乐公司是如何将自己的产品做到"随手可得"的呢？为了使每一个地区可口可乐产品的市场占有率尽量提高，可口可乐在中国实行了以瓶装厂为中心的市场区域细分：即每个瓶装厂负责所在地区产品的销售，实行独立核算，不允许有货物跨区销售，公司总部对销售价格和销售政策实行统一管理。在每个瓶装厂的市场内部，市场被进一步划分，如在中心城市划分为分区的经营部，经营部对业务员再进行以街道为单位的片区市场划分见图4-6。

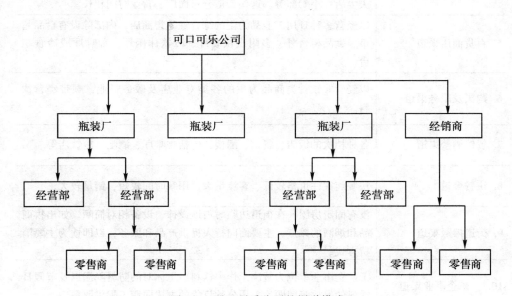

图4-6 可口可乐公司的渠道模式

但实际上，市场上存在许多小型零售商，他们多数零售商店面规模大小，销售业务参差不齐，每次进货量少，缺乏库房、停车场等必要物流条件，如果直接对零售层面送货，会使自己配送的成本过高或代价很大。因此，可口可乐公司开发中国市场的分销渠道，还包括一些小的经销商，让他们承担批发的任务。这样，可口可乐的分销渠道，除了厂家自身建设的外，还包括经销商这样的传统渠道，由此确立了以密集型渠道为主的终端分销渠道，真正体现了渠道建设的目标："随处可见"和"随手可得"。可口可乐的渠道终端有22种，详见表4-1。

表 4-1                                    可口可乐的 22 种分销渠道

| 渠道终端分类 | |
|---|---|
| 1. 传统食品零售渠道 | 如食品店、食品商场、副食品商店、副食商场、菜市场等。 |
| 2. 超级市场渠道 | 包括独立超级市场、连锁超级市场、酒店和商场内的超级市场、批发式超级市场、自选商场、仓储式超级市场等。 |
| 3. 平价商场渠道 | 经营方式与超级市场基本相同，但区别在于经营规模较大，而毛利更低，平价商场通过大客流量、高销售额来获得利润，因此在饮料经营中往往采用鼓励整箱购买，价格更低的策略。 |
| 4. 食杂店渠道 | 通常设在居民区内，利用民居或临时性建筑和售货亭来经营食品、饮料、烟酒、调味品等生活必需品，如便利店、便民店、烟杂店、夫妻店、小卖部等。这些渠道分布面广、营业时间较长。 |
| 5. 百货商店渠道 | 以经营多种日用工业品为主的综合性零售商店，内部除设有食品超市、食品柜台外，多附设快餐厅、冷饮休闲厅、咖啡厅或冷食柜台。 |
| 6. 购买及服务渠道 | 以经营非饮食类商品为主的各类专业店及服务行业，顺带经营饮料。 |
| 7. 餐馆酒楼渠道 | 各种档次的饭店、餐馆、酒楼，包括咖啡厅、酒吧、冷饮店等。 |
| 8. 快餐渠道 | 快餐店往往价格较低、客流量大，用餐时间较短，销量较大。 |
| 9. 街道摊贩渠道 | 没有固定房屋、在街道边临时占地设摊、设备相对简陋。如出售商品和烟酒的摊点，主要面向行人提供产品和服务，以即饮为主要消费方式。 |
| 10. 工矿企事业渠道 | 工矿企事业单位为解决工作中饮料、工休时的防暑降温以及节假日饮料的发放等问题，采用公款订货的方式向职工提供服务。 |
| 11. 办公机构渠道 | 由各企业办事处、团体、机关等办公机构公款购买，用来招待客人或在节假日发放给职工。 |
| 12. 部队军营渠道 | 由军队后勤部供应，以解决官兵日常生活，训练及军队请客、节假日联欢之需。一般还附设小卖部，经营食品、饮料、日常生活用品等，主要向部队官兵及其家属销售。 |
| 13. 大专院校渠道 | 大专院校等住宿制教育场所内的小卖部、食堂、咖啡冷饮店，主要面向在校学生和教师生活等方面的饮料和食品服务。 |

| 渠道终端分类 | |
|---|---|
| 14. 中小学校渠道 | 指设立在小学、中学、职业高中以及私立中、小学校等非住宿制学校内的小卖部，主要向在校学生提供课余时的饮料和食品服务（有些学校提供课余时的饮料和食品服务；有些学校提供学生上午加餐、午餐服务，同时提供饮料）。 |
| 15. 在职教育渠道 | 设立在各党校、职工教育学校、专业技能培训学校等职业人员再教育机构的学习的人员提供饮料和食品服务。 |
| 16. 运动健身渠道 | 设立在运动健身场所的出售饮料、食品、烟酒的柜台，主要向健身人员提供产品和服务；或指设立在竞赛场馆中的食品饮料柜台，主要向观众提供产品和服务。 |
| 17. 娱乐场所渠道 | 指设立在娱乐场所内（如电影院、音乐厅、歌舞厅、游乐场等）的食品饮料柜台，主要是饮料服务。 |
| 18. 交通窗口渠道 | 机场、火车站、码头、汽车站等场所的小卖部以及火车、飞机、轮船上提供饮料服务的场所。 |
| 19. 宾馆饭店渠道 | 集住宿、餐饮、娱乐于一体的宾馆、饭店、旅馆、招待所等场所的酒吧或小卖部。 |
| 20. 旅游景点渠道 | 设立在旅游景点（如公园、自然景观、人文景观、城市景观、历史景观及各种文化场馆等），向旅游和参观者提供服务的食品饮料售卖点。一般场所固定，采用柜台式交易，销量较大，价格偏高。 |
| 21. 第三方消费渠道 | 批发商、批发市场、批发中心、商品交易所等以批发为主要业务形式的饮料销售渠道，只是商品流通的中间环节。 |
| 22. 其他渠道 | 指各种商品展销会、食品博览会、集贸市场、庙会、各种促销活动等其他销售饮料的形式和场所。 |

资料来源：参见《中国商贸》2002 年 7 月的有关内容。

对于便利品的分销渠道建设，主要注意渠道的覆盖面，以满足消费者对便利性的购买需要。

（二）选购品分销渠道的建设

选购品一般指消费者在购买的过程中，通常要到相关的商店进行挑选、比较后才能决定购买的商品。这类商品较便利品而言，在商品的品种、规格、数量和服务方面要复杂，消费者的购买频率低，价格较高，选择性强，主要有家电产品、服装、鞋帽、化妆品、家具等。由于选购品的单位价值较高，消费者对这类商品有一定知识但了解不多，并不会像对便利品那样希望立即购买，往往愿意花费较多的时间，对商品的牌号、款式、质地、花色、价格等进行挑选和比较，以购买到满意的商品。消费者在挑选和比较的过程中，除了注重商品的内在品质以外，还注重商品的外在特征，以满足自己心理方面的需求。所以，消费者购买选购品往往属于理智型的购买。

鉴于选购品的这些购买特点，企业在构建选购品销售渠道时，应在充分满足消费者物质商品需要的同时，还应满足消费者心理方面的需要。另外，选购品也是消费者经常需要购买的商品，在分销网络设置的时候，既要考虑消费者挑选、比较商品的要求，同时还要满足消费者购买便利性的要求。选购品分销网络的构建应以商业区作为终极销售点，可以将百货店、专卖店、大型超级市场和购物中心、专业市场等作为主要的销售地。同时鉴于商品市场覆盖面的要求，还要发展批发商、代理商作为其网络成员，做到选购品长渠道、短渠道和宽渠道相结合的渠道网络。其地理位置应该在商业区、交通便利处、流动人口多的地方，这样构建的分销网络既能满足消费者多样化的购买需要，又能满足消费者购买方便的需要。此外，对某些服务要求较高、选择性较强、体积较大的商品，也可以采用直接渠道进行销售，如家具的销售。

对选购品的分销渠道的构建，我们可以以家用电器为例进行分析说明（见图4-7）。

**【例2】 海尔的厂家直供模式**

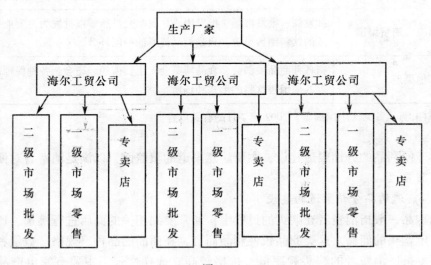

图 4-7

（三）特殊品的分销渠道建设

特殊品是指那些具有独特品质、特定品牌和指定生产厂家的商品，消费者往往愿意花费较多的时间和精力去选购。这类商品属于高档商品，如照相摄影器材、古玩字画、金银首饰、轿车、高档服装以及有特殊用途且价值不菲的商品等。这类商品的单位价值较高，具有某种能满足消费者特殊偏好的功能，如有珍藏价值、可陶冶情操等。对于这类商品，企业在组建分销网络的时候应以窄渠道和短渠道为主，以大中型的商业企业和著名的专业店作为其销售网点，这样便于将销售网络牢牢地掌握在企业手中，随时了解市场需求的变化。同时，这种短而窄的渠道选择，能够让目标消费者了解产品的特殊价值和渠道的特别之处。

【例3】　中国国内轿车市场的渠道模式

从市场情况看，轿车分销渠道模式主要有以下几种：

● 品牌专营制。这种模式采取"特许品牌专卖制"。上海通用、广州本田等品牌都采取这种模式，其核心为在各地经销商设立"授权销售服务中心"或"特约销售服务店"，但通常采用"三位一体"或"四位一体"制。

● 总经销制。上海大众、天津夏利等品牌都曾经采用过这种模式。这种模式的缺点是容易导致企业离市场太远或受制于经销商，采用这种渠道模式的企业大多加以了调整，这是即将被汽车企业遗忘的渠道模式。

● 混合制。很多汽车企业采取"多条腿走路"的销售模式。以中国一汽为首的企业采取的便是这种模式，其核心是"多种模式，因品牌而异"，但尚不够完善，其具有费用高，资源的整合性差等缺点。

● 大区制（或分公司制）这种模式是大区分公司发展经销商，但这种模式很容易造成管理上的混乱，容易造成经销商之间的利益冲突，神龙富康采用过这种模式，后又转型。

● 4S店模式。该模式是指把整车销售、配件供应、售后服务和信息反馈一体化的"四位一体店"的汽车销售模式，这是当前汽车营销的主流模式。目的在于更好地宣传企业的产品，全方位地为客户服务，实行扁平化经营，提高企业的竞争力。

不管汽车企业过去采用何种模式，各汽车企业的渠道策略始终在调整着，其最终结果是以控制和掌握终端为重心，并且渠道扁平，贴近市场，便于企业随时而动。

# 第二节　工业品分销渠道的构建

## 一、工业品市场特点

工业品（主要是工业用原材料、工业半成品等）是相对日用消费品而言的，由于工业用品的消费者是行业用户，所以其分销渠道与一般的日用消费品略有不同。

工业品市场是指为满足工业企业生产其他产品的需求而提供劳务和产品的市场。组成工业品市场的主要行业是农业、林业、渔业、采矿业、制造业、建筑业、运输业、通信业、公共事业、金融业、服务业。从市场需求的角度看，工业品市场的需求有两个鲜明的特征：（1）需求的派生性，即生产资料的需求源于对消费资料的需求，消费资料的需求情况决定生产资料的需求状况。（2）需求弹性小，即在一定的时期内，需求的品种和数量不会因价格的变动而发生很大变化。从产品角度看，工业品市场的产品和服务均是用于制造其他产品或提供服务，并非最终消费产品，而且这些产品技术性强，有不少产品价格昂贵；从购买的角度看，购买者必须具备相关的商品知识和市场知识，且购买批量大、购买者少，多为直接采购。

### 二、工业品分销渠道的设计

鉴于工业品市场的特点，组建其分销渠道时可根据其销售特点，主要以直销为主，在主要的销售地点设立网点，也可以利用代理商建立销售点或利用批发商进行销售。在组建分销渠道的时候，还要综合考虑服务的因素，建立短渠道的、具有服务功能的分销渠道。主要的渠道有如下几类，其中，以经销/代理渠道和直销渠道为主体（见图4-8）。

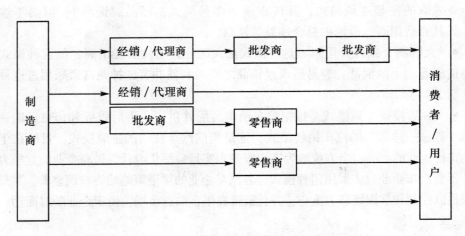

图 4-8　工业品分销渠道模式

### 【例 4】　钢铁厂商的分销渠道

例如，在钢铁企业的分销渠道中（见图4-9），既有直接面对工业用户的批发商，也有通过批发商转售至零售商来进行分销的。

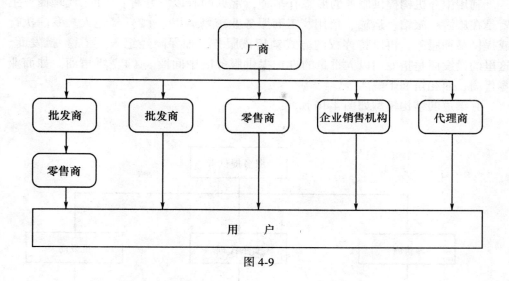

图 4-9

# 第三节 服务产品分销渠道的构建

关于服务产品的定义，美国市场营销学会认为："服务可被区分界定，主要为不可感知却可使欲望得到满足的活动，而这种活动并不需要与其他产品或服务的出售联系在一起。生产服务产品可能不会需要利用实物，而且即使需要借助某些实物协助生产服务，也不会涉及这些实物的所有权转移问题。"服务产品与有形产品相比，具有无形性、差异性、不可分割性、不可储存性和不可感知性等明显特征。

## 一、服务产品常用的分销渠道模式

（一）直接分销渠道

这是服务生产者经常选用的销售形式，其原因在于服务与服务提供者是不可分割的，采用直接销售形式的企业可以获得某些特殊的经营优势。例如，能够较好地控制服务产品的质量，为消费者提供真正个性化的服务，同时还能通过与顾客的直接交流，了解消费者的需求变化和要求，了解竞争对手的动向，及时调整服务产品的质量和内容。适合采用直接方式提供服务的单位有医疗机构、会计师事务所等。

（二）中介机构组建的分销渠道

这是服务业公司最常使用的渠道模式。由于服务业所提供的服务各不相同，有的是以提供中间产品作为服务的物质基础，如零售商和批发商的服务；有的是以货币产品为主的消费者服务。这种服务方式的复杂性，导致了服务渠道的复杂性。

利用中介机构提供服务的形态有多种，常见的有以下几种：（1）代理商。主要是在旅游、旅馆、运输、信用、工商服务业市场运用。（2）经纪人。专门执行或提供某种服务，再以特许权的方式销售该服务，如保险经纪人。（3）批发商。这里的批发商是指专门以大批量的方式提供服务的中间商。（4）零售商。如商业零售商、照相馆和干洗店等。

其渠道的结构模型如图 4-10 所示。

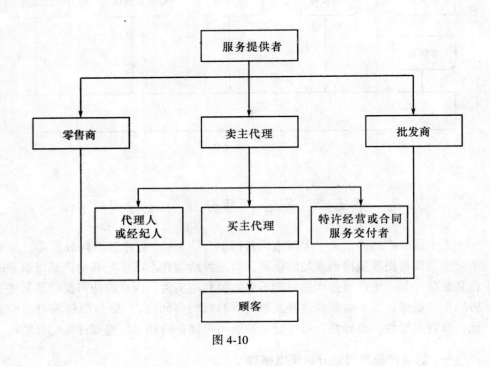

图 4-10

## 二、服务产品分销渠道的实例分析

### 【例5】 保险分销渠道模式

以下就寿险与非寿险来分别讨论各自分销渠道的情况。

（一）寿险公司的分销渠道

寿险公司主要以直销为主，主要模式有：

1. 代理人制度。一般来说，代理人不是保险公司的雇员，而是一个独立的从业人员，他与公司签订的合同，授权他能够在指定的区域销售保险以及任命下级代理人。下一级的代理人从属于他而不属于保险公司，为他销售保险。代理人呈交保单给公司并得到佣金，并从中提取一部分支付给下级代理人，剩余部分为弥补成本后的利润所得。大多数情况下，代理人不允许被保险公司单方面解除合同或者被公司从原负责区域调离，除非合同里有明确规定。但代理人可以自行解雇下级代理人以及规定支付给下级代理人的报酬标准。

2. 经纪人制度。经纪人是被保险人的"代理人"，而不代表保险人，他为被保险人寻找合适的保险公司，酬劳来自于佣金。经纪人制度在寿险领域不如代理制普遍，因为大多数寿险公司更希望代理人为它代理保险业务，而不是依赖于经纪人。

3. 采用分支机构或领薪销售人员进行直销。一些寿险公司并不使用支付佣金式的代理制，而是雇用领薪销售人员以及由他们组成的分支机构。这些保险公司通过各种广告以及使顾客满意的服务来实现保险的销售。分支机构是保险公司在行业内的延伸，机构人员是公司的雇员，他们受控于公司并可受公司的调遣。分支机构的经理可以为公司雇用代理人，但必须经过公司的同意，代理合同是公司与代理人签订的，与经理无关，所有的机构运营成本由公司负担，也与机构经理无关。

4. 银行保险。银行保险是指利用银行、邮政、税务等众多网点优势销售保险产品的一种渠道。这种方式采用行业联营，利用了银行、邮政等传统行业低成本渠道的特点来销售保险产品，是一种典型的打破传统的渠道创新。银行（有时也通过与人寿保险公司的联盟）借助自有业务渠道开发并推销许多简单的寿险险种。

（二）非寿险公司的分销渠道

非寿险公司的主要渠道模式有：

1. 独立代理人。许多公司使用独立代理人来销售非寿险。代理人的独立地位类似于寿险公司的情况。独立代理人可直接与保险公司接洽，也可以通过他的代理机构或下级代理人与公司接洽，这取决于公司与哪个主体签订合约。保险公司有权规定与代理人的业务政策，有时广告费以及邮寄保单等成本费用会由双方共同承担。

2. 独家代理人。还有一些非寿险公司通过独家代理人开展分销业务，也就是只代表一家公司的代理人，这些保险公司通常擅长于经营汽车保险，但目前已扩大到各个领域，甚至为商业部门提供保险。保险公司支付给代理人佣金，对代理人有部分控制权。这种代理人不像寿险公司的代理人那样具有绝对的独立性。独家代理人不支付保险公司分支机构的成本，风险较小，因此他们的佣金相对于独立代理人要少。独家代理人的净收入取决于他们的业务量以及代理的险种。

3. 通过领薪销售人员进行直销。与寿险公司相类似，这种渠道可以在如下情况中被采用：（1）公司侧重于成本控制；（2）公司专注于在工程领域以及审核评估行业内发展，承保高质量以及降低成本的风险。

4. 经纪人制度。经纪人经常活跃于大城市并与大型保户联系业务，这得益于他们的专业知识及市场对他们的需求。大多数情况下，地方性的代理机构为个人以及小型商业风险提供服务，而经纪人则为大型工商企业的风险投保充当重要中介，是非寿险公司的重要销售渠道。经纪人是所有渠道中最独立的一种，这是因为他们与任何保险公司都不存在持续的合约关系，但这一独立性最强的分销渠道与代理制或直销相比，未必能保证保户的利益最大化。

# 第四节　高科技产品分销渠道的构建

## 一、高科技产品市场的特点

高新技术产品是指科技含量较高，在某种程度上与生物技术、新材料、计算机和新能源等相关的产品。其特点是：（1）技术产品必须是采用了一种复杂技术的最新科研成果，如计算机多媒体技术、超微技术。（2）以一个较高的速率更新换代，如计算机从386发展到486到586，也不过短短几年的时间。（3）新产品的出现、产品质量的革新，能够给市场带来巨大的变化。某些高新技术产品出现时可能在某些特殊领域应用，但随着这种技术的不断发展，应用的领域也越来越广。

高科技产品市场的特点是具有不确定性，即高科技产品的消费者的类型、程度、市场规模及成长的速度不确定。原因是：由于高科技产品的复杂性和先进性，一般消费者对这类产品所具有的效用和能给他们带来的利益方面不了解；高科技产品的更新速度相对于其他产品要快得多，这使消费者很可能为了购买更高性能的新一代产品而推迟购买时间。

## 二、高科技产品的分销渠道设计

高科技产品分销渠道的组建要考虑高科技产品的市场特性、企业规模、产品特性以及分销商能否提供消费者所需服务等因素。

市场规模的大小是构建高科技产品分销渠道所必须考虑的重要因素。一般来说，高科技产品刚上市的时候，市场的认知程度较低，市场规模较小，同时企业的规模也不大，在这个阶段，应以企业自己的销售人员销售为主，直接渠道是主要的销售渠道。组建这样的分销渠道，一方面能够宣传、介绍企业的产品，有针对性地对消费者进行说服沟通，扩大企业产品的影响，使产品顺利地销售到消费者手中。另一方面，这期间企业的规模小，采用直接渠道可以节省大量的促销费用。当市场的销售规模扩大，消费者的市场认知程度提高后，企业可以采用直接渠道和间接渠道并用的形式。选择间接渠道时，关键是如何选择中间商。一般来说，高科技产品的终极销售点可以是信誉好的百货商场或者是专卖店。

组建什么样的分销渠道，除了考虑市场规模外，还要考虑产品的特性，即产品的复杂程度。那些复杂程度高、专业性强的高科技产品应该以直销为主，以便满足用户的特殊需要并给予指导，而复杂程度低的（如标准品）则可以更多地使用外部的分销商。如果分销商不能对用户提供技术服务支持，肯定会危及产品和企业的形象。反过来，如果高科技企业没有足够的能力和资源来保证其对用户提供服务，那就得依靠分销商来提供。

高科技产品主要有以下常用渠道模式：

* 直销模式，见图4-11。

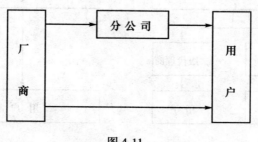

图 4-11

优点：信息反应快，服务及时，价格稳定，促销到位，易于控制。

缺点：成本过高。

适用于消费对象特定、市场竞争有限的高科技产品市场，如军工产品、航天工业产品。

* 直销与代理制相结合，见图4-12。

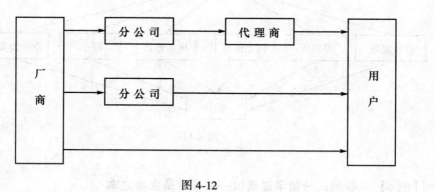

图 4-12

优点：市场覆盖面宽，易于市场渗透。

缺点：管理困难，易产生渠道冲突。

* 各种分销渠道复合模式，见图4-13。

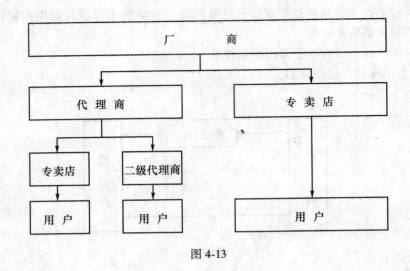

图 4-13

● 现代直销和多形式短渠道相结合的模式，见图 4-14。

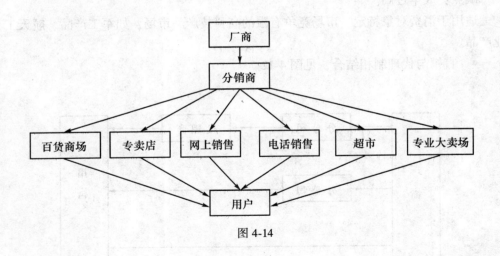

图 4-14

**【例 6】  联想的分销渠道建设——渠道是立身之本**

联想集团是能够以市场份额表达自己国际市场地位的高科技企业。其发展战略是由计算机贸易与服务到联想汉卡，再到国外品牌电脑的分销，继而推出自己的PC品牌机。它追求的目标是市场第一和国际化，根据这一战略目标，联想的营销渠道不断进行着调整和完善。

最初，联想电脑一部分走直销，但当利润下降、规模效应显现出来后，联想与其代理商之间的矛盾越来越明朗化。为了解决这个问题，联想最终决定彻底放弃直销，建起了一条与国际模式相似的渠道。如今，其商用机的经销渠道模式调整为：

厂商 ⟶ 一级代理商 ⟶ 二级代理商 ⟶ 用户

其特点是重在区域的划分，一级代理相当于地区经销商，只负责本地区的销售。这样使每一个地区的分销商都有其相对独立的发展区域。一般说来，使用这种方式能够较为有效地避免渠道间的冲突，避免地区间代理商的恶性竞争，但也存在着信息沟通相对较弱的问题。

1998 年，联想为适应市场竞争的规模化需要，及时推出了"大联想"渠道策略，即在与代理伙伴相互融合的基础上，进一步加强一体化建设，不仅将代理商纳入自己的销售服务体系，而且将其纳入培训体系，强调作为厂商的联想集团与代理商及其他合作伙伴共同发展，共同成长。这种大市场与大渠道的模式，将保证渠道随时的、无限制的扩张力（包括代理品牌的数量、产品的数量与规模及渠道覆盖面等），同时也确保了渠道的畅通无阻（见图 4-15）。

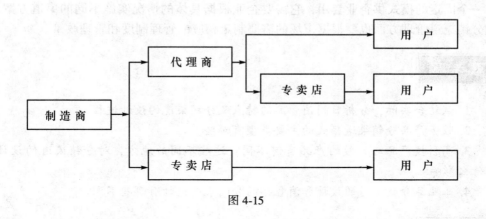

图 4-15

2001 年，联想正式提出渠道转型。当时联想的商用、家用渠道划分已经成熟，商用市场在当年已经基本覆盖了一至四级城市，联想"1+1"专卖店也越来越被认同，数量越来越多。这一年联想利润增长了 42%。由于联想直接面对用户的渠道方式开始成为分销渠道之外的重要力量，越来越多的人猜想，所谓渠道转型就是开始"扁平化"。

2002 年 6 月，联想召集了"大联想"里的 500 名商用核心渠道代理商，又推出渠道转型政策和新的渠道模式。将原有的"分销商——代理商——经销商"的三层结构进行整合，从原来的分销商当中筛选出大的增值服务商，负责物流，下辖经销商；其他的分销商、代理商转成增值代理商，主要开拓行业客户；原有的经销商转化为地区代理商。除此之外，还强化系统集成商和商用营销服务中心的建设。以上五种渠道将结合自身特点，分别承担物流运作、渠道支持、客户关系、零售体验、系统集成和运营维护中的各类功能。比如正大，其优势是物流运作、渠道支持、运营维护，现在渐渐开始尝试客户关系、零售体验、系统集成。

时至今日，联想已经摸索出了一套在中国如何做企业、如何做高科技企业的经验，那就是"产品是立命之本，渠道是立身之本"。

## 本章小结

本章从日用消费品、工业品、服务产品和高科技产品的特点出发，研究了不同种类产品分销渠道的设计与建设。在设计分销渠道的时候，要结合产品的特点、企业资金状况、人员素质及企业所在的市场特性、竞争对手和中间商的情况进行分析研究。我们发现，即使处在同一行业的企业，尽管营销业绩很好，但在分销渠道模式的选择上却并不完全相同，甚至区别很大，因此，对分销渠道的设计来说，并没有一个固定的模式供企业套用，它需要企业根据具体的情况实施不同的渠道方案，在分销渠道管理方面也要根据市场的需要制定相应的管理制度和管理政策。

## 思考题

1. 试结合实际，分析日用消费品的特点及分销渠道的设计过程。
2. 服务产品分销渠道模式的主要类型有哪些？
3. 高科技产品与一般的产品有何不同？这些不同的地方，对分销渠道的设计有什么影响？
4. 工业品分销渠道的设计和消费品的分销渠道设计有哪些不同？

## 案例分析

### 空调分销渠道模式比较①

在空调市场上，美的、海尔、格力、志高、苏宁等企业的分销渠道有着各自的

---

① 资料来源：汪涛、李进武：《空调营销渠道模式比较》，载《销售与市场》2002 年第 3 期，第 29~34 页。

特点和政策，下面对此进行分析和比较。

## 【案例1】　美的模式——批发商带动零售商

### 一、分销渠道的组织结构

美的公司几乎在国内每个行政省都设立了自己的分公司，在地市级城市建立了办事处。在一个区域市场内，美的的分公司和办事处一般通过当地的几个批发商来管理为数众多的零售商。批发商可以自由地向区域内的零售商供货。其营销渠道的组织结构见图4-16。

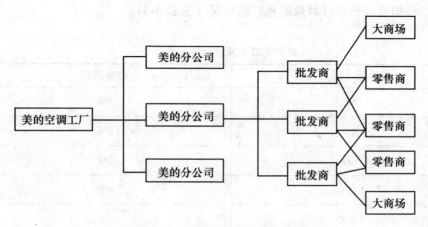

图4-16　美的模式下的营销渠道结构

美的这种渠道模式的形成，与其较早介入空调行业及市场环境有关，利用这种模式从渠道融资，吸引经销商的淡季预付款，缓解资金压力。

### 二、渠道政策

（一）销售政策

经销商向制造商支付预付款，付款较多的大经销商自然要求得到更多的优惠。这样，采用这种模式的厂家出台了一种基于资金数量的年度销售政策。例如某美的分公司年度销售政策如下：

（1）经销商必须在淡季投入一定数量的资金给制造商才可以获得旺季的进货权，以淡季付款额的1.5倍作为旺季供货额度。

（2）经销商淡季累计付款返利对照情况（见表4-2）。

表 4-2 经销商淡季累计付款返利表

| 投入额（万元） | 数量折扣 |
|---|---|
| 50 | 1% |
| 100 | 1.25% |
| 200 | 1.5% |
| 500 | 1.75% |
| 1 000 | 2% |

（3）经销商旺季累计付款返利对照情况（见表4-3）。

表 4-3 经销商旺季累计付款返利表

| 投入额（万元） | 数量折扣 |
|---|---|
| 50 | 1% |
| 100 | 2% |
| 300 | 3% |
| 1 000 | 4% |
| 3 000 | 6% |

（二）经销商利差

根据以上政策计算可知，由于大经销商销售额较大，可获得相应的数量折扣，则进货价格就较低。那么，在次年的竞争中自然就占据了优势，批发价格甚至比制造商出货的价格还要优惠。这样的话，相比直接从制造商进货而言，一个年销售额不大的小型零售商向批发商进货，他不仅无需在淡季投入那么多资金，而且在旺季也可得到更多的价格优惠。因此，大经销商便可获得很多零售商的订单，销售额显著增加，进而第二年又可以付更多的预付款，以此享受更多优惠政策。

（三）批发商的角色

这个时期的批发商不一定有稳定的销售网络，往往是利用大量资金向制造商争取优惠政策，然后再利用这种优惠政策招揽一批中小零售商组成其分销网络。因此这一阶段的销售模式是采取鼓励大批发商的做法，大批发商成了分销渠道中举足轻重的主导力量。

### 三、渠道成员分工

第一，批发商负责分销。一个地区内往往有几个批发商，公司直接向其供货，再由他们向零售商供货。零售指导价由制造商制定，同时制造商还负责协调批发价格，不过并不一定能强制批发商遵守。

第二，制造商负责促销。美的空调各地分公司或办事处虽不直接向零售商供货，但会要求批发商上报其零售商名单。这样可以和零售商建立联系，一方面了解实际零售情况，另外还可以依此向零售商提供包括店面或展台装修、派驻促销员和提供相关的促销活动。

第三，共同承担售后服务。在这种模式中，安装和维修等售后服务工作一般由经销商负责实施，但费用由制造商承担。经销商凭借安装卡和维修卡向制造商提出申请，制造商确认后予以结算。

由此可见，美的模式中制造商保留了价格、促销、服务管理等工作，因为这些内容都和品牌建设有关，而像分销、产品库存等工作就交给市场中的其他企业去完成。

### 四、美的模式的利弊分析

（一）渠道优点

1. 降低营销成本。由于很多零售商的规模并不大，一次提货量往往并不是最经济的订货数量，利用批发商管理零售商就可以减少制造商和零售商的频繁交易。

2. 可以利用批发商的资金。批发商必然要有一定的库存以应付零售商随时可能有的提货要求，而且批发商为了保证自己的地位，必须尽量提高自己的销售量，还要在销售淡季向制造商预付款，这样大量的资金就进入了制造商的资金循环链中。

3. 充分发挥渠道的渗透能力。制造商进入某一市场初期，短期内很难将区域内的零售商全部网罗进来。而批发商由于已和区域内的零售商建立了联系，往往可以迅速将本来没有经销这个品牌的零售商发展起来。

（二）渠道弊端

1. 价格混乱。许多批发商淡季付款都是采用银行承兑汇票方式，汇票到期时间一般是在销售旺季结束以后，但如果销售情况不理想就无法向银行还本付息。这时同一品牌的批发商之间不得不展开价格大战以吸引零售商，造成价格混乱和窜货，而由于分销渠道并不由制造商完全控制，应对措施往往难以奏效。所以每年总有一些在价格战中受伤的经销商退出该品牌经营，"经营××品牌不赚钱"的说法在业内一旦流传开来，制造商的商誉和渠道都将蒙受损失。

2. 渠道不稳定。许多批发商经营上不太稳健，加上许多不规范的操作及盲目投资，经营风险极大，而且由于批发企业资金运转快，一旦操作失误则可能满盘皆输，制造商苦心扶持的销售网络又不得不重新组织。

## 【案例2】 海尔模式——零售商为主导的渠道系统

### 一、渠道的组织结构

海尔分销渠道模式最大的特点就在于海尔几乎在全国每个省都建立了自己的销售分公司——海尔工贸公司。海尔工贸公司直接向零售商供货并提供相应支持，并且将很多零售商改造成了海尔专卖店。当然海尔公司也有一些批发商，但海尔分销网络的重点并不是批发商，而是更希望和零售商直接做生意，构建一个属于自己的零售分销体系（见图4-17）。

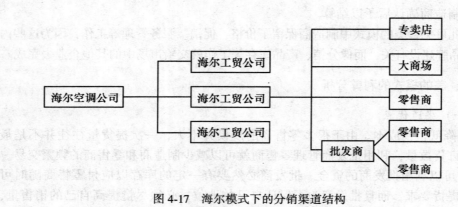

图 4-17 海尔模式下的分销渠道结构

### 二、渠道政策

第一，在海尔模式中，百货店和零售店是主要的分销力量，海尔工贸公司就相当于总代理商，所以批发商的作用很小。

第二，海尔的销售政策倾向于零售商，不但向他们提供更多的服务和支持，而且保证零售商可以获得更高的毛利率。

第三，海尔模式中的批发商不掌握分销权力，留给他们的利润空间十分有限，批发毛利率一般为3%~4%，在海尔公司设有分支机构的地方批发商活动余地更小。不过海尔空调销量大、价格稳定，批发商最终利润仍可得到保证。

### 三、渠道成员分工

#### (一) 制造商

在海尔模式中，制造商承担了大部分工作职责，而零售商基本依从于制造商。

以一个典型的海尔模式的商业流程为例说明：（1）海尔工贸公司提供店内海尔专柜的装修甚至店面装修，提供全套店面展示促销品、部分甚至全套样机。（2）公司必须库存相当数量的货物，还必须把较小的订货量快速送到各零售店。（3）公司提供专柜促销员，负责人员的招聘、培训和管理。（4）公司市场部门制定市场推广计划，从广告促销宣传的选材到活动的计划和实施等工作，海尔公司都有一整套人马为之运转，零售店一般只需配合工作。（5）海尔建立的售后服务网络承担安装和售后服务工作。（6）对没有账期的大零售店，公司业务人员要办理各种财务手续。此外，海尔公司规定了市场价格，对于违反规定价格的行为加以制止。

（二）零售商

由于海尔公司承担了绝大部分的工作，零售商只需要提供位置较好的场地作为专柜。

**四、海尔模式的利弊分析**

（一）模式优点

1. 掌控零售终端，避免渠道波动，稳定扩大销量。

2. 提高渠道企业利润水平。由于节省了中间环节，不但给零售商带来更多利润，制造商利润水平也得以提高。

3. 占据卖场有利位置，并在一定程度上限制竞争对手的销售活动。

4. 推广、服务深入终端，统一的店面布置、规范的人员管理、快速的意见反馈有利于品牌形象建设。

5. 可以实现精益管理。由于没有中间环节，直接掌握终端销售情况，更易于实现 JIT 生产模式，提高收益率。

6. 销售人员直接参与零售店经营活动，经常和顾客接触，加快了对市场变化反应速度，提高了市场应变能力。

7. 由于和零售商之间长期稳定的关系，营销成本大大降低。

（二）模式弊端

1. 渠道建设初期需要消耗大量资源，并且由于零售业竞争激烈，也面临资金投入风险。

2. 收效较慢。建立零售网络需要很长的时间，难以实现短期内迅速打开市场的目的。

3. 管理难度大。一方面由于要安全、及时地向众多零售商发送多规格的货品，物流工作变得复杂，对企业物流系统要求大大提高；另一方面，相应的财务管理也复杂化，经常调整差价和调换货物使账目繁多，而且增加税务方面的麻烦。

## 【案例3】 格力模式——厂商股份合作制

### 一、渠道的组织结构

格力渠道模式最大的特点就是格力公司在每个省和当地经销商合资建立了销售公司，即所谓的经销商之间化敌为友，"以控价为主线，坚持区域自治原则，确保各级经销商合理利润"，有多方参股的区域销售公司形式，各地市级的经销商也成立了合资销售分公司，由这些合资企业负责格力空调的销售工作。厂家以统一价格对各区域销售公司发货，当地所有一级经销商必须从销售公司进货，严禁跨省市窜货。格力总部给产品价格划定一条标准线，各销售公司在批发给下一级经销商时，结合当地实际情况"有节制地上下浮动"（见图4-18）。

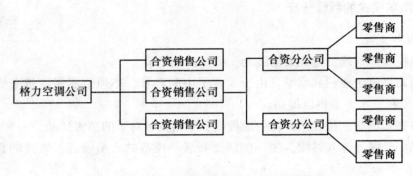

图 4-18  格力模式下的分销渠道结构

### 二、渠道政策

（一）组织结构调整

格力模式根本性的变化在于，格力公司与经销商共同组织建立一个地区性的、以格力为大股东的合资销售公司，由这个公司充当格力空调的分公司来管理当地市场。各区域销售公司董事长由格力方出任，总经理按参股经销商的出资数目共同推举产生，各股东年终按股本结构分红，入股经销商形成一个利益联盟。对入股经销商的基本要求是，须为当地空调大户，并且格力占其经营业务的70%以上。在这种模式下有几层组织结构：

1. 省级合资销售公司。即格力的区域销售公司，由省内最大的几个批发商同格力合资组成，向格力空调总部承担一定数量的销售计划，并同总部结算价格。区域销售公司相当于格力的一个二级管理机构，也是一个独立的经济核算实体。销售公司负责对当地市场进行监控，规范价格体系和进货渠道，以统一的价格将产品批发给下一级经销商。除了与总部有货源关系，听从总部"宏观调控"外，价格、服务、促销实行"区域自治"。

2. 区级合资分公司。各地市级批发商也组成相应的合资分公司，负责所在区域内的格力空调销售，但格力在其中没有股份。合资分公司向省级合资公司承担销售任务，两者之间结算价格。

3. 零售商。合资销售分公司负责向所在区域内的零售商供货，零售商在此模式下显得没什么发言权，他们的毛利率较低。

（二）分配方式的改变

在格力模式的分销网络中，原来互为竞争对手的大批发商都作为股东加入合资公司，各自的销售网络也合并在一起执行统一的价格政策，批发商的利润来源不再是批零差价，而是合资公司税后利润分红。省级合资公司的毛利水平最高可达到10%以上，入股的经销商会全力推广，促使销售量迅速上升。

（三）垂直分销系统概念的应用

格力认为这种分销模式从根本上解决了批发商渠道问题，称之为"福特汽车式的营销系统"，经销商入股成立代理销售公司由此备受行业关注。

### 三、渠道成员分工

格力模式中制造商由于不再建立独立的销售分支机构，很多工作转移给了合资销售公司。

第一，促销。格力公司负责实施全国范围内的广告和促销活动，而像当地广告和促销活动以及店面装修之类的工作则由合资销售公司负责完成，格力只对品牌建设提出建议。有关费用可以折算成价格在货款中扣除，或上报格力总部核定后予以报销。

第二，分销。分销工作全部由合资公司负责，它们制定批发价格和零售价格，并要求下级经销商严格遵守，物流和往来结算无需格力过问。

第三，售后服务。由合资公司承担并管理，它们和各服务公司签约，监督其执行。安装或维修工作完成后，费用单据上报合资公司结算，格力总部只对其中一部分进行抽查和回访。

### 四、格力模式的利弊分析

（一）渠道优点

1. 与自建渠道网络相比，节省了大量资金。格力用股份将厂家和商家捆绑在一起，节约了自建网络带来的庞大开支，营销成本大幅度降低，并使风险得以分散。

2. 消除了经销商之间的价格大战。经销商成为股东，利润来源于合资销售公司年终红利，没有必要再为地盘和价格争斗不休，即使有问题也可以在公司内部会议上解决。

3. 解决了经销商在品牌经营上的短期行为。以前由于经销商担心制造商政策变化，往往追求当期利润最大化而作出损害品牌价值的行为。在格力模式中，经销商由于资本上的合作而对制造商的信任程度大大加强，会把该品牌的销售放在长远来看。

（二）该种模式需解决的问题

1. 如何规范股份制销售公司的管理。规范的管理制度是公司长期发展的保证，由于股份制销售公司的总经理和财务人员都是经销商选派的，一些销售费用的支出可能成为各方争论的焦点，因为这直接关系到公司的最终利润。

2. 如何统一股东的发展方向。一些经销商不会甘心永远限制在经销一个品牌而丧失长远发展的机会。虽然理论上重大事项必须经董事会讨论通过，但控股股东往往"一言九鼎"，决策的天平似乎难以持平。另外，制造商的战略方向与合资公司的发展方向长期来看并不一定吻合。如果制造商试图多元化发展，可能会要求各地合资公司承担各种产品的销售任务，而经销商很可能达不到这种要求，制造商会陷入难以选择的困境，这种结构性的矛盾可能是更难解决的问题。

3. 渠道内利益分配不公。该模式中大批发商仍是主要力量，与制造商合资使其地位较以前更加提高，因而利益分配也更倾向他们。由于渠道总体盈利水平并未提高，牺牲的将是零售商的利益，长期如此渠道稳定性就会有问题。

4. 以单纯利益维系的渠道具有先天的脆弱性。没有丰厚的利润回报，经销商们自然不敢动辄几百万地"下注"。"无利而不往"，按一些入股经销商的说法，区域销售公司最大的好处是"垄断了当地批发市场"。不难看出，支撑厂商合作的是较为丰厚的利润空间，随着空调利润渐趋萎缩，合资销售公司的利润也在变薄，加之服务、宣传等费用的"区域自治"，渠道的稳定性将受到越来越大的挑战。

## 【案例4】 志高模式——区域总代理制

广东志高空调股份有限公司前身只是一家空调维修商，从1998年开始生产空调，虽然不过几年时间，但销量增长迅速，从零起步达到2001年的30万台，远远超过行业平均发展水平。因此其分销渠道模式也越来越多地被关注，尤其是一些中小制造商，志高模式可以说是他们效仿的主要对象。

## 一、分销渠道的组织结构

志高模式的特点在于对经销商的倚重。志高公司在建立全国分销网络时，一般是在各省寻找一个非常有实力的经销商作为总代理，把全部销售工作转交给总代理商。这个总代理商可能是一家公司，也可能由 2~3 家经销商联合组成。和格力模式不同的是，志高公司在其中没有权益，双方只是客户关系。总代理商可以发展多家批发商或直接向零售商供货（见图 4-19）。

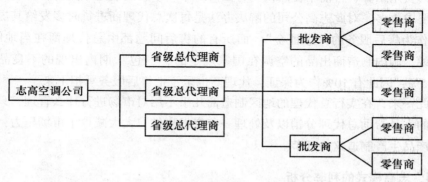

图 4-19　志高模式下的分销渠道结构

## 二、渠道政策

第一，总代理制的销售政策比较简单，制造商和总代理商就该区域内的销售目标达成一致后，双方确定结算价格，然后就由代理商管理区域内的产品销售，至于代理商是再发展其他批发商还是自己直接向零售商供货，制造商不再过问。

第二，渠道利益分配：（1）由于代理商可以完全自由地制定区域内的分销政策，所以代理商毛利水平一般可以有 10%~15%，比起前几种分销模式都要高；（2）虽然代理商可以决定分销价格，但零售商对于不太知名、销售量又不大的小品牌所追求的毛利率一般都比较高，没有 10% 以上是很难接受的；（3）由于市场零售价格要很有竞争力，而批发商、零售商又要求获得较高利益，制造商只能让出自己的利益，因而制造商盈利水平降低。

## 三、渠道成员分工

### （一）分销管理

这种模式是相对弱小的制造商和相对强大的经销商结合的产物，所以从一开始双方的定位就比较明确，制造商开发出相关的产品，总代理根据市场状况选择中意的产品，分销全都交给代理商管理，例如当地的批发价格和零售价格等都是由当地总代理决定。

**（二）促销管理**

由于制造商在各地的营销人员很少，很难开展大规模的促销活动，更谈不上针对各地情况制定灵活的促销方案，所以绝大多数的促销活动交由代理商管理。

**（三）售后服务**

售后服务是渠道关心的重要问题，制造商对渠道的售后服务主要体现在配件供应、维修费用结算、售前不良品换货方面。对于一个新出现的小品牌，渠道对售后服务的要求更多，对此志高公司的解决办法是每次总代理商进货时多发给其提货量的10%作为售后服务的"保证金"，而所有的售后问题都由总代理商在当地解决。一般来说，国内制造商出品的空调在国家规定的"三包"期内出现的不良品率不会超过5%，因此有10%作为保证，代理商也乐于把售后服务承担下来。

如此一来，在实行总代理的地区制造商几乎不用对市场进行什么管理，只是派驻很少的人员帮助总代理分销以及处理一些突发事件，大大减少了市场压力，能够专心于产品生产制造这一环节。

**四、志高模式的利弊分析**

**（一）渠道优点**

1. 能借助代理商的力量迅速扩大销售额。由于享有垄断利润，代理商会全力以赴投入到销售中，而制造商利用代理商的网络可以迅速打开局面。

2. 能借助经销商的力量快速募集资金。制造商一般对于代理商有全年销售额以及淡季投入资金等方面的要求，可以在短期内筹集到一笔资金，对于很多小品牌来说这是非常重要的。

3. 降低财务风险。由于制造商可以省去一大笔用于建设分公司的费用，大大降低了固定成本，将之转变为变动成本，而在财务管理上变动成本的风险是小于固定成本的。

**（二）渠道弊端**

1. 不利于品牌建设。由于在当地的促销和售后服务等工作都由总代理商包办，制造商失去了主导地位，而总代理商也会怀疑制造商是否会让自己长期垄断市场，因此对品牌建设并不热心。制造商给了代理商许多包括返利、样机、展台等政策性支持，代理商对下级经销商却往往从中克扣。在处理一些问题上短期行为也较严重。

2. 影响市场发展。代理商的渠道总是有限的，很难覆盖全部市场。还有的代理商为了独占高额利润，往往控制该品牌的销售额不发生大的增长，以避免制造商采取其他分销模式，使一些市场得不到应有的挖掘。

3. 销售不稳定。由于过分依赖单一的代理商，一旦合作出现问题，销售就会大受影响。另外由于失去了市场控制力，制造商不敢得罪代理商，代理商反而可能得寸进尺，使制造商的长期利益受损。

## 【案例5】　苏宁模式——前店后厂

### 一、苏宁模式的渠道结构

南京苏宁电器集团原本是南京市的一家空调经销商，自 1990 年到 2001 年，苏宁公司以超常规的速度迅速发展。从 2000 年开始，苏宁集团开始走连锁经营道路，在国内各地建立家电连锁销售企业，并在 2001 年参股上游企业，出资控股合肥飞歌空调有限公司，开始在其分销网络内销售由合肥飞歌为其定牌生产的苏宁牌空调（见图 4-20）。

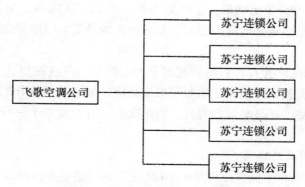

图 4-20　苏宁模式下的分销渠道结构

### 二、渠道政策

这么庞大但并非完全紧密的分销网络，苏宁集团是怎么组建并管理的呢？

第一，苏宁集团巨大的销售实力起了决定性作用。2000 年度苏宁集团销售额达到 50 亿元人民币，其中空调的销售额就有 30 亿元之多。虽然苏宁代理的品牌约有 30 个，但这样的销售量分解到每个品牌还是一个不小的数目。苏宁凭此往往能够取得制造商最优惠的政策，各地的空调经销商一旦和苏宁合作，就有可能以低价击败同地区的竞争者。

第二，苏宁集团期望用输出管理制度的办法将各企业整合起来，他们聘请了一家新加坡管理顾问企业开发了一套销售管理系统。由于使用电脑联网管理物流系统和资金流，苏宁可以较准确地了解网络内部运营情况，这对许多虽然销售不错，但对自身管理水平不满意的公司也是一个有吸引力的地方。

### 三、渠道成员分工

苏宁模式和海尔模式相比，制造商和经销商分工几乎完全反过来了：

第一，经销商承担了完全的市场责任，包括产品和价格、分销和物流、促销和宣传、对消费者的售后服务。

第二，制造商只是单纯的制造行为。制造商由于放弃了自己的品牌，惟一需要考虑的就是产品质量导致的责任，不过这只是对售前出现的质量问题负责，而不是传统意义上对顾客的售后服务了。

### 四、苏宁模式的利弊分析

#### （一）苏宁模式的优点

1. 制造商由于分工更明确，生产效率得以提高，在成本上更具竞争力，而把市场营销工作交给更长于此道的公司。双方明确的分工可以取得良好的效果，这样的例子很多。

2. 经销商（品牌拥有者）的利润水平大大提高。在这种模式下，分销渠道的利润水平虽然没有提高，但由于缩短了渠道长度，减少了利益分配者，经销商既是批发商又是零售商，还是品牌拥有者，将原来利益分配者集于一身，毛利率明显提高。

#### （二）苏宁模式的弊端

1. 制造商利润水平低。单纯从事 OEM 生产的制造企业将面临比原来低得多的利润率，当然这是以放弃了很多市场责任为交换条件的。

2. 制造商的成本压力可能会越来越大。很多寻找 OEM 厂家的公司并非不能生产出同样的产品，可能只是出于成本考虑的选择，所以制造商和这样的客户谈判价格非常艰难，没有绝对的成本优势是拿不到订单的。

3. 制造商风险可能增加。由于丧失了对市场的掌握，一个不好的客户可能就把公司置于死地，毕竟在目前的中国市场上，商业道德还远未完全建立。况且目前很多寻求 OEM 厂家的公司是处于快速多元化发展阶段，由于对新进入行业缺乏了解才采取这种选择，一旦认为自己了解了市场就往往自建工厂，把 OEM 厂家抛在一边。

4. 经销商的风险也可能增加。由于经销商进入了上游行业，竞争的对象不同了，面临的风险也会加大；另一方面，由于经销商还要经营其他品牌的产品，销售自有品牌会让供应商怀疑其合作诚意，这一点经销商也必须认真考虑。

## 五种空调分销渠道模式的比较分析

### 一、五种渠道模式中企业分工的比较

在空调产品的各种渠道模式中，厂商在各种工作上承担的责任如表 4-4 所示：

表 4-4　　　　　　各种分销模式下制造商和经销商市场责任的转换

| | 海尔模式 | 美的格式 | 格力模式 | 志高模式 | 苏宁模式 |
|---|---|---|---|---|---|
| 产品 | 制造商决定 | 制造商决定 | 制造商决定 | 制造商和经销商决定 | 经销商决定 |
| 促销 | 制造商完全决定 | 大部分由制造商管理，批发商辅助 | 工厂负责全国促销，协助经销商进行地方促销 | 制造商负责全国促销，经销商进行地方促销 | 经销商完全管理 |
| 零售价格 | 制造商制定并加以管理 | 制造商制定并加以管理 | 经销商决定，制造商协助 | 经销商决定 | 经销商决定 |
| 售后服务 | 制造商负责 | 制造商委托经销商负责并监管 | 制造商委托经销商负责监管 | 完全委托经销商管理 | 制造商委托经销商负责并监管 |
| 批发价格 | 制造商制定并管理 | 制造商制定批发价，协调批发商关系 | 经销商决定，制造商协调 | 经销商决定 | 经销商决定 |
| 分销价格 | 制造商管理 | 制造商协助 | 经销商管理 | 经销商管理 | 经销商管理 |

从表 4-4 可以明显看出，从海尔模式到苏宁模式，制造商和经销商在市场营销工作中的责任逐渐转移，海尔模式中制造商承担了大部分工作职责，而苏宁模式恰恰相反，由经销商取代了制造商成为市场主角。其他几种分销模式则处于中间状态。

此外，制造商在向经销商让渡市场责任时，首先选择的是分销管理，然后是批发价格，而像产品、促销、零售价格等代表市场和品牌形象的权力却总是希望由自己掌握。

### 二、各种模式中的利润分配

从空调产品材料成本构成看，普通家用空调核心技术是压缩机和控制器，再加上铜管、铝箔和电机其他主要部件，这就占了成本的 60% 左右。从价格差异性看，以空调压缩机为例，国内制造商基本上采用上海日立、广东美芝、广州三菱、天津

LG、沈阳三洋、西安庆安这几家企业的压缩机，而前三家的产量占整个市场份额的70%以上。这些厂家的产品之间价格相差很小，以同样适用于制冷量为一匹规格的压缩机来说，不到10%，其他原材料如铜管、铝箔、电机和控制器也大致如此。虽然采用不同的设计思路，在简化或节省了某些结构以后，同样规格的产品之间可能存在较大的价格差异，但这种设计造成的成本差异最大应不超过20%，而不同生产方式产生的成本差异也只是几十元而已。

但目前市场上知名品牌和最便宜的小品牌空调的零售价格相差有一倍之多，如同样规格的机型KFR-25相差1 500元左右，看来造成这种巨大差别的原因并不完全像某些制造商所言是因为采用不同原材料或是制造成本的差别，而应是在空调制造完成以后的某个流通环节实现的。

由于各个品牌空调间的精确原材料成本和制造费用及税收导致的差异无法统计，因此，我们选择销量最大的普通型号产品作比较，这些产品在各品牌的产品系列中处于同样地位，应存在可比性，见表4-5。

表4-5　　　　　　　　　不同分销模式下价格比较　　　　　　　　单位：元

| | 型号 | 成本 | 出厂价 | 批发价 | 零售价 |
|---|---|---|---|---|---|
| 海尔 | KFR-25GW/CF | 1 700 | 3 200 | 3 325 | 3 610 |
| 美的 | KFR-26GW/GLY | 1 700 | 2 240 | 2 390 | 2 530 |
| 格力 | KFR-26GW/103 | 1 750 | 2 250 | 2 530 | 2 616 |
| 志高 | KFR-25GW | 1 450 | 1 700 | 1 950 | 2 180 |
| 苏宁 | KFR-25GW | 1 450 | 1 600 | 1 600 | 2 000 |

说　明：以上价格均扣除了安装费。成本价指制造商在成品加工完成以后的价格，只包含了原材料价格和加工费；出厂价指批发商可获得的最低价格；批发价指零售商可获得的最低价格；零售价指市场上的最低零售价格。

通过以上分析，我们可计算出各种模式下渠道企业盈利水平，见表4-6。

表4-6　　　　　　　五种分销模式下企业盈利水平比较

| 毛利率 | 渠道总和 | 制造商 | 批发商 | 零售商 |
|---|---|---|---|---|
| 海尔模式 | 59% | 47% | 4% | 8% |
| 美的模式 | 36% | 24% | 6% | 6% |
| 格力模式 | 36% | 22% | 11% | 3% |
| 志高模式 | 39% | 15% | 13% | 11% |
| 苏宁模式 | 29% | 9% | 0% | 20% |

### 三、渠道成员的权责分配

通过上述分析，我们可以得出如表 4-6 的企业"责任-利益"关系表（见表 4-7）。

表 4-7　　　　　　　　　　企业"责任-利益"关系表

|  | 制造商 | | 批发商 | | 零售商 | |
|---|---|---|---|---|---|---|
|  | 市场责任 | 毛利水平 | 市场责任 | 毛利水平 | 市场责任 | 毛利水平 |
| 海尔模式 | 最大 | 很高 | 很少 | 很低 | 很少 | 较高 |
| 美的模式 | 较多 | 较高 | 不多 | 较高 | 很少 | 中等 |
| 格力模式 | 中等 | 较高 | 较多 | 较高 | 少 | 最低 |
| 志高模式 | 较少 | 较低 | 最多 | 最高 | 少 | 较高 |
| 苏宁模式 | 最少 | 最低 | 无 | 无 | 最多 | 最高 |

从表 4-7 可以看出，企业盈利水平的高低和企业在分销渠道内所承担的责任大小密不可分，绝大多数情况下是成正比的。虽然从表面上看来美的模式中的批发商责任和收益不太一致，但是批发商给予了制造商大量的资金支持，这是该分销模式的核心内容，这样看来就很正常了。至于志高模式中零售商利润水平较高的原因，前面已经分析过，作为小品牌必须给予零售商更好的利润水平，否则没有零售商愿意加入到分销渠道中来。

### 四、各种模式的综合比较

各种分销模式的优劣前面已有较详细论述，表 4-8 作一简单对比。

表 4-8　　　　　　　　　　各种模式的综合比较

|  | 渠道融资能力 | 管理难度 | 盈利水平 | 品牌价值 | 长期发展能力 |
|---|---|---|---|---|---|
| 海尔模式 | 低 | 很大 | 高 | 高 | 强 |
| 美的模式 | 较高 | 中等 | 一般 | 较高 | 较强 |
| 格力模式 | 较高 | 较小 | 一般 | 较高 | 存在问题 |
| 志高模式 | 较高 | 小 | 低 | 低 | 较弱 |
| 苏宁模式 | 最高 | 很小 | 很低 | 无 | 很弱 |

### 五、不同渠道模式的适应性分析

以上几种模式都有其利弊,那么对企业而言如何进行选择呢?或者说上述几种渠道模式,究竟适应哪些情形呢?表4-9中有一个概括性比较。

表4-9                     **不同渠道模式的适应性分析**

| | 资本 | 管理能力 | 企业目标 | 品牌地位 | 渠道企业 | 市场阶段 |
|---|---|---|---|---|---|---|
| 海尔模式 | 雄厚 | 强 | 多元化 | 强大 | 稳定 | 成熟期 |
| 美的模式 | 无影响 | 较强 | 专业化 | 均可 | 较强 | 成长期 |
| 格力模式 | 无影响 | 一般 | 专业化 | 均可 | 较强 | 整顿期 |
| 志高模式 | 缺乏 | 弱 | 初创期 | 弱小 | 强大 | 成长期 |
| 苏宁模式 | 少 | 无 | 较短 | 弱小 | 非常强大 | 成熟期 |

说    明:此表是以制造商为出发点进行比较的。

资料来源:汪涛、李进武:《空调营销渠道模式比较研究》,载《销售与市场》2002年第3
           期,第29~34页。

**思考题**

为什么同样生产空调的企业在选择分销渠道的时候,却没有采用一样的渠道策略和渠道政策?这几种渠道模式的设计给我们的启示有哪些?

第 三 编

# 分销渠道管理

# 第五章 分销渠道中的权力

## 本章学习目的

学完本章后，应该掌握以下内容：

1. 渠道权力的本质和来源；
2. 渠道权力运用的战略；
3. 如何建立和保持渠道控制力。

分销渠道权力(以下称"渠道权力")是渠道管理的重要内容,如何运用渠道权力,加强对渠道成员的控制和管理,是营销学者最近几十年来一直在研究和探讨的问题。本章将从权力的基本概念入手,对渠道权力的本质、来源及运用等方面进行分析,探讨渠道权力的运用。

## 第一节 渠道权力的本质

### 一、渠道权力的界定

对于权力（power）的定义，通常会引起争论。有人会认为权力与"威信"、"影响"、"支配"、"强制力"、"权威"这些词可以互换使用，权力与强制力、权威相近并可由这些词来定义，但实际上权力不同于这些词。强制力可以定义为制裁的实施，而权力则是使用强制力的倾向，是实施强制力及制裁的能力，而非真正的实施。另外，权力代表了社会环境中可被实施的强制力，是发挥权威的基础。

关于权力的解释很多，但有一点是相同的：权力与一方控制或影响另一方行为的能力有关。它是指一特定渠道成员控制或影响另一渠道成员行为的能力，简单地说，权力就是一种潜在的影响力。譬如 Dahl 认为："A 具有对 B 的权力，即 A 能让 B 做其不愿做的事。" Miller 和 Butler 则认为权力就是控制他人行为的能力。Etzioni 认为权力是在人们相互对立时使对方部分或全部改变的能力。Price 的观点是："权力的本质是影响他人行为的能力。"

以上虽澄清了权力的定义，但对权力的辨认却存在着问题。权力不存在的时候，我们可能会认为有权力；相反，权力确实存在时我们可能又会忽视它，所以权力的存在仍很难诊断。比如说，当一个企业（受影响者）按另一个企业（影响者）的意愿去做事情的时候，似乎就存在权力。但在影响者不存在的情况下，受影响者也要去做同样的事情时，这就不是权力。因为"影响"意味着改变事件的本来进程，运用权力则意味着发挥影响力。所以，对于渠道内看起来相互吻合的行为（如 B 恰好做了 A 希望 B 做的事就表明 A 对 B 拥有权力），就是一种对权力存在的误判。这种误判可能会引导影响者高估其影响能力，而采取一些不合时宜的乐观主义行动，从而引起渠道性质的某种改变。

同时，在渠道内还存在一种看法，即"权力是假想的，具有投机性的，并且不可能精确证明。任何未经使用的能力都很容易被忽略，且没有人能够说清楚在正常的进程中会发生什么事"。也就是说，有些渠道成员无法确认其他渠道成员对自己是否拥有权力以及到底拥有多大的权力，所以不必太在意渠道中的权力。但实际上渠道成员的受影响者可能处在影响者的影响力之下而毫无察觉，甚至不承认这一点。

所以，弄清一个渠道成员是否拥有潜在影响力和拥有多大的潜在影响力，对权力的真正理解就显得至关重要。

## 二、渠道权力使用的两面性

对渠道权力存在的利弊，学者们进行了讨论。一部分人认为，权力这个词与滥用、压迫、剥削、不平等和野蛮等反面词汇紧密相联，权力的使用对渠道可能产生巨大的损害。在渠道中，权力可以被用于强迫某个成员协助创造价值而不给予其应得的报酬，这样的权力就应当受到谴责。但这只是对权力消极性方面的认识，我们应该看到权力积极的一面。也就是说，权力是潜在的影响力，如果权力运用得当，用于协调渠道运营的话，就可以产生巨大的利益。

例如，惠普在利用延迟原则来达到较低成本的大规模定制过程中，就运用了渠道权力。惠普曾经在工厂里制造出完整的打印机并运到分销商处进行销售，但消费者需要许多个性化的打印机，产销不对路，于是导致了大量的库存。对此，惠普把打印机设计成标准化的相互独立的模块，这些模块可以被容易地组装起来以形成核心产品的许多变形。同时，惠普运用它客观的权力把外围部件的制造和装配工作从工厂推向渠道。这样，虽然产生了冲突，但结果却是更低的存货和更少的缺货，这种结合是一种非常难以达到的理想状况。最终的结果是，终端消费者由于有了更多的选择，甚至更低的价格而受益；下游渠道成员则由于给消费者提供了更多的选择范围并且保持了较低的存货而得益；惠普由于拓展了市场，取得了更大的市场份额而得益，同时还提高了品牌的未来价值，而且惠普因为没有试图去占有下游渠道成员创造的财富，而保持了它公平竞争的好名声。

通过上面的分析，我们会认为，惠普要达到这种多方盈利的结果，并不需要运用权力或者向不情愿的渠道成员施加压力，更何况惠普还是同分销商建立战略联盟关系的楷模。可它为什么要运用权力呢？对此的解释是，渠道成员在开始的时候并没有认识到采取延迟制造的策略会使渠道运营如此有效。在那个时候，通过延迟组装达到大规模定制是一种比较激进的做法，甚至现在也没有在大多数产业得到应用，所以在当时若要采取这种思想，就需要所有渠道成员都有一种坚定的信念，如果没有这种信念，那就需要惠普运用权力。

总之，权力如同一把锤子，锤子是一种工具，工具本身是中性的，没有好坏之分。产生好坏结果的只是使用工具的方法。权力也一样，它只是一种工具，它在价值方面是中性的。所以在本书中，权力被当做一个没有内涵（无论正面还是负面的内涵）的术语使用。

**三、渠道权力的作用**

分销渠道成员必须通力合作才能服务终端用户，但是这种相互依赖性并不意味着对某个成员有利的事情对全体成员也都是好事情。每个渠道成员都在追逐自己的利润，最大化整个系统的利润并不等于最大化每个成员的利润。举例来说，下游渠道成员为了保持最少的存货总是在最后一刻订货，从而把存货成本转移给了上游渠道成员。而上游渠道成员希望则在渠道中看到更多的存货，以便他可以获得规模收益；确保消费者有更大的选择范围和较短的等待时间；激励下游渠道成员尽量多地销售商品，从而降低存货成本。所以，上下游渠道成员就存货的数量会产生冲突。

在其他因素保持不变的情况下，如果渠道成员能够在避免成本增加（或者把这部分成本推向别人）的同时增加收入（或许是从别的渠道成员处得到），那么系统里的每个成员的情况都会更好。某一方的成本可能会为另一方带来不成比例的利益。一般来说，通常会有一个"更好的办法"来运营分销渠道以增加整个系统的利润，但是处在渠道中的组织不愿意采用这种方法，因为对于系统有利的事情并不总是对系统成员有利。组织总是害怕它们的牺牲会变成别人的收益，而这种担心是有道理的。

如果从单方面考虑的话，大多数渠道成员不会完全合作以达到某些系统层面的目标。运用权力作为一种方法，可以使得一个成员改变另一个成员本来计划要做的事情。这种改变可能对系统有利，也可能只对某一个成员有利。权力这种工具可以被用来创造价值，也可以被用来破坏价值；可以被用来分配价值，也可以被用来重新分配价值。怎样运用权力取决于决策者。但不管初衷是善还是恶，在任何时候渠道成员都必须参与到权力的构建、运用和保持中去。不论是为了保护自己，还是为了促进渠道更好地产生价值，渠道成员都必须运用权力。

## 第二节　渠道权力的来源和博弈分析

### 一、渠道权力的六种来源

权力（潜在影响力）是一种能力，这种能力很难被评估。从心理学中借鉴过来的 French 与 Raven 方法认为，表示权力最好是以六种权力的来源——奖励权、强迫权、法定权、认同权、专长权、信息权来说明。每一种权力来源都是可以观测到的，所以即使权力是隐蔽的，把对其来源的估计聚集起来也可以对权力作出一个大概的估计。

（一）奖励权

奖励权（reward power）是指渠道成员（影响者）承诺而且能够对其他的遵守其要求的渠道成员（受影响者）给予奖励。奖励权也称为承诺策略，即对服从型伙伴给予好处。奖励权与强迫权具有关联性，所谓"赏罚分明"也就是指对这两种影响力的运用。

奖励权基于受影响者的这样一种信念：影响者具备奖赏受影响者的能力。奖励权的有效使用取决于影响者拥有受影响者认可的部分资源以及受影响者的这样一种信任：它如果遵从影响者的要求，就会获得某些报酬。

当然，仅仅有奖赏的能力是不够的，受影响者还必须认为影响者会给予奖赏。这就意味着让受影响者相信：（1）影响者所期望的事情肯定会产生利益；（2）受影响者在这部分利益中会获得一个合理的份额。

在运用奖励权时有四个限制因素：（1）影响者的奖赏资本限制。例如，假设汽车制造商对一个卖力推销其五种销售不畅车型的经销商进行奖励，且采用的方式是供应一种需求旺盛的车型，那么这种奖励权即是以汽车制造商所有的需求旺盛车型的存货为限。（2）奖赏效果的可靠性限制。即使奖励行动能使奖励对象调整其行为，它也有可能难以改变该成员的看法。有的受奖励者会把提供奖励看做是奖励方目前分销渠道政策不当的迹象，有的也可能把奖励看做是一种贿赂。（3）提供奖赏易导致影响者的收益减少。（4）连续的奖赏会使其效用递减。

（二）强迫权

强迫权（coercive power）是指渠道中的影响者能对受影响者施加惩罚的能力，它来源于如果受影响者没有遵从影响者的意愿，受影响者对所要承受的来自于影响者的惩罚预测。强迫权涉及一个公司所感到可能发生的任何反面的制裁或惩罚，等同于潜在的暗示性地、明确地威胁另一个组织。例如，利润削减和原本承诺的奖励（如独家代理权）被撤销等。强制权的成功与否取决于威胁、惩罚的程度、威胁对象对威胁后果的认识和估计以及威胁信息的真实性。

强迫权与奖励权相对应，也有学者认为强迫权是负面的奖励权——不给奖赏，不兑现奖赏。但是，渠道成员并不把负面的制裁看成是没有奖赏或者是较少的奖赏。他们把强迫看成是对自己和对自己公司业务的一种攻击，从而导致自我防卫以及报复等行为。当渠道成员认为只能得到较低的报酬时，他们的反应是保持冷漠或者撤退，但当发现有强迫权存在时，他们会考虑反击。在长时期内，这种防卫式的反应意味着运用强迫权通常不会比其他权力来得有效。所以，只有当其他方法都用过之后还没有改变时，才考虑使用强迫权。强迫权的使用者可能会对受影响者反应的激烈程度认识不足。由于受影响者需要集中力量以策划反击，所以反击行为有可能被推迟，但通常这种反击本身就是强迫的后果。

反击的办法有许多种，其中有很多效果并不明显。一般来说，当受影响者感觉到影响者在威胁自己时，他们会降低与影响者做生意所得利润的预期。短期内，这种关系将会引起三种方式的破坏：（1）受影响者不满从影响者那里得到的财务报酬。这种反应可能部分出于感觉，部分出于现实。（2）受影响者对渠道关系中与合作伙伴的非财务方面的关系不满。它会认为它的合作伙伴对自己缺乏关心，不尊重自己，不太愿意交流思想，不履行义务，不令人满意，而且不容易相处。（3）受影响者会感觉到它们之间更容易产生冲突。

所以，影响者在使用强迫权以前，要对受影响者的反击行为进行考虑。既要考虑短期效应（受影响者的不合作反应），又要考虑中期效应（受影响者的不信任表现），还要考虑长期效应（受影响者对这种关系不愿投入的反应）。疏远一个渠道成员是存在机会成本的，强迫行为会逐渐腐蚀两者间的关系，有时速度非常慢以至于影响者并不知道它正在失去什么。所以，影响者通过强迫权获得的收益有可能在以后逐渐失去。

但是，这并不意味着渠道成员不能使用强迫的方法，有时运用强迫权的收益会大于成本。例如，电子数据交换（EDI）是在公司间交换信息的一种方法，因其降低成本的潜力使得许多公司在最近几年里采用了这种方法。但是，其早期的使用者有一半是被迫采用的——如果在限定的最后期限内不采用 EDI，就有拿不到订单的威胁。后来事态的发展很快就能证明采用 EDI 是有益的，那么渠道成员也可能会原谅它的合作伙伴采取的强迫手段。于是，克服这些威胁所产生的危机实际上增进了渠道关系。但是，如果被强迫采取某种行动的渠道成员没有得到利益或者感觉不到利益，这种关系就会受到严重的破坏。

（三）法定权

法定权（legitimate power）是指能使受影响者认识到影响者有明确的权力对其施加影响，并由交易合同或契约式垂直分销体系形成的明确权力。受影响者认为，按照法律（法律上的法定权，如合同法和商法）和规范或者价值（传统的合法权，如道德规范）等标准，有责任或有必要同影响者保持一致，遵从影响者的要求。

原则上，法定权的一个主要来源是渠道成员之间签署的合同。但在实践中，合同并不总是像人们想的那样具有效力。有时合同难以实施，有时因为嫌麻烦，干脆就不签合同。此时，他们可能会按照他们在关系中确定的标准行事，但这种方式也并不意味着渠道成员间不认真对待合同。总之，我们不能简单认为一个严谨的合同就是渠道成员所需要的全部权威基础，它还包括其他一些非合同方面的权威来源。

组织间的交易中也存在法定权，但它并不来自于等级性权威，而是来自于规范、价值观和信仰。比如说一个渠道领袖因其成功或示范性的管理得到了其他成员相应的尊重，我们就说该渠道领袖拥有了（传统的）法定权。这样渠道内产生的行为规范定义了大家的角色，并且有效地授予了渠道成员法定权。

但判断传统法定权的程度最终还是带有主观性，因为它取决于旁观者的观察。渠道成员可以通过投资建立伙伴关系来增进共同的规范和价值观，或者通过态度、价值观和运作方法的相容来培养他们的合法权。比如，特许经营授权商以特许经营申请者对待合法权威的态度为标准来挑选潜在的候选人。

（四）认同权

认同权（referent power）（也称参照权）是当一个渠道成员在使用另一成员的品牌或者从事对对方有利的某些活动时，它对另一成员所形成的影响。认同权可能在这种情况下产生：某渠道成员感到自己的目标与其他成员的目标关系密切或趋于一致。换言之，他觉得自己与其他成员同处于一个参照组。因此，当普遍存在这种情况时，一方会认为另一方影响自己行为的企图有利于自己目标的实现。

在分销渠道中，某个组织希望被公众与另一个组织联系起来的重要原因是威望。下游渠道成员愿意支持享有较高地位的品牌以抬升自己的形象，而上游渠道成员则利用声望很高的下游公司的名声。比如，有的零售商或批发商想突出公司的"领导地位"、"产品优质"及"声誉"，就选择与其树立的形象相符合的制造商的产品作为参照组。这样，那些被选中的制造商就具备了认同权。

（五）专长权

专长权（expert power）是指受影响的渠道成员认为：影响者具备其不具备的某种特殊知识或有用的专长。在渠道功能组织中，扮演专家角色的渠道成员是很普遍的，这种专家权力决定了劳动分工、专业化和比较优势的核心地位。对此，我们不难理解为什么小型零售商如此普遍地依赖于它们的批发供应商的专家建议，即使是大型零售商也能从中得益。特许经营更是这种专长的价值的突出表现。特许经营就是租借授权人的专长来建立自己的公司，授权人必须持续提供他们的专长以获得特许权使用费并且保持网络的忠诚度。

然而，即使是对于掌握了大量对渠道极有价值的知识组织，在运用专长权时也并不简单。这里主要有三个困难：（1）为了能够运用专长权，渠道成员必须得到信任；否则，其他成员会把这种专家建议看成是试图对其进行操纵，从而低估建议的价值。（2）专家通常会被给予很高的地位，但因此也很难得到其他渠道成员的认同，这就妨碍了必要的信任的建立。（3）一些具有企业家精神的商业人士，喜欢独立思考问题，不喜欢让别人告诉他们应该做什么。他们自信自己就是专家，而且总是正确的。

如果影响者打算对目标对象运用专长权，后者必须接收影响者的信息和判断。如果在某种良好的关系下，目标对象认可影响者的基本能力和可信赖性，则专家权力的运用会容易一些。另外，当目标对象对影响者有所依赖时，专长权也比较容易行使。

但是，同奖励权的情形一样，一个渠道成员的专长权影响范围也是有限的。例如，一个制造商在广告方面的专长权很强，但在销售策略方面却可能没什么专长权。

（六）信息权

信息权（information power）是一个渠道成员提供某一类信息的能力。信息权与专长权很相似，两者在提供出去后都不能再收回。两者的区别在于：专长权是长期经验积累或专业训练的结果，而信息权则只是由于一个渠道成员容易接触到某一类信息而对于某一类事物具有更多的知识，是建立在真实的信息资料的基础之上的，任何渠道成员都有可能因为及时得到了真实可靠的信息资料而具备这种力量。最明显的一个例子是零售商具有的对于各种商品销售情况的信息，这样零售商对其他渠道成员便拥有信息权。

## 二、渠道权力来源的区分

在渠道中观察权力的范围时，六种权力来源的框架有利于我们产生一些新的想法。可以通过不同的权力来源，采用不同的方法来改变渠道成员原本计划要做的事。但是两个权力来源之间的界限并不总是非常清晰的，在区别各种权力来源的时候，将六种权力来源明确地（而不是武断地）进行归类而不重复计算是很困难的。通常，许多使用这一框架的人主要依靠三种方法对权力来源进行更宽泛的分组。

一种方法是把强迫权归为强制性权力一类，而把剩余的其他权力归结为非强制性（noncoercive）权力。这就避免了清晰地区分专长权、信息权、法定权和认同权，而是将这些统统归入宽泛的非强制性权力。强迫就是剥夺某种渠道成员原本拥有的东西，其余所有东西都是非强制性的（不再进一步区分）。例如，如果一个销售商威胁取消某种产品的销售，那么它对于供应商来说就具有强迫权；如果销售商许诺增加某种产品的销售，则被视为运用非强制性权力。

另一种方法是只考虑中介性权力（mediated power）和非中介性权力（unmediated power），不再进一步分类。当影响者向其目标对象展示权力时，就是在使用中介性权力，即影响者可以迫使其目标对象承认它的权力，这类权力有奖励权、强迫权和法律法定权。而没有目标对象的觉察就不存在的权力就是非中介性权力，这类权力有专长权、信息权、认同权和传统法定权。

## 三、渠道权力来源的结合

在分销渠道中，这六种权力经常被结合起来运用。一方面，这些权力的结合可以造成协同效应（Synergistic Effects）。法定权与专长权相互影响，法定权可以提升专长权，反之亦然；随着奖励权的合理使用，认同感会逐步增加；适当利用强迫权可以加强法定权；在使用奖励权的同时，可能会伴随使用专长权、认同权或法定权。另一方面，某些权力基础之间可能会产生冲突。例如，某个渠道成员可能因为使用了强迫权而对其积聚的认同权或专长权产生破坏作用。

除此之外，与使用各种权力基础相关联的还有经济、社会和政治成本，这些成本可能会危及渠道成员的声誉。在实施包含这些成本的计划之前，对此类成本必须加以考虑。另外，渠道权力的运用也被存在于渠道体系内的相关规范所抑制。这些规范实际上是起到"游戏"规则的作用，他们帮助定义合理的行业行为，而且在某些情况下比公共法律更具限制性。

至此，我们对渠道权力的本质和来源有了较为清晰的认识，我们对此两者间的关系进行了一个小结（见图5-1）。

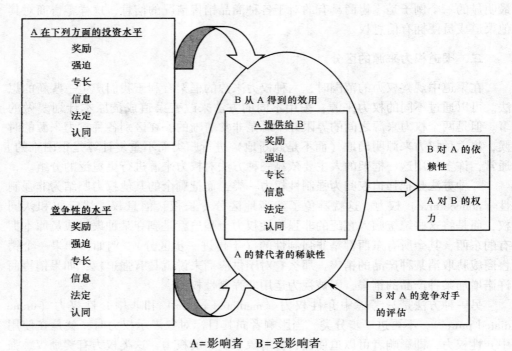

A＝影响者　B＝受影响者

图5-1　渠道权力的本质和来源

资料来源：安妮·T·科兰等著，蒋青云等译：《营销渠道》（第6版），电子工业出版社2004年。

在该图中，权力是依赖性的反映，即一方得到多少效用以及在其他地方寻找这种效用的难易程度。然后，一方为另一方提供效用的多少可以被分为六种权力基础（奖励、强迫、专长、信息、法定、认同）。渠道成员对此六种来源的投资越大，效用也越大。但是，如果渠道成员可以接触到其他竞争者，那么竞争者的权力基础就决定了这种效用的稀缺性。

### 四、渠道权力的博弈分析

权力是关系的一种特性，在陈述一种权力关系时，仅仅说"影响者很有权力"是不够的。影响者对受影响者来说可能很有权力，但对于其他方面的权力可能就比较弱小。在影响者和受影响者的关系中，影响者具有自己的一些权力来源，受影响者也是如此。受影响者有它自己的抵消性的权力，也就是它有自己的权力基础，受影响者可以利用这种权力来抵消影响者的权力来源。比如当考察影响者的奖励权时，有几点很重要：（1）同一时刻只考虑一种关系，而不是对权力作出一般性的判断。（2）不但要计算影响者奖励受影响者的能力，还要考虑受影响者的抵消性的权力，也就是它奖励影响者的权力。那么，渠道成果取决于给定关系中的权力平衡。权力是依赖性的反映，我们现在用依赖程度来讨论权力平衡的问题。

#### （一）净依赖程度

在前面的章节中，我们集中讨论了影响者对受影响者的权力，我们把这种权力概念化为受影响者对影响者的依赖性。但是，依赖从来不是单方面的，影响者和受影响者是相互依赖的，所以每一方对另一方都拥有权力。为了全面理解权力，除了要看到双方的依赖之外，还要评估一下净依赖程度（net dependence），因为双方的权力并不总是处于平衡状态。

高度的相互依赖相当于双方彼此拥有高度的相互权力。在这种情况下，每一方都可以利用对方，这样就可以增进协调，促进合作。高度的相互依赖有利于创建并且保持战略渠道联盟，渠道成员有可能创造非常高的附加价值。一般说来，较大的并且平衡的权力是达成协调一致、促进合作的有效方法。其原因有两个：（1）双方都可以促使对方形成并且实施创造性的、双赢的方案。非平衡的权力最大的一个缺点，就是较弱的一方没有办法让较强的一方对它们之间这种关系性资产给予足够的投资，对外依赖较少的一方会减少投资（除非其转向其他关系非常困难），因此这样就不利于附加价值的创造。（2）较高且平衡（对称）的权力可以制止剥削。在这种关系下没有较弱的一方，双方都很强大，每一方都可以迫使另一方平等地分享收益。这样，公平团结的规范逐渐形成，从而更容易使双方达成协调一致。所以，这种对称的依赖增进了双方适应对方的意愿的程度，提高了双方的功效。

上面讲了这种"高-高"方式的相互依赖关系，但在分销渠道中，还普遍存在一种"低-低"方式结合的依赖关系。也就是说，当相互依赖程度很低的时候也存在对称性——双方对对方的需求都不大。带有"低-低"方式依赖关系的渠道（双方都是可有可无的）倾向按照古典经济关系的路径运行。

（二）不平衡的依赖

不平衡的依赖是指一方对另一方的依赖程度高于（或低于）后者对前者的依赖程度。在这种不平衡的依赖情况下，权力的天平偏向于依赖较低的一方，依赖较高的一方就有可能被剥削。在这种情况下，依赖性较高的一方在经济方面和非经济方面都将受到损失。即使渠道中权力较大、依赖性较少的成员并不企图占有依赖性较高一方应得的奖励时，这种情况也经常发生。

在分销渠道中，较弱的一方、依赖性较高的一方对被剥削的忧虑总是存在的。他们经常担心自己受伤害，而且很容易怀疑较强的一方是否有不良的意图。因而，相对于相互依赖的对称关系来说，不对称关系中的信任和承诺程度都较低，并更容易产生冲突。

如果渠道成员被牵涉进不平衡的关系，弱小的一方可以采取三种应对措施。假如说当 B 依赖于 A，而 A 不依赖 B 时，那么 B 可以通过减少对 A 的依赖来对付这种危险的环境。这三种方法如下：

1. 发展 A 的替代者。在渠道中，这是三种应对措施中使用最为普遍的一种方法。当渠道成员对外的依赖程度增加时，因为害怕受剥削，他们会发展抵抗性的权力。例如，当部分销售代理商（制造商的代表）改变自己的运营方式以适应被代理人的要求时，就产生了不平衡依赖的潜在危险。为了平衡这种依赖性和权力，一些代理商不遗余力地教育客户，培养客户对代理人的忠诚性。这意味着在必要的时候，代理人可以诱导消费者转向另一个品牌。代理人有能力更换被代理人，因为它可以带走客户。另外，除了向下游发展抵抗性权力外，还可以从上游企业着手发展替代者。在必要的时候，我们可以增加一个供应商。许多渠道成员有意识地保留一个多元化的供应商名单，这样在某个成员企图利用不平衡的权力时就可以迅速作出反应。例如，美国的汽车经销商曾经一度只代表一种品牌的汽车，这使得他们高度依赖该汽车制造商。如今许多汽车经销商拥有多个门店，每个门店销售一个牌子的汽车，甚至一个门店销售多个牌子的汽车。这种多元化的品牌组合，使经销商成功地降低了对单个制造商的依赖程度，从而使得他们可以抵制来自制造商的压力。因此，多元化减少了被盘剥利用的风险。

2. 组织一个联盟来反击 A。B 的另一个对应措施是组织一个联盟来对抗 A 的权力。在这种战略中，需要引进一个第三方。要做到这一点可以用很多种方法，欧洲的一种通行做法是签署一项合同，该合同规定在出现争端的时候可以诉诸强制性的第三方裁决。第三方通常是私人联盟，但有时候也可能是政府部门。美国的汽车经销商就是利用这种策略获得了成功。经销商们组织起来游说州立法机构，使许多州名为"法庭经销商日"的法律获得通过。这些法律通过制定新的诉讼依据和对苛刻的供应商的处罚措施，限制了汽车制造商向经销商施加压力的能力。

3. 退出。第三种应对措施是退出业务并因此退出合作关系，不再寻求来自 A 的利益，也就不再受到威胁。但是，这种战略的前提是不再重视 A 所能提供的价值。许多渠道成员认为，退出某种业务而把资源改投别处（如卖掉自己的汽车经销权）的战略是不可思议的。但是，这是脱离对 A 的依赖性的最终办法。

较弱的一方可以通过以上三种方法减少自己的依赖性来调整不平衡权力，但最有创造性的战略应该是增强对方对自己的依赖性。也就是说，通过提供更大的效用或者使自己更加不平常表现为稀缺资源的话，就可以使对方增强对自己的依赖性。

（三）容忍不平衡依赖性

容忍不平衡依赖性是指在不平衡的关系中，较弱的、依赖性较大的一方接受这种环境，并且努力争取在这种环境里做到最好的一种表现行为。那么接着会怎样？较强大的一方总是具有剥削性吗？较弱的一方总会倒霉吗？是否应该不惜一切代价避免不平衡的关系？

对此，我们认为不平衡的依赖并不总是有害的，尤其是在一种稳定的环境下，因为对渠道的要求不高，有时候不平衡依赖就可以起到很好的作用。例如，百货商店雇用采购员为每一个大类商品部门采购商品。一些生产商就会支配这些采购员：采购员依靠他们提供某些吸引人的名牌商品，但是这些供应商却不依赖这些百货商店，因为他们不是主要的分销渠道。尽管存在这样不平衡的权力，美国的百货商店还是在一个稳定的（可以预测的）市场环境中得益于一个受供应商支配的关系。当需求可以预测时，百货商店通过与主要的供应商紧密合作来尽量避免跌价。但是，在不可预测环境下，支配性的供应商变成了一种负担。商店没有权力强迫支配性的供应商采取灵活手段来应对需求波动。如果商店可以获得高度平衡的依赖，它就可以要求某些待遇；如果某个商店的依赖性较低，那么，该商店可以很容易地改变供应商。在这种情形下，商店的处境都要好得多。

另外，如果依赖性较少的一方自愿限制滥用它的权力，那么不平衡的权力关系也可以工作得很好。当较强大的一方比较公平地对待较弱的一方时，可以改进相互关系的质量，渠道也可以有效地运行。某个渠道成员如果不公平地对待别的成员，就会削弱它的名誉，而且使得以后吸引、保留和激励其他渠道成员也变得非常困难。公平对待的表现有两种形式：

一种形式是分配性公正（distributive justice），是指各种奖励如何在渠道成员之间分配。例如，许多汽车经销商依赖制造商的强力品牌，也在这些品牌上投资很多，一旦经销商转换代理品牌或者不做这笔生意时，这笔投资是难以收回的。这样，经销商依赖制造商，但制造商对于经销商的依赖很少，他们通常可以找到许多有意做代理商的候选人。由于经销商是较弱的一方，他们很容易怀疑制造商在剥削他们，这种猜疑的结果不利于彼此关系的发展。如果制造商按照经销商认为公平的方式分配利润，这种关系恶化的倾向可能就会避免。

　　经销商在权衡分配上的公平时，并不只是考虑绝对报酬。他们还把自己从这种关系中得到的利益同自己对关系的投入、同行可得利益、机会成本以及另一方的投入进行对比。如果经销商投资很少、其他经销商得益也很少、经销商的资源没有更好的用途、制造商对于彼此的关系投入也相当多，那么在这种情形下，经销商认为即使制造商获利很多，自己得益较少也是"公平的"。相反，如果经过这些比较，经销商认为他们得到的应该更多，那么即使他们的报酬很高，他们也不会满意。

　　另一种公平的形式是程序性公正（procedural justice），是指较强大的一方在正常的日常运营程序上对待较弱一方的方式中隐含的公平性。例如，当汽车制造商与汽车经销商经常进行双向沟通、以中立的形象出现并欢迎讨论不同观点的时候，汽车经销商就认为他们的供应商在程序方面是比较公平的；同时，供应商的人员（与经销商打交道的人员）如果对一些事情能够作出解释、态度比较礼貌、对于渠道成员所处环境比较了解的话，经销商也可能会感到供应商在程序上比较公平。

　　所以，尽管存在内在不平衡的依赖，这些公平的表现形式还是有助于缓和渠道关系的。事实上，由于分配上的公正可能不容易观察清楚，而程序上的公正经常是比较容易被观测到的，这使得程序上的公正比分配上的公正更能说服较弱的一方相信彼此关系是比较公平的。

# 第三节　渠道权力的运用

　　关于渠道权力的运用，我们已经描述了某些权力表现出来的状况以及依赖性平衡的结果。最为基本的是，权力是无形的：我们永远不能确定渠道关系中的某一方具有多少权力。但是，某一方拥有的权力越多，它就越倾向于使用权力。他们也不会留待以后使用或弃置不用，潜在的权力总是被迅速地转换为实际使用的权力。

## 一、六种影响战略

　　把潜在的影响力转变为对方行为的实际改变是需要沟通的，这种沟通的本质影响着渠道关系。渠道沟通可以被归结为6大类或6种影响战略（influence strategy）：

　　● 许诺战略（promise strategy）——"如果你按照我说的去做，我就会奖励你"。

　　● 威胁战略（threat strategy）——"如果你不照我说的去做，我就会惩罚你"。

　　● 法律战略（legalistic strategy）——"你必须按照我说的去做，因为从某种意义上讲，你已经同意这样去做了"。这种协定可以是合同，也可以是非正式的谅解备忘录。

- 请求战略（request strategy）——"请按照我希望的去做"。
- 信息交换战略（information exchange strategy）——"无须说明我想要的是什么，我们来探讨什么方式对我的合作伙伴更有利"。这种战略是间接的，其目的是改变对方关于用什么方式能有效完成影响者目标的看法。它也是一种微妙的劝说形式：让对方自己去想他该做什么。
- 建议战略（recommendation strategy）——这种战略和信息交换相同，但是它指明了结论。"如果你按照我说的去做，你会更加盈利"。与信息交换战略相比，建议战略更公开，这使得对方较容易产生怀疑和辩论。

每种战略都基于特定的权力来源。图 5-2 说明了影响战略和相应的权力基础之间的关系。

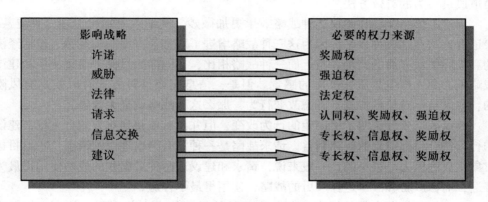

图 5-2　利用权力发挥影响

如果渠道成员没有投资于相应的权力基础，他们使用影响力的努力是无效的。当然，某个渠道成员具有多少权力基础依赖于影响者及其目标对象。例如，雀巢对小零售商拥有比大卖场更多的奖励权，因此实施许诺战略也就更加有效。

一般来说，渠道人员可以结合运用全部的六种战略。但是每一种关系都有一种风格，最经常使用的一种战略就是主导性的风格。因为不同的渠道成员对于这六种战略的理解不同，这种经常使用的战略，也即主导性的风格对于公司将其权力转变为实际行动起着相当重要的作用。

## 二、六种战略的结果

许诺、威胁和法律三种战略，常常会引起目标对象的反作用力。这些方法通常被看成是严厉的、高压的手段，目标对象经常会产生反感，而且他们也会用同样的战略来回应。尤其是使用威胁战略更容易产生冲突，从而破坏了目标对象经济上或心理上的满足感。在短期内，高压政策或许有效，但从长期来讲，它破坏了目标对象对影响者的信任和承诺。

从逻辑上来说，许诺战略应该被看成是一种奖励，是正面的。但是目标对象通常不这样认为，他们觉得许诺有时是一种强制性的技巧，可能是一种贿赂、一种冒犯或是不专业的表现。还有渠道成员认为许诺是对自己表现的隐含性批评——"如果他们认为我做得好的话，他们早就该给我了"。另外，使用许诺战略可能会引发一场螺旋式的讨价还价——使用这种战略鼓励对方也作出许诺来回应，使得一个许诺导致了更多的许诺。从长期角度来看，许诺战略的效果是复杂的。基于人际交往的心理满足，渠道成员不喜欢许诺战略。但是从严格的经济意义上来说，渠道成员又欢迎许诺战略。对方如果履行自己的承诺，有助于减少冲突。总之，虽然许诺战略加剧了人与人之间的紧张程度，但是如果持之以恒的话，它确实是一种改变渠道成员行为的有效方法。

请求、信息交换和建议三种战略效果更加微妙，其细微差别比上述三种更甚。渠道双方欢迎这三种战略，因为这三种战略增进了双方各方面的满足感，包括经济的和人际关系方面的满足。与上面三种战略相比，在同样的目标下信息交换和建议战略不会令人产生高压和严厉的感觉。但是，信息交换这种方式有时候是有风险的：如果目标对象根本就不考虑改变行为，那么这种战略就毫无效果。

建议战略公开说明了所期望的行为改变，但并没有威胁到对方的自主权，建议的行为符合目标对象的整体利益。请求战略是一种没有给出理由的请求，它给目标对象造成的压力是很小的。一般来说，请求和建议这两种最温和的战略使用得最为普遍，而像威胁和法律这样严厉的战略，使用得最不普遍。

在密切的长期合作关系中，这些模式的效果可能会有些不同。其中，信息交换、建议和许诺是支配性的影响战略。在长期关系中，双方承诺较多，双方会尽力避免威胁对方。他们会为某个期望的行为提供奖励（承诺），或者留给另一方去得出结论（信息交换），以及说明所期望的行为有益于对方（建议）等，双方都认为双赢的方案是很重要的。

但是，有必要提醒的是，人们怎样看待权力基础在某种程度上是和文化有关的。在一种文化中被认为是强迫性的权力，在另一种文化中可能被认为是法定权，所以，采用的影响战略也因文化而异。

### 三、合理表达影响意图

在渠道内部，怎样合理表达影响意图是非常重要的。例如，假定一个分销商已经在销售某个供应商的产品。这个供应商正计划推出一种重要的却是有风险的、未经验证的新产品，他希望影响分销商，让其也同意经销这种产品。那么影响者该如何向目标对象表达这个信息呢？

表达包括正面的和负面的两种表达方式。正面表达的含义是："如果你确实决定销售我们的新产品的话，你将得到大量的额外营销支持。"负面表达是："如果你们不销售我们的新产品的话，你将不能得到大量的额外营销支持。"这两种方式都表明了一个态度：这一新产品会得到供应商的支持。但是正面表达比负面表达更有效，因为负面表达让目标对象感到好像要失去什么，他们害怕失去甚于重视收益。负面表达使目标对象感到压力，它破坏了目标对象的满足感和相互之间的信任并且威胁到他们的自主权。

另外，我们还可以通过偶然性和非偶然性观点来表达影响意图。偶然性诉求取决于服从状况："如果你销售我们的新产品，我们会授予你年度优秀分销商称号。"非偶然性诉求是单方面提出的，不考虑对方是否服从："祝贺你，你赢得了年度分销商奖！哦，我们向你建议一个新产品……"很明显，当影响者使用偶然性诉求时，其目标对象更容易感到满足和信任，也更易感到他们的自主权得到了尊重。而非偶然性表达降低了诉求强度，常常是无需偶然事件，目标对象也会被说服。但是，如果出现了偶然事件并且目标对象也顺从了，其负面作用就是目标对象相信其遵守某个规划是因为出现了偶然事件。这样，目标对象会有被贿赂、被收买和有压力的感觉，他们内在的动力（出于自身原因而服从的感觉）降低了。相反，如果没有偶然事件，目标对象也服从了，则其解释为："这就是我们要做的事，这对我们有意义。"所以，应尽量使渠道成员运用正面表达方式，在应该提供非偶然性观点的时候不要提供偶然性观点。

## 第四节　渠道权力的保持

实际工作中，基于各种权力来源的影响力都是存在的，并且配合形成了渠道成员的控制力。渠道权力保持的本质就是渠道控制力的保持。

### 一、生产厂商渠道控制力的保持

波特教授认为，在一个行业或市场上，如果出现下列情况，供应者集团将处于有利的控制者地位：

- 该行业只有少数几个大公司控制。
- 公司的产品没有替代品。
- 获得供应者的产品对于购买者来说极其重要。
- 消费者或者产品是差异化的，供应者能够方便地完成成本转移。
- 供应者能够威胁、进行前向一体化。

生产厂商是供应者集团的重要组成成员，在条件成熟的情况下，它不仅谋求在市场上的控制地位，在商品分销渠道中也会谋求领导地位。它对产品分销渠道控制力的保持可以运用很多手段（见表5-1）。

表5-1　　　　　　　　　　　生产厂商渠道控制力保持的手段

1. 形成大经济规模
2. 争取高市场份额
3. 保持高品牌忠诚度
4. 适当时使用特许经营方式
5. 适当时拒绝同现有的批发商和零售商做生意
6. 适时威胁结束同销售商的关系
7. 适时采用垂直一体化战略
8. 适时动用推销金
9. 可以在只有一个中间商的地区增加另一个销售商
10. 全力推动周转慢的商品的销售
11. 签订销售周转慢的商品协议
12. 对偏爱的批发商和零售商提供紧缺的商品
13. 提供较大数量折扣促使零售商集中采购主要品牌
14. 扩展产品线以便生产者的品牌在零售商的货架上占有更多的位置
15. 容许大客户绕过传统批发商

经济规模大的生产厂商，往往实力雄厚，在分销渠道中具有很强的讨价还价能力，而且可以通过多条分销渠道来分销它的产品，利用渠道竞争来保持其对别的渠道成员的控制力。

高市场份额和高品牌忠诚度表明生产厂商的产品具有很强的市场竞争力，赢得了顾客的情感和忠诚。毫无疑问，这使得生产厂商对其他渠道成员的奖励权或强迫权增强了。同时，也提高了生产厂商的专长权。

具有较高市场声望和销售前景的产品生产厂商往往愿意使用特许经营方式，通过给获得许可的经营者提供有利的经营店址、保证优先供货和全程人员培训以及通过谋求中止特许权、威胁在一个受许可经营者现有区域内增设新店等手段，谋求和保持对渠道的控制。这样使用特许经营方式事实上是增强了奖励权、强迫权和法定权。

对于销售不力的批发商、零售商，生产厂商可以通过威胁来拒绝继续供货，迫使对方采取有利于生产厂商的行为。经销商有时放弃对渠道的控制权以便获得制造商的支持，以保证必要资源的可得性。这样，威胁拒绝供货也可以成为生产厂商保持控制地位的一种力量。不过这种方法只能偶尔使用，不宜经常采用。

生产厂商向销售领域扩张的前向一体化，如新建商店、收购现有商店、获得现有经销商的大部分股权等方式，都能对其渠道控制力的保持产生积极作用。

生产厂商还可以通过加大推销费用的方式保持其控制力。例如，某种产品在消费者心目中形象较差，很难扩大销路，生产厂商就可以考虑加大推销费用，直接对经销商的销售人员进行资助和奖励，从而控制该经销商的销售力量。

### 二、中间商渠道控制力的保持

与生产厂商渠道控制力的保持相类似，中间商在保持其渠道控制力时，也可以采取多种策略（见表5-2）。

表 5-2　　　　　　　　　　　中间商渠道控制力保持的手段

1. 采用有影响力的自有品牌
2. 形成大量销售规模
3. 提供促销服务
4. 培养忠诚顾客
5. 运用集中采购策略
6. 适时采用灰色市场策略
7. 签署紧密合作协议，销售流转慢的商品
8. 适时运用前向和后向一体化策略
9. 通过批零兼营、价格折扣、吸引更多顾客
10. 通过灵活的货款结算政策，影响供应商

自有品牌是指中间商（主要是零售商）的品牌，仅限于在中间商商店之内的商品上使用。有些商店由于历史悠久，在顾客心目中形成了传统的商品形象和服务形象，因而，自有品牌具有相当大的促销力。要求在商品上使用自有品牌而不是使用生产厂商的全国性品牌，可以使生产厂商和其他渠道成员减少品牌管理费用和促销费用，同时这限制了生产厂商自有品牌的市场影响力，这又可以说是对生产厂商的一种威胁。

各个批发商、零售商各自都有一定的影响空间，能吸引该空间范围的顾客光顾和采购，这个影响空间称为商圈。商圈的大小代表着前来购物的顾客数量。商圈大的中间商往往能够比商圈小的中间商创造更多的销售业绩。这种影响力可以说是一种认同权。即使生产厂商使用自己的品牌，也不能忽视商圈大的中间商对推销自己的品牌的贡献。

中间商（尤其是零售商）长期同顾客打交道，拥有相当丰富的促销经验。例如货架摆放、商品陈列、室外广告、室内标语、价格折让、推介模式、购物奖励和销售服务等，对于扩大商品销售具有重要作用。这样，中间商对生产厂商就具有一定的专长权，有利于中间商渠道控制力的保持。

采用灰色市场策略是中间商保持其渠道控制力的重要手段之一。所谓灰色市场，是指从所在分销渠道之外的供货商那里采购商品。利用灰色市场，有可能冲击分销渠道中的供货商（生产厂商）商品的销路。生产厂商为了获得和利用中间商的商业资源，维持产品在市场上的销路，就得维护与中间商的关系。

### 三、渠道控制力保持应注意的三个方面

由于渠道成员的动机和目标并不一致，在实践中无论是生产商还是中间商都会尽力保持并巩固自己对渠道的控制力，所以渠道成员在以下三个方面的作为必定会影响其渠道控制力的保持。

（一）合同或者法律规定

利用法律或者合同，对渠道成员的权利与义务、成员行为（例如保持库存、归还货款、促销力度）和目标成果（销售量与销售额）予以明确规定，是一种简单的保持渠道控制力的方法。不论是生产厂商还是中间商，都可以利用法律或合同的强制力来保持其渠道控制力。但这并非是一种合理的方式，因为这种方式要求：（1）渠道成员必须具有明察秋毫的预见力。由于法律或合同具有超前性，因此需要法律或合同的制定者对渠道运行中各种可能出现的问题具有很强的预见性，并在有关法律和合同中预先作出明确的规定。（2）达成交易、监督履约是无成本或成本极低的。控制力保持者能够方便地监督各个渠道成员的履约情况，并且及时予以纠正。但实际上，这两个要求是很难满足的。对任何情况都能作出准确预测，是不可能的；现实生活中达成交易、监督履约也是具有相当高的成本的。任何不具备这两个条件的场合，都会出现法律、合同或执行上的漏洞。因此，使用法律和合同保持渠道控制力一定要谨慎。

（二）利益关系

在分销渠道中，不妨假设每个成员主要是按照自身利益最大的原则行事的。一个渠道成员要保持其渠道控制力，往往会考虑运用利益诱导法。但是，使用该方法的必要性和有效性却要视渠道中彼此间的利益依赖关系。如果你对其他渠道成员的利益依赖大于他们对你的利益依赖，你就不应该指望保持你对渠道的控制力。这时选择服从于其他渠道成员，可能对你的利益最大化更为有利。即使你对其他渠道成员的利益依赖小于其他渠道成员对你的利益依赖，运用利益诱导法还必须要考虑你自身的成本收益比是否合适，否则就得不偿失。

（三）人际接触

人际接触过程中存在一种谁征服谁的较量。不少企业愿意采用人际接触方式来保持其渠道控制力。人际接触最大的优势是能够通过人际吸引，增强友谊，改善朋友关系，进而促进交易关系，所以它常常能够解决许多别的方法难以解决的疑难问题。但是，只有在渠道成员的派出人员能够吸引对方、说服对方、从心理上征服对方时，才谈得上是真正的控制力影响。在渠道中，人才济济，不乏大智大勇、能言善辩之才，谁能够在心理上征服谁，可以通过人员之间的接触迅速测试出来。所以，以人际接触方式巩固渠道控制力的关键在于"慧眼识才"和"惟才是用"。

## 本章小结

我们所说的分销渠道中的权力是指一特定渠道成员控制或影响另一渠道成员行为的能力，简单地说，权力就是一种潜在的影响力。

权力就像一把锤子，锤子是一种工具，工具本身是中性的，而有好坏之分的只能是使用工具的方法。权力也一样，它只是一种工具，它在价值方面是中性的。

如果单独考虑的话，大多数渠道成员不会完全合作以达到某些系统层面的目标。运用权力作为一种方法，可以使得一个成员改变另一个成员本来计划要做的事情。这种改变可能对系统有利，也可能只对某一个成员有利。怎样运用权力取决于决策者。但不管初衷是善还是恶，在任何时候渠道成员都必须参与到权力的构建、运用和保持中去。不论是为了保护自己，还是为了促进渠道更好地产生价值，渠道成员都必须运用权力。

权力（潜在影响力）是一种能力，它有六种权力——奖励权、强迫权、法定权、认同权、专长权、信息权。每一种权力都是可以观测到的，所以即使权力是隐蔽的，把对其来源的估计聚集起来也可以对权力作出一个大概的估计。奖励权是指渠道成员（影响者）承诺而且能够对其他的遵守其要求的渠道成员（受影响者）给予奖励。强迫权是指渠道中的影响者能对受影响者施加惩罚的能力，它来源于如果受影响者没有遵从影响者的意愿，受影响者对所要承受的来自于影响者的惩罚的预测。法定权是指能使受影响者认识到影响者有明确的权力对其施加影响，并由交易合同或契约式垂直分销体系形成的明确权力。认同权（也称参照权）是当一个渠道成员在使用另一成员的品牌或者从事对对方有利的某些活动时，它对另一成员所形成的影响。专长权是指受影响的渠道成员认为：影响者具备其所不具备的某种特殊知识或有用的专长。信息权产生于一个渠道成员提供某一类信息的能力。信息权与专长权既有相似，又有不同。

在分销渠道中，这六种权力经常被结合起来运用以造成协同效应。另一方面，某些权力基础之间可能会产生冲突。除此之外，与使用各种权力基础相关联的还有经济、社会和政治成本。

在影响者和受影响者的关系中，影响者具有自己的一些权力来源，受影响者也同样如此。受影响者有他自己的抵消型的权力，也就是他有自己的权力基础，受影响者可以利用这种权力来抵消影响者的权力来源。

某一方拥有的权力越多，他就越倾向于使用权力。他们也不会留待以后使用或弃置不用，潜在的权力总是被迅速地转换为实际使用的权力。把潜在的影响力转变为对方行为的实际改变是需要沟通的，这种沟通的本质影响着渠道关系。大部分渠道沟通可以被归结为六大类或六种影响战略：许诺战略、威胁战略、法律战略、请求战略、信息交换战略、建议战略。每种战略都基于特定的权力来源。

实际工作中，基于各种权力来源的影响力都是存在的，并且配合形成了渠道成员的控制力。渠道权力的保持的本质就是渠道控制力的保持。由于渠道成员的动机和目标并不一致，在实践中无论是生产商还是中间商都会尽力保持并巩固自己对渠道的控制力，所以渠道成员在合同/法律规定、利益关系、人际接触三个方面的作为必定会影响其渠道控制力的保持。

## 思考题

1. 强迫权和奖励权之间的关系是怎样的？奖励权和认同权、专长权和法定权之间的关系是怎样的？专长权和信息权之间的关系又是怎样的？试举出三个例子支持你的观点。

2. 为什么分销渠道不大可能天然地协调一致？为什么权力对于达到协调一致的状态是必要的？

3. 我们应该怎样与强大的渠道成员打交道？

4. 杜邦农化是一家相当大的多元化产品的供应商，它向农民提供除草剂和杀虫剂。它的几个竞争对手也非常强大，并且相当多元化，例如，孟山都和陶氏化学。假设有一个经销商销售农民团体和个人所需的全线产品，包括农化产品，是否可以想象此经销商可能比杜邦更有权力？如果有可能，什么因素促成了这一点？

5. 假如你是德国的一家汽车经销商而且是奥迪的独家经销商，你在获得经销商资格上已经投入不菲。你的合同是这样的，如果你打算卖掉你的经销商资格，奥迪有权同意或者不同意你所选定的买家。在这一关系中，权力的平衡是怎样的？你和你的供应商之间的工作关系会是怎样的？你的供应商可以采取什么手段让你相信你没有被疏远？

6. 考虑上题中的情形。如果把你放在工厂代表的位置上，你会使用什么样的影响战略？为什么？如果把你放在工厂代表主管的位置上，你会招聘什么样的人来做代表？你怎样对这些代表进行督导和付酬？

7. "我们替这个供应商卖掉了许多产品，为他赚了不少利润。我们撑起了他的品牌，我们也愿意倾听他的意见。这说明我们对他有很大的优势。我们拥有很多权力，我们应当使用他们。"请就这一说法进行讨论。为了对其正确评估，我们还需要知道什么？

8. 渠道成员什么时候有可能会高估自己的权力？什么时候会低估自己的权力？

9. 渠道成员如何才能有效地保持其渠道控制力？

## 案例分析

**【案例分析 1】**① 　　Quiksilver 是一家面向青少年的生产运动服装和装饰品的澳大利亚公司。在欧洲，人们在传统上更偏好耐克的产品。截至 1999 年，在短短的两年里，Quiksilver 不仅进入了这类产品的前 20 名，还在一项针对 11～17 岁青少年进行的品牌偏好调查中位列第 6。通过市场研究、创新性的产品设计、精确的定位和富有创意的广告，Quiksilver 已经塑造出了时尚而令人钟爱的滑板制造商（冲浪板和滑雪板）形象。这是许多欧洲青少年所希望表现的一种形象（挑战、户外、运动、冒险和不墨守陈规）。Quiksilver 在青少年市场享有很高的声望，虽然它的产品价格昂贵，但却是众多消费者的参考品牌。Quiksilver 严格地控制着零售领域的分销，它只向选定的门店直接供货，而这些商店也愿意和 Quiksilver 联系起来。Quiksilver 成功说服了欧洲将近 300 家店铺在其店内的"Quiksilver 之角"保持大量存货，甚至说服他们只销售 Qiuksilver 的产品。Quiksilver 的竞争对手把它采用的这套技巧称为"勒索"。一家商店试验性地订购了 100 单位的 Quiksilver 产品，但 Quiksilver 故意不完全履行订单，比如说只供应 70 单位。这 70 单位的产品很快就销售完了。商店意识到了缺货，但试销还没有结束，它并不知道总量的需求和各个种类的需求。于是商店找到 Quiksilver 要求进货以便开始新一轮试销以解决需求的不确定性问题。但这一次，Quiksilver 对商店提出了一个要求：在店内开设"Quiksilver 之角"。

---

① 　资料来源：路易斯·斯特恩等著，蒋青云等译：《营销渠道管理》（第 6 版），电子工业出版社 2003 年版，第 179 页。

试问：该案例中涉及了哪些权力来源？请结合以上案例对这些权力作一分析。

**【案例分析2】** 某电器生产公司要在 W 市 4 家零售商那里销售产品。下表是以往公司的销售额分布情况。

**电器公司的销售额分布**

| 零售商 | 销售额比重 | 占零售商销售额的比重 |
|---|---|---|
| W 商场 | 44% | 1.1% |
| 某商业大楼 | 26% | 12.2% |
| 中百仓储 | 20% | 11.8% |
| 国美电器 | 10% | 15.9% |

## 思 考 题

假如你是该电器厂商的经理，试问：你如何在渠道运作中保持你的控制力？

# 第六章 分销渠道冲突的管理

## 本章学习目的

学完本章后，应该掌握以下内容：
1. 分销渠道冲突的原因与表现形式；
2. 分销渠道冲突管理的模式与路径；
3. 如何杜绝和消除窜货现象。

随着近年来分销市场蓬勃发展，渠道结构变化甚大，渠道成员间的关系大为紧张。由于渠道价值链上各业务实体之间的利益往往不一致，所以无论对渠道进行怎样的设计与管理，渠道冲突都无法完全避免。当渠道成员出现冲突时，应当及时地分析渠道冲突的类型、内容和原因，以适宜的方法来处理，消除不良影响。

## 第一节 分销渠道冲突及其成因分析

### 一、分销渠道冲突的含义

分销渠道成员之间因销售政策决策权分歧、销售目标差异、信息沟通困难、角色定位不一致、责任划分不明确等原因，而产生紧张、焦急、不满、抵触甚至决裂的现象，我们称之为分销渠道冲突。例如，某个二级代理商会因为生产商给其相邻区域代理商的广告支持更大或某种规格产品的供货价更低而产生不满；又如甲地区的分销商不执行分销协议等预先约定，低价倾销或窜货，同样会引起乙地区分销商的不满、愤怒。渠道冲突本质是渠道主体利益、行为和心理上的冲突。

根据 Magrath and Hardy（1988 年）的分类可将冲突分为三种情况：（1）冲突强度是指从很小的动怒到主要方面合作的终止、反对、批评。（2）冲突频率指零星的争论到经常不合作的痛苦关系。（3）冲突的重要性。

### 二、分销渠道冲突的发展阶段

分销渠道冲突是一个由弱到强，由内隐到外显的发展演变过程，具体分为以下五个阶段（见图 6-1）。

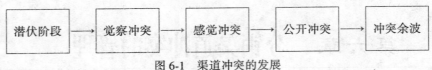

图 6-1　渠道冲突的发展

第一阶段：潜伏阶段。指渠道成员一方有不满情绪，但不满的信息尚未传递到另一方。

第二阶段：觉察冲突。指渠道成员能彼此感知对方的不满，但都未以何种方式明显地表达出来。

第三阶段：感觉冲突。指冲突的信息已经传递给对方，双方能感觉到紧张、焦急和不满。

第四阶段：公开冲突。指冲突的一方已经采取明显而强烈的行动来表达不满，如要挟、罢卖、惩罚等。

第五阶段：冲突余波。它取决于冲突解决的结果。

### 三、分销渠道冲突产生的原因

（一）国外学者对冲突产生原因的研究

所谓渠道，其实就是信息流和物流的通道。这种"流"随时会受到其他信息的干扰。因此，渠道受到"冲突"是一种不可避免的营销现象。渠道冲突产生的原因是多方面和多层次的。国外学者对此进行了详尽的分析（见表 6-1、图 6-2、图 6-3）。

表 6-1　　　　　　　　　　　　分销渠道冲突的原因

| 学者 | 冲突的原因 |
| --- | --- |
| Stern & Gorman（1969） | 角色不一致<br>资源稀少<br>知觉差异<br>期望差异<br>决策范围不一致<br>目标不协调<br>沟通困难 |
| Rosenberg & Stern（1971） | 目标不一致<br>范围分歧<br>知觉不同<br>其他事项 |
| Robicheaux & El-Ansary（1975） | 角色描述不同<br>事件处理的差异<br>知觉差异<br>目标不一致 |

续表

| 学者 | 冲突的原因 |
|---|---|
| Etgar（1979） | 态度上的来源，包括渠道角色、期望、认知、沟通、知觉结构上的来源，包括目标分歧、追求自主权、对稀少资源的竞争 |
| Bowerson et al（1980） | 目标不一致<br>范围、地位角色不一致<br>沟通不良<br>知觉差异<br>观念差异 |

根据学者们的研究成果，Stern & El-Ansary 综合了以往的分类，将渠道冲突归类为三种原因：

- 目标的不相容。渠道成员所追求的目标不同，扮演的角色也不同，所关心的重点也不一样。
- 活动领域的不同。渠道成员所定义的活动领域不同，可分为四方面：服务的人群不同：大客户采取直销，小客户则采取经销。涵盖的地区范围不同：不同经销商的责任区是否重叠。执行的功能或任务不同：成员真正的任务是分销流程的哪一项。分销上应用的技术不同：如销售人员的训练水准。
- 对事实知觉的不同。显示反映不同的状况有不同的行动基础，不同的知觉会反映不同的行动，冲突因而就会发生。

（二）渠道冲突产生的原因

1. 渠道冲突产生的根本原因

（1）角色不一致。渠道成员对自己角色的定位和对另一成员的责任及期望的理解不一样。比如：二级代理商可能认为一级代理商给予其赞助是义务、是责任，而一级代理商则不这么认为。

（2）观点差异。不同的成员可能会对同样的刺激作出截然不同的反应，比如面对竞争对手的攻击、新的销售政策或策略（如有关分销率与价格稳定度的平衡问题）等。形成观点差异的因素主要有两点：一是水平差异。例如，同一县级市场的零售商可能会因为二级代理商提高分销率而产生不满，这时需要加大对各零售商的沟通力度，强调较高分销率有助于品牌感召力的最大化释放，可提高其综合商业形象；又如，商场或超市的售价与专营店有客观上的差异，可能引起渠道成员的不满，这时可采取供货价差异或返利标准差异的方式来平衡和协调。二是垂直差异。这主要是因为成员间缺乏纵向的交流和培训，应加强成员间的说服、沟通和协调力度。

（3）决策权分歧。比如渠道成员间可能因一方的价格或库存方面的决策而引起冲突，如二级代理商未能对零售商执行调价补差、零售商有低价倾销行为等。

（4）期望差异。由于渠道成员对经济形势的预测、市场发展、客户经营的预期不同，也会导致冲突。例如，制造商预测近期经济形势比较乐观，希望分销商经营高档商品，但分销商对经济形势的预期并不乐观，拒绝销售高档商品。又如，二级代理商可能认为一级代理商所定的销量目标过高，导致前者无法获得期望的返利额而不满；而一级代理商认为二级代理商对目标的努力程度不够，从而对二级代理商采取惩罚措施等。

（5）目标错位。矛盾的一个主要原因是渠道成员有不同的目标，代理商的目标是零售商更多的存货、更多的促销支出、更低的毛利；而零售商的目标是更高的毛利、更快的周转、更低的促销支出，当两者的目标值超出对方可接受的范围时，冲突就有可能产生。再如生产企业希望占有更大的市场，获得更多的销售增长额及利润；但大多数零售商，尤其是小型零售商，希望在本地市场上维持一种舒适的地位，即当销售额及利润达到满意的水平时，就满足于安逸的生活；制造商希望中间商只销售自己的产品，但中间商只要有销路就不关心销售哪种品牌；生产企业希望中间商将折扣让给买方，而中间商却宁愿将折扣留给自己；生产企业希望中间商为它的品牌做广告，中间商则要求生产企业负担广告费用。同时，每一个渠道成员都希望自己的库存少一些，对方多保持一些库存。

（6）沟通困难。由于迟缓或不精确的信息传递，造成理解的失误而导致损失的一方会产生不满，从而可能产生冲突。

（7）资源稀缺。当一贯的分销支持突然因为资源的短缺而不能充足供应时，渠道成员的一方可能会产生不满，这时解决的方法是取得对方的谅解。

2. 渠道冲突的直接原因

（1）价格、折扣原因。各级批发价的价差常常是渠道冲突的诱因。制造者常抱怨分销商的销售价格过高或过低，从而影响其产品形象与定位。而分销商则抱怨给自己的价格无利可图。折扣是渠道政策中比较常用的一种，企业总是希望尽可能地实现自己的利润目标，而只给分销商以较低的折扣率；而分销商也要求利润最大化，因而要求企业给予更优惠的条件和更高的折扣率，冲突由此产生。

（2）存货水平。由于季节性原因，企业产品的销售往往存在淡旺季的问题，如北方市场的冷饮、空调等。在旺季时，分销商往往要求企业大量供货，提供供货保证，缩短供货周期，以防止产品的"脱销"。而在淡季时，企业往往要求分销商多囤货，因为这样既能占用分销商的资金，防止竞争性产品进入，又为旺季实现高铺货率，占领市场做好准备。而此时分销商则不愿意投入资金进行大量的存货，而希望将资金投入到其他热销产品的经营中，以获取更大利润，厂商与分销商之间的矛盾也由此产生。

（3）大客户原因。制造商与分销商之间存在着的持续不断的矛盾来源是制造商与最终用户建立直接购销关系。这些直接用户通常是大用户，交易量大，是企业的重要客户资源。而且工业品市场需求的 80/20 规则非常明显，分销商担心其大客户直接向制造商购买而威胁分销商自身的生存，从而产生了冲突。

（4）销售回款。在渠道管理中，企业往往希望分销商尽快回款，以加快资金的周转，同时缓解企业的资金压力；而分销商则希望尽量延期付款，最好等到其下一级分销商回款之后再付款，以便使自己承担的风险最低。通常的情况是企业的分销商都是在支付定金或完全依靠信用的基础上，先行提货，待货物售出后，再付清全部货款。但总分销商通常又以同样的方式将货物转让给其下级分销商，依此类推，构成了一个很长的回款链条，使货款很难付清。而且一旦链条中的某一个环节出现了问题，都会把风险转移给制造商，从而使企业蒙受损失。

（5）技术咨询与服务问题。分销商不能提供良好的技术咨询和服务，常被制造商作为采用直接销售方式的重要理由。对某些用户来说，一些技术标准比较固定的产品，仍需要通过技术咨询来选择最适合其产品性能的渠道。

（6）分销商经营竞争对手产品。制造商显然不希望他的分销商同时经营竞争企业同样的产品线。尤其在当前的工业品市场上，用户对品牌的忠诚度并不高，经营第二产品线会给制造商带来较大的竞争压力。另一方面，分销商常常希望经营第二甚至第三产品线，以扩大其经营规模，并免受制造商的控制。

（7）渠道调整。由于市场环境的变化或者企业分销目标的调整，企业有时不得不对分销系统进行调整，如对分销系统成员的增加、减少或者更换。增加渠道成员可能会引起现有成员的不满，而减少渠道成员则可能导致渠道忠诚度的降低，从而诱发渠道冲突。

（8）渠道的控制与反控制。分销渠道中，渠道控制权将最终取决于各成员渠道实力的大小，实力相对较大的一方将能够获得对整个渠道的控制，而处于被控制的一方又会千方百计地增强自身的渠道权力来与之抗衡。由于厂商之间渠道权力分布的不均衡，渠道的控制与反控制便永远不会停止，从而导致冲突。

# 第二节　分销渠道冲突的类型和表现形式

## 一、分销渠道冲突的分类

### （一）按渠道冲突的主体不同进行分类

渠道冲突的种类繁多，其中按冲突主体的不同，可分为横向渠道冲突、纵向渠道冲突和不同渠道间的冲突三种。

1. 横向渠道冲突，也称为水平渠道冲突，指的是同一渠道模式中，同一层次成员之间的冲突。如同级批发商或同级零售商之间的冲突，表现形式为跨区域销售、压价销售、不按规定提供售后服务或 SP 等。产生水平冲突的原因大多是生产企业没有对目标市场的中间商数量或分管区域作出合理的规划，使中间商为各自的利益互相倾轧。例如，某一地区经营 A 家企业产品的中间商，可能认为同一地区经营 A 家企业产品的另一家中间商在定价、促销和售后服务等方面过于进取，抢了他们的生意，从而相互杀价，导致冲突的产生。

2. 纵向渠道冲突，也称为垂直渠道冲突或渠道上下游冲突，是指同一渠道中不同层次成员之间的利害冲突。如生产商与分销商之间、总代理与批发商之间、批发商与零售商之间的冲突。纵向渠道冲突较之横向渠道冲突要更常见。一方面，越来越多的分销商从自身利益出发，采取直销与分销相结合的方式销售商品，这就不可避免要同下游经销商争夺客户，从而大大挫伤了下游渠道的积极性；另一方面，当下游经销商的实力增强以后，不满足目前所处的地位，希望在渠道系统中有更大的权力，向上游渠道发起了挑战。在某些情况下，生产企业为了推广自己的产品，越过一级经销商直接向二级经销商供货，使上下游渠道间产生矛盾。纵向冲突现在更多地表现为厂商与渠道商之间的冲突。从传统意义上讲，渠道是小型、独立型的店铺，制造商或供应商常因品牌的优势使渠道商对其予取予求。但这几年来的发展，情势逆转。在渠道朝着连锁化经营趋势下，渠道商掌握更大的规模优势，不仅可跟厂商洽谈进货条件，也让两者关系不时紧张。例如，声宝公司推出轰天雷系列电视机，若中间商未被提早告知有关式样改变（甚至价格改变）的消息，无法迅速对仓储的老式声宝电视机出清存货，则或多或少会酿成生产者与中间商的垂直渠道冲突。再如，某些批发商可能会抱怨生产企业在价格方面控制太紧，留给自己的利润空间太小，而提供的服务（如广告、推销等）太少。

3. 不同渠道间的冲突，也称为交叉（交互）式渠道冲突或复杂渠道冲突。随着顾客细分市场和可利用的渠道不断增加，越来越多的企业采用多渠道分销系统即运用渠道组合、整合。不同渠道间的冲突指的是生产企业已经建立了两个或更多的渠道，并且它们互相在推销给同一市场时产生竞争与冲突。例如，美国的李维斯牌牛仔裤原来通过特约经销店销售，当它决定将西尔斯百货公司和彭尼公司也纳为自己的经销伙伴时，特约经销店表示了强烈的不满。

不同渠道间的冲突在某一渠道降低价格（一般发生在大量购买的情况下），或降低毛利时，表现得尤为强烈。

（二）按照冲突具体内容的不同进行分类

1. 利益冲突。这是最常见的例子，制造商和分销商为了自己的利益，总会在价格和付款方式上讨价还价。

2. 服务冲突。制造商将代理商看成自己的顾客，代理商将批发商看成是自己的顾客，批发商将零售商看成是自己的顾客，而零售商则将消费者或用户看成是自己的顾客。通常的做法是下游的成员将上游的成员视为服务的提供者，而自己是服务的受惠者，如零售商向制造商提出信贷支持、广告支持、SP 服务、进场费等要求。当上游成员提供的服务不一视同仁时，就会产生纵向和横向的渠道成员冲突。

3. 关系冲突。一方面由于渠道成员的规模大小不一，经验和经历的不同，会造成渠道成员的配送能力、销售能力和管理能力千差万别；另一方面，由于渠道成员代表的个人差异，如服务水准、待人接物方式、形象仪表的差异等因素，会导致渠道成员之间的相互信任、相互理解和相互帮助的差异，这就形成了渠道成员之间的关系冲突，在合作过程中形成厚此薄彼、另眼相看的情况。

4. 价格冲突。生产企业的利益出发点与零售商策略难以统一，企业在尽可能覆盖终端的竞争中只希望价格战来自于不同品牌之间，而不是来自于同一个品牌。但由于产品到达新兴终端与传统终端的物流环节、管理方式不同而使零售价格构成不同，从而形成终端的不同价格；同时由于零售终端的过于密集或交叉，导致渠道为争夺顾客而进行的价格战成为渠道的最主要冲突。

5. 促销冲突。（1）渠道类型的不同使企业与各渠道成员的利益关系不尽一致，企业在管理上很难兼顾每一个成员组织，从而形成不同终端的不一致的促销行为。（2）由渠道成员自主开展的促销使同一品牌的市场行为在不同终端表现出不一致，造成了品牌对外宣传口径的不一致。企业在进行市场推广时，通常会希望得到分销商的合作与支持，尤其是在广告宣传方面更是希望分销商能够承担部分宣传费用，自己进行广告宣传。但由于分销商往往都有"搭便车"的动机，即借助制造商的广告宣传不仅能够增加销售，而且能够同时提高自己的知名度，因此，他们往往希望制造商多向最终消费者进行广告宣传。即使分销商愿意承担部分促销宣传费用，但由于分销商在实力、规模、经营目的等方面存在差异，往往会采用各不相同的促销策略，有时甚至是擅自更改预定的促销方式和内容从而导致终端市场秩序的混乱局面。

6. 策略冲突。企业构建多渠道组合的目的是将产品送达到每一个可能与消费者接触的终端，但由于难以对不同的渠道制定合理的策略并保持不同策略间的配合，渠道管理的策略重点无法体现出来，这表现为对长、短两种渠道的管理策略没有差异性。

7. 政策冲突。渠道策略上的模糊势必导致渠道政策上的差异和随机性，有时出现对个别渠道成员没有理由的政策倾斜，如果生产企业不能就这种政策倾斜在各个渠道成员之间进行良好的说明和沟通，则可能形成制造企业与渠道之间、渠道各成员之间的相互不理解。渠道政策冲突不仅会使一部分渠道成员失去积极性，而且严重时会造成渠道联合起来抵制企业。

8. 掌控力度冲突。以前对传统零售终端掌控力较强演变到现在对品牌专卖连锁零售终端掌控力较强，这意味着渠道的变化使企业对不同类型渠道的掌控力度发生了变化。由于掌控方向的不明确和掌控力度的不同，大多数渠道成员以各自的短期利益为目标，从而形成更为复杂的渠道冲突。

（三）按照冲突的影响和作用程度不同进行分类

按照冲突的影响和作用程度的不同进行分类，可以分为低水平的冲突、中等水平的冲突和高水平的冲突三种。一般而言，低水平的冲突可能对渠道的效率没有任何影响，如同受了点委屈的孩子可能会自己调节好一样；中等水平的冲突可能会提高渠道效率，因为有问题才有改进，好比感觉受到冷落的员工可能会加倍努力工作来博得上司信任一样；高水平的冲突则会降低渠道的效率，是应当避免和及时解决的。

（四）按照冲突的不同性质进行分类

按照冲突的不同性质，可以将渠道冲突分为良性冲突和恶性冲突。良性冲突作为一种适度冲突，从积极意义上讲，它可以激发渠道成员的竞争意识，产生创新。所以，不少厂商有意设计了一些良性渠道冲突，作为其渠道战略的组成部分，以增强渠道活力和竞争力。(1) 利用"放水"的方式，增加固定区域内的经销商数量，人为地制造内部竞争，以降低总经销商或独家代理商的反控制力。（2）在自身市场占有率还不高且尚有主导品牌主宰市场时，适度的倒货可以促进市场尽早进入火爆状态，对提高市场占有率是有帮助的。操作的关键是厂家必须具有完全的控制能力及高超的驾驭技巧，否则，可能会伤害自身。

虽然渠道的冲突在一定程度上意味着渠道的一种活力，但更多的时候它展现的还是极具破坏性的一面。这时候的冲突就是恶性冲突，为保证对渠道的控制力和维持中间商的忠诚度，采取有效的化解措施是必要的。

## 二、分销渠道冲突的痼疾——窜货

（一）窜货的概念

窜货，又称"倒货"或"冲货"，就是产品越区销售，它是经销网络中的厂家分支机构或中间商受利益驱使跨区域销售产品，从而造成市场倾轧、价格混乱，严重影响厂家声誉的恶性经营现象，其根本原因在于目前厂商之间单纯的买卖经销关系。商品流通的本性是从低价区向高价区流动，从滞销区向畅销区流动。因此，同种商品，只要价格存在地区差异，只要同种商品在不同地区的畅销程度不同，就必然产生地区间的流动。

（二）窜货乱价的直接原因

1. 价差诱惑。目前，许多企业在产品定价上仍然沿用老一套的"三级批发制"，即总经销价（出厂价），一批、二批、三批价，最后加个建议零售价。这种价格体系中的每一个阶梯都有一定的折扣。如果总经销商直接做终端，其中两个阶梯的价格折扣便成为相当丰厚的利润。如果经销商比较看重利，不太注重量的话，那么这个价格体系所产生的利润空间差异就非常大，形成了让其他经销商越区销售的基础。

2. 销售结算便利。在中国，很多厂商采取与客户以银行承兑汇票为主的结算方式的销售策略，尤其在家电行业，譬如长虹股份有限公司。从安全角度看，银行承兑汇票对厂家来说是一种比较理想的结算方式。但是，使用银行承兑汇票或其他结算形式（如易货贸易）时，经销商已提前实现利润或成本压力较小，出于加速资金周转或侵占市场份额的考虑，就会以利润贴补价格，向周边市场低价冲货。

3. 销售目标过高。当企业盲目向经销商增加销售指标时，也很容易诱导或逼迫经销商走上窜货的道路。很多企业对某个产品在某个区域的市场消费总量不进行科学预测和理性判断，单凭感觉和过去的经验，盲目确定指标。这导致经销商在完不成指标的情况下，只能向周边地区"开闸放水"甚至"泄洪"，其结果是引起周边地区的经销商也砸价窜货，推波助澜。

4. 经销商激励不当。为激励经销商的销售热情，提高销售量，现在很多企业都对经销商施行"年终奖励"等返利措施。通常，厂家与经销商在签订年度目标时，往往以完成多少销量，奖励多少百分比来激励经销商，超额越多，年终奖励（或称返利）的折扣就越高。于是，原先制定好的价格体系被这一年终折扣拉开空间，导致那些以做量为根本，只赚取年终奖励就够的经销商为了获得这个百分比的级数差额，开始不择手段地向外"放水"。

5. 推广费运用不当。推广费是企业在运作市场时的一种基本投入。一些厂家因为缺乏相关的企划人才，又懒得跟经销商争论，往往会同意经销商的要求，按一定销量的比例作为推广费拨给经销商使用，厂家只是派人看看经销商有没有运作，而运作效果如何往往要等结果出来后才能评判，故不太好说。至于经销商将厂家拨给的推广费是否全部用于推广，其实根本无法掌握。因此，推广费由经销商自己掌握后就变相为低价位，造成新的价格空间，给"越区销售"提供炮弹。

（三）窜货的常见表现形式

1. 分公司为完成销售指标，取得业绩，往往将货销售给需求量大的兄弟分公司，造成分公司之间的窜货。

2. 中间商之间的窜货。因甲、乙两地供求关系不平衡，货物可能在两地低价"抛货"。

3. 为减少损失，经销商低价倾销过期或即将过期的产品。

4. 更为恶劣的窜货现象是经销商将假冒伪劣产品与正品混同销售，以多占市场份额，获取不正当的利润。

# 第三节　分销渠道冲突的解决

## 一、冲突的管理

从组织行为学家罗宾斯（S. P. Robbins）所提出的冲突管理过程（见图6-4）

得知，无冲突的渠道可以说是步向老化的组织体系；反之，冲突白热化的渠道却成为脱序组织体系，惟有适度冲击、恰到好处的争执才方可赋予渠道抗体机能（Anti-Entropy）。换言之，冲突管理是渠道变革管理的基石，通过冲突事件的化解借机整合力量是缔造渠道管理奇迹的必经之路。

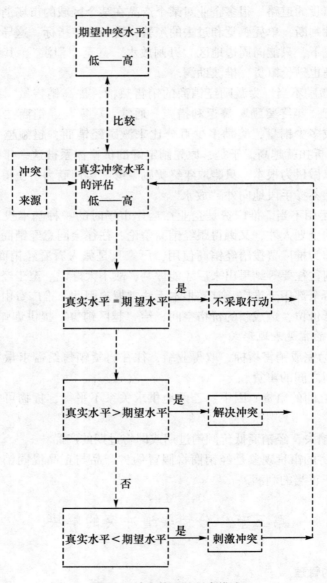

图 6-4　冲突管理的程序模式

### 二、分销渠道冲突的解决架构模型——Pondy 动态冲突模型

Pondy 动态冲突模型强调由于环境的易变性以及冲突余波的影响，渠道冲突是不可避免而且是不可能完全消失的，前一次冲突的余波往往会影响下一个新的冲突的产生。渠道冲突就是这样不断地循环发展。Pondy 动态冲突模型具体描述了渠道冲突从潜在冲突开始，经由内显冲突直至外显冲突的动态发展演变过程，并通过对其不同发展阶段影响决定因素的深入分析，充分阐释了渠道冲突的成因机制。Pondy 动态冲突模型的最大意义在于它给我们提供了一种动态的阶段控制的解决和防范渠道冲突的思路和方法（见图 6-5）。

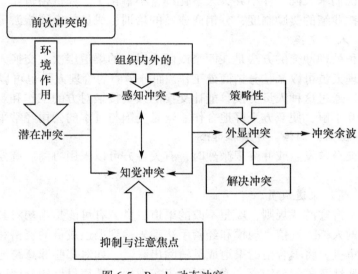

图 6-5　Pondy 动态冲突

### 三、分销渠道冲突的处理

当渠道成员发生冲突时，应当及时地分析渠道冲突的类型、内容和原因，以适宜的方法来处理，消除不良影响。

（一）以共同的利益确立长期目标

渠道成员除了自己的局部利益外，也可以找到渠道成员的共同利益，如生存、市场份额、高品质、消费者满意度等。这种情况经常发生在渠道面临外来威胁时，比如出现了强有力的竞争渠道、立法或政策的改变、消费者需求的改变等。紧密合作则能够战胜这些威胁，保护成员的共同利益，也为保护自己的局部利益打下了基础。通过

对共同利益的共识可以建立渠道成员长期目标，为共同的长远价值合作，而不是为短期局部利益斤斤计较。确立这种长期目标的具体做法就是经常沟通，信息共享。成员的领导者可以通过各种简报、通讯和会议形式进行沟通，以达成共识。

（二）活动与政策制定的参与

产销合作与联盟的形成，并不是靠一张契约就万事大吉了。相互的信任与合作还需要做出许多的努力，冲突的处理更需要面对面的讨论和分析。定期与不定期的联谊活动便是一种经常采用的方法。

（三）激励

要减少渠道成员的冲突，有时渠道成员组织的领导者不得不对其政策、计划进行折中，对以前的游戏规则进行修改。这些折中和修改，是为了激励成员，以物质利益刺激他们求大同，存小异，大事化小，小事化了。如价格折扣、数量折扣、付款信贷、按业绩的奖励制度、分销商成员的培训、成员的会议旅游等。

（四）人员交换

有一种处理冲突的方法是在两个或两个以上的渠道层次上交换人员。例如，制造商的管理人员可以派驻分销商处工作．而分销商的管理人员也可以在制造商营销部门工作。通过这种人员交换，能让交换的人员接触对方的工作和观点，从而增加双方的相互了解，使双方更好地合作。这是美国与日本的公司经常采用的方式。

（五）协商、调停、仲裁和诉讼

当冲突经常发生或冲突很激烈时，有关各方可以采用协商、调停、仲裁或诉讼的方法。

（六）清理渠道成员

对于不遵守游戏规则，屡犯不改的渠道成员，有可能是当初对其考察不慎，该渠道成员的人格、资信、规模和经营手法都未达到渠道成员的资格和标准。此时就应该重新审查，将不合格的渠道成员清除出联盟。如对那些肆意跨地区销售、打压价格进行恶性竞争的分销商，或长时间未实现规定销售目标的分销商，都可以采取清理的方法。

总之，渠道冲突的处理，应感之以情、晓之以理、行之以度。先礼后兵，先采用合作的方法，再采用强制的方法，为实现成员共同的利益达到产销联盟之间最佳的合作。

## 四、分销渠道冲突的防范

解决渠道冲突的关键不是在冲突发生之后要采取什么样的补救措施，而是向渠道系统中引入预防冲突产生的机制，从根本上消除渠道冲突产生的基础，从而预防渠道冲突的发生或减少渠道冲突发生的频率。

（一）渠道一体化，解决渠道冲突

渠道一体化是解决渠道冲突的根本方法。从我国的实际情况来看，厂商之间的关系，将存在一个逐步演变的过程，这个过程可以分为四个阶段，即：单纯的买卖关系——→代理批发关系——→代理关系——→资本关系。其中，单纯的买卖关系就是目前存在的经销关系，而代理批发关系，是指厂方在进入一个新的地区时，该地区的经销商往往对该商品缺乏信心，厂方则首先采取本公司业务员直接开发终端零售商的方式。在某个地区终端零售商开发达到一定数量（占该区至少10%以上）时，则在该地区寻找具有一定网络和信用的批发经销商，利用其网络和资金，扩大销售量。同时，原来自己直接开发的终端零售商，仍然从厂方办事处或由公司提货，但其销量可以累计为所选择的批发经销商的奖励基数。显然，此类批发经销商就具有部分代理商的功能。在我国，由于缺乏明确的代理方面的法律，从而导致经销商无法从事代理行为。因此，厂方在各个地区设立的非法人地位的办事处，实际上就是在行使代理职能。

厂方为了加强对市场的控制，降低厂商之间因签订合同、履行合同所产生的交易费用，降低终端零售价格，必然会缩短销售渠道，从而逐步缩短直至取消批发环节。在这种情况下，如果某批发商建立起自己庞大的销售网络，一旦我国的代理法正式实施，就可以与厂方建立获取佣金的代理关系。随着代理关系的发展，厂方为了进一步降低交易成本，将具有较大销售网络的代理公司购买过来或控股，从而建立资本关系。只有拥有了自己的销售网络，企业才可能真正控制市场，并彻底解决窜货乱价问题。

例如，关于啤酒的销售渠道，我国目前主要是单纯的买卖经销关系，而美国是代理关系，英国则直接是资本关系。英国啤酒公司直接购买或建设酒店、酒吧等啤酒终端零售商。在英国82 000家酒店中，75%分别属于不同的啤酒生产企业，从而确保了价格稳定。在家电领域，松下公司在设立了22 000多家松下系列专卖店后，才成功地在全国范围内实施了不二价运动。在我国，海尔集团的销售渠道主要集中于直接控制终端零售，通过海尔专卖店和海尔家电园，将零售市场直接控制在自己手中，而不是批发商手中，从而切实保证了价格在全国范围内的稳定。

因此，对处于过剩经济期的生产型企业来讲，今后投资的重点应从设备等固定资产的硬投资转到市场网络建设的软投资。对商业企业来讲，尽快建立自己的销售网络，是适应我国市场经济代理时代的重要生存方式。

（二）渠道扁平化，解决渠道冲突

厂家——→总经销商——→二级批发商——→三级批发商——→零售店——→消费者，此种渠道层级可谓传统销售渠道中的经典模式。传统的分销渠道呈金字塔式的体制，因其广大的辐射能力，为厂家产品占领市场发挥了巨大的作用。但是，在供过于求、竞争激烈的市场营销环境下，传统渠道存在着许多不可克服的缺点。

对厂家来讲，多层次的渠道格局不仅使厂家难以有效地控制分销渠道，而且多层次渠道中各层次价差也易诱发垂直冲突。在许多产品可实现高利润、价格体系不透明、市场缺少规则的情况下，传统分销渠道中普遍存在的"灰色地带"，使许多经销商实现了所谓的超常规发展。多层次的分销渠道不仅进一步瓜分了渠道利润，而且经销商不规范的操作手段如竞相杀价、跨区销售等常常造成严重的渠道网络冲突。

企业面临的市场瞬息万变，消费者需求在改变，竞争愈演愈烈，技术不断创新，这些无疑使企业面临挑战，分销渠道也不例外。为迎合消费者偏好的变化，需对渠道结构进行调整，企业争夺主要渠道的竞争在不断升级。这就要求厂商作为产品或服务的供给者，应顺应渠道变化的趋势，制定符合企业发展目标的渠道战略。因而，许多企业正将分销渠道改为扁平化的结构，即分销渠道越来越短、销售网点则越来越多。

分销渠道的缩短，增加了企业对渠道的控制力；销售网点多，则增加了产品的辐射面和销售量。如一些企业由多层次的批发环节变为一层批发，即：厂家——经销商——零售商。一些企业在大城市设置配送中心，直接向经销商、零售商提供服务。美国通用汽车公司斥巨资构建自己的电子商务渠道体系，目标是建立一种国际标准。这些都表明了渠道创新的扁平化趋势。

（三）建立关系型分销渠道，解决渠道冲突

所谓关系型分销渠道就是指既能够保证市场信息及时、有效地获得和传递，又能够使企业的渠道系统保持相对的稳定性和一致性的一种分销渠道。关系型分销渠道区别于传统分销渠道的最大特点，是它改变了传统渠道中厂商之间"零和博弈"的关系，而通过厂商之间的战略性合作，将企业与分销商变成一个利益整体，即在共同发展的基础上实现"双赢"，减少或消除渠道冲突，有效降低了企业渠道运作中的市场风险。

这种关系型渠道关系是渠道系统内的成员在相互信任和共同长远目标的基础上，致力于共同发展的长期、紧密的合作关系。其本质上是渠道成员之间的一种合作或联盟，由于这种关系是没有达到一体化程度的长期联合，所以制造商无须花费太大的成本，即可获得如同一体化一样的渠道优势。买卖双方作为合作者，共同致力于提高产品竞争力，提高品牌知名度，降低成本，相互参与对方的产品管理、存货、营销，共享信息利益，共担风险，提高营销渠道竞争能力。

在传统分销渠道中，渠道成员对各自最大利益的追求往往导致无处不在的渠道冲突，关系型分销渠道使各渠道成员的根本利益趋向一致可以从根本上防止渠道冲突的产生。

战略上的合作和长期目标的一致性有效降低了渠道冲突的频率；渠道系统明确的分工和紧密的合作使各个渠道成员角色明确；高效、及时的信息共享机制也有效减少了后两种原因产生渠道冲突的可能性。

例如，某大厦在北京商界规模不是最大的，位置也不是最优越的，促销打折的力度也不是最强的，但销售业绩却一直不错。该大厦的成绩固然有商场日常管理的方方面面的功劳，但它与其供应商良好的合作关系是不可忽视的原因。长期以来，该大厦坚持为供应商创造良好的经营氛围，不存在"人情款"，供应商只需持卡到机子上一刷或上网就可以随时结算货款。由于该大厦"一卡通结算"的制度加快了供应商的资金周转，无形中增加了供应商收益，所以供应商就愿意把最新、最畅销的商品优先供给该大厦，形成了良性循环。在店庆期间，为了给消费者以真正的优惠，向供货商让出一部分利，同时供应商也让出一部分利，使消费者真正得到实惠的同时，部分供应商在店庆期间都在该大厦创造了全国单店最高日销售额。该大厦与其供应商之间的关系可以说是一种典型的没有产权联系的伙伴型关系，这种靠信用联系的合作关系使每一个进入该大厦的厂商都与该商厦结成了一个"一荣俱荣，一损俱损"的整体，双方共同致力于共同发展。

我们认为，总体上可以采取以下步骤建立一种合作伙伴关系：

● 建立双方相互信任的体制。从传统的渠道关系向关系型渠道过渡，首先需要发展双方的相互信任，使分销商觉得你是一个可以信赖和依赖的合作伙伴。所以，企业首先应该表现出合作的诚意，支持你的中间商与企业共同发展。这也是融合统一思想的集体体现和应用。

● 进行双边锁定。双方可以相互投资，形成特定于另一方的资产。针对企业和中间商的关系进行必要的投资，在这个支持的过程中逐步建立与中间商之间的"双边锁定"。如宝洁中国公司投资 1 亿元人民币用于其经销商信息系统和运输车辆的配置。关系型分销渠道是在相互信任和共同长远目标的基础上，由不同层次的伙伴关系构成的一个分销网络系统。在这样的系统中，以往的客户和交易对象成为合作伙伴，通过关系特定型投资将双方结成一个利益共同体，共同致力于长期发展。

● 建立公平合理的利益分享机制。如前所述，融合统一能够创造出比双方各自为政大得多的价值，为双方矛盾冲突的解决奠定坚实的基础。不可否认，渠道双方合作的最终目的是为了使自身的利益最大化。但是，同样重要的是，如果利益分享机制不合理，就会造成关系型渠道濒临崩溃的危险，因为双方很可能都有宁为玉碎，不为瓦全的思想。

（四）通过物流路径解决渠道冲突

大多数分销方面的问题往往表现为窜货、乱价、以代理品牌的名义损害客户利益等各种行为。在常规的市场分销操作手法中，这些问题大多通过物流手段来解决。如改变供货量或发货人，甚至通过停止供货予以胁迫。在传统的手工管理方式下，这可能是最简单也是最有效的办法。

但是，很显然这是一种不得已而为之的办法，虽然这种方法遏制了分销商的乱市行为，但也损害了自身的利益。所以在很多厂商看来，这种办法也仅是在以"杀鸡给猴看"为目的的前提下偶尔用一次，除非自身非常强势，否则断然不敢频频示刀。这种对于品牌厂商和分销商双方都明知不能维系长久的短期利益行为为什么无法根本消除呢？根本原因就在于信息不对称所造成的决策博弈。这种信息不对称表现在两个方面：一方面，分销商与品牌厂商之间相互传递信息不够，无法对未来进行准确的预测；另一方面，品牌厂商和分销商与最终消费者之间相互沟通不足，造成消费需求不能及时回馈，品牌的内涵也不能准确及时地传播给消费者。

供应链软件系统的实施能够解决这些问题，但是如何预先发现这些问题呢？通常情况下，可能大多数人认为这不是软件所能解决的问题，这属于违规惩罚。较为合理的分销理念认为，分销商和品牌厂商之间是合作伙伴关系，不存在谁惩罚谁的问题。在实施供应链软件系统之前，首先就应该弄明白存在什么样的渠道冲突和在哪些渠道中存在冲突。即使在系统进入正式应用阶段以后，也需要时时关注这种冲突，也许这种被轻视的冲突可能就意味着"渠道造反"。很显然，并不是只有在发生乱市行为的时候才叫渠道冲突，实际上那已经是非常严重的冲突了，还有更多的可能发生冲突的渠道，事前一般都有很多先兆，如销售乏力、回款困难、商品久销不动等。了解这些冲突的最为简单的方法就是观察渠道中的物流路径，也就是货物的流量和流向，进而找到渠道冲突的根源，借此分析当前冲突解决政策的缺陷。这个缺陷的弥补及其完善后的渠道冲突解决政策将成为非常重要的供应链实施原则，由此就能发现很多潜在的需求。供应链软件系统的实施就是希望能够对业务规则和流程进行最优化设计后再将其固化下来，成为分销网络自动化高效运转的保障。

## 五、窜货问题的解决

窜货是令所有渠道管理人员头疼的问题，一旦发生窜货，辛辛苦苦打下来的市场就会被冲得七零八落，如果处理不当，将使企业蒙受巨大的损失。窜货将导致企业的价格体系混乱，使中间商的利润受损，导致分销商对企业产生不信任感，对分销的产品失去信心，甚至拒售。同时，由于窜货导致的地区价格差异悬殊，使消费者对产品产生畏惧心理，对企业的品牌造成损害，而竞争性品牌可能乘虚而入，取而代之。对窜货问题的解决，可以从以下几个方面考虑：

（一）稳定价格体系

建立合理、规范的级差价格体系，同时加强对自己有零售终端的总经销商的出货管理。为使各地总经销商都能在同一价格水平上进货，应确定厂家出货的总经销价格为到岸价，所有在途运费由厂方承担，以此保证各地总经销商具备相同的价格基准。

（二）以现款或短期承兑结算

从结算手段上控制商家因利润提前实现或短期内缺少必要的成本压力而构成的

窜货风险。建立严格有效的资金占用预警及调控机制，根据每一商户的市场组织能力、分销周期、商业信誉、支付习惯、经营趋势以及目标市场的现实容量、价格弹性程度、本品牌市场份额等各项指标，设立发出商品资金占用评价体系，以便铺货的控制完全量化，将发出商品的资金占用维持在一个合理的水平，避免因商家占用较大而形成窜货的恶性"势能"。

（三）有利有节地运用现金激励及促销

从激励经销商的角度讲，销售奖励可以刺激经销商的进货力度。但正如前面提到的，涉及现金的返利措施容易引发砸价的销售恶果。因此，销售奖励应该采取多项指标进行综合考评，除了销售量外，还要考虑其他一些因素，比如价格控制、销量增长率、销售盈利率等。为了防止发生窜货现象，甚至可以把是否窜货也作为奖励的一个考核依据。同时，返利最好勿用现金，多用货品以及其他实物。促销费用也应尽量控制在厂商手中为宜。

（四）制定合理销售目标

制造商要结合经销商的市场实际情况，制定合理的年终销售目标，这样才能避免因目标制定过高而导致经销商的越区销售。

（五）规范经销商的市场行为

分销渠道建设和管理者与各地经销商之间是平等的企业法人之间的经济关系。分销渠道管理制度不可能通过上级管理下级的方式来实施，只能通过双方签订的"经销合同"来体现，即用合同约束经销商的市场行为。（1）在合同中明确加入"禁止跨区销售"的条款，将经销商的销售活动严格限定在自己的市场区域之内。（2）在合同中载明级差价格体系，在全国执行基本统一的价格表，并严格禁止超限定范围浮动。（3）将年终给各地总经销商的返利与是否发生跨区销售行为结合起来，使返利不仅成为一种奖励手段，而且成为一种警示工具。

（六）加强市场监督

设立市场总监，建立市场巡视员工作制度，把制止越区销售行为作为日常工作常抓不懈。对发生越区销售行为的经销商视其窜货行为的严重程度分别予以处罚。市场总监的职责就是带领市场巡视员经常性地检查巡视各地市场，及时发现问题并会同企业各相关部门予以解决。市场总监是制止越区销售行为的直接管理者，一旦发现低价越区销售行为，他们有权决定处罚事宜。

很多企业对销往不同地区的产品外包装实行差异化，比如在产品的外包装上印上"专供××地区销售"等字样，或是实行商标颜色差异化，这样便于监督和查处窜货现象。同时，对越区销售行为一定要严惩不贷，一旦发现，要根据情节严重程度进行处罚。情节严重者，甚至要中断合同关系。

总之，对于越区窜货现象，首先要识别其产生的真正原因，通过提高企业渠道管理水平，对其做到"防患于未然"。同时，对于市场上出现的越区窜货行为，一定要及时处理，决不可听之任之。

## 本章小结

分销渠道冲突是渠道管理中的重要内容，分销渠道冲突分为纵向冲突、横向冲突和混合冲突几种形式，导致渠道冲突的原因主要是分销渠道目标的不一致、决策冲突、沟通困难、资源稀缺等造成的，最核心的原因实际上是渠道成员分属于不同的利益的主体而导致的。对渠道冲突的解决可以通过渠道成员的沟通、利益的协调、权力的运用等手段解决。

## 思考题

1. 什么是分销渠道冲突？你是怎样理解分销渠道冲突的？
2. 分销渠道冲突是如何形成的？
3. 分销渠道冲突的具体表现形式有哪些？
4. 如何化解和避免渠道分销冲突？
5. 什么是窜货？它是怎样形成的？应该如何解决？
6. 什么是渠道的一体化和扁平化？什么是关系型分销渠道？它们在防范渠道冲突上有何优点？具体措施是什么？

## 案例分析

S 和 G 是 K 公司相邻的两个销售大区的省级总经销。

S 与 K 公司的合作早于 G，并且在 G 与 K 公司合作之前，S 所在的市场能辐射到并且已经辐射到 G 市场甚至更远的地方。不可否认，S 市场带动了这一大区市场的发展，使 K 公司的产品在这一大区得到了认可，并且走在了同行的前面。在市场成长的过程中，S 的分销网点也在不断增加和成长，S 有了自己较为广泛且稳定的分销网点。与此同时，K 公司也在市场份额的逐步增长中调整自己的销售政策。其中之一就是把大区独家经销改撤为省级独家经销。首当其冲的当然就是 S 市场。S 也接受了厂家的这一政策调整。这当中是有其原因的。

需要补充的是：在这个大区最初与 K 公司合作的也不是 S，而是另一家进入此行业更早的公司，K 公司是与这家公司同步发展起来的，可以说是相扶相携。之所以后来终止了这样的合作，主要原因在于 K 公司感受不到这家公司对自己重视，刚好此时 S 介入了。于是 K 公司逐步终止发货给这家最初合作的公司，到后来完全终止了发货，改由 S 接收这一大区。当然 S 也接收了销售 K 公司产品的分销网点并逐步发展起来。S 对 K 公司应该说也是心存感谢的。这是 S 能接受 K 公司政策调整的一大原因，当然，主动权掌握在厂家 K 公司手中是另一不可改变的事实。设省级总经销时 G 才开始与 K 公司的合作。为了落实 K 公司的政策，S 放弃了自己在 G 市场的网络。

矛盾也在市场分割后逐步显现了出来。因为 K 产品当初在这一大区的销量大多数还是出在 G 市场，当初 K 公司对 S 分析市场时表示适合 S 市场的另一系列的产品很快就会推出，但这种产品因为诸多原因一直未推出，因此 S 的销售量在让出 G 市场后严重下滑。相反后来者 G 却并没有了更好的销量。

于是，S 分析说 K 公司的这一政策有欠缺，失去了 G 市场的客户，因为没有了 S 处的货源他们有的也不会去 G 处进货（此大区各地分销商因为物流关系长期以来已养成习惯在 S 市场进货），而有的去 G 处进货而 G 也不给货，因此这些客户只有转向经营竞争对手的产品。G 说这个市场他要保留以前 S 的客户，那么 S 肯定会继续对这样的客户发货，这是原因之一。原因之二便是有的客户本身就不适合。公说公有理、婆说婆有理，为了各自的利益两家在 K 公司面前可以说是对市场费心费力用尽心机了。

（资料来源：钟超军：《如何处理市场分割后的渠道冲突？》，载《中国管理传播网》。）

## 思考题

1. 案例中存在着哪些渠道冲突？请从渠道的交叉关系切入，由成员间的分矛盾来逐步透析出渠道冲突的主矛盾。
2. 分析上述渠道冲突的成因。
3. 作为渠道的管理者，你的应对措施是什么？

# 第七章 分销渠道绩效评价

学完本章后，应该掌握以下内容：

1. 什么是分销渠道差距，分销渠道差距有哪几种表现形式；
2. 如何评估分销渠道的服务质量；
3. 如何评价分销渠道的运行效率。

分销渠道建立的目的，是为了充分发挥渠道的功能和作用，实现商品的销售。但随着分销环境的变化，市场竞争的加剧，现行的渠道在运行过程中会发生改变，或出现某些问题，这就要求我们对分销渠道的运作效率进行评估和调整，以保证渠道的正常、有效地运转。本章将对渠道的服务质量、财务效率、渠道成员等方面进行评估。

## 第一节 差距理论与渠道差距分析

### 一、差距理论模型

渠道差距是指企业在设计渠道系统时，所设计的渠道与终端消费者的要求之间存在差距，或指所设计的渠道与预想的渠道存在差距，如渠道运行效率达不到预期的设计。服务质量差距理论有助于管理者分析渠道结构的合理性和评价渠道的设计效果。在进行渠道设计时，决定渠道结构的主要是渠道服务水平的实现程度。运用渠道差距理论就能很好地对渠道的服务设计水平进行分析评价（见图 7-1）。

（一）服务质量差距的产生

图 7-1 这个模型说明了服务质量是如何产生的。模型的上半部分与顾客有关，而下半部分则与服务提供者有关。顾客所期望的服务是顾客过去的服务体验、个人需要和口碑沟通的函数。同时，它还受到企业营销宣传的影响。

顾客所体验的服务在模型中称为感知服务，它是一系列内部决策和活动的结果。企业对顾客服务预期的感知决定了组织将要执行的服务标准，然后员工根据服

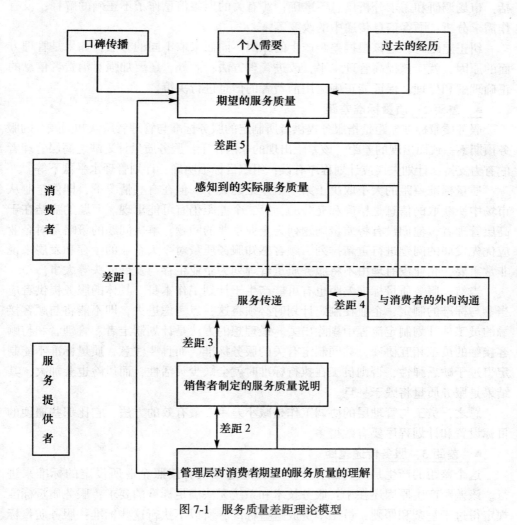

图 7-1　服务质量差距理论模型

务标准向顾客传递服务。而顾客则根据自身的服务体验来感知服务的生产和传递过程。该图还说明，营销传播对顾客感知服务质量和预期服务均会产生影响。

（二）服务质量计划和分析工作的程序和步骤

服务质量的基本模型说明了服务质量计划和分析工作的基本程序和步骤。根据这些步骤，企业可以发现产生服务质量问题的原因。

在图 7-1 中，存在着五种服务质量差距。

■　**差距 1：质量感知差距的管理**

这个差距的含义是指企业不能准确地感知顾客服务预期。差距 1 产生的原因包括：市场调研和需求分析信息不准确；对有关的期望信息作了不正确的解释；没有作需求分析；顾客信息传递中的改变等。

纠正差距时，应该根据差距产生的原因不同而采取不同的方法，如果是管理方面的原因，就应该提高管理水平，改进管理方法；此外，还要加强对消费者信息的正确理解和处理，保证能正确运用消费者的信息进行决策。

■ **差距 2：质量标准差距**

服务质量标准差距是指服务提供者所制定的服务标准与管理者所认知的顾客的服务预期不一致而出现的差距。该差距出现的原因在于：服务质量计划缺乏高层管理者的有力支持；计划失误或计划程序有误；组织目标不明确；计划管理水平低下等。

质量标准差距的大小取决于第一个差距的大小。但在有些情况下，即使企业从市场中所获取的信息是精确和充分的，第二个差距仍有可能出现。问题的症结在于高层管理者，他们没有将质量问题列为企业重要的问题。解决问题的策略是对企业应优先发展的问题进行重新排列。顾客感知服务质量对今天企业的生存和发展来说非常重要，企业没有理由不将服务质量管理列为企业生存与发展的头等大事。

当然，服务质量标准差距也有可能产生于计划工作本身。具体的服务提供者应当参与标准的制定，企业在制定计划时必须将这一点考虑进去，即不能将与顾客接触的员工从计划制定流程中剔除出去。最理想的方法是计划制定者、管理者和与顾客接触的员工相互协商，共同制定有关的服务标准。而且要注意，质量标准不能制定得过于缺乏弹性，否则员工在执行标准时就会缺少灵活性，而风险也会加大，其结果是服务质量将毁于一旦。

总之，员工与管理层的协调工作是减小差距 2 最有效的方法，它比那些僵硬的目标设置和计划程序要有效得多。

■ **差距 3：服务传递差距**

这个差距的产生是因为服务生产与传递过程没有按照企业所设定的标准来进行。该差距产生原因还在于：服务技术和系统无法满足标准的要求；服务质量标准规定得过于复杂和僵硬；员工不赞成这些标准，所以不执行这些标准；服务质量标准与企业文化不相容；服务运营管理水平低下；缺乏有效的内部营销；服务技术和系统无法满足标准的要求。

总之，我们可以将导致差距 3 的原因分为三类，即管理与监督不力、员工对顾客需要或期望感知有误和缺乏技术、运营方面的支持。

由于导致差距 3 的原因种类很多，因此解决的方法也不是惟一的。但总的说来，可以改变管理系统，保证它与质量说明书一致。加强对员工的培训，提高员工的质量管理意识，不能因为局部利益而降低服务质量，此外，还要将合适的员工安排在合适的位置，保证每个员工作用的发挥。同时，还要对企业的运营系统从技术和管理两方面加强管理，以提高系统的技术水平、计划管理水平。

■ **差距 4：市场沟通差距**

市场沟通差距意味着市场宣传中所作出的承诺与企业实际提供的服务不同。该差距产生的原因包括：市场沟通计划与服务运营未能融合在一起；传统的外部营销与服务运营不够协调；组织没有执行市场沟通中大力宣传的服务质量标准；过度承诺。

我们可以将上述原因分为两类：一类是市场沟通的计划与执行不力；另一类是企业在广告宣传和市场沟通中有过度承诺的倾向。对于第一类问题，解决的途径是建立服务运营与传递同外部市场沟通的计划和执行间的协调机制。例如，每一次市场推广活动的推出必须考虑到服务的生产和传递，而不是各行其是。通过这种机制的建立至少可以达到两个目的：（1）市场推广中的承诺和宣传可以更加现实和准确。（2）外部沟通中所作的承诺可以顺利实现，而且可以承诺得相对多一些，因为双方相互合作，承诺的实现就有了坚实的基础。至于第二类问题，解决的办法是利用更科学的计划手段来改善市场沟通的质量。当然，管理监督系统的合理运用对此也会有所帮助。

■ **差距 5：感知服务质量差距**

感知服务质量差距说明的是顾客所感知的或实际体验的服务质量与其所预期的不一致。该差距产生的原因有：顾客实际体验到的服务质量低于其预期的服务质量或者存在服务质量问题，口碑较差，企业或地方形象差，服务失败，等等。

差距 5 的产生和前面的几个差距有关。因此，可以通过改善前面的服务质量差距来降低感知服务质量的差距，当然，我们也可以正面利用差距 5，认识、识别差距，从而提供更好的服务。

## 二、渠道差距的表现

（一）需求方差距

需求方差距称为服务-价值差距。这类差距有两种表现：一种是服务产出水平高于需求水平，一种是服务产出低于服务需求水平。服务产出水平低于服务需求水平时，顾客就无法满足自身需求。例如，在美国，随着妇女的就业水平越来越高，妇女用于购物的时间越来越少，时间成本提高，导致人们购物的选择点发生较大的改变，美国塔珀家用制品公司过去一直采用聚会方式销售其产品，1997 年销售额达 12.5 亿美元，然而，到了 1998 年销售额下降了 11.9%，只有 11 亿美元。这其中有许多原因，但女性生活方式的变化，改变了其服务产出的水准，应该是一个重要的原因。因为妇女要用更多的时间工作，减少了与朋友聚会的时间。因此，妇女认为原来那种聚会式的销售方式太费时间，需要一种新的快速购物方式。这样，需求方的差距就产生了。为了解决这种渠道差距，塔珀公司开始改变销售方式，利用网站开展购物活动，同时还在芝加哥、加利福尼亚等地的购物中心，设立售货亭销售其产品。还有一种情况是供应方提供的服务高出了需求方的服务需求，这样渠道差距也同样会产生。这种差距的产生将导致高的服务产出，但这样顾客就要付出较高的价格。如美国有家超市，试图通过为顾客提供出众的服务来获取成功。该企业提供了品种齐全，价格昂贵的各色食品，设有高级的咖啡屋，为顾客定制各类糕点，最精细的农产品和其他各类产品，并保证顾客结账时无需等待。但是，提高服务的同时，商品的价格也提高了。在这种情况下，目标顾客得到了他们所需的甚至更多的服务，但效果如何呢？顾客并未因为得到了高水平的服务，而愿意付出太高的价格，以致该超市最后被市场淘汰。无论上述的哪种情况，都说明了渠道差距的存在。这两种情况都对渠道的发展不利，所以，作为渠道管理者，在对渠道设计的时候一定要对目标市场的需求状况进行较深入的了解，这样渠道差距才能消除。

（二）供应方差距

所谓供应方差距是指所有共同执行渠道流程的总成本高于必要的渠道成本。这里讨论的是渠道运行中的总成本，而不是个别渠道流的成本。例如，如果某企业实体流的成本高于正常的渠道运行成本，但只要它的渠道总成本低于必要的渠道成本，那么，供应方差距就不存在；反之，则供应方差距就存在。一般来说，执行一种渠道流时，供应方差距不易产生，但如果同时执行两个或两个以上渠道流时，则易产生渠道差距。如美国和欧洲的旅行社在角色和报酬上的变化，说明了这类差距的存在。

（三）联合渠道差距

该差距是指由需求方和供应方共同决定所产生的差距。通过对需求方和供应方的差距的分析，产生了6种可能的差距类型，如表7-1所示。

表7-1　　　　　　　　　　渠道差距类型

| 成本绩效水平 | 有需求方差距（服务产出供应低于服务需求方产出） | 没有需求方差距（服务产出供应=服务需求方产出） | 有需求方差距（服务产出供应高于服务需求方产出） |
|---|---|---|---|
| 没有供应方差距（高效的低渠道成本） | 价格-价值主张=合适较少需求的细分市场 | 没有差距 | 价格-价值主张=合适较多需求的细分市场 |
| 有供应方差距（低效的高渠道成本） | 服务产出供应不足；高成本；价格或成本太高，价值太低 | 高成本；但服务产出供应正好；价值正好，但价格或成本太高 | 高成本高服务产出供应；没有创造额外价值，但价格或成本太高 |

这些渠道差距的提出，给我们展示了渠道问题的所在。实际上，供应方和需求

方差距的联合，也可能是源于供应方的决策和与需求方的服务产出的相互连接。

通过渠道差距分析，可以有效地防止渠道错误的产生或及时纠正渠道中的差距，提高渠道的运行效率。

### 三、消除渠道差距

前面我们分析了渠道差距产生的原因与类型，然后，渠道管理人员就应该寻找解决问题的方案。

（一）消除需求方差距

需求方差距的消除可以通过下面的方法进行：（1）对细分市场进行分析，详细了解细分市场中的顾客需要，针对不同细分市场中的顾客需要，提供不同水平的服务产出，以缩小渠道差距。（2）根据需求方差距形成的原因，改变服务产出水平。如果服务产出供应高于服务需求，则通过降低供应方的服务产出或提高需求方的服务产出，达到两者之间的平衡。（3）通过目标市场的改变，来达到与目标市场的服务需求的平衡。如南美的一些小零售商，为了避开与国外的零售巨头的直接竞争，专注于对那些大零售商不太感兴趣的地方进行投资，同时还开展一些专项服务如提供送货，从而取得了成功。

（二）消除供应方渠道差距

供应方渠道差距是因为渠道运行中，执行渠道流的成本太高而产生的。它同样有多种方法可以解决：（1）改变当前渠道成员的角色，也就是保持当前的渠道成员不变，通过改变他们的角色和渠道流责任来提高效率，降低成本。（2）在新的分销技术方面进行投资以降低成本，比如通过运用新技术改变渠道的运行模式以达到降低成本的目的。如戴尔公司通过使用因特网渠道，使其分销成本大大降低，取得了良好的效果。（3）引进新的分销功能专家以改进渠道的运行，比如美国国家半导体公司的渠道战略就是建立在这种方法的基础之上。通过合作，国家半导体公司把联邦快递引进它的分销渠道，从而提高了整个渠道运作的效率。虽然联邦快递享有部分渠道利润，但是它把整个渠道利润的蛋糕做大了。

（三）改变渠道环境和管理限制所产生的渠道差距

事实上，渠道差距的产生，除了渠道管理中的原因外，有些时候是外界环境和一些管理的限制造成的。在这种情况下，消除渠道差距仅通过渠道内部的管理活动，是很难改变的。从某种意义上讲，有些限制是难以消除的。因此，对于环境和管理限制带来的差距，可以采用政府公关的方式，改变某些游戏规则或聘请有关的专家来参与渠道的设计和管理活动，使限制最小化。从而降低渠道差距，优化渠道结构。

通过渠道差距分析，我们能够从源头寻找产生差距的原因，根据市场消费者的需求变化和消费者的服务质量产出要求，对分销渠道的结构进行评价和调整。

# 第二节　服务产出质量评价

## 一、服务产出类型

在第三章我们讨论了渠道设计的各种影响因素和渠道设计的目标。我们认为，要使所设计的渠道符合消费者的要求，必须考察渠道提供的服务是否达到了顾客的要求。这是评价渠道设计好坏的重要标准，这里我们使用服务产出指标。根据布克林研究，渠道成员需要满足终端消费者在等待和递送时间、批量、空间的便利性、产品的种类等四个方面，尽管这四个方面是很普遍的，但它却包括了终端用户利用不同渠道系统的主要需求类型。

### （一）批量拆分

批量拆分是指制造商大批量地生产某种产品和服务，但终端用户仍然可以以他们想买的数目（可能会很小）购买这种产品和服务的能力。实际上，渠道终端允许终端客户小批量购买将减少客户的存储成本，并能很方便地转化为消费。假定说，终端客户如果只能大量购买，那么购买和消费模式的差异就可能显示出来了，而且终端用户还将承担保管和存储产品的职责。因此，渠道的批量拆分水平越高，终端用户一次性购买的量就越小，渠道的服务产出水平就越高，因此终端产品的价格也就越高。这种情况犹如我们在零售商店看见的情形一样，容量越大的商品，其平均价格就越低，容量越小的商品，平均价格也就越高。

### （二）空间的便利性

空间的便利性是由批发市场和零售市场的分散程度来决定的，即通过分销渠道的宽度和密度来实现的。提高分销渠道的空间便利性，就可以降低消费者的搜寻成本，从而提高消费者的满意度。

### （三）等待时间

等待时间是指终端用户在接受和递送商品中必须等待的时间。对消费者来说，等待时间的长短，表明渠道服务水平的高低。一般而言，等待时间越长，终端用户越不方便。因此，需要渠道企业及时准确地预测消费者的需要，以保证消费者在需要产品时能马上获取，从而提高渠道的产出水平。另外，消费者愿意等待的时间越长，则越需要企业给他们提供较低的价格，以减少其不满意的感觉。

### （四）产品的花色品种

对终端用户而言，产品的花色品种越多，挑选范围就越广，他们就越满意，但渠道系统的运行成本就越高。这主要是因为渠道企业广泛地采购各种产品，增加了他们的采购成本，同时由于花色品种的增加，也必然会带来较高的储存成本。因此，如何解决这两者之间的矛盾，是渠道企业所面临的重要任务。目前在零售企业发展中出现的"一站式"购物，就较好地解决了两者之间的矛盾。

（五）售后服务

产品销售出去后，企业需对所售产品实行售后保障，如提供维修、安装、调换等服务，保证购买者买得放心，用得安心。

## 二、终端购买者的变化对服务产出水平的影响

（一）组织购买者偏好的发展趋势

1. 外包。外包是指公司倾向将某些特定的经营活动或职能转交给外部的供应商的行为。这些外部的供应商在某一领域有特长，可以在这一领域通过规模经济降低成本，同时，还能提供和利用最新的技术服务。这样，企业通过发挥垄断优势，实施专业化服务，从而使效益达到最大化。例如，美国北卡罗那州达勒姆的杜克大学的医疗中心，将其所有的管理职能外包给了 Allegiance。然后，这家 Allegiance 公司通过快速、频繁的医疗供应品的递送，为医疗中心提供医疗保障方面的服务，使该中心可以致力于专业化的医疗服务，获取垄断优势。这种外包方式必须有高水平的渠道服务产出做支持，只有这样，才能保证外包方式所产生的效益最大化。

2. 缩小规模。企业购买者的规模正在变小。企业规模的缩小，意味着企业执行某些特定功能的员工被减少，从而使企业现有的员工需要承担更多的职能。也有可能是由原来企业承担的某些职则，现在由其他的企业承担了。从这个意义上说，这也是一种外包的形式。

3. 新的管理方式的出现。如快捷服务、及时管理、快速响应等方法的运用。这些管理方式的运用，直接对渠道企业的服务产出水平提出了新的要求，渠道企业必须在等待时间、空间便利性、批量拆分、品种的多样化等方面作出更大努力。

（二）消费者的购买变化趋势

1. 消费者对闲暇时间的充分利用。随着社会经济的发展，妇女就业的增加，消费者收入水平的提高，消费者对闲暇时间的利用更理性。他们希望有更多的时间从事自己喜爱的工作和娱乐，而不愿意将闲暇时间用在购物、烹饪、自己动手改善家居等家务劳动上。消费者迫切要求将家务劳动社会化，这必然对渠道企业的服务产出提出更高要求。渠道企业就应该研究消费者的变化趋势，在服务产出方面适应其变化。

2. 消费者产品知识的增加。随着信息时代的来临，消费者获取产品知识的渠道也越来越多，他们会及时掌握产品的信息，获取最佳的购买方式。因此，渠道企业在提供渠道产出服务时，就要根据消费者的变化，及时进行调整。当消费者掌握了大量商品信息时，产品的购买主动权掌握在消费者手中，渠道企业要想在竞争中取得胜利，就必须提供有别于竞争对手的差异化服务；再如，如果消费者选择新的购买渠道，企业就需要对自己的渠道进行调整了。

3. 收入分配两极分化加剧。全世界发达国家的收入分配正经历着两极分化加剧的情形，顶层和底层之间的收入差距巨大。如美国，顶层和底层之间的差距高达五倍（指有工作的两组人群）。这种收入的差距，在渠道方面则意味着人们是否愿意为分销渠道产出的服务付钱，因此，渠道企业可以根据他们收入的差异，提供不同的服务产出，满足各类群体的需要。

4. 自由职业者增加。由于市场的专业化程度的发展，许多企业的员工开始离开原来的企业自己创业，自己创业的直接后果是办公设备的需求量增加，这就会给经营办公设备的渠道企业增加机会。办公设备经营企业需要考察在新的环境变化后，渠道是否适应了市场的变化，需要对渠道进行哪些方面的调整，以提高渠道运行的效率。

### 三、服务产出水平的评价

服务产出水平的高低，直接影响渠道运行的效率，因此对服务产出水平的考察可以直接通过以下几个指标进行：

（一）市场的覆盖率

市场覆盖率是指企业及其所有网点可以触及并能及时为其提供服务的面积。市场覆盖率指标的利用，可以评价企业在空间便利性、等待时间等服务产出水平方面的高低。

（二）分销商的分销能力

分销商的分销能力是指分销商网点的覆盖、物流配送、资金等方面的运作能力。分销商分销产品是通过分销网点进行的，因此网点的数量直接影响企业的服务产出，它也可以通过市场覆盖率指标评价。对分销商来说，物流配送能力的高低直接影响用户的等待时间、批量拆分、空间便利性和商品的花色品种。考察分销商的分销能力是我们考察渠道系统的重要方面。

（三）顾客满意度

分销渠道的顾客满意度取决于渠道企业服务质量的高低。国外著名学者帕拉苏拉曼、泽沙姆尔和波利等提出了决定服务质量的五个方面的因素，如表7-2所示。

表 7-2　　　　　　　　　　　　　　顾客满意目标的评价指标

| | |
|---|---|
| 有形资产 | 有形设施、装备、工作人员交通设施 |
| 可信赖感 | 令消费者信任、提供已承诺的服务的能力 |
| 责任感 | 帮助顾客并且提供及时、便捷服务的意愿 |
| 保证 | 员工所掌握的知识和所具有的教养以及他们赢得顾客信任和向顾客表现其信心的能力 |
| 感情 | 让顾客感受到公司给予他们的照顾和关注 |

　　这五个方面的评价反映了服务质量的基本评价标准。考虑到渠道本身所具有的特殊性，同济大学的霍佳震先生提出了供应链顾客价值评价体系，① 他认为顾客价值可以通过柔性、可靠性、价格和质量等指标来进行描述。每个指标分别由具体的子指标来衡量，从而构成顾客价值的评价指标体系（见图 7-2）。

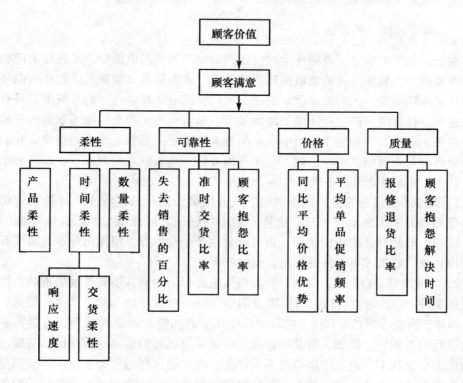

图 7-2　供应链顾客价值评价体系

　　对图 7-2 顾客满意的几个衡量指标解释如下：
- 柔性：对环境变化的反应能力，它表现在产品、时间、数量等方面。
- 可靠性：供应链履行承诺的能力。
- 价格：企业价格的优势和利用价格进行促销的能力。
- 质量：企业售后服务的能力。

　　当然，评价渠道服务产出水平的指标并不仅仅限于上述几个，还可以通过其他指标如商品的周转次数等反映。这些指标我们将在渠道的财务指标中进行分析。

---

　　① 霍佳震：《企业评价创新——集成化供应链绩效及评价》，河北人民出版社，2001 年版，第 55~62 页。

## 第三节 分销渠道运行绩效的评估

分销渠道的运行状况的考察，是分销渠道绩效考察的重要内容。它重在考察渠道功能作用的发挥状况，渠道链的衔接及渠道成员的努力程度。

### 一、渠道通畅性的评估

在社会经济发展中，流通作为社会生产的一个重要组成部分，是连接生产和消费的重要桥梁，就像人体的血液循环系统一样，永不停息。如果人体的血液循环系统停止了循环流动，人的生命就要终止。因此，流通在社会经济的发展中，只有不停地进行，社会的生产过程才能不断地延续。渠道作为承担商品流通职责的重要工具，对于企业的发展和进步，对于满足消费者的需要，都有着重要的意义。我们判断渠道运行是否通畅，可以从以下几个方面进行：

（一）渠道的通畅性评估的内容

1. 渠道系统运行的主体是否到位。在分销渠道运行的过程中，每种渠道功能都需要相应的主体来承担，只有这样，渠道的畅通才能保证。如：运输职能的承担，既有可能是专业的物流公司，也可能是生产企业本身。但无论是谁，只要有主体承担物流的职责才可以保证渠道运行的畅通。

2. 功能配置是否到位、合理。要实现渠道运行的通畅，还要考察渠道的各种功能配置是否完整，是否合理，因为渠道的运行是一项系统的工程，产品、服务、储存、运输、资金等都必须到位。这其中每个环节的功能配置是否合理，直接关系到渠道运行的通畅性。例如，商品的储存是保证渠道畅通的重要物质保证和基础，这项功能的配置在不同企业中决策是不一样的。像宝洁这样的大型企业，物流部分的职责全部交给专业的公司去做，而丝宝集团，则是由自己和专业公司共同承担的。

3. 渠道环节的衔接是否无缝。渠道各环节的衔接直接影响渠道的通畅。如批发和零售这两个环节，如果批发环节商品运转出现问题，商品不能及时配送到零售环节，就可能导致零售环节的销售出现缺货、断档，给消费者带来不利的影响。毕竟在渠道系统中，完全一体化经营的是少数的企业，大部分的企业需要渠道成员间的相互协调、配合。因此，渠道和环节间的衔接，直接影响渠道的运转效率。

4. 长期合作性。分销渠道运转要保持长期性和稳定性，取决于渠道相关成员间联系或契约的长期效率。对于以契约和整合渠道为主的企业，都会面临合同到期的问题，如果合同到期后，不能续签，同时又没有合适的渠道合作伙伴接替，渠道的运转就有可能中断，所以，渠道伙伴的长期合作性直接关系到渠道的通畅。

（二）渠道通畅性的评估指标

1. 商品的周转速度。商品的周转时间是指商品在流通领域停留的时间。如果商品周转的时间越长，则表明商品的周转速度越慢，渠道就有可能不通畅；如果周转的时间越短，则表明商品在流通领域停留的时间就越短，渠道就越通畅。

2. 货款的回收速度。货款的回收速度也是反映渠道是否通畅的重要指标。它是从资金的角度反映渠道是否通畅，可以用货款回款率公式来计算。回款率越高，则渠道越通畅；反之，则不通畅。其计算公式如下：

$$货款的回收速度 = \frac{已收货款}{应收货款} \times 100\%$$

## 二、渠道覆盖率评估

渠道的覆盖率既是我们考察渠道服务质量产出的重要指标，也是考察渠道运转的指标。对渠道覆盖率的评估我们还是从内容和指标两方面进行。

（一）渠道覆盖率评估的内容

1. 渠道成员的数量。渠道成员的数量多少，在一定程度上反映了该渠道的市场覆盖面。一般而言，渠道成员的数量越多，市场覆盖面就越大；反之，则越小。例如，如果在某一区域，只有一个批发商的渠道中，仅仅这个批发商可能向其商圈内零售商批发商品，但如果同时有几个批发商，则该商品的市场覆盖面就宽得多了。

2. 渠道成员的市场分布状况。渠道成员的市场分布越广，其市场的覆盖面就越大，商品的销售区域也就越广。通常，长渠道的渠道成员分布较广，其市场覆盖面也就较广。例如，消费品的渠道成员的市场分布较广，其市场就很大，而工业品的渠道成员相对少，市场分布窄，其覆盖面也小。

3. 商圈的大小。商圈的大小也是判断渠道通畅的一个重要内容。商圈是指每个商业网点吸引顾客的地理区域，它以商店为核心，向四周扩散，构成一定的辐射范围，形成商业圈。零售商业圈的规模和形状受各种因素的影响，如商店的类型、商店的规模、竞争者的位置、交通状况、消费者购买习惯等。

对于某个品牌的分销渠道而言，其市场覆盖面是指在该渠道中，所有零售商的商圈不重复的总和。

（二）渠道的覆盖率的评价指标

1. 市场覆盖面。市场覆盖面是指分销渠道的终端网络分销产品的市场覆盖地区。其覆盖的区域越大，表明市场覆盖率越高，顾客就越容易购买到该商品。其公式如下：

市场覆盖面 = 各个分销网络终端商圈面积之和 - 重叠的商圈面积之和

2. 市场覆盖率。市场覆盖率指该渠道在一定区域的市场覆盖面与该区域总面积的比，覆盖率越高，说明分销渠道的网络分布越广，密度高，空白点少。其计算公式如下：

$$市场覆盖率 = \frac{某产品渠道的市场覆盖面}{该市场的全部面积} \times 100\%$$

### 三、渠道流通能力及其利用率

分销渠道的流通能力是指在平均单位时间内该渠道销售的商品数量或金额。流通能力的评价是对分销渠道本质功能的监测和评估，也是考察分销渠道实现销售目标的主要内容。可以用商品流通量和流通金额、商品的周转速度、市场占有率等指标来反映。这些指标既反映了分销的规模，也反映了分销的速度。其计算公式如下：

$$商品周转速度 = \frac{商品销售时期}{商品的销售量}$$

$$销售增长率 = \frac{本期销售量 - 前期销售量}{前期销售量} \times 100\%$$

$$市场占有率 = \frac{该商品的市场销售总量}{该渠道销售产品的数量} \times 100\%$$

以上指标只是从某些角度反映了渠道分销能力和利用率的状况，它能让渠道管理者掌握渠道的运作效率，并发现渠道的问题，分析问题，从而解决问题。

### 四、渠道的财务绩效评价

对企业来说经济效益的高低是衡量渠道效率的最核心的内容。任何渠道的评价，都不能脱离对经济效益的考察，它不仅涉及企业的发展前景，而且还涉及渠道本身的调整。对渠道财务绩效我们可以从以下几个方面进行：

(一) 流通费用方面的指标

分销渠道费用是企业在组织商品销售过程中产生的各种流通费用。包括仓储费、运输费、包装费、人工费、促销费等，可以用分销渠道费用额和分销渠道费用率来表示。

● 分销渠道费用额，这是指一定时间内分销渠道内所发生的各种费用的金额，是判断分销渠道财务绩效的基础。

● 分销渠道费用率，这是指一定时期内，分销渠道的费用额和商品销售额之间的对比关系。可以在不同的企业之间进行比较，也可以在同一个企业内部的不同时期进行比较或将计划和实际进行比较。通过比较，可以看出渠道费用是否节约，从而可以判断渠道效率的高低了。其计算公式如下：

$$分销渠道费用率 = \frac{分销渠道费用额}{商品销售额} \times 100\%$$

● 分销渠道费用率升降程度。这是从动态角度反映渠道费用开支节约或浪费的指标。

在其他条件不变的情况下，费用为正数，则表明渠道费用上升，渠道成本提高；若是负数，则表明费用下降，节约了成本。其计算公式如下：

分销渠道费用率升降率＝本期实际费用率−上期实际费用率

（二）市场占有率分析

市场占有率指标是指本企业的产品销售与整个市场的产品销售之间的比例。市场占有率指标既可以反映整个市场竞争的格局，又可以反映本企业相对于竞争对手的市场地位的变化，从而反映分销渠道的运行效率，为分销渠道的改进提供依据。对市场占有率的分析，可以通过以下方法进行：

1. 全部市场占有率。该指标是指企业的市场销售额占全行业销售额的百分比。企业可以用这种方法测量本企业在行业中的地位，只是在计算时须注意两个前提：（1）行业的范围和地区范围；（2）计算时是按销售额还是按销售量来进行。

2. 可达市场占有率。该指标是指企业的商品已到达的市场上的销售额占企业所服务市场总销售额的百分比。所谓可达市场，是指企业计划进入的目标市场。该指标可以反映企业在该目标市场的渠道效率。

3. 相对市场占有率。该指标是指企业的销售额与主要竞争者销售额之间的比率。该指标直接反映了企业与竞争对手之间渠道效率的高低以及市场地位的高低。

（三）盈利能力分析

利润是企业分销渠道最重要的经营目标，也是企业考察分销渠道的目的，是渠道运行效率的最直接的反映。分销渠道的盈利能力的评价，可以通过以下指标进行：

1. 销售利润率，这是直接反映渠道盈利能力的主要指标，反映了企业每百元销售额所实现的利润水平。如果实现的利润越高，说明渠道的效率越高，经济效益就越好；反之，则渠道效率就下降，效益就越差。其计算公式如下：

$$销售利润率＝\frac{利润额}{商品销售额}×100\%$$

2. 费用利润率，是指销售利润额与分销渠道费用额之间的比率。该指标表示每花费百元费用所实现的利润的多少。一般而言，费用利润率上升，说明在同等费用的条件下，取得了较好的经济效益。其计算公式如下：

$$费用利润率＝\frac{利润额}{分销渠道费用额}×100\%$$

3. 资产利润率，是指一定时期内实现的利润额与全部的资产总额的平均占用额的对比关系。表明每占用百元资产所获取的利润额。资金利润率指标是站在投资者的立场，来评价渠道资产的效益。其计算公式如下：

$$资产利润率 = \frac{当期利润}{资产总额} \times 100\%$$

上述指标都是反映企业财务效益的，只是角度不同而已。

（四）资产占用与周转指标分析

分销渠道的运转不仅是商品实体的流转过程，同时还是资金本身的流转过程，其中资金的流转速度，直接反映了分销渠道的运行效率。对资金占用方面的考察与评价，可以用资金周转速度和存货周转的速度来考评。

1. 资金周转率，也称为资金周转速度，是指一定时期内现有资金在分销渠道中被循环使用的次数。使用的次数越多，表明资金的利用率就越高，效益就越大，次数越少，效率就越低。其计算公式如下：

$$资金周转率 = \frac{销售收入}{资产占用额} \times 100\%$$

2. 存货周转率。商品库存的管理是资产管理的重要内容，很多时候，资金的占用是以存货形式表现的，因此，对存货的管理实质上是对资金利用效率的管理。为了提高资金的周转率，就必须提高存货的周转率。存货周转率是指产品的销售收入与存货平均余额之比。该指标反映了一定时期内，库存商品的周转次数。周转次数越多，说明商品的存货量较低，周转快。资金利用率就越高，效益就越好。其计算公式如下：

$$存货周转率 = \frac{商品销售收入}{平均存货余额} \times 100\%$$

分销渠道运行绩效的评价除了上述的内容与指标外，还应该对渠道成员进行评价，由于该内容在第三章已作了分析，这里不再赘述。

## 本章小结

分销渠道的绩效的评价是渠道管理的重要内容。本章从差距理论出发，分析了分销渠道的设计结构与实际运作间存在的差距，从分销渠道建设的源头，考察分销渠道结构的有效性，指出了在渠道建设和管理工作中，需要不断地进行调整，这样才能保证渠道效率。分销渠道服务产出水平的高低同样影响渠道的运行效率。

在渠道的实际运作过程中，对分销渠道的绩效评估可以从分销渠道运行的通畅性、市场的覆盖率、流通能力和财务状况等方面进行评估，应找出运行中存在的问题，并加以改进，从而提高渠道运行的绩效。

## 思考题

1. 什么是分销渠道差距，为什么要进行渠道差距分析？

2. 如何考察分销渠道的服务质量？
3. 分销渠道的运行效率的评价内容包括哪些？主要有哪些指标？

**案例分析**

## AA 集团的渠道变革

1996 年，AA 集团的商业公司已发展到 21 个，覆盖全国大多数地区，专卖店 120 家、专卖厅 600 余个。此时，AA 西服的市场占有率已为同类商品的 25%，一度领先第二名近 20 个百分点。1997 年，AA 的销售额达到 21.9 亿元，这期间，AA 每年以至少 20 个店的速度向前发展。然而，市场却在一夜之间变了脸。在产品过剩的买方市场，消费者已不可能百分之百地喜欢某一产品，有的接受有的不接受。计划经济背景下形成的营销体制，为 AA 带来上千个销售网点的同时，也产生了上千个仓库的库存。在这种经营模式下，单纯地扩大服装企业规模，一味地追求销量，库存就会一天天地增加，这势必会造成成本费用上升、利润下降的恶性循环。1999 年初，AA 集团决定对销售体制进行彻底改革，犹如壮士断腕般地将销售部门全部砍掉，全面实行特许经营的营销模式。打破原有的分公司体系，把分公司的销售市场卖给代理商。即 AA 通过削减各地的主导分公司，把 AA 品牌和各地特许加盟商捆绑在一起，通过市场化的运作来给加盟商"加压"，从而使 AA "减压"。实施"特许经营"后，总公司的管理费用、服务费用大幅度下降，效率得以提升。经营成本也大大降低，且销量不再以库存作为代价。

（资料来源：《中国营销传播网》，2003。）

**思考题**

试分析 AA 集团渠道变革的原因，这种变革方式有哪些风险？

# 第八章　分销渠道整合

本章学习目的

学完本章后，应该掌握以下内容：
1. 渠道组合与渠道整合之间的联系；
2. 渠道整合的目的与过程；
3. 渠道调整的过程。

在现代市场环境中，面对日益激烈的市场竞争，传统分销渠道逐渐显露出体系结构不合理、类型单一、管理不科学和渠道之间互不沟通、缺乏合作等问题，严重影响了企业经济效益和竞争能力的提高。而企业要想在市场竞争中取胜，就必须对传统渠道体系进行创新：根据企业特定目标市场的需求特点对分销渠道进行系统分析，实施渠道整合。本章将对分销渠道管理中的新发展——渠道整合进行详细地探讨。

## 第一节　分销渠道整合概述

渠道整合是什么？企业为什么要进行渠道整合的工作？是哪些内部因素和外部因素在起作用？企业进行渠道整合的目的是什么？这些是本节所要阐述的内容。在解释渠道整合这个概念之前，我们首先要弄清楚渠道组合与渠道整合之间的关系。

### 一、渠道组合与渠道整合

渠道组合就是将多种渠道有机地组合在一起，形成一个体系。在这种多渠道的组合体系中，每一个渠道或多或少地独立地承担着服务于销售的功能，以增加产品销售量和提高市场份额。

（一）渠道组合是渠道管理的必然趋势

过去，很多企业只是通过单一的渠道出售其产品和服务，并且获得了巨大成功。比如 IBM 仅仅通过直接销售模式来推销其从电脑到打印机、从大型复印机到打印机上的硒鼓等产品；Kodak 只通过零售商、分销商来推销其产品；而 Avon 则通过设立挨家挨户近邻式的销售代理机构来销售其产品。

然而今天，随着企业细分市场和可使用的分销渠道的不断增加，单一的渠道模式将会使企业在市场竞争中落后或者失去市场良机，甚至被淘汰。一种混合型的营销渠道模式成为当今渠道管理中的一大趋势。这种混合型分销渠道由区域销售队伍、因特网、电信渠道、直邮、商业伙伴等组成。企业可以建立两条或更多的分销渠道到达一个或更多的细分市场。通过使用多种渠道，进行分销渠道组合，企业可以增加市场覆盖面，更好地满足顾客需求，降低渠道成本，提高产品销售量。

- 渠道组合能增加企业的交易量。在许多市场领域里，单一渠道给企业带来的交易量很少能达到混合渠道所能带来的交易量的一半，且通常情况下总是大大低于这个比率。为了达到足够多的交易量，企业一般必须拥有两三个甚至更多的分销渠道。事实上，现今的趋势是交易量越大，企业运用的分销渠道就越多。

- 渠道组合还可以有效地降低企业的渠道成本。经研究表明，一个有效运作的混合型分销渠道将使企业的销售成本降低 20%~30%，某些时候甚至可以降低 50%。假如一笔 1 000 万元的生意以单一渠道销售，其销售成本为 300 万元；但采用混合型销售渠道，则销售成本可以降低到 200 万元甚至更低。可想而知，在销售利润率上的这种提高将会给企业的经营状况带来根本性的改善，为股东创造更多的财富，并有利于企业重塑其在行业中的竞争地位。

分销渠道组合的基本形式有两种：集中型和选择型。集中型渠道组合是指企业利用多种分销渠道到达一个企业的细分市场。这些分销渠道彼此会形成重叠，甚至有时彼此会有竞争。而选择型渠道组合是指企业利用某一相对独立的分销渠道到达某一特定的企业细分市场，所有分销渠道彼此之间既不重叠也不竞争。

当然，大多数企业并不会选取单纯的集中型渠道组合战略或单纯的选择型渠道组合战略，而是选择两者的混合。典型的混合型渠道组合是利用选择型渠道战略模式服务于企业主要产品细分市场，而利用集中型渠道战略模式服务于大规模市场。例如，企业为小规模业务提供相互重叠的集中型渠道模式，使得每一位客户都能得到来自这种渠道组合中任何一种渠道的服务，从而尽可能多地达成交易。同时，企业利用其直销队伍为特定的产品细分市场服务，即为那些大客户提供特殊服务，其目的不在于大的市场覆盖面，而在于为特定客户提供优质、个性化的服务。这种渠道组合战略，在提高产品销售量的同时，保留一支独立的分销渠道致力于为企业的核心客户提供优质服务，因此具有十分强大的生命力。

（二）渠道组合必然引发渠道整合

渠道组合是当前企业渠道策略的必然选择，但是多种渠道的组合也必然为企业的渠道管理带来更为复杂的难题，必然引发企业对多种渠道组合进行合理整合。

1. 企业需要考虑盈利和最优组合的问题。每一个渠道的运作成本是不一样的，有的与企业的销售成本底线大致持平，有的则远远低于或高于企业的销售成本底线，所以并不是所有的渠道都会为企业带来利润。以一个厨房用具为例，企业在每次交易过程中的成本底线为 400 美元，则任何超过 400 美元成本才能达成交易的渠道都不会为企业带来盈利。如表 8-1 所示：

表 8-1

| 渠道选择 | 每笔交易成本 |
| --- | --- |
| 因特网 | 40 美元 |
| 直邮/传真回复 | 180 美元 |
| 电话销售 | 320 美元 |
| 分销商 | 410 美元 |
| 区域销售代表 | 760 美元 |

资料来源：劳伦斯、G·弗里德曼等著，何剑云、沈正宁译：《创建销售渠道优势》，中国标准出版社，2000 年版，第 244 页。

表 8-1 中显示了在五种渠道中，只有因特网、直邮/传真回复、电话销售这三种渠道才能给这家厨房用具企业带来利润，而分销商、区域销售代表都会使企业亏损。

但是，是不是说这家企业就只可以选用因特网、直邮/传真回复、电话销售这三种渠道，而不需在分销商、区域销售代表方面进行积极的投入和回应呢？其实不然，尽管分销商和直接销售队伍的参与会极大地降低由直接渠道占主导地位的渠道组合模式的整体利润率，但是，企业有时仍然需要直接销售队伍（或其他成本相对昂贵的渠道）的参与以影响其重要的顾客群体的购买行为。在这种情况下，渠道的高平均利润率的实现有赖于企业合理进行渠道整合，科学确定最优盈利组合，在多种渠道中进行科学分工，合理使用成本相对昂贵的渠道为一些独立、特殊的顾客群体服务。而盲目地将多种渠道搭配在一起，必然造成渠道资源的浪费和企业经济效益的低下。

2. 多种渠道组合的利用可能会给企业带来"渠道转移"的问题。所谓渠道转移是指顾客从一种渠道转移到另外一种渠道，但并不能给企业带来新业务和新增利润。渠道转移的原因在于渠道之间存在着较强的竞争性，而企业并没有对它们进行合理分工和整合，没有有效地避免这种互相侵蚀的局面。比如，因特网和电话销售渠道之间、区域销售代表和分销商之间都存在着较强的竞争性，如果企业在长期运用电话销售渠道与分销商渠道的基础上，简单地将因特网、区域销售代表渠道组合进来，必然出现这样的局面：因特网从电话销售渠道中夺取顾客，区域销售代表从分销商处争夺业务。这样，新渠道的引进不仅没有为企业带来新的收益，反而使企业付出更高的销售成本。

3. 多种渠道组合的利用，不可避免地会产生渠道冲突的问题。按照渠道的类型，渠道之间的冲突大致可以分为两类：企业直接渠道间的冲突（如销售队伍、呼叫中心、因特网、直邮等）；企业直接渠道与间接渠道间的冲突。由于企业对直接渠道拥有绝对的控制权，所以在解决它们彼此之间的冲突、促进彼此合理竞争等方面要容易得多。而企业直接渠道与间接渠道之间的冲突则完全是另外一回事情。事实上，很多企业通常以更低的价格、更有效的服务给直接渠道提供支持和帮助，导致大量业务从分销商手中转移到直接销售渠道中，从而引起分销商极大的不满，甚至是敌意。显然，这种局面是每一个企业都不愿看到的。

4. 多种渠道组合的利用可能会引发顾客的不满。由于在协调不同渠道之间的冲突时，企业简单地采用了差异化的策略，在产品价格、种类等方面给予不同渠道不同的优惠，导致顾客信息收集成本、购买成本和购后不协调感的提高，从而增加了顾客抱怨和不满。

可见，多种分销渠道的使用，不可避免地会产生冲突和控制问题。因此进行分销渠道整合研究，一方面可以发挥出企业多渠道分销系统的优势，另一方面还使冲突最小化、合作最大化。

（三）渠道整合提高了渠道组合的效率

分销渠道整合是指将企业所有分销渠道作为一个系统，运用系统理论和方法加以整合，借此来营造企业的核心能力和竞争优势。它以整合为中心，力求系统化管理，强调协调与统一，注重规模化与现代化建设。具体来讲，它把企业的销售活动视为一个过程，这个过程由一系列紧密联系的不同任务组成，而每一任务总是只由那些能够最好完成该任务的渠道承担。

可以说，渠道整合极大地提高了渠道组合的效率，为企业获取了更多的盈利机会和更大的竞争优势。（1）渠道整合对企业的销售活动进行了科学、合理的分解，将企业的销售活动视为一个完整的、连续的管理过程，为企业销售活动的规范化、科学化管理奠定了基础。（2）渠道整合在详细分析各种渠道优势与劣势的基础上，按照合理高效的原则将它们与销售过程中的各个任务进行科学的匹配，既有效地降低了企业的销售成本，又极大地避免了渠道转移、渠道冲突等问题。

## 二、渠道整合的目的

企业开展渠道整合活动，其目的可以分为短期的、中期的和长期的目的。

（一）短期目的——降低交易成本

渠道竞争和渠道的多元化使得企业的交易成本节节攀升，企业的盈利空间越来越小。渠道整合首要的目的就是尽快降低企业的销售成本，获取更大的价格竞争优势或盈利空间。这往往需要企业准确地将销售过程中的任务一一分配给能以较低成本较好完成该任务的渠道，使销售过程中渠道实现科学分工。比如呼叫中心通常在接待顾客询问、确认顾客身份、接受顾客回访和抱怨等方面比区域销售代理更有效，成本更低廉。基于这种考察，企业可以将销售过程中的一些前期活动（如潜在顾客的寻找、潜在顾客身份的确认等）、后期活动（如售后访问）和简单重复的交易活动交给低成本的电话营销渠道，而将复杂的交易移交给区域销售代理。如果采用这种方式，将极大地降低销售成本，同时也使得销售代理有更多的时间寻求更多更大的商业机会。

另外，渠道冲突在为渠道之间的竞争带来动力的同时，也增加了企业和渠道的交易成本。通过科学合理的渠道分工，降低渠道之间因冲突而引起的延误损失、协调成本甚至是违约成本，也是企业渠道整合的短期目的之一。

还有一点需要注意的是，在消费者市场地位日益提升的今天，企业在降低自己交易成本的同时，更需要考虑如何使顾客的交易成本减少。企业的销售价格并不等于顾客的购买成本。顾客购买成本除了我们通常所说的货币成本外，还包括顾客为了购买一件产品或服务所耗费的时间成本、精神成本、体力成本、机会损失等，所以在渠道策略上，企业应该考虑如何在方便、快捷、及时、准确等方面满足顾客的需要，降低顾客的货币成本、时间成本、精神成本和体力成本，使顾客的可感知价值最大化。

（二）中期目的——扩大市场覆盖面和市场份额

渠道整合的中期目的就是要在市场上充分发挥渠道整合的作用。从市场战略的角度来看，扩大企业产品的市场覆盖率和提高企业的盈利水平，这两个目标在短期内是矛盾的，因为提高产品的市场覆盖率必然引起成本上升和投入增加（如产品研发 R&D 投入增加、广告费用上升、折扣增多等），而短期内增加投入所带来的收效并不明显，所以短期内高的市场覆盖率不一定会导致高的盈利率，结果多半是恰恰相反的。但从长远来看，这两个目标是一致的，先前的投入在获得市场认可后，导致了更高的重复使用率或更多的购买者，甚至是更多的忠诚顾客，最终实现企业利润的增加。

企业渠道整合的市场目的就是要扩大企业产品的市场覆盖率并提高盈利水平。这个目的可以从两个角度来理解。从绝对数的角度来看，企业要力争扩大市场的覆盖面，在最大范围内以较低的成本将产品信息或产品暴露在目标顾客面前，让更多的潜在顾客变成现实顾客。比如，渠道整合中最简单、最普遍的一种模式是通过直邮的方式向顾客及地区业务伙伴寄去企业的产品目录。需要购买的顾客可以打电话到呼叫中心，向企业下订单。通过直邮和电话渠道的有效结合可以为企业带来潜在客户并达成交易。

从相对数的角度来看，企业应该通过渠道整合扩大自己的市场占有率或市场份额。在扩大市场影响的同时，企业还要注意提高市场活动的效率与效果，在市场竞争中获取更多的市场份额。Oracle 在 1996 年 8 月到 1997 年 1 月期间共向 12 000 个企业散发宣传小册子，宣传提供免费呼叫业务。低成本的电话代理业务给企业带来了回呼反馈，而区域销售代理的日常性大宗交易则为企业带来了近 65 000 美元的销售额，整个渠道整合模式为 Oracle 带来了 150 宗交易，超过 1 500 万美元的业务交易额，一跃成为行业中的佼佼者，进而发展成为全球领先的信息软件供应商和全球第二大独立软件公司。当然，产品的市场占有率是随其生命周期的变化而变化的，这是企业无法改变的客观事实。有时，企业产品的市场占有率低，并不表示企业的市场推广效率不高，只是因为产品尚处在投入期或已进入衰退期；而有时产品的市场占有率比较高，但并不表示企业市场推广的效率也相当高，只是源于产品已进入成长期和成熟期，前期的市场推广努力在这个时期得到了市场的回报。由于这种时滞效应，需要企业认清其产品处在生命周期的哪一阶段，以便更准确地把握市场占有率和市场推广效率之间的辩证关系。

（三）长期目的——培养企业的核心竞争力

通过渠道整合，减少冲突，共同增长，形成企业与渠道之间和谐、健康、稳定的合作关系；通过提供个性化服务，满足个性化需求，形成企业与顾客之间良好、持久的交换关系，是培养企业核心竞争能力的重要环节。

与大工业时代相比，21 世纪的市场格局发生了根本性的变化——买方市场出现。这种市场格局对市场竞争产生了极其深远的影响：竞争的主要表现为买方之间的竞争转向卖方之间和买方与卖方之间的竞争。与此同时，卖方之间的激烈竞争使得潜在市场开发难度增大，而且多数已开发的市场已处在饱和的状态，所以彼此之间争夺现有客户资源成为了竞争的一个重点。而网络经济的快速渗透和全球经济一体化进程的加剧，更是推进了这些状况的发展。因此，摆在企业面前的一个客观事实是：重视、保持现有顾客成为企业生存和发展的关键。企业的各项工作都应该围绕着如何保持现有顾客这个核心主题而展开。

当然，企业并不是要保持所有的顾客，而是应该有选择地保持，因为并非所有的客户都是有价值的，企业应该根据顾客价值的不同而区别对待，这种商业化的理念是企业进行客户关系管理的基本准则。客户关系管理的目的是实现顾客价值最大化与企业收益最大化之间的平衡。企业实施客户关系管理并不是一味地去迎合客户的各种要求，甚至是不合理的要求，而是应该识别客户给企业所带来的价值有多少（当然应该是在客户的关系周期的维度内进行考虑，即客户的生命周期价值），根据客户贡献利润的大小来确定价值传递的形式与内容，并结合企业的能力和资源状况，核算价值传递的成本，从而确定关系的层次与类型，最终实现客户与企业的"双赢"。

渠道整合遵循了企业客户关系管理商业化的准则。渠道整合也应该朝着促进这个准则实现的方向前进。针对不同价值的客户提供不同的渠道，将低价值的客户引入到低成本的渠道中来，把更多的精力和资源投入到为高价值客户服务的活动中去。丰富的优质客户资源就是企业最核心的竞争能力。

# 第二节　分销渠道整合的过程

渠道整合是一项比较复杂的系统工程，但它却是企业走向市场的强有力工具。渠道整合有其复杂性，它通常被运用于复杂的、周期长的销售环节中，对简单的、周期短的销售过程，花时间去进行渠道整合是不值得的。所以，企业进行渠道整合，必须要有科学的计划和安排。一般来讲，渠道整合需要经过以下几个基本环节：

## 一、明确销售过程和渠道组合模式

明确企业的销售过程是渠道整合的前提。我们知道，一个典型的消费者购买决策过程包括问题认识、信息收集、方案评价、购买和购后评价五个步骤。与此相对应，企业的销售过程也可以划分为五个独立的任务：潜在客户的寻找、客户身份的确认、建议书的撰写与进入销售流程、销售工作的完成和售后支持（见图8-1）。

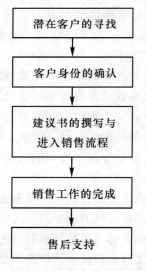

图8-1　一个典型的销售过程

企业的销售过程始于潜在客户的搜寻，即在众多的消费者中找出对本企业产品和服务有需求的群体和个人。值得注意的是，搜寻潜在顾客，不能仅仅依据其是否对产品和服务有需要、欲望甚至是购买动机，必须同时判断其是否具备一定的支付能力。

在找到目标客户之后，接下来的工作就是与客户取得联系，获取客户的相关信息。在一个实施客户关系管理的企业中，一般要求企业除了了解客户的特定需求外，还必须注意搜集客户的人口统计信息（个人消费者包括姓名、身份证号码、出生年月、性别、婚姻状况、家庭结构、教育程度、收入阶层、就业状况、工作性质、生活方式、心理特征以及其他相关描述；企业消费者包括企业名称、企业简介、经营领域、企业规模、经营状况、主要产品或服务、信用状况等级、法人代表或采购负责人，以及关于企业位置的社会经济分析等）；地址信息（个人消费者包括详细的通讯地址、邮政编码、地址类型、地区代码、销售区域、电话号码、电子邮件地址、媒体覆盖区域代码等；企业消费者包括公司名称、公司名称的缩写、详细通讯地址、邮政编码、主要电话号码、传真号码、电子邮件地址、网址、公司类型代码、地区代码等）；财务信息（包括账户类型、开户银行、账号、第一次订货日期、最近一次订货日期、平均订购价值、供货余额。平均付款期限、信用状况等级等）；行为信息（包括购买习惯、品牌偏好、购买地点、购买数量、购买频率、购买时间、回应类型、回应的日期、回应的频率、回应价值、回应方式）。这些信息的收集有助于企业更好地为客户提供个性化、人性化服务。

在对客户进行身份确认之后，销售部门开始有针对性地撰写相关的营销计划书或建议书，制定合适的营销策略，合理配置资源，准备随时为客户提供服务。

在客户作出购买决定以后，企业开始积极地应对客户发出的购买信息，及时准确地将客户所需的产品送达到客户手中或客户指定的地点。

最后，企业可以根据自身的资源和能力，客户为企业带来的价值以及市场竞争环境等因素来确定售后支持服务的详细内容。一般来讲，企业与客户的售后服务关系可以分为以下五种类型：基本型——产品售出后不再与客户联系；反应型——鼓励客户若有问题就与之联系；可靠型——产品售出后不久就与客户联系；主动型——经常与客户联系；合伙型——与客户一直相处在一起。如果以顾客或分销商的数量和产品利润的高低为维度，企业的关系战略选择如表8-2所示：

表8-2

| | 高利润 | 中利润 | 低利润 |
|---|---|---|---|
| 顾客/分销商很多 | 可靠型 | 反应型 | 最基本的或反应型 |
| 顾客/分销商数量一般 | 主动型 | 可靠型 | 反应型 |
| 顾客/分销商较少 | 合伙型 | 主动型 | 可靠型 |

另外，企业也要确定自己的渠道政策，如果目前只是采用单一的渠道来启动其销售过程，即销售过程中的所有任务都由一个渠道来完成，那么就没有必要进行渠道整合的工作。只有在混合渠道的销售模式下，才会发生渠道整合的可能（见图8-2）。

单一渠道销售模式

| | 潜在客户的寻找 | 客户身份的确认 | 进入销售流程 | 销售工作的完成 | 售后支持 |
|---|---|---|---|---|---|
| 直接销售 | ■ | ■ | ■ | ■ | ■ |
| 分销商 | | | | | |
| 电话渠道 | | | | | |
| 因特网 | | | | | |

混合渠道销售模式

| | 潜在客户的寻找 | 客户身份的确认 | 进入销售流程 | 销售工作的完成 | 售后支持 |
|---|---|---|---|---|---|
| 直接销售 | | | ■ | ■ | |
| 分销商 | | | | | ■ |
| 电话渠道 | ■ | ■ | | | |
| 因特网 | ■ | | | | |

图 8-2

## 二、评价各类分销渠道的绩效

企业要进行渠道整合,必须深入分析各类具体分销渠道的绩效,以便企业能更好地满足顾客的需求。下面我们从顾客角度出发,提出五项分销渠道绩效评价指标。

### (一) 信息沟通能力

企业不仅要开发出能满足消费者需求和欲望的产品,按照消费者认知价值和消费者愿意付出的成本给产品制定价格,并采取适当的分销策略为消费者购物提供便利,而且还必须与目标消费者进行沟通。信息沟通应是双向的,即一方面将企业的产品信息传递到目标市场上,指导购买,引导消费;另一方面则要把顾客对产品的需求反馈到企业,使企业能够按照市场需求来安排生产。因此,如何有效地进行营销沟通、如何降低营销成本、提高营销沟通效果,以及如何对目标消费者产生最大沟通影响,已成为企业分销渠道运作的挑战,同时也对企业的生存发展有着重要意义。因此,分销渠道的信息沟通能力无疑是评价渠道绩效的一个重要指标。

### (二) 满足顾客个性化需求

在市场经济环境下,市场竞争越来越激烈,企业不得不把目光集中到消费者身上来,尽可能满足每一位顾客的需求,企业之间竞争的目标也由原来的抢占市场份额发展到争夺每一位顾客。另一方面,随着人们生活水平的提高,消费者对产品的要求越来越苛刻,使得消费需求带有浓厚的个性化色彩。在这种情况下,企业将每一位顾客视为一个单独的细分市场,根据个人的特定需求进行定制化服务,从而尽最大能力满足每位顾客的需求,这势必增加企业的市场竞争能力。而各分销渠道在满足顾客个性化需求的能力上也各有长短,因此满足顾客个性化需求也应作为渠道绩效的一个评价指标。

（三）购买风险

所谓购买风险是指在无法确定地预测其后果的情况下，采取有可能引起失败的某种行动所带来的危险。由于消费者在其购买活动中，经常要作出买什么、在哪里购买等购买决策，而对这些决策的后果常常并不是十分有把握，因此消费者在作出购买决策时，通常都会有不同程度的风险感。而消费者对于风险大小的估计以及他们对风险所采取的态度都会影响他们的购买决策。

（四）顾客服务支持

我们知道，顾客需要的是优质的产品、卓越的服务以及低廉的价格。然而，我们更应该了解到顾客的不满意绝大部分是针对服务质量，少数是针对价格和产品质量。令顾客满意的服务应表现在四个方面，即服务的便利性、专业化、态度和效率。顾客满意是企业对未来的投资，从卓越的顾客服务中直接受益的虽是顾客，但受益最大的却是企业本身。因此，企业只有像重视产品开发、产品质量一样重视顾客服务，才能在竞争激烈、瞬息万变的市场上立于不败之地。因此，各分销渠道的顾客服务能力也是评价渠道绩效的一项重要指标。

（五）销售成本

此处销售成本指的是企业将单位产品转移到顾客手中所需的费用。销售成本反映企业的分销效率，这个指标必然是评价分销渠道绩效的一项重要指标。

根据以上分销渠道绩效评价指标，我们针对各类分销渠道的特点，分5级简要归纳出各类分销渠道的绩效，如表8-3所示。

表 8-3　　　　　　　　　　各类分销渠道绩效评价

| 评价指标 | 分销渠道的绩效 | | | | |
| --- | --- | --- | --- | --- | --- |
| | 面对面<br>推销 | 间接营销<br>（间接渠道） | 直邮<br>渠道 | 电话<br>渠道 | 网络<br>渠道 |
| 信息沟通能力 | 强 | 较强 | 弱 | 一般 | 一般 |
| 满足顾客定制化 | 强 | 一般 | 弱 | 弱 | 一般 |
| 购买风险 | 小 | 小 | 大 | 一般 | 大 |
| 顾客服务支持 | 强 | 强 | 弱 | 弱 | 弱 |
| 销售成本 | 高 | 高 | 低 | 一般 | 低 |

### 三、渠道分工（任务匹配）

根据对分销渠道的绩效评价，企业可以将各分销渠道与销售任务相组合，由不同的分销渠道完成不同的销售任务，以达到产品销售成本的最小化和顾客满意的最大化。如企业可以应用直邮渠道或电话渠道、网络渠道来寻找潜在顾客和进行顾客确认，然后将潜在顾客转移给面对面推销渠道或间接分销渠道去实现销售，售后服务主要由中间商提供，企业销售人员进行顾客管理。这样，昂贵的人员推销主要用于销售和顾客管理工作。

渠道整合所带来的利益是诱人的，但不遵循某些渠道配置原则将是有风险的，尤其是在重大、复杂的交易中，并不是每种渠道都适用于每一项销售任务，在将渠道与不同销售任务相匹配的过程中，正确的判断是必要的。

比如，一次交易额为 500 元的照相机买卖包含了许多任务，也许所有的任务都可以由低成本的渠道来完成：潜在客户的寻找及身份确认可以通过直邮和因特网来完成，然后低成本的分销商和零售商承担销售和服务任务。但是一宗 200 万元的办公自动化解决方案则完全不同。在这个相对复杂的过程中，低成本渠道可以（而且应该）被用于潜在客户的寻找和身份的确认环节中，但期望其交易的最终达成及售后服务没有诸如区域销售代理或高附加值商业伙伴的参与是不现实的。将一些重要的销售任务，特别是销售中间环节中那些高附加值的任务适量移交给低成本渠道往往给企业带来灾难性后果。人们不会通过电话或某一办事处购买一个 200 万元的商务解决方案。

明确哪些渠道可以实质性履行销售过程中的哪些任务是重要的。一般来讲，不同渠道对不同任务的匹配性有一定的规律可循（见图 8-3）。

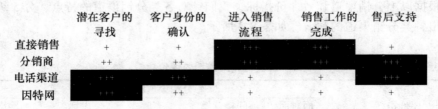

+++：性能最好或成本最低；++：可以运用；+：不适合或不经济

图 8-3　销售过程中的渠道与任务的匹配性

从图 8-3 中可以看出，直接销售渠道适合进入销售流程和完成销售工作等任务，而不适用于潜在客户寻找、客户身份确认和售后支持等任务；分销商渠道则更适合销售过程中的后面阶段工作；而电话渠道正好弥补了直接销售渠道的不足，与直接销售渠道有很强的互补性；因特网渠道在潜在客户的寻找以及客户确认方面比较适合。

一个理想的渠道整合模式指的是将每一销售任务交给成本最低的渠道，而同时该渠道又能很好地履行其职能。在图 8-3 阴影区域（+++）中，每种渠道都具备最优性能，同时销售成本被降到尽可能低的水平，这就是渠道整合模式中企业利润增加的源泉。

### 四、渠道移交管理

多种渠道的整合利用为企业创造竞争优势的同时，也增加了企业步入更多管理误区的可能。一个销售过程由 3~4 个渠道提供服务要比单一渠道有更多犯错误的空间，特别在渠道之间的任务移交这个环节上。渠道整合使渠道之间出现了不同的分工，但它们面对的却是同一客户，若相互之间衔接不紧密，最容易导致客户的不满，最终可能会前功尽弃，造成浪费。

渠道移交管理不善，会极大地降低渠道整合的效率。比如有个公司发现：它通过电话代理产生的 300 个客户，最终只有 11 人成为公司的最终用户，这个不到 4%的成交率与公司其他市场中由单一销售部门完成的 21%形成鲜明的对比。经过多次的调查分析，原因就在于渠道移交管理方面出现了漏洞。公司一方面要求电话营销代理部门必须将那些有用的潜在客户移交给销售人员，但同时又不能对潜在客户轻易下"移交还是不移交"的结论。被弄糊涂的电话营销代理由于担心遗漏每一次潜在的商机，就把所有新的潜在客户全部堆积在销售人员的手中。销售人员于是对所有这些潜在客户进行追踪，从而造成了时间和金钱上的极大浪费。发生在电话营销与直接销售渠道之间的这种职责不清晰，导致移交过程进行得太快，潜在客户身份确认无法详细具体，从而降低了整合销售过程的效率和利润率。

在渠道移交管理的过程中，需要做好以下两个方面的工作：

第一，精确定义任务的完成点。在什么情况下一个潜在客户可以被认为身份已经被确认？是在他刚刚跨进门槛的时候？是在可能存在着某种商机的时候？或者是客户的预算及购买日期已经被正式确认的时候？还是客户已经点头认可的时候？或者是正式收到一个购买订单的时候？任务完成点的精确定义是很重要的，因为这些点正是某些销售机会从一个渠道移交到另一个渠道的时候。销售过程中的每一个任务都必须被精确地加以定义，以便每一个渠道能够沿着销售路径，并在移交其任务前能了解该环节的任务是否已经完成。

第二，规范定义移交程序。销售代理必须在交易达成两天之内与其商业合作伙伴联系呢，还是在某一数据库记录下交易的达成过程，随后与商业合作伙伴联系？或者仅仅是在其自身的日计划安排中潦草地写几个字以便作为提示呢？移交程序越严谨、正规，各渠道才能更好地履行各自的职能。在一个整合渠道体系中书面化、特定格式的移交程序是必要的。

### 五、渠道整合监控

在多渠道的销售过程中，无政府状态对渠道整合的效率是具有致命性毁灭能力的。对于一些新型的、充满活力和挑战的工作团队来说，团队的每一个成员各自独立完成他们的工作显然是不可能的。如果没有整合监控，企业可能会失去潜在客户，也可能失去现有客户。

当多种渠道作为一个整体服务于某一销售过程的时候，必须有人来负责协调、监控整个渠道的运行。渠道整合监控者在销售过程中主要承担以下几项重要职责：（1）确保在整个销售过程中每个必须完成的任务都已经准确无误地完成了；（2）解决诸如渠道移交混乱等问题；（3）确保销售机遇已经成功地转换成交易的达成；（4）寻求新的销售机遇以增加销售量。

协调、监控整个渠道的运行是一项重要而繁琐的工作，一般由销售过程中的某个渠道或个人来负责。具体由哪个渠道或个人负责，与其交易的类型直接相关。

如果属于简单、周期短的交易，那么协调监控渠道整合的工作比较适合由承担销售过程中前期任务的渠道或个人来执行。因为简单、周期短的交易，其行为及客户的联系大多发生在销售过程的前期，即潜在客户的寻找、身份确认和交易达成，所以在整个销售过程中，它们占据着重要且决定性的地位，当然由它们来负责整个渠道的监控和协调。

如果属于相对复杂、周期长的交易，那么协调监控渠道整合的工作比较适合由承担销售过程中后期任务的渠道或个人来执行。因为此时企业行为以及客户联系大部分发生在售后阶段，即交易完成及售后支持。一个负责交易完成和售后支持的渠道可能更接近客户，更易于挖掘新的商机。例如，一个负责销售过程中后期工作的直接区域代理还可能被赋予以下职责：确保潜在客户已经转成一宗交易；确保售后支持被提供给客户；确保交易中存在的新机遇被识别并转成新的交易等。

如果牵涉不同类别或复杂程度不同的交易过程，最好按照交易的复杂程度来确定对应的渠道监控负责者。最复杂的交易大多与售后服务和销售行为关系最紧密，所以必须由诸如区域销售商或高附加值的合作伙伴这样信用高的渠道来充当整合的监控者；而那些相对简单、对售后服务要求不多的交易，则可以由诸如呼叫中心这样的低成本渠道来协调和监控（见图8-4）。

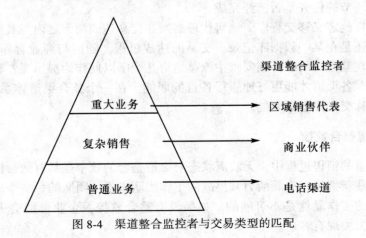

图 8-4　渠道整合监控者与交易类型的匹配

# 第三节 分销渠道调整

渠道管理应该是一个持续的过程，不应该一蹴而就、一劳永逸。渠道调整是企业渠道管理适用性、灵活性的客观要求。企业在设计、组建一个适应当时各方面限制因素和企业分销目标的渠道系统后，还需要根据情况的变化适时地调整分销渠道。这种调整可能是小修小改，如对市场营销任务的重新分配，调整个别的中间商，也可能是大的变革，甚至是建立全新的渠道系统。

简单地讲，渠道调整就是由于某些原因重新考虑、调整各渠道设计要素，采用与以前所使用的分销渠道系统不同的渠道系统。

企业如果不考虑条件的变化而坚持原渠道系统的话，会对企业利益造成极大的危害。例如，某一家饮品企业，开发了一种具有保健功能的饮料，该项目获得省级科技成果金奖。企业的设备全部是进口的，整个生产线非常先进。在产品上市之前，企业进行了口味测试，大多数消费者认为口感上乘。在设计和核心卖点的提炼上，也较多地倾听了消费者的声音。产品的定价采用跟随策略，比同种类型的知名品牌价格略低。在目标定位上，企业第一年主要立足省内，占领较有优势的市场。在形势一片大好的情况下，产品进入了市场，原本打算直销和稳扎稳打的企业渠道策略因为经销商的热情而发生了改变。因为产品上市初期较大的宣传力度和饮料不错的口碑，经销商开始主动向企业要货，并作出了一些承诺。在这样的情况下，企业考虑要迅速打开市场。要在第一年将销售额提高一倍，必须依赖经销商的帮助。于是，企业很快和经销商签订了协议，并加大了生产数量。然而，在经过了产品上市初期的宣传攻势后，消费者对产品失去了新鲜感，销量已经开始渐渐稳定，而产品生产数量的激增导致大量货物积压在经销商手中。经销商的零售价开始低于企业直销终端的零售价，一级批发商放弃利润，把货物压向二级批发商，等着企业的年终返利，而二级批发商的价格几乎接近进价，价格出现全面"穿底"。结果半年时间里，产品仅卖了 200 箱，还有几千箱的货积压在仓库里。而接下来饮品销售就要进入淡季，由于乱价、低价，甚至窜货现象的发生，企业已经遭受了巨大的损失，此时，如果还固守原先的渠道政策，不对渠道系统进行调整，企业注定难逃一劫。

## 一、渠道调整的原因

企业若发现现有渠道模式与市场环境要求存在差距，就应当对渠道作适当调整，以适应市场新的变化。如当消费者的购买方式发生变化、市场扩大、新的竞争者兴起和创新的分销战略出现以及产品进入产品生命周期的后一阶段时，便有必要对渠道进行改进。

一般来讲，渠道调整的原因有以下几个方面：

· 结果动因——现有渠道的市场效果不佳。现有渠道在设计时可能有错误，比如在选择商业伙伴组建渠道时考虑不周，使渠道管理上有失控的危险。

· 外部动因——市场环境的变化。当初设计的渠道体系针对当时的各种条件而言很理想，但现在各种限制因素发生了某些重大变化，从而有了调整渠道的必要。这些限制因素的变化是导致渠道调整最常见的原因。企业有必要定期对这些限制因素进行监测、检查、分析。另外，当企业很有把握相信限制条件即将发生重大变化时，企业也很有可能提前行动，调整渠道。

· 内部动因——企业分销目标的变化。企业可能要加大其产品的市场覆盖面，或者准备加强其服务产出水平等，这时企业也会考虑调整渠道。

其实，渠道调整最根本的动因还在于利润目标。如果渠道处于均衡状态，即不会因为调整而使整个渠道的利润增加从而使生产商的利润增加，则渠道调整就没有任何动因。只有当渠道处于不均衡状态或生产商很有把握预测调整渠道会带来更大利润时，渠道的调整才有必要进行。

## 二、渠道调整的内容

渠道调整大致可以分为功能调整与结构调整。功能调整是指渠道成员间某些任务的重新分派；结构调整则是指渠道上某些中间商的增减、渠道层次的改变以至整个渠道系统的改变。功能调整在渠道冲突、渠道整合等环节中已有讨论，这里主要对结构调整进行论述。

第一，渠道成员的增减。在考虑渠道改进时，通常会涉及增加或减少某些中间商的问题。比如，生产商可能对某个中间商不满意而终止与它的合作协议，也可能促使另一个中间商加入其分销渠道。作这种决策通常需要进行直接增量分析，通过分析，要弄清这样一个问题，即增加或减少某渠道成员后，厂家利润将如何变化。例如，某个生产商决定增加一个中间商在某个以前未涉足的地区销售其产品，用该地增加的销售额减去费用便可以很容易地计算出增量效果。但是，当个别渠道成员对同一系统的其他成员有间接影响时，直接增量分析方法就不再适用了。有些影响在调整后就立刻表现出来，有些影响则是潜移默化的，需要较长时间才能体现出来。

从理论上讲，如果取消某些落后的中间商，增量分析的结果表明厂家利润会提高。然而，取消个别中间商这一决策会对整个渠道系统产生重大影响，在实际业务中，不能单纯依据增量分析的结果采取具体行动。如果确实需要对该系统进行定量分析，则最好的办法是用整体系统模拟来测量某一决策对整个渠道系统的影响，即模拟进行与不进行调整两种情况下企业的销售、利润情况。

第二，渠道长短的调整。企业可能决定将以前的短渠道策略转为长渠道策略，也可能决定以短渠道策略取代以前的长渠道策略。这就涉及对整整一个层次的中间商的增减问题。

第三，渠道宽窄的调整。企业可能根据条件的变化调整渠道的宽窄，这在渠道设计中已经提到过，这种调整直接表现为中间商的增减。

第四，中间商类型的调整。企业可能由使用商人中间商转为使用代理中间商，也可能由使用某种零售商转而使用另一种零售商。比如一家医药公司可能由通过药铺销售其药品转而通过百货公司销售。

第五，某些特定市场渠道的增减。企业也许会常常考虑这样一个问题：企业使用的所有分销渠道是否始终能有效地将产品送达某一地区或某类顾客。这是因为，厂家市场分销渠道静止不变时，某一重要地区的购买类型、市场形势往往正处于迅速变化中。针对这种情况，可以借助损益分析与投资收益率分析，确定增加或减少某些市场分销渠道。

第六，企业整个渠道系统的修正。创立一种全新的方式在所有市场中销售其产品（即改进整个渠道战略），这是最困难的决策。对企业来讲，最困难的渠道变化决策可能是改进和修正整个市场分销系统。这些决策不仅会改变渠道系统，而且还将迫使你改变市场营销组合和市场营销政策。这类决策比较复杂，任何与其有关的数量模型只能帮助管理人员求出最佳估计值而已。

### 三、渠道调整的步骤

渠道调整应该遵循科学有序的原则进行，企业应该有一个全局观念，切忌"头痛医头、脚痛医脚"式的应急调整。一般来讲，渠道调整应该包括以下几个步骤（见表 8-4、图 8-5）：

表 8-4　　　　　　　　　**分销渠道调整方式和策略**

| 调整渠道结构 | 将原来的直接渠道调整为间接渠道 |
| --- | --- |
| 调整分销方式 | 如原来采用独家代理的方式，为制约独家代理商的扩张，可适当增加代理商数目，调整为多家代理方式。 |
| 调整渠道政策 | 如价格政策、铺货政策、市场推广政策、信用额度政策、奖惩政策等。 |
| 调整渠道成员关系 | 对于业绩有较大增幅的渠道成员，可提高其在渠道中的地位；反之，则降低。 |
| 调整局部市场区域的渠道 | 根据市场结构的变化，可增加该地区市场的渠道数量或撤出该区域市场。 |
| 更新整个分销网络 | 为使厂家目前的渠道模式脱胎换骨，需要重新设计和布局，不过，只有当渠道遭受外部严重威胁或内部发生重大变化时方可作此调整。 |

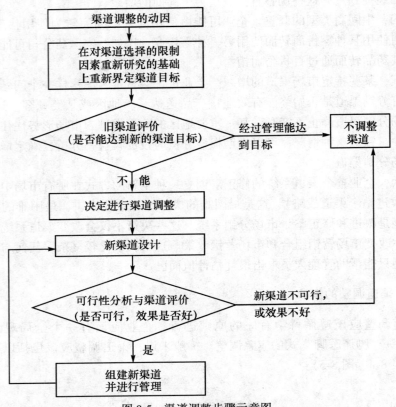

图 8-5 渠道调整步骤示意图

第一，诊断调整原因。企业在作出渠道调整之前必须要弄清楚是什么原因促使企业这样做，理由是否充分。这就需要分析三个方面的问题：（1）找出调整原因的类型，是结果动因、外部动因还是内部动因，或者是它们的组合。（2）要弄清楚各种原因发展的态势，即问题有没有发展到企业非调整渠道不可的程度，如果问题还不算严重或问题的局势还不那么明朗，企业可以先静观其变，伺机而动。（3）分清原因的主次地位，抓住主要原因进行详细的研究论证。

第二，确定渠道调整目标。在对渠道选择限制因素重新考虑的基础上，重新确定渠道的新目标。当然，目标的类型仍然主要是利润目标和顾客满意目标两大类。不过，在社会营销观念逐渐兴起的今天，企业可能还必须考虑一些社会长远利益的问题。比如在环保主义的推动下，越来越多的顾客喜爱那些贯彻绿色营销观念的企业。在分销环节上，物流是否节约、少污染，分销过程中是否存在"二次污染"，结算是否电子化等都已经成为他们评价企业行为的重要标准。这种现象值得企业注意和思考。

第三，明确调整幅度，选择调整方式。在确定原因的基础上，对症下药，明确渠道调整的幅度、范围，并确立对应的调整方式和策略。

第四，渠道评价和管理。渠道评价和管理与渠道设计中的内容基本一致，这里不再详细探讨。

### 四、渠道调整的风险

调整渠道，尤其是较大的变革，对企业及整个渠道影响都很大，而且如果决策失误，短时间内又难以补救，损失将更大。所以在渠道调整以前一定要做好可行性分析与渠道评价工作：这种调整是否可行，中间商的反应如何，是否会引起某些重大冲突等问题都要认真考虑。对新渠道的费用、收益及利润的分析要从整个渠道系统角度统筹考虑，权衡利弊。

有时，限制因素的变化只是暂时现象，不久又会基本恢复原状，这时不要急于调整渠道。有时，限制因素虽已变化，但未来的情况难以预测，这时应尽量通过渠道管理消化这些变化，注意监测这些因素的进一步变化。渠道的调整基本上表现为中间商的增减，而中间商的增减常常引发许多问题，所以事先必须周密考虑，防患于未然。比如说，每利用一条新渠道便可增加销售，但也要冒疏远原有渠道的危险。否则的话，原有渠道成员就会叫喊"不公平竞争"，并且威胁生产商，说如果不在某些方面限制竞争或给他们补偿，他们就要抛弃生产商。解雇中间商、终止与商业伙伴的合作可能会导致更严重的冲突。

从实践上说，与中间商的合作一般不会轻易开始，也不会随便终止。在美国，终止与中间商的关系很简单。但在很多国家，中间商往往受到某种法律保护，使生产商难以随便终止同他们的关系。例如，在挪威，生产商在终止与某个中间商的关系前，通常必须提出有关中间商过失的有力证据。即使经历千辛万苦达到了与某代理商终止关系的目的，企业往往还要赔偿该代理商在建立客户关系和商品信誉方面所付出的投资。在某些国家或地区，解雇代理商必须通过一个仲裁委员会，如果该委员会不同意，则不得解雇。所以，最好的办法是在选择中间商时多作一些努力，以避免以后解除关系时的麻烦。

## 本章小结

本章对分销渠道管理中的新发展——渠道整合进行了详细的探讨。首先探讨了渠道组合与渠道整合的关系：渠道组合是渠道管理的必然趋势；渠道组合必然引发渠道整合；渠道整合提高了渠道组合的效率。企业开展渠道整合活动，其目的可以分为短期、中期和长期三个阶段的目的。短期目的是为了降低交易成本；中期目的是为了扩大市场覆盖面和市场份额；而长期目的是为了培养企业的核心竞争力上。

渠道整合是一项比较复杂的系统工程，它一般需要经过以下几个基本环节：明确销售过程和渠道组合模式、评价各类渠道的绩效、渠道分工（任务匹配）、渠道移交管理、渠道整合监控。

当然，渠道管理应该是一个持续的过程，企业在设计、组建一个适应当时各方面限制因素和企业分销目标的渠道系统后，还需要根据情况的变化适时地调整分销渠道。这种调整可能是小修小改，如对市场营销任务的重新分配，调整个别的中间商，也可能是大的变革，甚至是建立全新的渠道系统。企业需要弄清渠道调整的原因、明确渠道调整的内容和步骤、认识到渠道调整的风险。

## 思考题

1. 简述渠道组合与渠道整合之间的联系。
2. 试述渠道整合的目的。
3. 简述渠道整合的过程。
4. 简要说明渠道调整的过程。

## 案例分析

### 渠道整合：从 S 软件看软件产品的销售渠道

#### 渠道分销与在线零售相结合

随着互联网的发展和网民队伍的扩大，渠道的一个重要发展趋势是在线销售。美国 Dell 公司凭借这一法宝，迅速占据了同行业第二的宝座，锋芒直指老大哥 Compaq；同样，Amazon 公司凭借网络在线销售图书，在短短几年时间里，其市价总额已经超过了全球最大两家图书销售商的市价总和。此外，很多其他在线销售商都取得了巨大的成功，在传统营销模式前，在线产品销售显示出巨大的优势。

首先，在线销售有着其他渠道无法比拟的方便性和交互性。利用网络，商家可以为消费者提供一年 365 天、一天 24 小时的家庭购物的便利性，消费者足不出户便可选购自己喜爱的产品。其次，利用在线销售，商家可以节约大笔投资费用，如庞大的库存管理费用、长期的资金占用费等。利用低成本优势，在线销售价格优势非常明显。对市场需求高效、便捷的反应提高了库存周转率，大大增加了投入收益比。

作为一家开发汉化翻译工具软件、Internet 网络工具的软件公司，S 软件的产品包括东方快车翻译工具、东方网神搜索工具、东方卫士网络健康工具以及即将发布的东方网译网页翻译工具等。这些产品具有一个共同的特点：易用、方便，对用户的技术要求少。因此，为了以最低的成本将这些优质产品提供给客户，S软件在与联邦等公司联合进行一级分销之外，也积极利用网络进行在线直接销售，投入巨资建设网站，进行产品销售。6月18日，S软件举行"东方网神"首发仪式，当天网站销售量就达到200多套，引起同行广泛关注。

如果说在线销售更多地被视为面向未来的软件销售渠道的话，那么经销商分销体系的建立和管理依然是现今渠道的重点。原因是多方面的，首先是在线销售存在的不足：在我国，网民总量虽已突破400万，但相对而言，这个数字仍然太小；同时，我国在线销售服务速度也不尽如人意，看一看网上生存试验的过程和结果，我们没有理由为在线销售欢呼；此外，上网费用过高，网上信息浏览速度过慢等都成为在线销售的障碍。其次，传统渠道分销仍然具有优势：经过多年努力，传统渠道已经成为产品销售的一种成熟途径。通过与最终用户的直接接触，渠道商与用户建立了广泛的联系，掌握着大量的用户信息；同时，传统渠道对产品的销售具有技术支持和服务响应的作用，可以保证用户的满意度和回头率。成熟的产品要想迅速进入市场，扩大市场份额，传统渠道的作用还是很重要的。由于S软件公司主要生产通用软件，而通用软件又极易被盗版，如何做好传统渠道销售，既为用户提供合格的产品，又能保证公司的利益成为S软件公司面临的主要问题。经过思考，S软件公司选择与联邦联合，借联邦的渠道销售产品。S软件公司认为，软件连锁组织网点在全国星罗棋布，直接面对最终用户；同时他们销售经验丰富，会做宣传炒作；再加上软件连锁组织的立身原则是低利润，体现在用户身上的价格会比较便宜，而这正是通用软件战胜盗版的根本。S软件公司与国家劳动和社会保障部联合开发了企业劳动人事管理软件，采用签约方式选择渠道分销商，在协议中明确规定渠道商应安排两名以上专职软件人员负责S新软件产品的营销与服务。同时，S软件公司负责对分销商的技术培训，保证他们能为用户提供完善的服务。

## 行业直销

在线销售显示出巨大的适用性，但这种渠道模式只适用于一些小型通用软件。一旦涉及到如系统集成等大型应用方案的销售，这种方式就不再是最佳选择。原因很明显：首先，大型应用方案投入大、风险高，在客户方面，为了寻求信息的充分交流，同时追求心理的安全感，大多倾向于招投标等面对面的销售。其次，在厂商方面，因用户需求随着经济的发展呈现不断加强的消费个性，每个用户的需求都是具体的，要能够建设好应用系统集成，必须与用户面对面地充分交流。S软件的系统集成企业成员在销售各自的解决方案时，也都采用了这种传统的直销模式。

## 高端软件的增值分销

依靠对产品与市场的透彻了解，S 软件对不同的产品分别采用传统直销、在线直销以及分销等不同的形式，并取得了众所周知的成绩。但是，在面对国内高端软件市场时，S 软件发现原有渠道销售需要进行创新。

高端软件产品的销售是个特殊领域：软件应用的技术含量很高，对实施单位的信息知识水平要求很高。目前在我国，这一条件很难满足。要想最大限度地满足用户需求，提高用户满意度，必须对产品进行增值开发，提供完整、易用的解决方案；同时建立完善的后续支持体系，解决用户后顾之忧。

例如，作为 S 软件的成员企业，F 公司主要从事高端软件销售业务。依靠领先的技术和深刻的行业背景，F 公司开发出大量行业应用软件，极大地满足了客户的需要，具有很强的类产品特性，可在不同的应用领域进行"移植"。这就意味着这些产品已经成熟，可以通过市场推广服务于更多的客户。但是，要想保证用户的满意度，在产品推广的同时必须保证技术支持和服务力度的增加。

用户群体不断扩大，单靠厂商自身很难保证良好的技术支持和服务。事实上，在现代经济中，资源相对紧缺，自身的资源很难促使企业获得超常规发展；企业要想超常规发展，不断突破自身的局限，必须有效地利用外部资源，正所谓"借鸡生蛋"。因此，高端软件增值服务要想迅速推向市场，也必须有分销能力——在增值之上的分销能力。

但是，在高端软件领域，用户的技术实力、产品需求等情况并不相同，为了对不同用户量体裁衣，提供最佳的产品和技术支持与服务，增值分销渠道要具有自己的特点：合作伙伴多样化，厂商具有综合的高端软件产品的增值开发能力，同时对分销商提供技术支持与培训等。F 公司推出了自己独特的增值分销渠道建设计划：F 公司世纪伙伴计划。在计划中，F 公司将合作伙伴分为三级，并授权使用相应的合作伙伴认证证书和认证徽标，这三级为：产品销售合作伙伴 Product Business Partner（PBP）、解决方案合作伙伴 Solution Business Partner（SBP）和关系合作伙伴 Relation Business Partner（RBP）。其中，PBP 的业务主要以产品经销为主，F 公司提供其全线产品资源与最优惠销售折扣；SBP 的业务主要以开发及销售解决方案、系统集成或服务为主，其所拥有的成功行业解决方案，将被收入到《F 公司合作伙伴解决方案集萃》中，共同进行市场宣传推广活动；SBP 可享受特殊销售折扣及市场合作基金。RBP 主要授予有特殊行业关系的合作伙伴，可获得 F 公司销售经理、专业技术和市场人员的全力支持配合。

合作协议充分贯彻了以用户为核心的思想，加大了对合作伙伴技术服务水平的要求和支持力度。任何经销商要想成为 F 公司的 PBP，必须至少有 1 名销售人员和 1 名技术支持工程师参加过相关产品培训；要想成为 SBP 和 RBP，则必须至少有 2

名销售人员和 2 名技术支持工程师参加过相关产品培训。同时，任何经销商只要成为 F 公司的合作伙伴，就有义务为用户提供足够的技术支持和售后服务，取得用户的满意与信任。此外，各合作伙伴有权利获得 F 公司免费提供的相关产品资料和技术培训。

在原有的销售渠道的基础上，S 软件不断创新、整合，尝试各种可能途径，以期全面面向市场，以合适的产品和服务满足每一个用户的需要。目前，针对 S 软件的多种产品，S 软件形成了多种有效的销售渠道，多端面向市场。

（资料来源：方舟：《从 S 软件看软件产品的销售渠道》，
载《计算机世界》，2000 年 7 月 26 日。）

**思 考 题**

1. S 软件公司的渠道整合经历了哪几个阶段？
2. S 软件公司的渠道整合采用了一种什么样的模式？
3. 你能对 S 软件公司未来的渠道发展提出一些建议吗？

# 第 四 编

# 分销渠道组织

# 第九章　批　发　商

学完本章后，应该掌握以下内容：

1. 批发及批发商的定义；
2. 批发商的功能；
3. 批发商的种类；
4. 批发商管理决策的内容。

单纯从利润分享的角度来看，批发商作为重要的中间商，既分享生产者的利润，又盘剥消费者，在分销渠道中应是首当其冲被缩减的环节。但是，在长时间激烈的市场竞争中，批发商非但没有消失，反而变得更为丰富起来。事实说明，对环境的充分适应使批发商获得了大量的发展机会，批发商仍然是不可缺少的，在某些行业中甚至是十分重要的。著名的市场营销专家 E·J·麦卡锡不无信心地对批发商的生存现状和未来有这样的总结：批发商正在减少，但这并不意味着社会对他们所提供的服务的需求在减少。并且，我们现在还不能肯定地说直接的分配渠道会更有效率。本章将主要探讨批发商的概念、性质、功能、类型以及批发商管理决策过程。

## 第一节　批发商概述

### 一、批发商的概念与性质

正如我们将在批发商的类型这一部分中看到的一样，现实生活中存在着种类众多的批发商，这些批发商有着大小不一的业务范围和参差不齐的功能体现。从这些批发商所从事的经济活动来看，有时像制造商，有时像商贩，有时又像掮客或经纪人……总之，有时连这些批发商自己也不知道批发商的称谓究竟意味着什么，只是这么在做。正因为如此，积极的理论家和实践者对到底什么是批发商有着纷繁多样的理解。其中，一个具有统计操作意义并被人们所普遍接受的定义来自美国人口普查局。虽然不是只要有批发业务就能将该人或企业列入批发商的行列，但是，很明显的是，批发商一定从事批发方面的活动。这里，我们将从批发的定义引申出批发商的概念。美国人口普查局认为，批发（Wholesaling）是指这样的一些商品销售行为：个人或企业将商品卖给零售商或其他商人，或者那些工业用户、机构用户和商业用户，而不向最后消费者大量销售。这样，所谓批发商（Wholesalers）就是那些主要从事批发活动，提供批发服务的商号或公司。

批发商和零售商虽然同为中间商，在分销渠道中同样充当商品所有权的传递角色，但两者在性质上存在着明显的不同之处。

（一）批发商有着不同的销售对象

根据市场营销学的理论，衡量某人或企业是否为批发商，其商品销售行为是否为批发交易，关键在于买方的购买目的。如果买方的购买行为是为了转售或是供其他商业用途，即买方在此次购买中不充当最后消费者，那么这时的交易就应属于批发交易。这是对批发的广义界定，据此，一个制造商与另一个制造商之间的买卖，是批发交易；一个零售商把铅笔和信封卖给一家酒店，作管理之用，也属于批发业务。但通常意义上的批发商却是狭义的，即只限于那些主要经营批发交易的组织和个人，至于那些间或做些批发交易的零售商、制造商以及农民等，则不能将他们称为批发商。

批发商的行为特征决定了他们的销售对象，因此，批发商主要为这样一些顾客提供批发服务：（1）把商品卖给批发商、零售商等用于转卖（再销售）；（2）把商品卖给制造商用于工业生产；（3）把商品卖给农民用于农业生产；（4）把商品卖给商业用户（如旅馆、饭店、娱乐城等）；（5）把商品卖给公共机构用户（如医院、学校等）和政府机关。

（二）在商品流通中，批发商有着不同的地位

在分销渠道中，批发商居于生产者和自己的顾客群之间，广泛的销售对象使它成为生产者与生产者之间，生产者、流通企业、机构用户之间，以及批发商与广大零售商之间的"中间人"和"桥梁"。因而批发商联系面广，与各种经济主体的接触机会多，市场信息灵通，市场反应迅速，在许多商品行业中享有"市场的耳目"之称，这些表现决定了批发商在商品流通中居于极其重要的地位。

（三）批发商具有不同的地区分布状况

这一点是由批发商在商品流通中的地位不同于零售商所决定的。零售商是专门从事零售交易活动，直接为众多的最后消费者服务的人或企业，因此，总的说来，零售商，特别是为数众多的中小零售商，分散在全国各地广大最终消费者中间的。而批发商是专门从事批发贸易，为生产者、制造商、机构用户、批发企业及广大零售商服务的商业主体。因此，大批发商通常都集中在全国性的大城市（即人口、工业生产、商业、金融业、仓库以及交通运输业等集中的全国性的经济中心），中小批发商则通常集中于地方性的中小城市（即地方性的经济中心）。当然也有例外，有些商人批发商，如农产品收购商，则分散在小城镇和农村市场。

## 二、批发商的作用和功能

生产者总是希望自己的产品直接卖给消费者,消费者也同样期望能从生产者那里直接买到自己需要的商品,但是往往事与愿违。在现代商品经济社会里,绝大多数商品要经过中间商转手,才能输送到市场,到达最终消费者手中,原因主要是生产和消费之间客观上存在着商品方面的两大差异。(1)生产与消费之间在商品数量上的差异,即在总量上生产者生产的商品数量和消费者消费的商品数量不总是相等,甚至可以说总是不相等的,两者处于围绕着均衡点的动态变化之中。在结构上,单个生产者生产的商品数量与单个消费者消费的商品数量也不是一一对应的关系。(2)生产与消费之间在商品花色品种和级别上的差异,这一差异同样表现在总体与结构两方面。这些差异必须由中间商加以调节。

调节生产与消费之间在商品数量上的差异的过程,也就是中间商把商品进行化零为整、化整为零的过程;调节生产与消费在商品花色品种和级别上的差异,需要中间商把商品分成不同的等级,销售给不同的市场,并根据市场习惯,在商品花色品种上加以搭配,以方便顾客购买。在完成调节的过程中,中间商需要做许多工作,归纳起来可以概括为:买进、分级、搭配、贮存、运输、资金融通、分担风险、出售、收集市场信息等方面。有的商品还需要中间商进行加工、包装等。批发商为重要的中间商之一,中间商的业务范围就是批发商开展业务的背景,中间商的功能就是批发商功能由来的基础,批发商的功能就是在基本的中间商功能上发展而来的,只是因为批发商在分销渠道中有更加具体的位置,而使这些基本功能具体化了,并形成不同的侧重点。

在由中间商组成的分销渠道中,批发商一头连接着他的供应商——生产者,另一头连接着他自己的顾客——零售商等,所以批发商在商品流通中可能发挥的作用可以从两个方面来考察。

（一）批发商的作用

1. 对零售商的作用:(1) 重组货物——尽可能以最低的费用为顾客提供他们所需要的商品数量和种类。(2) 预测需求——预测顾客的需要以便有针对性地加以采购。(3) 存货——保有一定的库存,这样顾客就不必进行大量的库存。(4) 送货——以较低成本为顾客提供快捷的送货服务。(5) 提供信用——为顾客提供信用,也可以说是为他们提供营运资本。(6) 提供信息和建议——为顾客提供相关商品的价格和技术方面的信息以及关于怎样陈列和出售商品的建议。(7) 提供部分的采购功能——为潜在的顾客供货以便他们不必到处寻找货源。(8) 获得和转移商品的所有权——在没有其他中间商参与的情况下去完成一项销售活动,这有助于加速整个的买进和卖出的过程。

2. 对生产者的作用:(1) 提供部分的销售功能——批发商主动去寻找货源,而不是坐等生产者的销售代表上门兜售。(2) 存货——减少生产者大量库存的必要,从而降低生产者的仓储费用。(3) 供给资本——批发商通过购买生产者的产品，并且直到它们卖出之前一直将它们置于存货状态，从而降低了生产者对营运资本的需求。（4）降低信用风险——批发商向他们熟知的顾客销售商品，并且承担由于顾客拒绝支付货款而引起的损失。（5）提供市场信息——作为一个比生产者更靠近市场的购买者和销售者，批发商有更广阔的信息面，通过市场信息的及时提供能减少生产者开展市场调查的必要。

总结以上关于批发商在商品流通中可能发挥的作用，我们可以看到，批发商的功能主要表现在如下几个方面。

### （二）批发商的功能

1. 批购与批销。批发商所要做的就是要让他的顾客——零售商等，在适当的时间和地点购买到他们所需的适当品种和数量的商品。批购批销也就是批发商根据顾客的需要，从制造商等生产者那里大批量采购商品，然后以小批量转卖给他的顾客（不过，农产品批发商在业务的程序上可能有些差异。这种独立的批发商一方面向分散的、为数众多的小农户小批量收购农产品，另一方面再大批量转卖出去，但由此体现的这种批发商的功能仍然是批购与批销），批发商发挥批购与批销功能主要是从商品数量上消解生产者与零售商之间存在的差异。大批量与小批量的转换以及化整为零、化零为整的操作都体现了批发商批购批销功能的要求。

2. 分销装配。批发商从生产者那里采购到的是各种在花色、品种、规格、品牌等方面相异的商品，而零售商所需要的也是货色各异的商品。生产者之所以能根据最后消费者和零售商的需求让商品流通到他们那里以及消费者方面也能获得供给的满足，是因为批发商发挥了分销装配的功能，在生产者与零售商之间搭起了沟通的桥梁。也就是说，批发商分销装配功能的发挥调和了生产者与零售商之间在商品种类和等级上的差别，使生产者不同种类和等级的商品随着不同的市场需求分流到不同的流通渠道，零售商在商品种类和等级上的不同需求也能得到相应的满足。批发商从生产者那里大批量采购各种花色、品种、规格、品牌的商品以后，要对它们加以分类、分等、包装，有时还要贴上新的商标，然后以小批量把各种商品转卖给零售商，以满足不同零售商在商品种类和等级上的不同需求，从而实现分销装配功能。

3. 储运服务。虽然批购与批销、分销装配功能都受到时间与空间的影响，但是批发商能消除生产者与零售商在时间和空间上的差异。这种为顾客提供适当的时间与地点的功能集中体现在他的储运服务上。储运服务即批发商储备商品，并把商品从产地运往销售地，以调节各个季节（或不同时间）各个地区的供求关系。

4. 信息咨询。市场主体要想获得理性表现，就必须掌握充分的信息，因为不对称的信息往往会导致不对称的市场行为，最终会形成不协调的市场关系。批发商作为生产者与零售商之间的桥梁，它能向这桥的两端发挥信息咨询的功能。一方面向制造商提供关于最后消费者或其他用户需要哪些产品的市场信息，同时向制造商建议应生产哪些新产品、生产多少产品以及如何改进商品包装等；在另一方面，批发商还向中小零售商提供关于新产品、竞争者价格、消费者偏好变化的趋势等市场信息。

5. 财务融通。批发商发挥财务融通的功能就是批发商向生产者、零售商直接或间接提供财务支援和帮助。

- 在商品流通比较发达的西方国家，零售商从批发商手中进货时，通常不必立即付款，只开给一定时期（如两个月、三个月等）的期票，商人批发商通常采用赊购这种商业信用方式，向中小零售商直接提供财务援助。同时，这也许是许多中小零售商宁可从商人批发商进货，而不直接从制造商那里进货的重要原因。批发商的存货控制减少了零售商大量存货的必要，减少了零售商的存货费用，这是批发商为零售商提供财务融通的间接方式。

- 商人批发商除了采用预购这种商业信用方式直接给某些生产者以财务援助外，还可以通过以下途径间接地给生产者以财务援助：其一，由于商人批发商向中小零售商赊购，给中小零售商以商业信用，制造商就不必再向中小零售商赊购，因而制造商就可以节省用于这方面的费用。其二，由于商人批发商向制造商等大批量采购货物，制造商就可以迅速得到货币资金，这些资金又可以直接参加周转。只有货币资金的周转加快，才能使生产企业的资金流量在原始投入一定的情况下有增大的可能。其三，由于商业批发商储备商品，制造商等就可以减少待销商品的库存，因而可以减少所需要的流动资本，降低仓储费用。其四，由于商人批发商的桥梁作用，制造商等通过商人批发商推销产品，可以节省人力、物力、财力，减少推销费用，增加盈利。

6. 承担风险。批发商由于拥有商品所有权而承担了若干风险，同时还要承担由于偷窃、危险、损坏和过时被弃等所造成的损失。由于批发商部分地分担了这种因时空的局限而造成的市场风险，缓解了渠道其他成员的压力，从而保证了渠道的安全与畅通。另外，一些市场营销意识较强、发展比较完善的批发商还主动提供推销队伍、筹划促销活动、帮助制造商以较小的成本开支接近更广的顾客面；帮助零售商改进其经营活动，如培训他们的推销员，帮助商店进行内部布置和商品陈列以及帮助建立会计制度和存货控制系统。这些批发商通过这些功能的充分发挥，逐步建立起自己的战略关系网，提高了自己在渠道中的地位，进而强化了自身的竞争力。

## 第二节 批发商的类型

在比较发达的批发商体系中，批发商大致可以分为三种类型：商人批发商、企业的销售机构和销售办事处、经纪人和代理商。一般来讲，商人批发商的数量最多，完成的销售量也最大，但这类批发商每单位销售量的费用却是最高的；虽然经纪人和代理商这一类型的批发商的每单位销售量的费用最低，但是这一类型的批发商数量及完成的销售量远不及商人批发商；企业的销售机构和销售办事处这一类型批发商的情况几乎介于以上两种类型的批发商之间。

下面我们对批发商的这三种类型分别加以介绍。

## 一、商人批发商（Merchant wholesalers）

商人批发商（或商业批发商）即通常所说的独立批发商，是典型的批发商，是批发商的最主要类型。商人批发商不同于商品代理商，商品代理商对于其经营的商品没有所有权，只是替委托人买卖商品，而商人批发商对于其经营的商品拥有所有权，这一点也是商人批发商的一个重要特征。

（一）按照其经营商品的范围来分类，可以分为三种类型

1. 普通商品批发商（General merchandise wholesalers）。这种批发商经营商品的范围广，种类繁多，例如经营织物、小五金、家具、化妆品、药品、电器、汽车设备等。该类批发商的销售对象主要是普通商店、五金商店、药房、电器商店和小百货商店等。工业品领域中的普通商品批发商是工厂供应商，这种批发商经营品种、规格繁多的附件和供应品。

2. 单类商品批发商（Single-line wholesalers）。这种批发商经营的商品仅限于某一类商品（如食品、服装等），经营的商品所涉行业单一，但这种批发商所经营的这一类商品的花色、品种、规格、厂牌等非常齐全，与此同时，其还经营一些与这类商品密切关联的商品。例如，单类食品杂货批发商通常不仅经营罐头、蔬菜、水果、粮食、茶叶、咖啡等各种食品，而且还经营刀片、肥皂、牙膏等食品杂货店通常出售的商品。在消费品市场中，单类商品批发商的销售对象是食品杂货、药品、小五金等行业的独立零售商；在工业品市场上，这种批发商叫做"工业分销商"，经营电器电料、铅管、供热器材等，其销售对象包括大大小小的工业用户。这种批发商又被称做整类商品批发商（General-line wholesalers）。

3. 专业批发商（Specialty wholesalers）。这种批发商的专业化程度较高，专门经营某一类商品中的某种商品，如食品行业中的专业批发商专门经营罐头食品，或者专门经营健康食品，或者专门经营东方食品等。专业批发商的销售对象主要是专业零售商店；工业品的专业批发商一般都专门从事需要一定的专业技术知识或专业技术性服务才能有效进行的工业品批发业务。专业批发商之所以能在一个很小的经营商品范围内活动，是因为这类批发商一般对他的最终目标市场有一个比较充分的了解，并能有效地利用专业性的技术这类专长来服务于自己的目标市场，扎根于某些专业化程度较高的商品领域，如电子产品、橡胶塑料等。

（二）按商人批发商职能和提供的服务是否完全来分类，可以分为两种类型

1. 全功能批发商（Full-function wholesalers）。这种批发商执行批发商的全部职能，也就是说，对于批发商的批购与批销、分销装配、储运服务、信息咨询和财务融通这五大功能，这种批发商能够全部、同时提供。属于全功能批发商的有：普通商品批发商、单类商品批发商和专业批发商。这种批发商又被称做完全服务批发商（Full-service wholesalers）。

2.有限功能批发商(Limited function wholesalers)。这种批发商执行批发商的部分职能,也就是说,对于批发商的五大功能,这种批发商不全部或不同时提供给他的顾客。对于批发商的某种功能,或者提供,或者有时提供,或者部分提供,或者完全不提供,这几种可能性对于具体的有限功能批发商而言具有各自不同的、具体的表现。有限功能批发商之所以只执行批发商的一部分职能和提供一部分服务,主要原因是这种批发商为了减少经营费用,降低批发价格,以求在激烈的竞争中站稳脚跟。

根据有限功能批发商执行批发商部分职能和向顾客提供部分服务的具体特点,这类批发商又可具体分为以下六种类型:

- 现购自运批发商 (Cash-and-carry wholesalers)。这种批发商不赊购, 也不送货, 这是他的两个重要特点。顾客要自备货车到这种批发商的仓库去选购货物, 当时付清货款, 自己把货物运回来。正因为如此, 这种有限职能批发商的批发价格比完全职能批发商的批发价格要低一些。现购自运批发商主要经营食品杂货, 其销售对象主要是小食品杂货店、饭馆等。

- 卡车批发商 (Truck wholesalers or wagon jobbers)。这种批发商主要经营食品、糖果、香烟等易腐和半易腐商品。一般情况下, 卡车批发商从生产者那里把货物装上卡车后, 立即运送给各零售商、饭店、旅馆等顾客。正因为这种批发商所经营的商品易腐或半易腐, 送货快捷就成为其重要的特点, 甚至有一些卡车批发商一天24小时营业, 每天不停地送货。这种批发商所经营的商品一般是顾客在全功能批发商那里极易忘记购买的货物, 为了填补这一空档, 卡车批发商必须强化某些功能 (如运输服务等) 以提供给顾客更多的服务。因此, 虽然卡车批发商可能具有从生产者那里直接装货并迅速送抵顾客的工作特点, 并能够在仓储方面少做一些工作, 节省一些费用, 但是强化某些服务使其比其他有限功能批发商的经营费用率要高一些。卡车批发商兼有推销者和送货人的双重角色。

- 直运批发商(Drop-shipment wholesalers or drop-shippers)。这种批发商主要经营煤炭、木材等笨重商品。直运批发商拿到顾客(包括其他批发商、零售商、用户等)的订货单,然后就向制造商、矿山等生产者进货,并通知生产者将货物直运给顾客。直运一方面使这种批发商不需要仓库和商品库存,减少了储存费用;另一方面直运避免了转折运输,即由厂矿运给批发商,再由批发商运给他的顾客,从而减少了运输费用。两方面的费用减少大大降低了直运批发商的整体经营费用率。直运批发商有时又叫做"写字台批发商"(Desk jobbers),因为它不需要有仓库和商品库存,只要有一间办公室或营业所就可以工作了。但是它与普通掮客有着本质的区别,这是因为直运批发商毕竟是商人批发商,他拥有所经营商品的所有权,并因此承担相关的风险。

- 邮购批发商 (Mail-order wholesalers)。这种批发商是指那些全部批发业务都采取邮购方式的批发商。该种批发商将商品目录寄给边远地区的零售商和集体客户, 不另派推销员, 在获得订货后, 以邮寄或其他运输方式交货。邮购批发商经营五金、珠宝、体育用品等商品, 它的销售对象是边远地区, 特别是当地没有批发商的边远小镇中的工业消费者和零售商。

- 生产者合作社（Producers' cooperatives）。这种批发商在农业地区比较普遍，他是由农民组成的，经营农民自己的产品。生产者合作社为顾客提供的服务几乎与全功能批发商一样，但其对农产品的分级、筛选功能表现更为突出，由此使农产品在市场中的质量信誉得以提高，一些合作社甚至为其农产品标上品牌，然后在该品牌之下大力推销。生产者合作社有时还通过限产来提高农产品的价格，这是因为农产品的需求弹性较小，一般情况下，农产品（如粮食）的价格再高，人们出于生活的必需也不得不购买，限产提价往往能实现。生产者合作社通过限产来提价的做法显然是不符合竞争法则的，但出于农业的特殊地位，生存于农产品市场中的生产者合作社这种批发商，即使在美国这样比较发达的市场经济体系中，在最近50多年来也一直游离于相应法律、法规限制之外。

- 货架批发商（Rack jobbers）。这种批发商是第二次世界大战以后为适应非食品品种超级市场的经营需要而发展起来的。货架批发商送交一些商品给某些零售商，让他们代为放上货架，以供展销，商品卖出后，零售商才将货款付给批发商；商品所有权归该批发商，属寄售性质，零售商代为出售，从中收取手续费。货架批发商经营的商品主要有家用器皿、玩具、化妆品等。由于需要充足的存货准备和存在零售商代售后拒绝付款的潜在应收账款的呆账风险等原因，这种批发商的经营费用率也比较高。

至于有限功能或有限服务批发商的"有限"特征是如何具体体现的，表10-1有比较详尽的说明。

表 10-1　　　　　**不同类型的有限功能商人批发商发挥不同的功能**

| | 类型\功能 | 现款自运 | 直运 | 卡车 | 邮购 | 合作社 | 货架批发商 |
|---|---|---|---|---|---|---|---|
| 为顾客提供 | 预测需求 | Y | N | Y | Y | Y | Y |
| | 重组商品 | Y | N | Y | Y | Y | Y |
| | 存　货 | Y | N | Y | Y | Y | Y |
| | 运输货物 | N | N | Y | N | Y | Y |
| | 提供信用 | N | Y | M | M | M | M |
| | 信息和建议 | N | Y | M | M | Y | N |
| | 采买功能 | N | Y | Y | Y | M | Y |
| | 取得并转移商品权 | Y | Y | Y | Y | Y | Y |
| 为生产者提供 | 销售功能 | Y | Y | Y | Y | Y | Y |
| | 存　货 | Y | N | Y | Y | Y | Y |
| | 为财务支持而库存 | Y | N | Y | Y | Y | Y |
| | 减少信用风险 | Y | Y | Y | Y | Y | Y |
| | 提供市场信息 | Y | Y | Y | Y | Y | M |

说　明：Y表示有此项功能；N表示无此项功能；M表示可能有此项功能。

## 二、企业的销售机构和销售办事处

企业的销售机构和销售办事处（Manufacturers' sales branches and offices）是属于生产企业所有，专门经营该企业产品批发销售业务的独立商业机构。这种类型的批发商是批发商的主要类型之一，在西方国家比较发达的批发商体系中居于相当重要的地位。根据美国批发贸易普查的结果，1967 年美国企业的销售机构和销售办事处的数量约占批发商总数的 10%，其批发销售额占批发销售总额的 34%；1972年的数量占批发商总数的 13%，其批发销售额占批发销售总额的 37%；1982 年其数量占批发商总数的 9%，其批发销售额占批发销售总额的 31%。从这些关于其数量比重和销售额比重的统计数据上看来，企业的销售机构和销售办事处这种类型的批发商稳固地占据着批发领域中的一席之地，并随时间的推移而平稳地发展着。

虽然在分析批发商的结构时，把企业的销售机构与它的销售办事处并提，但在这两者之间仍然存在着不同之处。企业的销售机构不仅执行销售的职能，而且还执行产品储存、送货和产品服务等方面的职能；而企业的销售办事处在一般情况下没有自己专门的仓储设施，相应地，它也不执行产品库存的职能。企业的销售办事处主要从事产品销售业务，重点执行销售职能。同时，正因为两者执行的职能存在差异，它们的经营费用率（费用/销售额）也是不同的，企业的销售机构的经营费用与企业的销售办事处相比要高一些。

与商人批发商相比，企业的销售机构和销售办事处有着更低的经营费用率，这也可能是这种批发商在激烈竞争的经济环境中得以生存和发展的重要优势之一。美国批发贸易普查结果显示，1972 年商人批发商的经营费用率平均为 13.9%，而企业的销售机构和销售办事处的经营费用率平均仅为 7.2%，1982 年商人批发商的经营费用率为 13%，企业的销售机构和销售办事处的经营费用率为 6.8%。但是，如果仅仅从统计数字上对照两种批发商，认为两者的经营费用率差是如此之大，因而认为企业的销售机构和销售办事处在节省费用方面占有绝对优势，这种看法是不深刻的，对于商人批发商来说也是不公平的。虽然商人批发商同企业的销售机构和销售办事处一样，同样是独立的商业机构，但商人批发商的独立性更强，企业的销售机构和销售办事处因为与其相关企业的密切关系而使它们的独立性要弱一些。

正是这方面的原因，企业的销售机构和销售办事处的经营费用率相比之下就显得低一些，因为这类批发商与相关企业的天然密切关系使它在经营过程中的一些费用没有分摊到他自己头上，而是转移到其他的相关企业中去了。况且，作为一个批发商，有一个或一些关系密切的生产商充当合作伙伴，企业的销售机构和销售办事处在货源及其他形式的财务支持方面会得到更多的帮助，节省费用的做法在经营过程中变得更加切实可行。

### 三、经纪人和代理商

经纪人和代理商（Agent middlemen）这种类型的批发商在某项贸易中甚至比有限功能批发商发挥的功能还要少，但现实情况告诉我们，其确实是主要的批发商类型之一。同时，经纪人和代理商在三种类型的批发商中是经营费用率最低的一种类型，其能够以相对低的费用进行运作。一般情况下，经纪人和代理商的经营费用率在2%~6%。正如前面所提到的，经纪人和代理商通过严格区别于商人批发商而显现出他的主要特点：经纪人和代理商对于其经营的商品没有所有权，只是替委托人推销或采购产品，但是在同一笔交易中，他通常不同时以买、卖双方的立场开展业务。

经纪人和代理商由于服务于不同的顾客类型和产品线，可以进一步细分为不同的种类，主要包括以下五种：

#### （一）商品经纪人

商品经纪人（Brokers）是这样的一种代理商：商品经纪人联系面广，认识许多买主和卖主，了解哪些卖主要卖什么，哪些买主要买什么；商品经纪人拿着商品说明书和样品，替卖主寻找买主或者替买主寻找卖主，把卖主和买主结合在一起，介绍和促成卖主和买主成交；如果买卖成交了，由卖主把货物直接运给买主，而商品经纪人向委托方收取一定数额的佣金。商品经纪人主要经营农产品、食品、矿产品和旧机器等商品。在西方国家，农场主、小型罐头制造商等生产者往往在一定时期委托经纪人推销产品，因为这些生产者的产品生产和销售存在着季节性因素，他们只在某一季节或某几个月大量推销自己的产品。因而这些生产者认为建立他们自己的固定推销力量是不值得的，也认为没有必要和制造商的代理商或销售代理商等建立长期的代销关系，反而商品经纪人更为实用灵活。此外，有些生产者，因为要推销新产品，或者因为要开辟新市场，或者因为市场距离产地太遥远，也利用商品经纪人推销自己的产品。

#### （二）制造商的代理商

制造商的代理商（Manufacturers' agents）通常与多个制造商签订长期的代理合同，在一定地区按照这些制造商规定的销售价格或价格幅度及其他销售条件，替这些制造商代销全部或部分产品，而制造商（即代理商的委托人）按销售额的一定百分比付给代理商佣金，以鼓励这种代理商积极扩大推销，由此获得最大市场利益。制造商的代理商虽然同时替多个制造商代销产品，但这些制造商的产品都是非竞争性的、相互关联的品种，而且代销的商品范围不广泛，因而制造商的代理商比其他中间商更能提供专门的销售力量。从业务流程来看，制造商的代理商与制造商的推销人员非常相似，但前者却是真正独立的中间商。

制造商通常利用制造商的代理商推销机器设备、汽车产品、电子器材、家具、服装、食品等产品。这种代理商在某些工业性用品市场和消费品市场确实起着很重要的作用。比如在电子器材等工业用品的销售中，制造商的代理商雇用了一些有技术能力的推销员直接向工业用户推销产品；在家具等耐用消费品的批发贸易中，制造商的代理商雇用了一些推销员向零售商做访问推销。制造商的代理商的主要服务是替委托人推销产品，但是它通常还负责安排将货物从厂家运送给买主，并且还有少数制造商的代理商提供保管货物的服务；此外，由于这种代理商与市场有密切的联系，他能向制造商提供相关的市场信息及市场所需要的产品样式、产品设计、定价等方面的建议。

在西方国家，制造商使用制造商的代理商主要是在以下三种情况下：

第一，自己没有推销员的小制造商和新公司以及产品种类很少的制造商，往往使用这种制造商的推销网去推销产品，以谋求较为合算的销售渠道。

第二，自己有推销员的大制造商，在有大量潜在购买者、生意较多的地区，使用自己的推销员去推销产品；而在那些潜在购买者不多，买卖不多的地区，因为使用自己的推销员去推销不合算，往往委托制造商的代理商去推销产品。虽然这些地区的购买者不多，成交量不大，但是制造商的代理商通过同时接受多个制造商委托，代销非竞争性、相互联系的品种，从而丰富经营内容并获得超常佣金。最终，他们仍然能由此盈利，获得好处。

第三，有些制造商往往使用这种代理商在某一地区开辟新市场，等到市场销路打开、销售量大增以后，再使用自己的推销员去推销产品。制造商的代理商在向市场推荐新产品方面显得特别有用，因此他往往能获得高达 10%~15% 的佣金，相比之下，他代理推销那些已经广泛打开销路的商品所得佣金率只有 2% 左右。那些对于市场过于陌生、销量太小的新产品，10%~15% 的佣金可能相对于制造商的代理商努力向市场介绍新产品所付出的代价来说是低的，但是一旦推荐成功，这种佣金率仍然是可观的。不过，10%~15% 的佣金对于生产者是不利的，生产者不会让这种局面长期存在，一旦新产品获得了市场的广泛认可，销路畅通后，生产者就会立即派出自己的推销代表取而代之，解除委托。制造商的代理商很清醒地意识到这种可能性，因此一个成功的制造商的代理商是不会仅仅依靠某一种产品或仅仅关注少数的产品线，他总是力图去接受并履行更多制造商的委托。

制造商的代理商的队伍是庞大的，大约一半以上的经纪人和代理商是制造商的代理商，他是经纪人和代理商这种批发商的主要类型。

（三）销售代理商

销售代理商（Selling agents）和制造商的代理商一样，他同时和许多制造商签订长期代理合同，替这些制造商代销产品，但是销售代理商和制造商的代理商有着显著的不同之处，主要表现在以下两点：

1. 通常情况下，每一个制造商只能使用一个销售代理商，而且制造商将其全部销售工作委托给某一个销售代理商办理之后，不得再委托其他代理商代销其产品，也不得再雇用推销员去推销产品；但是，每一个制造商可以同时使用多个制造商的代理商，与此同时，制造商还可以设置自己的推销机构。

2. 销售代理商通常替制造商（即它的委托人）代销全部产品，而且不限定只能在一定地区内代销，同时，在规定销售价格和其他销售条件方面有较大的权力；而制造商的代理商只能按照他的委托人规定的销售价格或价格幅度及其他销售条件，在一定地区内，替委托人代销一部分或全部产品。总而言之，制造商如果使用销售代理商，实际上是将其全部的销售工作委托给销售代理商全权办理，正如某些市场营销专家所说，就是"把委托人（制造商）的全部要上市行销的鸡蛋都放在一个篮子里"。销售代理商实际上是委托人（制造商）的独家全权销售代理商，行使生产者的市场营销经理的职责。

销售代理商在纺织、木材、某些金属产品、某些食品、服装等行业中是常见的，这些行业的显著特点是竞争异常激烈，产品的销路如何对于企业能否生存和发展至关重要。某些制造商，特别是那些没有能力自己推销产品的小制造商，之所以要使用销售代理商，主要有如下原因：

- 制造商把全部销售工作委托销售代理商全权代理，可以使制造商集中精力解决非销售问题和生产问题。同时，销售代理商同时替许多小工厂代销产品，可以使这些委托人都能减少推销费用。

- 销售代理商负责全部宣传广告，并且经常派人参加国内外的各种展览会，调查各种消费者对于纺织品、服装等商品的样式和时尚等方面的偏好变化，随时向委托人提出应当生产的产品式样、设计、产量、价格等方面的建议和提供相关的信息。

- 销售代理商可以采取各种方式给委托人提供财务援助。这是制造商雇用销售代理商的重要初衷。财务援助通常采用诸如此类的方式：销售代理商对其委托人承兑的商业票据加以背书，保证委托人到期能支付供货人的货款；销售代理商在委托人的应收账款尚未到期之前即将货款预付给委托人，即采用实际意义上的贴现手段；销售代理商可以在买主退回来的已承兑的商业票据上注明"保证账款"，这样加以保证，贷款人（如销售代理的委托人的债权人、银行等）就愿意收购委托人的应收账款，把委托人所需要的资金预付给委托人等。

（四）佣金商（Commission merchants）

在美国、英国等西方国家，大多数佣金商从事农产品的代销业务，一般情况下，要想进入大城市的中央批发市场的农场主都使用佣金商。农场主将其生产的蔬菜、水果等农产品委托给佣金商代销，付给一定的佣金；委托人和佣金商的业务关系一般只包括一个收获和销售季节。例如，菜农和设在某大城市中央批发市场的佣金行签订一份协议，当蔬菜收获和上市时，菜农就随时将蔬菜运送给佣金行，委托其全权代销。另外，一些自己没有推销力量的小纺织品制造商有时也委托佣金商推销自己的产品。

佣金商通常备有仓库，替委托人储存、保管货物。此外，佣金商还替委托人发现潜在购买者、获得最好价格、分等、重新包装和送货；同时佣金商还给委托人和购买者提供商业信用（如预付货款和赊销等）、提供市场信息等。佣金商对农场主委托代销的货物通常拥有较大的经营权力，即佣金商在收到农场主运来的货物以后，虽然对这些农产品不具有真正的所有权，但其有权不经过委托人同意，而以自己的名义，按照当时的供求状况所决定的、可能获得的最好价格出售货物。因为这种代理商经营的商品是蔬菜、水果等易腐商品，在经营过程中，必须因时制宜，根据当时的市场价格尽早脱手。否则，这些商品耽搁过久就会变质腐烂，给委托人及佣金商带来更大损失。当然，在实际操作中也不排除由于有利的市场状况，佣金商卖出了大大高于平均市场价格的好价钱的情况。不过，佣金商在经营过程中拥有较大的经营权力是相对而言的，因为各大相关报纸一般都会及时公布这些市场中的成交价，委托人能够据此对佣金商加以监督。佣金商卖出货物后，扣除佣金和其他费用，将余款汇给委托人。佣金商的经营费用一般比较低，因为受托的农产品往往是大宗商品，并且那些农产品零售商总是主动找上门来购买，不需要佣金商做更多的努力去寻找顾客。

（五）拍卖行业（Auction firm or companies）

在西方国家，公开拍卖方式通常有两种：一种是拍卖人在拍卖场所宣布最低价格以后，由在场的许多买主以竞争方式由低到高报价，直到买主都不愿意继续往上加价时，拍卖人用木锤在柜台上敲打一下，表示拍板成交，把货物卖给出价最高的顾客；另一种是由拍卖人先开出最高价格，大家逐渐由高到低，直到顾客中有人愿意购买而成交。拍卖行作为代理批发商的一种类型，它在其他领域中为卖主和买主提供交易场所和各种其他服务项目，以公开拍卖方式决定市场价格，组织买卖成交，从中收取规定的手续费和佣金。

在西方国家，贵重艺术品、古董、历史上有名的文物、珠宝、有纪念意义的名人用品等通常采用公开拍卖的方式出售，有些私人房产也采取公开拍卖方式出售，但是就规模和频率而言，公开拍卖的方式在零售业中并不普遍。在西方国家主要是在批发商业中采取公开拍卖的方式。通过拍卖行以公开拍卖方式批发出去的大宗商品主要是蔬菜、水果、茶叶、烟草、羊毛、牲畜等农产品和鱼虾等渔业产品以及旧车等用过的工业品。这些商品具有商品质量、规格等不够标准，不易分等，需要看样定价以及他们的市场供求状况变化快等特点，因此要想将这些商品推向市场，适宜使用拍卖行进行销售，通过拍卖行把卖者和买者联系在一起。在对商品进行充分的考察之后，供、需双方通过交涉（即拍卖竞价）来确定这些商品的价格。在新鲜蔬菜和水果等农产品的批发贸易中，批发行通常设在大城市的中央批发市场；在烟草等农产原料的批发贸易中，拍卖行一般设在主要产区和交通运输枢纽点；鱼虾等水产品的批发贸易中，拍卖行一般设在主要口岸，通过拍卖行把鱼虾等水产品卖给口岸的批发商，再由这些口岸批发商转卖给内地批发商或直接卖给零售商。

以上介绍的商品代理商的五种主要类型各有特点，它们有着自己各自不同的经营范围和服务内容，在市场体系中有着不同的生存和发展空间。因此，我们不仅要把握它们从总体上同为经纪人和代理商这一类型的批发商而与其他类型的批发商的区别，而且还要充分认识到这五种类型的经纪人和代理商的不同之处。只有在对其内部结构有了准确而细致的判别的前提之下，才能对经纪人和代理商这种批发商类型有一个清晰的认识。经纪人和代理商的五种主要类型在功能发挥方面区别较大，表 10-2 对此作了一个综合比较。

表 10-2　　　　　　　　**不同类型经纪人和代理商发挥不同的批发功能**

| 类型 / 功能 | | 制造商的代理商 | 商品经纪人 | 销售代理商 | 佣金商 | 拍卖行 |
|---|---|---|---|---|---|---|
| 为顾客提供 | 预测需求 | M | M | N | N | N |
| | 重组商品 | M | N | N | Y | Y |
| | 存货 | M | N | N | Y | M |
| | 运输货物 | M | N | N | N | N |
| | 提供信用 | N | N | Y | N | M |
| | 信息和建议 | Y | Y | Y | Y | Y |
| | 采买功能 | Y | M | N | Y | Y |
| | 取得并转移商品权 | N | 仅转移商品权 | N | 仅转移商品权 | N |
| 为生产者提供 | 销售功能 | Y | M | Y | Y | Y |
| | 存货 | M | N | N | Y | Y |
| | 为财务支持而库存 | N | N | N | N | N |
| | 减少信用风险 | N | N | Y | N | M |
| | 提供市场信息 | Y | Y | Y | Y | N |

说　　明：Y 表示有此项功能；N 表示无此项功能；M 表示可能有此项功能。

至此，我们对商人批发商、企业的销售机构和销售办事处以及经纪人和代理商这三种批发商作了较为详尽的介绍。需要说明的是：（1）这三种批发商只是批发商体系中主要的三种类型，它们共同构成了批发商的基本结构。除了这三种基本类型外，还存在着其他的批发商活跃在某些经济部门，如农产品收集商、石油市场散货厂和中转油库与拍卖公司中的某些专业批发商类型。（2）在批发商的独立性方面，企业的销售机构和销售办事处相比另外两种类型要弱一些，它可以作为特殊的一种类型，至于商人批发商和代理中间商的分类在图 10-1 中能得到具体的识别。

这是为把握批发商结构的全貌所作的说明。（3）本节对批发商的结构分析来源于西方的市场营销理论，其名称及业务的具体内容的依据是西方国家批发商发展的现实情况。至于我国的批发商结构可以按照这一理论框架所反映的本质以对号入座的方式得以表现，或者以发展的眼光视其为我国批发商结构得以完善和丰富的方向。我们不必过分拘泥于批发商结构理论中各种类型批发商的名称及其在西方经济条件下所操作的异常具体的业务内容，我们所需要的是这一批发商结构理论所反映的本质与我国批发商结构的实际情况的结合。

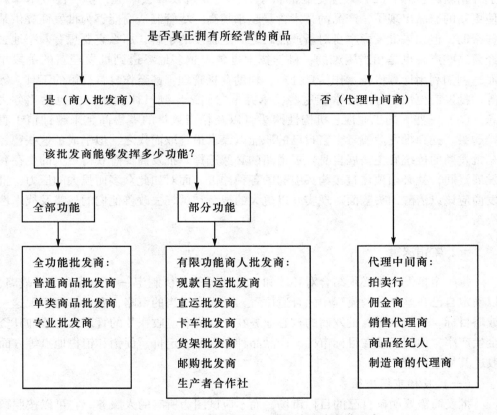

图 10-1　批发商结构中的商人批发商和商品代理商

借用萨缪尔森对金融机构类型的评价，那就是："直到最近，金融机构还像连环漫画中的人物那样具有固定不变的各种类型……将来，更重要的是在做什么而不是谁在做。要点是所有这些企业都从事金融媒介活动。"这也可以被认为是对批发商结构理论与我国批发商实践相结合的一个说明。

# 第三节　批发商的管理决策

近年来，批发商面临着越来越大的生存压力，这种压力不仅来自批发商体系内部的激烈竞争，而且还来自外部强大的压力。（1）随着经济发展水平的不断提高和信息的日益深化，顾客的需求呈现不断变化的态势，这需要批发商以更大的努力和策略去满足这种不断变化的需求，否则，批发商将无法保持现有的客源，更谈不上开拓新的客源。（2）快速更新的科学技术需要批发商去掌握，生产性技术革新使更新的产品出现了，产品的技术含量越来越高。尽管制造商能够为批发商提供某些帮助，但如果批发商本身对新产品缺乏一定程度的了解，那么它要想有效率地去经营这些产品也是相当困难的；科学技术也越来越多地渗透到批发经营的手段里面，例如利用计算机技术作信息处理，辅助存货管理，甚至作日常决策的工具，等等。批发商更快更好地去掌握这些技术并把它们运用到具体实践之中也是当务之急。（3）一些大的工业性、机构性购买者以及相当数量的零售商越来越钟情于直接购买。抛弃批发商或者丰富自己的职能以谋求最终取而代之，似乎成了这些曾经是批发商的传统雇主拓展自身发展道路的必然选择。批发商要想获得更大的生存和发展空间，就必须顶住直接购买引起的各种冲击。面对如此众多而强大的压力，批发商应该以清醒的头脑面对现实并以更大的智慧和勇气去改善他们的战略及战术性决策。

## 一、营销决策

每一个批发商都必须结合对环境和自身情况的分析制定一个独特的营销战略，以确定自己在整个分销流程中的合适位置，再配合适当的策略，有效率地实现这一战略目标。一般来讲，批发商的核心业务在于存货和应收账款的管理，为增加其资金生产率，他们必须在目标市场、产品品种和服务、定价、促销和销售地点等方面改进其战略决策。

### （一）目标市场决策

批发商需要明确自己的目标市场，而不应试图为所有的人服务。它可以按照顾客的规模大小（如只为大型零售商服务）、顾客的种类（如只为方便食品店服务）、经营商品的类别（如经营食品、日用品）、服务要求（如需要赊账的顾客）以及其他标准选择一个目标顾客群。在顾客群内，再选定一些条件合适、有利可图的顾客，设计出具有吸引力的供货方案。批发商可以为其顾客提供简便的自动再订货系统；建立管理培训和咨询系统，代客户培训管理人员，建立顾问制度；可以倡导与客户组织连锁，成立自愿连锁店；还可以要求扩大订货，规定只接受大额订单，或是对小额订单要多收费用等，促使批发商在其目标市场中与顾客之间形成互利、合作的良好关系。

（二）产品的品种和服务的决策

对于顾客来说，他们总是希望批发商经营的产品品种花色越全越好，而且要有充足的库存，可以随时供货。但是，这种要求会影响批发商的资金周转和利润的获取。因此，批发商要明确自己经营商品的花色品种范围，考虑应经营多少条生产线为宜。一般将产品按经营利润的高低分类，努力去经营产品线利润较高的产品。对于利润不同的产品，其库存水平也应该加以区别对待。利润高的可以多存，利润少的可以少备，并注意推销利润好的商品。

对于服务范围和内容，批发商要选择那些最有利于吸引顾客，有利于建立与顾客之间良好关系的服务项目；凡是不重要的服务，可以不提供或者规定有偿提供，其关键是要发现顾客所重视的特殊服务组合。成功的关键不在于模仿竞争者，而是要自己设计出一些服务项目，以适应顾客的需要。

（三）定价决策

价格是批发商至关重要的一个竞争工具。由于激烈的竞争，批发商一般采用成本加成法来定价，即在货物成本上按比率加成，且加成率比较固定一致。单一的定价方法束缚了批发商们定价的灵活性，为改变这种局面，获取竞争优势，一般可采用以下几种策略：减少某些产品的毛利，以降低产品组合价格，即在顾客的购买组合中，通过牺牲一些不重要产品的利润来促进高利润产品的销售，在达到一定购货数量后，给予顾客特殊的价格折让；同时，在达到一定销货数量后，要求供应商给予批发商特殊的价格折让；结合服务等非价格竞争工具吸引顾客。

（四）促销决策

就目前而言，批发商主要依靠人员推销来实现促销目的，而且大多数人把推销看成是一个推销员和一个客户的交谈，而不把它当做向主要客户推销产品、建立联系和提供服务的协同努力。批发商应注意运用这种人与人之间的直接交流，努力塑造自身的形象，提高自己的知名度和美誉度，建立战略关系网。同时合理制定促销组合决策，针对不同的产品市场类型、产品生命周期、企业发展战略、客户特征等，运用不同的促销手段，理性地安排广告、销售促进、人员推销、公共关系等的逻辑顺序与搭配方案，制定一个整体的促销战略。

（五）批发地点决策

与零售商相比较而言，由于交易对象是商业顾客而非最终消费者，批发商较少注意气氛、购物环境和店址，一般选取租金低廉、税费较少的地段作为其营业场所。随着电子信息技术的发展，批发商与客户之间的关系日趋平面化、数字化，批发商应更多地注意拓展电子商务，加强自己内部的货物管理系统的网络化和订单处理系统的高效化，选取实体分销快捷的地点作为营业场所或仓库，以保证整个业务程序效率稳步提高。

## 二、可供选择的战略

为了在竞争日趋激烈的环境中保持活力，批发商们各显神通，运用各种战略来获取成功。以下介绍几种重要的战略以供参考。

### （一）渠道品牌战略

事实上，所有成功的批发商之所以能够取得并保持一个持续性的竞争优势，开发属于自己的品牌这一战略功不可没。尽管批发商推出自己的品牌要冒很大的风险，如必须找到能提供质量稳定的产品的合格供应商，必须订购大批量的产品，将资金用于储备存货，必须出钱宣传推广自己的私人标记，承担商誉受损的风险。但批发商使用自己的品牌并创造出名牌是有利可图的。批发商利用自己的品牌，首先是可以降低进货成本，从而在价格竞争方面占有优势；其次是在整个渠道中占有一定的主动权，不易为名牌商品的一时紧缺所累；另外一点便是可用强有力的商店品牌招徕顾客，提高自身的知名度和美誉度，从而增加商机。

### （二）国际市场拓展战略

在经济日益全球化的 21 世纪，立足国内市场、进军国际领域从事经营活动，不失为公司获取发展契机的重要战略。和其他组织一样，批发商在拓展国际市场方面的热情越来越高涨。通过在有潜力的海外市场上发展，批发商可以扩大顾客范围以实现规模经济；可以扩大分销覆盖范围和加强分销深度以利于产品和服务的推广；可以降低只依靠一个市场而带来的风险；可以满足跨国公司和跨国机构的跨国性营销服务；还可以增强自己竞争的主动性和灵活性，在世界市场范围内对竞争者进行攻击或反攻等等。不过批发商应在分析了国外市场的吸引力、竞争优势与风险水平之后适时拓展，切忌盲目出击，以免得不偿失。

### （三）增值的服务战略

服务营销的观念已逐渐为人们所接受，许多公司将服务作为一种附加利益融入到顾客满意之中，以培养忠诚用户，获取竞争优势。批发商也不例外。以往，与零售商相比，批发商较少注意服务、氛围等这些无形利益，随着竞争的加剧、产品种类与数量的丰富，买方市场逐渐形成，许多批发商也开始不遗余力地寻求增值服务战略与策略来拓展市场，加强同关键客户的联系，如及时、准确地将高质量的产品送达目的地；为用户提供免费仓储保管服务；提供信息咨询和技术帮助；提供融资服务和管理咨询，等等。

### （四）市场补缺战略

中小批发商在面对强大的竞争对手时，通过市场细分寻求有吸引力的补缺市场，是可以获得局部竞争优势的。许多批发商通过选取特定顾客、特定区域、特定产品或产品线、特定工作程序、特定产品特色、风格、价格、特定服务、特定渠道，实行专门化经营，从而获取高额利润。由于补缺市场既有足够的规模、购买力和成长潜力，而且常常被大竞争者所忽视，所以市场补缺确实是中小批发商们获得生存发展、保卫自身地位、对抗大公司的攻击并进而蚕食大公司市场份额的最佳战略之一。

（五）新技术战略

新技术在批发分销中的运用包括在线订货系统、高级存货管理系统、仓储机械化和自动化及其他电子装置。这些技术规范了批发运作流程，提高了批发运作效率，同时加强了与顾客及供应商的联系，这些技术已成为在批发贸易中获取成功的必备条件之一。

随着营销宏微观环境的发展，批发商的营销战略会层出不穷，但只要是根据对环境和自身条件的确切分析而选取的战略都是有生命力的。

## 本章小结

本章从批发商的概念入手，依次阐述了批发商的性质、作用及其功能，批发商的类型，批发商的营销决策等几个方面的内容，力求通过从实践到理论的叙述，使读者从整体上对批发商有一个初步了解，从而为最终把握营销体系中批发商这一重要环节及其在营销实践中的运用提供理论上的指导。

1. 批发商（Wholesalers）就是那些主要从事批发活动，提供批发服务的商号或公司。

2. 与零售商相比较，批发商具有如下不同的性质：批发商具有不同的销售对象；在商品流通中，批发商有着不同的地位；批发商具有不同的区域分布状况。

3. 批发商具有这样一些功能：批购与批销；分销装配；储运服务；信息咨询；财务融通；分担风险。

4. 批发商作为一种经济组织，它在整个营销体系中是一个庞大的分支体系，虽然我们可以用各种不同的分类标准来界定他的体系结构，但比较流行的分类方式是将它分为三种基本类型：商人批发商；企业的销售机构和销售办事处；经纪人和代理商。这三种基本类型中又包含若干子类型。

5. 批发商的营销决策应当是一个因时因地、根据营销环境而不断变化的动态过程。本章这方面的内容主要是针对目标市场、产品的品种和服务、定价、促销、地点的决策提出了一般性指导原则，同时选取了几种重要的成功战略以供参考。

## 思考题

1. 解释批发及批发商这两个概念。
2. 简述批发商的功能。

3. 概述批发商的大致结构。

4. 分析单类商品批发商和专业批发商的不同之处。

5. 实地调查一个批发商，确定它的类型，并对其营销决策加以评价。

**案例分析**

## 桑塔纳的精益销售

1995 年，当桑塔纳汽车（以下简称"桑车"）从卖方市场转到了买方市场，原有的单纯扩张型营销模式的弊端日渐显露。

买方市场下的商务车走势明显减缓，原先意义上的"贷款制"销售已不再适用，因为贷款难以收回，应收账款和贷款大量增加，财务费用上升，经营风险越来越大。公务、商务车市场，只要国家银根一紧，市场就萎缩。要提高桑车抵抗市场疲软的能力，必须开掘私人购车市场和出租租赁市场。原先多层次的层层批发，给予不同层次不同形态的经销商不同的经营费率，造成他们之间高低不一的价格，于是有的商家以低于进货价销售，造成价格倒挂、竞争无序、价格混乱、市场波动。

桑车营销网络的弊病也日渐明显。当时的营销网络是一种典型的计划经济流通体制的多层次模式，一级向二级批发，二级向三级批发。各级批发商由于自身也销车，出于利益关系，批发商及其下级零售商之间的矛盾逐渐尖锐，以至于发展到"分崩离析"的地步；而上汽销售公司由于只直接面向一级批发商，缺乏对一级以下网点的控制，整个桑车营销网络处于不稳定的态势。加上市场网络几乎完全控制在各级批发商手中，各地批发商工作的差异致使桑车营销网点布局不尽合理，如江苏、山东等省网点密度过大，积聚了几十家，狭窄的市场区间高密度的网点势必出现商家之间的过度竞争；而陕西、福建等省经销商数量又明显不足，不少地区还是网络空白点，桑车市场的覆盖面自然难以扩大。

在桑车销售渠道建设中也曾采用过组建合资销售公司的办法，但在选择合作伙伴时又过多地考虑行政级别。有的经营实力似乎很强，但由于习惯于卖方市场的坐商与官商作风，不适应买方市场形势，优势很快转化为劣势，所以这些销售公司大多经营不善，业务萎缩，甚至濒临破产。

在对市场状况、桑车的营销思路和实践以及桑车的营销网络等进行认真总结、冷静思索之后，公司决定将制造业中以降低生产成本、提高生产效率和保障产品质量为内容的"精益生产"思想的精髓，移植到桑车流通上。一个以"精益销售"营销理念为核心，以改革营销体制、改进营销方式和提高营销质量为重点的新思路开始浮出水面。

从 1997 年下半年起的一年半时间内，按照"精益销售"的理念，全面推进、深入构筑桑车新营销网络的工程全面启动。

地区分销中心的诞生是构筑新营销网络的一大突破。分销中心是上汽销售总公司（SAISC）走出上海、直面商家、伸向各地市场的触角，是上汽销售总公司营销管理功能在各地的延伸，整车销售、储运分流、配件配送、资金结算、信息反馈、服务支持、商家培训与评估以及市场的管理与规范八大功能通过各地分销中心直接渗透到现场一线，深受当地桑车大小经销商的欢迎。各地桑车经销商，不论是老的，还是新的，都可从市场实际出发，小批量多批次购进桑车，不仅节省了他们过去往返上海的时间与人力，而且加快了资金周转速度，降低了财务费用。经销商从分销中心得到方便，从销售中得到实惠，销售积极性大大提高。

在网络整顿中，上汽淘汰了一批既无经营实力，又无经营场所，专靠倒买倒卖，搞乱桑车市场的"害群之马"，并减少了合资公司数量，培育了一批桑车特许经销商，精简了一般经营单位。网络整顿和重建的结果是，特许经销商上升到近百家，一般经营单位由1 200余家梳理至300多家。1998年，全国市场桑车经销商虽然由整顿前的1 200多家降至500家，全年销量却超过原先1 200余家的销量。

在销售网络重建工作中，合资公司仍然是一个重点。因为这些合资方由于历史原因在各地汽车销售渠道中占据着重要地位，同时又多由老国营体制脱胎而来，在营销态度、服务质量等方面存在问题，影响了市场开拓。为此，对合资公司的考评引进了星级评定和文明窗口建设，北京市上海汽车联营销售公司等成为合资公司乃至所有桑车经销商中经营规范、经济效益较好的榜样，继续成为桑车销售的中坚。

推进经销商的"直销制"、层层推行"要货制"，是桑车营销方式改变的突出体现。分销中心统一向当地经销商供货，当地经销商原则上直接面向最终用户，不再实施批发性销售。商家们都要贴近用户，在销售与服务上下功夫，如北京联营公司等借鉴零售业的成功经验，在营业大厅内辟出"儿童乐园"，为带着孩子来看车的顾客提供方便；浙江申浙公司将整车销售与装潢美容有机地结合起来，体现了销售的个性化和多样化，进一步贴近正在培育与成长中的私车市场。经销商每月向所属分销中心预报下月的产品需求结构及需求数量，分销中心向总部计划采购部门预报下月对车型、颜色等产品结构与总量的需求，总部给分销中心的要货计划保留25%的修正。此举促进了经销商和分销中心重视市场调研、市场分析和市场预测，有利于减少库存，提高资源利用率，同时使企业决策者更清晰地掌握市场跳动的脉搏，提高了企业适应市场变化的快速反应能力。

在销售渠道逐步理顺，尤其是完成了省级框架构建的基础上，上汽贯穿"精益销售"理念的营销体制改革向纵深推进，开始实施"上面做虚，下面做实"，即销售总公司着重于销售政策的制定完善和管理制度的建设，各地分销中心则着力于政策制度的操作和落实。如今公司总部已经完成了"SAISC经销商标准"、"SAISC桑塔纳轿车特许经销商标准"、"用户满意工程考评标准"和"SAISC现场代表管理文本"以及"SAISC 经销商毛利制度"的制定，为"下面做实"提供了规范标准和政策依据。

在"做实"方面，分销中心的建设使上汽销售总公司把营销管理功能推到了以省会城市为中心的省、市、自治区市场，在此基础上，又开始推行营销现场代表制，通过分销中心向各地方市场分派营销代表配合销售商工作，又将对以省会城市为中心的省、市、自治区的桑车营销管理进一步推到地、市、县一级的桑车市场。现在上汽销售总公司总部的各管理部门都要围绕"精益销售"为分销中心及其区域营销现场代表做好服务，而分销中心及其区域现场代表又要为桑车经销商服务好。

"精益销售"使得桑车无论是绝对销量、产销率还是市场份额等方面依然保持了领先的地位。桑车营销改革后的 1996 年至 1999 年，四种桑塔纳轿车的销量达到 89.57 万辆，超过 1983 年至 1995 年 13 年桑车 54.83 万辆的累计销量，并且资金运作的风险大大减小；合资公司的经营质量也有明显提升，贷款总额大幅度下降，在当地银行的融资能力有了提高，资金周转明显加快，一般缩短到一周左右，个别运作好的有时一天周转两次。

（以上案例根据肖国普：《桑塔纳：从粗放经营到精益销售》整理而成。）

（《亚太管理训练网》2000 年。）

## 思 考 题

1. "精益销售"的成功是否在一定程度上否定了批发商的作用和功能？
2. 上汽在实施"精益销售"后，起用了哪几种类型的批发商？
3. "精益销售"成功的关键因素是什么？

# 第十章　零售商

**本章学习目的**

学完本章后，应该掌握以下内容：

1. 零售商的功能；
2. 零售商的种类；
3. 如何选择合适的店址；
4. 如何改善购物环境；
5. 零售商演变理论。

## 第一节　零售商概述

零售是商品流通的最终环节，是指将货物和服务直接出售给最终消费者的所有活动，这些最终消费者是为了个人生活消费而不是为了商业用途消费。任何从事这种销售的组织，无论是生产者、批发商还是零售商，都视为在开展零售业务。零售商就是指那些销售量主要来自零售贸易，并为广大最终消费者服务的商业单位，其主要业务活动是把商品或劳务直接卖给最终消费者。

### 一、零售商的功能

零售商通过从事商业活动来提高其向顾客提供的商品和服务的价值。零售商的功能主要包括：

（一）商品和服务的组合

制造商生产提供的是某一特定类型的商品。如果每一制造商都自己开设商店且只销售自己的产品，那么即使是准备一顿简单的午餐，消费者也不得不跑多家商店进行采购。而零售商可以为消费者提供各类商品和服务的组合。

（二）商品分装

为减少运输成本，制造商和批发商将产品发送给零售商时，常采用大件包装。零售商将大件包装商品分拆成独立的小包装商品销售给顾客，这就是零售商的商品分装功能。零售商的这种整买零卖方式为顾客节省了开支。

### （三）仓储

仓储是零售商的最主要功能之一。零售商通过调运、存储货物来及时满足消费者的需求，因此消费者可以不必在家中囤积大量商品，因为他们知道他们可以从零售商那里得到供货。零售商的仓储功能减少了消费者的仓储成本和风险，消费者可将节省的仓储费用存入银行获取利息或作其他投资。

### （四）提供服务

零售商为消费者提供的服务涉及商品包装、送货上门、赊销（允许消费者先拿货后付款）、商品展示、商品信息及咨询服务（如提供不同品牌商品的单价信息以便顾客作出决策），以及退货、换货及修理服务等。

## 二、零售商的特点

在分销渠道中，零售商作为重要的中间商之一，与其他的渠道环节相比，具有明显不同的地位，并因此在其存在与发展过程中显现出与市场营销的其他领域相区别的个性特点。

### （一）零售网点的布局受到人口和市场分布的影响

由于零售商是直接为广大最后消费者服务的商业单位，其主要业务活动就是把商品直接卖给最后消费者，它必须扎根于最后消费人群才能得以生存和发展。因此，零售商业网点的分布受人口、市场分布情况的影响。事实上，有购买力的人口分布情况是影响零售企业布局的决定因素之一，零售企业往往分散在靠近最终消费者的地方。

### （二）零售商的经营有明显的季节性

一方面，由于零售商的主要业务活动是把商品直接卖给最后消费者，而消费者的购买时间、习惯又受到广大消费者的风俗习惯等影响，因此，零售商业的营业有明显的季节性。另一方面，在零售业中许多购买是无计划的或凭一时冲动的即兴购买。这种最终消费者购买的无计划性导致零售商也很难安排自己的存货管理，并对零售商提出了特殊的要求。

### （三）零售商每笔销售的平均数额比较小

零售商每笔销售的平均数额比较小，且零售企业在确定现有的库存以及选择受欢迎的各种价格、颜色、款式和规格方面也存在着很多难题，因此，订货决策往往不太有效。平均销售额低，意味着成本必须降低，花色品种必须齐全，商品周转率必须高。然而，虽然零售商每笔销售的平均数额比较小，但由于存在着众多的零售商和频繁的零售贸易活动，于是从零售商整体销售额占 GNP 的比重来看，零售商总销售额是不容忽视的。

### （四）零售商一般都讲究文明经商

零售作为流通渠道的最后一个环节，为了赢得发展，文明周到地为消费者服务，不断提高零售服务水平就不可避免地成为了零售商十分重要的特殊职责，也因此成为零售商不同于其他中间商的一大特点。零售商必须以优异的服务质量、良好的作风，文明周到地为消费者服务，处处为消费者利益着想，处处为消费者购买提供方便，尽一切努力使消费者满意。

（五）零售商发展快且变化大

零售商业堪称是西方国家经济中的一个最为动荡的行业。特别是自第二次世界大战以来，西方国家零售机构不断创新，新型的零售机构不断出现，而且新型的零售机构从产生（创新）到成熟所需的时间日益缩短。以美国为例，零售机构从产生（创新）到成熟所需的时间，百货商店为 100 年（19 世纪 60 年代中期到 20 世纪 60 年代中期），超级市场为 35 年（20 世纪 30 年代初期到 60 年代中期），廉价商店为 20 年（20 世纪 50 年代中期到 70 年代中期），快餐服务商店为 15 年（20 世纪 60 年代初期到 70 年代中期），家具展销仓库和商品目录展览室为 10 年（20 世纪 60 年代末期到 70 年代末期），参见图 9-1。

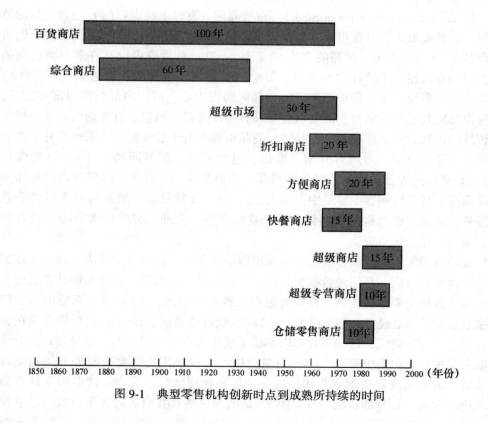

图 9-1　典型零售机构创新时点到成熟所持续的时间

### 三、零售商的类型

零售行业的迅速发展使得零售商名目繁多，这些零售商除了具有一些相同属性外，也存在着一些各自独有并因此与其他零售商相区别的特点，因此不能只按照某一种标准来分类。事实上，零售商并没有固定的分类标准，根据美国市场学专家科特勒提出的标准，零售商大致可以分为以下四类：

（一）经营商品类别不同的零售商

如果按照零售商所经营商品的范围来分类，零售商可分为六种：专业商店、百货商店、超级市场、超级商店、特级市场、方便商店。

1. 专业商店（Specialized Store）。专业商店经营一类或几类商品，花色规格比较齐全，以经营的主要商品类别为店名，如食品店、鞋店、家具店、日用器皿店、礼品店等。有些专业商店名副其实，比较专业化，如男式或女式服装店、运动器械商店、建材商店等；有些专业商店经营品种不限于店名范围，如美国的食品店、药店常常兼售杂货，加油站、百货商店也出售食品。

2. 百货商店（Department Store）。百货商店具有以下特点：（1）经营商品的范围很广，种类繁多，可称得上一应俱全。美国、日本、法国的大型百货公司，销售的商品在 25 万种以上，最高的多达 50 万种。（2）百货商店设有许多不同的商品部，分别专门经营不同种类的商品，每个商品部由一位经理主管进销业务。（3）百货商店大多设在城市繁华的闹市区和郊区购物中心。商店内部装饰得富丽堂皇，橱窗商品陈列得琳琅满目，能吸引大量顾客前往参观、购物。百货商店一般仍然采取传统的售货方式，即在每个商品部、商品柜都有若干服饰整洁、彬彬有礼、主动热情的营业员应市，为顾客介绍、取送、包装商品，解答问题。（4）百货商店（特别是豪华的大百货商店）经营的商品，主要是优质、高价、时髦的高档商品和名牌商品，其目标顾客主要是中上层人士。（5）百货商店一般都为顾客提供一系列服务，诸如记账赊购、分期付款、送货到家等。此外，有些百货商店还设有餐厅、茶室、儿童休息室等。

在西方国家，随着城市发展，在城市商业区集结了许多百货商店，并且出现了一些专业百货商店，专门经营服装、鞋子、化妆品、礼品等，百货商店已发展成为城市商业区的主要零售机构。百货商店有三种组织形式：（1）独立百货商店，即一家百货商店独立经营，别无分号。（2）连锁百货商店，即一家大百货公司在各地开设若干百货商店，这些百货商店都属于这家大百货公司所有，是总公司的分号或联号，由总公司集中管理。（3）百货商店所有权集团，即原来的若干"独立百货商店"联合组成百货商店集团，由一个最高管理层统一管理。许多独立百货商店之所以参加"百货商店所有权集团"，是因为这些百货商店的大多数股份已掌握在"股权公司"手中，它们实际上已沦为"股权公司"的附属企业。有些百货商店参加所有权集团以后，就改用股权公司的名称，有些仍沿用原来的名称，甚至保持以前的经营特点。

3. 超级市场（Supermarket）。超级市场是一种薄利多销、以顾客自我服务为主、实行敞开式售货的大型零售商组织，于 1930 年首先出现在美国。初期的超级市场以出售食品为主，兼营少数杂货。随着它的进一步发展，目前的超级市场除供应各种食品外，还兼营一般清洁用品、大众化妆品、文具、玩具、五金小工具、杂货及服装、鞋袜等，品种多达七八千种。这些商品多属中低档商品，价格比较便宜，多为顾客的日常生活用品。

在超级市场出售的商品被一一注明份量、定价，包装整齐地分列在货架上或悬挂起来，顾客可自选自取，用店中置备的购货小车或容器，自己带到出口处，由营业员计价后，一次算清货款。超级市场的商品包装，代替售货员介绍商品名称、用途、用法及特点，因此商品包装成为"无声的售货员"。

近年来，各国的超级市场为了应付竞争，正在向大型化发展。在经营商品中，利润较高的非食品类商品也越来越多。

4. 超级商店（Superstore）。与传统的超级市场相比，超级商店有这些特点：（1）超级商店的规模比超级市场的规模更大。（2）超级商店的经营业务范围比超级市场更广泛。超级商店不仅经营消费者日常购买的一切物品，如食品、某些服装、汽油、图书杂志等，而且经营一些服务项目，如洗衣、修鞋、廉价便餐柜等。总之，超级商店以较低价格供应消费者日常生活需要的一切消费品和服务项目，使顾客进入超级商店后，一次性买齐所有所需物品。

5. 特级市场（Hypermarket）。最早的特级市场于 1963 年产生于法国，当时卡尔福尔在巴黎郊区开办了世界上第一家特级市场。其规模比超级市场、超级商店等巨型商店都要大。在法国、比利时等西欧国家，营业面积在 2 500 平方米以上、采取自我服务售货方式、出售价格较低的食品和非食品的巨型零售商店，被视为特级市场。

6. 方便商店（Convenience Store）。为了满足居民在平日就近购买一些临时需要和日常生活必需的食品和其他物品的需要，方便商店便产生和发展起来了。具体说来，它有如下一些主要特点：（1）方便商店一般都是独资、合伙或大公司经营的小商店。（2）方便商店所在地点能够方便顾客购物。方便商店一般分散在居民住宅区、街头巷尾、车站、码头或高速公路两旁，便于来往行人、居民、旅客随时购买某些消费品。（3）方便商店营业时间给顾客带来方便。方便商店的营业时间很长，一般是从早上 7 时或 8 时到晚上 11 时，有些甚至全天 24 小时都营业。（4）方便商店出售家庭经常需要的商品，如香烟、软饮料、小百货等，但种类有限。（5）由于方便商店营业时间长，劳动量大，所以其毛利、销售价格较高。此外，由于方便商店经营的商品周转快，毛利大，所以其利润率比一般超级市场高。

（二）着眼于价格竞争的零售商

1. 折扣商店（Discount Store）。西方国家真正的折扣商店具有如下主要特点：（1）折扣商店经常以较低价格出售商品，其销售价格比高毛利、低周转的商店确实低一些。（2）折扣商店主要经营全国性名牌商品，所以这种商店出售廉价商品并不意味着出售质次商品。（3）折扣商店实行自我服务售货方式，尽量少用雇员。（4）商店设置、装置简陋而实用。（5）折扣商店一般设在低租金地区。

2. 仓库商店（Warehouse Store）。仓库商店，顾名思义，就是类似仓库的零售商店，是一种内部装饰布置简陋、不重形式、价格低廉而服务有限的销货形式。这种商店出售的商品，大多是顾客需要选择的大型、笨重的家用设备，如家具、电炉、冰箱、大型电唱机、电视机和录音机等。仓库商店在租金比较低廉的地段建立仓库，一部分存货，一部分开辟为展销地点。顾客选中商品，付清价款，就可以从仓库取货，自行运走。

3. 样品图册展览（Catalog Showroom）。这种商店印制彩色样本，彩色样本通常有四五百页，每个季度还有增刊。样品图册上除了实物照片之外，还标有货号、价格以及折扣数，顾客可凭样品图册打电话订货，由商店送货到家，收取货款和运费。如果顾客需要看货，商店设有陈列室，陈列室把各种商品放在玻璃橱窗中以供顾客参观。

（三）按有无店铺划分的零售商

如果按照制造商和零售商是否通过店铺（门市）销售来分类，零售商可以分为"有店铺零售商"和"无店铺零售商"。由于绝大部分商品通过店铺卖给广大消费者，大家就对这种形式可能比较熟悉。因此，这里只对"无店铺零售商"的主要形式进行简要介绍。

目前"无店铺零售商"的主要形式有五种：邮购和电话订购零售商，挨户访问推销零售商、自动售货、购买服务、电子零售。

1. 邮购和电话订购零售商。邮购在19世纪已有人试办，到20世纪30年代曾盛行一时，后来逐渐衰落。近年来，由于生活节奏的加快，妇女的大量就业以及邮购、电话订货的简便，西方国家邮购和电话订购零售业越来越兴旺。

邮购和电话订购零售业务的经营方式主要有以下几种：（1）工商企业等定期向顾客寄送邮购商品目录，同时在办事处备有商品目录。寄送这些商品目录可以是免费寄送或者只收少许费用。（2）工商企业等在报纸、杂志上或通过广播、电视登广告，宣传介绍某些产品，顾客可以写信或打电话订购。这种方式比较适合唱片、录音磁带、书籍或小型家用设备的推销。（3）直接邮件，即零售商向"邮购介绍所"购买邮购者名单，选择预期的顾客，直接寄出推销信、广告小传单、书册中的褶页等，进行有目标的推销，然后根据顾客订单邮寄。（4）电话推销。家庭修理行业、报纸征求订户等常用电话与顾客联系，进行宣传推销。有的零售商还建立了"电脑电话系统"，利用电脑将录音通过电话自动与客户通话来进行推销。

2. 挨户访问推销零售商。这种零售商派出许多推销员，挨家挨户推销化妆品、服装、家用器皿、某些图书、杂志和食品等商品。大多数挨户访问的推销员不随身携带货物，而是先取得顾客的订货单，然后回公司办理送货上门事宜；有些挨户访问的推销员随身带着货物，挨家挨户访问推销。

许多企业的业务经营经验证明，在产品生命周期的导入阶段，挨户推销有利于打开新产品的销路；在衰落阶段，老产品的销售开始下降，也需要采取挨户访问推销方式来积极促销。有些产品，如真空吸尘器、地毯清洁器、缝纫机等家用电器以及百科全书等消费者不愿去商店购买的商品，如果企业派出推销员挨家挨户进行推销，就比较容易销售出去。

挨户访问推销作为现代的流动售货形式，虽然保留有古老的走街串巷的形式，但是增加了新的内容：（1）推销员直接登门拜访推销商品；（2）接到顾客电话，再派推销员走访顾客，当面介绍商品，进行交易；（3）使用大型汽车流动售货。

3. 自动售货机。第二次世界大战后，利用自动售货机出售的商品不断增加，已由香烟、软饮料、熟食、糖果、报纸等商品扩大到袜子、化妆品、唱片、摄影胶卷、圆领衫等商品。同时，很多服务性工作，如洗衣、保险、订购车票、取款等服务，也可用自动售货机为消费者服务。自动售货机的缺点是经营费用很高，机器需要经常保养和修理，所以利用自动售货机出售的商品价格往往比正常零售价格稍高。适宜于采用自动售货机出售的商品多半是周转快的名牌商品，而且限于单价低、体积小、重量轻、包装或容量标准化的商品。

4. 购买服务商。购买服务商是一种专门接受某些顾客委托而进行零售业务的商业组织。一些大型单位，如学校、医院、工会组织或政府机关等，可以让一名采购人员参加一个购物服务组织，这个组织与若干个零售商签订契约，凡是组织人员向这些零售商购物，将享有零售商给予的一定折扣和少量佣金。

5. 电子零售商。电子零售商是通过24小时全天候的家居购物电话、电视网络以及在线零售等方式进行零售业务的组织。下面对家居电视购物网和在线零售两种方式作简要介绍：（1）家居电视购物网。家居电视购物网是直销的专业化方式。它将带有零售价的陈列品展示给收视者，观众可以通过免费电话直接订货并利用信用卡付账。这种家居购物产业已经快速成长为价值达百万元的生意，并且忠实的顾客人数还在增加。家居购物网几乎能够进入任何一个拥有电话的家庭。（2）在线零售。在线零售通过个人电脑向人们提供双向互动的服务，它提供给顾客的是各式各样的信息，包括新闻、天气、股票信息、体育报道、购物机会等。消费者可以索要更多的信息或直接在屏幕上订购。比如，一个家庭想购买儿童车，可以在网上浏览自己中意的样本图片并查询到零售商提供的最优价格。一旦他们决定购买，便在计算机上发送信息给销货商并通过电子银行支付货款，商家会将订购的儿童车送到顾客手中。

（四）管理系统不同的零售商

零售机构的所有权性质不同，其管理系统也会不一样。按照不同的管理模式对零售商进行分类，可以分为如下四种：连锁商店、消费合作社、特许经营组织、销售集团。

1. 连锁商店。零售商业中的连锁商店不包括"自愿连锁"，而是指"公司连锁"，即属于某一家大公司所有，由这家大公司经营管理的某种零售商店集团。这些零售商店是这家公司的分店，像锁链似的分布在各地。连锁商店早在 15 世纪就产生了，20 世纪 20 年代获得快速发展。第二次世界大战后，连锁商店已在零售业中占有重要地位。连锁商店的管理制度相当标准化：各个分店的定价、销售促进等经营政策由公司总管理处统一制定；每个分店所需货物由公司的进货机构集中采购供应；各个分店内外装饰、所经营的商品种类、商品陈列和服务方式等都是一致的，以便树立统一形象，让顾客一眼就可认出这些商店是同一组织的连锁商店。

2. 消费合作社。消费合作社是一群消费者为了减少中间商的剥削、维护自己的利益而共同创办、拥有和经营的零售企业，它具有这样一些主要特点：（1）任何消费者都可以参加消费合作社，只要缴纳一定的入社费和定额股金即可成为社员。（2）由社员选举产生一个管理委员会或董事会，负责经营管理合作社，但每一位社员无论对合作社投资多少，只有一票选举权。（3）消费合作社以低价或正常价格向社员提供商品和服务。（4）消费合作社对社员股金付给一定的股息，每年所得纯利则按照每一位社员购货额占销售总额的比例分红。

3. 特许经营组织。特许经营组织是与连锁商店组织很相似的组织形式。它是由特许人（一家制造商、批发商或服务组织）为一方，若干特许经营人（若干特许经营商店）为另一方，以契约形式固定下来的组织形式。特许经营商店独立经营，自负盈亏。

特许经营制度的最大好处是，大型生产或服务公司不用自己开设很多零售店，就可以大量销售自己的产品和服务。特许经营商店经营的好坏由自己负责，但特许经营商店可以用小本钱做大生意，因为它通过特许总部从大企业进货成本较低，借贷也比较容易。

4. 销售集团。销售集团又称做所有权集团商店，它是零售商业中的集团企业或联合大企业。这种联合大企业是由许多原来独立的零售公司、独立商店组成的，它们都属于某一所有权集团所有，并由企业的最高管理部门统一管理。在西方国家，大多数所有权集团商店最初是由金融资本家而不是由商人创立的。控股公司往往通过购买不同零售行业和形式的零售商店的大部分股票或通过兼并一些不同零售行业和形式的零售商店，把一些零售公司、独立商店并入该所有权集团。许多原来独立的零售公司、独立商店之所以参加所有权集团，是因为它们的大部分股票已掌握在控股公司手中，它们实际上已沦为控股公司的子公司。既然所有权集团商店是由一些不同零售行业和形式的商店组成的，因此这种联合大企业是属于多元化经营零售业的范畴。

## 第二节 零售商场位置的选择与商场的设计

### 一、商店位置的选择

（一）选择商店位置遵循的原则

1. 方便消费者购买。零售商店的服务对象是广大消费者，而消费者对不同商品的购买要求是不一样的。例如，对日常生活用品，消费者希望花费时间少，能够就近买到；对贵重商品，消费者则愿意到商业中心区去购买。因此，以经营日常生活用品为主的小型商店，大多设置在居民区的中心地段；以经营挑选性较强的贵重商品为主的大中型百货商店、专业商店和综合商场，应设在交通便利的商业中心区。这样，在一定地区范围内，形成大中小型商店相结合的零售商业网，以适应消费者多层次购买商品的需要。

2. 经济效益原则。商店位置的选择，应符合经济效益原则，保证有一定的商品流转额，并能获得一定利润。在选择商店位置的时候，一方面要调查和测算在被选地点上设置的网点，这些网点的业务在当地市场上可能达到的占有水平。也就是说，根据所属供应区范围内的消费人口及其购买商品的能力、交通运输条件等，匡算本企业可能达到的商品流转额、费用水平和经营利润。另一方面，要测算被选地点的投资效果，一般用投资效果系数来评价，即每百元的投资总额能获得的利润。其计算公式为：投资效果系数＝全年利润额÷基本建设投资总额×100%。在调查测算的基础上，对若干个不同的备选方案，进行综合比较分析，确定最为经济合理的地点来设置商店。

（二）决定商店位置的因素

1. 可见度。可见度是指一个店址能被来往行人和乘车者所看到的程度。良好的可见度能使过路人知道这家商店的存在和营业状态。许多顾客不愿意到小巷、街道或购物中心的尽头去购物。

2. 位置的布局。位置的布局是指商店在商业区或购物中心内的相对位置。拐角的位置往往是理想的，它位于两条街道的交叉处，可以产生"拐角效应"。拐角位置的优点是：可以增加橱窗陈列的面积；两条街道的往来人流汇集于此，有较多的过路行人光顾；可以通过两个以上的入口以缓和人流的拥挤。在布局方面，对超级市场来说，应重视以下各项决策：坐落在街旁；相对于其他商店来说位置适当；停车场有足够的容量。

3. 商店所处环境。对商店所处的环境的分析与研究是店址评价的重要依据。

（1）自然基础环境分析。全面系统地察看商店所在地区、位置同环境的关系，确认商店原始建筑的构造、材料、立面形象及其同城市规划方面的必要联系。掌握商店环境的可塑性范围及其弹性空间。了解店面门前道路是否平坦，前面是否有隔挡及影响店面形象的物体或建筑，采光条件，噪音影响程度，自然影响是否有利于店面设计的巧妙利用，等等。对室外空间环境作出正确的评价之后，商店设计工作才能有的放矢，建立一个既有利于健康，又节省财力的店堂。（2）人文环境分析。自然基础环境是商店选址设计的条件，人文环境是选址设计完善的前提，零售商应考虑商店是否受到周围以某一功能为主的社区影响或人文环境影响。比如，这一地区是政府机关所在地，那么，商店在规模、尺度、色彩、风格等方面就要与周围的环境尽可能保持和谐，使该区域保持一定整洁、安静、祥和。再如，商店地处某一宗教场所或某一民族所在地附近，则商店在色彩、经营范围方面很可能要注意一些禁忌事项。

4. 营业场地。对营业场地的大小和形状也应予以评价。例如，一家百货商店比妇女用品商店需要大得多的场地。任何一个店址应当按以下需要来确定总面积：停车场、人行通道、营业场所和非营业场所等。不论是买来还是租赁现成的房屋，零售商应对它的规模和形状、房屋和场地的周围环境以及使用年限加以调查。然后，根据零售商的需要来衡量店址的这些特征。

5. 人口分布与客流量。居民聚居、人口集中的地方是适宜设置商店的地方。在人口集中的地方，人们对于商品有着各种各样的大量需要。如果商店能够设在这样的地方，获利将会比较可观。而且，由于在这样的地方，顾客的需求比较稳定，销售额不会骤起骤落，因而可以保证商店的稳定收入。

一个地点的客流量和类型是衡量一个商店位置和店址的最重要的因素。当各位置的其他条件相同时，往来行人最密集的位置是最佳的。但是，并不是每个走过店址的人都可能成为顾客。例如，在早晨上班的时间里人是很多，但这种高客流量对商店的销售没有太大的影响。每天平均有多少人从店前通过，一天中哪段时间人流量最多，或者人流量通过的速度、目的、停留时间、商店的吸收率等项目，都可以通过市场调查获得，甚至还可以调查这些项目在平日、周日、节日和四季的变化。

6. 交通条件。如同分析行人往来情况一样，应当对交通车辆的数目进行统计，同时，还应当研究交通拥挤程度和时间。驱车的顾客往往避开交通拥挤的地区，而到驱车时间较少的地方购物。

首先，要评价店址的停车设施。每一个良好的商店都应备有不占街道的停车场，根据西方国家的经验，购物中心通常每 3~5 平方米的营业面积需要 1 平方米的停车场。超级市场总面积每千平方米需停车场 10~15 平方米，而家具店每千平方米的营业面积需 3~4 平方米的停车场。一般来说，到一个地区购物中心购物的顾客不喜欢从停车处到购物中心的步行距离超过 600 米。停车场太大也会产生问题，如果停车场不满，会使顾客怀疑这家商店受欢迎的程度。商店停车场的规模根据以下因素研究确定：商圈的大小，商店的类型，驱车购物的顾客所占的比例，同一地区是否有其他的停车设施，非购买者停车的多少以及停车需求的波动，等等。

其次，在评价商店位置和具体的店址时，必须研究分析商店的交通利用率、商店是否接近主要公路、商品运至商店是否方便以及交货是否方便等情况；调查交通网络对来回商店的重型运货车负载能力的要求，有许多大街是禁止货运车往来的。

7. 与邻近商店的关系。开设地点、商店街的情况，周围商店的数量和规模，应当与选定位置的类型相适应。一般来说，建立商店街是有利的，因为商店街搞得好，自己的商店也会兴盛起来。但在繁华的商店街，也不是对所有行业都有利。如商品量大、商品搬运不便、消费者进店频繁的商店，与其设在繁华的商店街，不如深入顾客的居住区，这将更为有利。零售商还应考虑到开设的商店和周围商店之间的亲和力。亲和力是一家商店对一个地区的吸引力，这种吸引力是由该店与本区其他商店相配合协调的能力所产生的。因为它们共同坐落在一个特定地区内，所以各店的销售额比这些店在分散的情况下的销售额大。

衡量商店间相容性的一个尺度是各店顾客的互换程度。假如一个零售商计划开设一家妇女用品商店，有两个可供选择的开设地点：一个是与床上用品商店或礼品商店为邻，另一个是与书店或五金店为邻。显然，选择前者是有利的，因为前者的顾客与妇女用品商店的顾客有较高的互换性。

一个地段的零售业平衡也是评价店址应考虑的问题，零售业平衡是指一个商业区或购物中心内各类商店的最优组合。真正的平衡出现于以下各种情况：各类商店或各种服务及商店数目与本地段的市场潜力相适应；提供的各类广泛商品或服务能满足顾客"一篮子选购"的需要；任何种类的商品或服务都有足够的花色品种；各种类型的商店有恰当的组合。

（三）商店不宜选址的区域

1. 快速车道边。随着城市建设的不断发展，高速公路越来越多。由于快速通车的要求，高速公路一般有隔离设施，两边无法穿越，高速公路旁也较少有停车设施。因此，尽管高速公路有单边的固定与流动顾客群，也不宜将之作为新开店的选址区域。

2. 周围居民少或增长慢而商业网点已基本配齐的区域。这种地区不宜作为商店的新店址，这是因为在缺乏流动人口的情况下，有限的固定消费总量不会因新开商店而增加。

3. 同一地区高层地方。这种地方不宜开设商店，如不宜在二楼甚至更高层开设新的店铺。这不仅是因为高层开店，不方便顾客购买，也因为高层开店的广告效果一般较差，商品补给与提货都有所不便。

### 二、商店营业厅布置与商品陈列

#### （一）营业厅的布置

1. 营业场所面积的确定。布置营业场所，首先要研究营业面积的分配。营业面积由两部分构成：一是售货工作现场占用面积；一是消费者占用面积。研究营业面积的合理使用，必须恰当处理工作现场占用面积与消费者占用面积两者之间的比例关系，既要保证商品陈列与销售所必须占用的面积，又要适应消费者的流量，保证消费者购买和流动所占用的面积。在便于消费者参观选购商品的前提下，应充分利用营业面积摆放和陈列商品，提高营业面积使用的经济效果。

工作现场面积与消费者占用面积的比例，由售货现场形式、经营商品种类、商品销售额、消费者购买规律等因素决定。商店类型、规模不同，工作现场面积和消费者占用面积两者比例也不一致。一般来讲，大中型综合性商店客流量大，消费者占用面积的比例较大；有特定消费对象的专业性商店和小型商店客流量小，消费者占用面积的比例较小；经营花色品种复杂，挑选性强，有服务设施的专业性商店，消费者占用面积比例较大；经营品种单纯，选择性不强的专业性商店，消费者占用面积比例较小。

在具体布置营业场所时，要保证消费者流动所必需的面积，合理布置售货现场，设置陈列设备，以保持商店的流动畅通和宽阔视野。营业厅的入口要设在客流量大的一边，流动路线要按直线设计，通道宽度要根据营业场所出入门位置和售货工作现场的不同形式而定。

2. 营业厅布置的形式。营业厅的布置大致有四种方式：沿墙式、岛屿式、斜角式和陈列式。根据商店建筑条件和商品经营特点，分别结合采用。

沿墙式——即柜台、货架等设备沿墙布置。由于墙面大多为直线，所以柜架也成直线布置。这是营业厅基本的、普遍的设计形式。采用这种布置方式，其售货柜台较长，能够陈列储备较多的商品，可以减少售货员，节省人力，便于营业员互相协作，并有利于营业厅的安全管理。沿墙高货架可贴墙设置，也可离墙设置。

岛屿式——即柜台以岛屿式分布。用柜台将售货现场围成闭合式，中央设置货架，可布置成正方形、长条形、圆形等多种形式，这种形式一般用于出售体积较小的商品，作为沿墙式的补充形式。

斜角式——即将柜台、货架等设备与营业厅的柱网呈斜角布置。斜角布置能使室内视距拉长而造成更为深远的效果，通常以 45° 斜向布置为多，因其左、右两方向的交角又能组合成 90° 直角，所以可以避免出现较小锐角的可能。这种斜角布置框架，使室内既有变化又有明显的规律性，从而使营业厅获得良好的视觉效果。

陈列式——即把工作现场敞开布置，形成一个商品展览、陈列出售的营业场所，营业员与消费者没有严格界线，在同一面积内活动。这种设计形式的基本方法是用不同造型的陈列设备、分类分组进行陈列，并随着客流走向和人流密度变化而灵活布置，使厅内气氛活泼。

（二）商品陈列

1. 商品陈列的原则

（1）醒目。陈列的目的在于吸引顾客观看，而醒目则能使顾客更好地观看，因此，醒目是商品陈列的首要原则。商品的大小和陈列的位置是影响醒目的重要因素，一般说来，小商品应积小成大，形成立体形象，商品陈列的位置应尽可能地设在顾客视力易于触及的地方。

（2）效益。商品陈列面的大小，要根据商品销售情况来调整，其基本原则为：销售效益高的商品，陈列面扩大，反之则缩小。

（3）丰满。丰满的商品陈列能够刺激顾客的购买欲望。顾客会由此联想到：这么多商品，我一定能挑一件好的；反之，就认为这些商品一定是别人挑剩下的，肯定有问题。较小的商品如何表现出丰满感，在商品陈列技术上占有重要地位。例如，利用镜子让商场看起来宽广、丰满，活用空盒子使商品看起来较多，巧妙运用POP广告表现丰富感，等等。

（4）方便。这是对商品陈列的基本要求。现代人生活节奏加快，时间观念越来越强，要求能够迅速及时地选购到自己所需要的商品。为适应这种要求，商品陈列要为顾客提供一种或明或暗的、有序的购物指导，帮助顾客有所侧重地找到自己的购物对象。对于一些购买频率高、价格较低的日常用品，应首先排列在容易选购的位置上，以满足顾客的求快心理。

（5）展示。商品陈列要求做到充分展示商品的特性，以吸引和刺激消费者。而要展示商品的特性，就应该和空间的特点结合起来，利用不同空间的不同优点陈列不同商品，以充分作用于顾客的视觉、嗅觉、味觉、听觉等感觉器官，使顾客在商品前停留而不愿走开。特别是对于一些挑选性较强，对外观质量要求较高的商品，如电器、服装等，应相对集中于宽敞、自然光线充足、柔和的位置；而对于灯具等黑暗中使用的商品，为表现其绚丽的色彩与独具匠心的制作，就应该陈列在光线较暗的位置。

（6）心理。一般说来，商品陈列应符合和满足大多数顾客的选择心理、习惯心理、求新和求美心理，给顾客以艺术的享受，使顾客在购物过程中一直处于一种兴奋的心理状态，刺激顾客的购买欲望，以达到促销目的。比方说，同一商品柜不宜过长，以免顾客产生厌烦心理；在相邻两个商品柜之间适当布置一些过渡性的设施，使顾客的整个选购路线顺畅、自然。考虑到男女顾客对商品的不同心理需求，男性要求方便省力，女性要求整洁美观，因此，商品陈列应充分体现这一点。

（7）整体。各种商品之间总是存在着不同程度的内在联系，企业应根据它们的相互关系进行全局性考虑，使各种商品组成一个具有不同层次的有机整体，充分发挥系统的作用，相互促进，相互影响，实现陈列的整体效应。比方说，对于一些连带商品，如手电筒与电池、香皂与洗衣粉等互补或替代商品，相互关联地陈列在一起，既可以促进销售，又方便了顾客选购。

（8）说明。陈列商品时应附有各种必要的说明，如标价签等。标价签应当写全产品名称、产地、规格、质量等级、价格等。有的商品还应附有简要说明，介绍使用和维修方法，以便顾客全面了解商品。

（9）真实。商品陈列本身不具有积极性，而陈列的商品才是吸引顾客注意力的重点，所有陈列的商品应当是正在出售的商品，即有样有售。

（10）符合人体尺寸。商品陈列要使顾客看得见、摸得着，而且陈列不加包装的商品，使顾客的感官不受任何阻碍地受到刺激，才能触发他们的购买动机。配合人体的尺寸陈列商品，关键在于高度。便于观看的高度是以地板算起 100~180 厘米的范围，便于拿取的高度是 60~150 厘米，所以，既便于观看又便于拿取的高度范围以 80~160 厘米为黄金带。

2. 根据商品类别进行陈列

商品陈列的位置如何，影响着顾客的心理感受和购买动机。各种商品的陈列要适应顾客的购买习惯，易于顾客的观望环视和寻找选购。按照顾客的购买习惯，可将商品分为便利品、选购品、特殊品三类来进行陈列。

（1）便利品。这类商品花色品种简单，价格低廉，挑选余地小，销售次数多，顾客对商品的一般性能、用途、特点比较了解，如各种食品、调味品、香皂、香烟等。购买这类商品，大多数顾客希望能方便快捷地成交，缺了就买，买了就用。如果顾客在购买时东寻西找，耽误了时间，下次就可能不会来了，所以便利品应陈列在最明显、最易购的位置上，一般是商店底层的进门处。

（2）选购品。这类商品使用期限较长，挑选性较强，供求弹性较大，交易次数较少，价格较高，如家具等。购买这类商品时，大多数顾客对该类商品的质量、功能、样式、色泽等要求较严，挑选也较细致。这类商品应集中摆放在店堂中央或活动区域较大、光线充足的位置，以便于顾客自由地活动和观看抚摸商品，反复挑选和调试商品，最后作出购买决策。

（3）特殊品。这类商品是指价格昂贵、功能独特、具有高级享受性的名贵商品，如工艺精品、金银首饰等。购买这类商品，顾客都要反复思考，周密计划，因此，这类商品一般要专设出售点，以显示商品的高雅、名贵与特殊。

3. 按照商品特点和购买习惯进行商品陈列

（1）分类陈列。分类陈列可以按照消费对象、商品质量与品种，甚至商品的包装等划分。例如，在出售鞋子时，大型商场常把鞋子分成皮鞋、布鞋、旅游鞋、拖鞋等进行陈列，还细分为男鞋、女鞋、童鞋；在中小型商店里，鞋子可以在一个在柜台出售，但陈列时要尽量使品种分开，给顾客以明确印象，以便顾客挑选时目标集中。在分类陈列中，不可能把商品的所有品种都摆出来，这时可以将适合本店消费层次和消费特点的主要商品品种陈列出来，或将有一定代表性的商品陈列出来，其他品种则放在货架上或后仓位置，出售时可根据顾客要求予以推荐。

（2）主题陈列。主题陈列又叫专题陈列，即在布置商品陈列时采用各种艺术手段、宣传手段、陈列用具，并利用声音、色彩来突出某一商品。对于一些新产品，或者是某一时期的流行商品以及由于各种原因要大力推销的商品，可以在陈列时利用特定的展台、平台、陈列道具台、陈列架等突出宣传，必要时还可以配以集束照明灯光，使大多数顾客都能够注意到，从而产生宣传推销的效果。

（3）综合配套陈列。任何商品都一定有与之相关的商品，所以配置有关联的商品也成为吸引顾客的方法。例如，在销售家庭装饰用品时，把地毯、地板装饰材料、壁纸、吊灯共同布置成一个色彩协调、图案美观、环境典雅的家庭环境，形成一种装饰材料的有机组合，让顾客在比较中感受到家庭装饰对居住环境的美化作用，从而产生购买的需要。综合配套陈列的位置，可以根据商场的情况适当安排，一般可以选在靠近这类商品的位置，也可以在商场的通道、楼梯口、迎门处。如果出售这类商品形成了单独的货位，则更能发挥综合配套陈列的促销效果。

4. 商品陈列技术

（1）易见易触的陈列。同一种商品，作横向陈列或宽度狭小的纵向陈列，都与顾客能否易见易选有密切的关系。横向陈列容易发挥诱导顾客入店的魅力，但超出 80～120 厘米高度所陈列的商品销售率较低，另外，纵向陈列将同一类商品组合陈列，只要顾客站立，视线上下移动，就容易比较、选择商品。纵向陈列能使顾客以静止的状态选择商品，但如果宽度太小就会缺乏丰富感。因此，采用纵向陈列时，要慎重决定同一商品的陈列宽度，最小宽度也要确保在 90 厘米。

（2）标题说明的陈列。商品陈列要附有简单的标题或文字介绍，帮助顾客了解商品的出售柜台、商品的性能和用途。商场中商品陈列标题可分为"大标题陈列"、"中标题陈列"、"小标题陈列"三种形式。一般情况下，大标题陈列展示在店面的橱窗、店内的架台或柱子周围。在橱窗内介绍商店的代表商品，架台或柱子周围则陈列各专柜具有魅力的代表商品，大标题陈列中要特别注重表现技巧。中标题陈列主要展示在陈列柜、壁面或推车上，让顾客具体地了解在哪里有某某商品。此外，中标题陈列必须表现出店内的立体感与顾客所期待的气氛。小标题陈列则用于表现具体商品，顾客对大标题陈列感兴趣，受中标题诱导后，很容易了解和进入自己所喜爱商品的陈列场所。小标题陈列必须按照各种商品的不同种类、型号、档次进行陈列。

（3）分类与关联陈列。为了让受到标题陈列诱导的顾客容易选购，商店应站在顾客的立场来进行销售陈列。分类与关联陈列的关键在于两点：一是分类明确且容易了解，二是在附近摆设相关性强的商品。分类的标准主要根据商品特点而定，主要考虑商店的经营方针、目标市场定位、商品陈列数量等方面的因素。分类的标准是否合理应以顾客的立场来检验，如以时装为例的分类有性别、年龄、尺寸、设计、色彩、价格、使用目的、使用场合等。

以主力商品为中心，要尽可能将与此类商品有关联的商品集中在同一场所。这种关联阵列可以依行业、商品特性、目标顾客等作全面的考虑。如电器商品，可采用下列几种方式进行关联陈列：

- 用途上的关联——家庭用品如空调、电视、影碟、立体音响、录像等陈列。
- 附属上的关联——旅行用品如电动刮胡刀、电吹风、小型收音机、望远镜、照相机等陈列。
- 年龄上的关联——老年用品如助听器、按摩器、小型电视、电热毯、频谱仪等陈列。
- 商标上的关联——商品以商标为系列来进行陈列的方法。

进行关联陈列应重点考虑的几个方面为：一是以主力的重点商品为中心，再组合相应的商品；二是从常识判断顾客期待这家商店应该会有的关联商品；三是用于陈列的关联品种能增强顾客的购买欲望，增加主力产品的销售；四是陈列那些使顾客感到亲切、便利并能获得顾客信赖的关联商品。

（4）刺激销售陈列。商店为了提高销售业绩，要设法在商品陈列上作出各种表现，以吸引顾客的注意力，唤起顾客的购买欲望。常见的方法有：

- 表现"廉价"来提高销售的方法。如采用平台或推车作投入堆积陈列，举行优惠大酬宾，商店不作高级装修，商品以仓库式陈列，等等。
- 表现"高级感"来提高销售的方法。为了表现商品高级的感觉，采用比商品格调高的陈列器具，不仅陈列商品，还要设法表现该商品的使用状态，还可以通过色彩、灯光等配合来提高表现效果。
- 表现"丰富感"来提高销售的方法。在商品数量不足时，要采用空盒子做表面文章，设法使陈列量看起来较丰富。并且，在陈列柜上部空间或壁面的空白部分，多采用各种 POP 广告，从而表现出热闹的丰富感。
- 表现"稳重气息"来提高销售的方法。表现基本的稳重气息目的在于使整体陈列形成井然有序的状态，使顾客对商品质量放心。
- 表现"快乐性"提高销售的方法。这种表现是利用色彩、动态感等方法使得整个商场充满快乐气氛。例如，将商品的色彩配置成彩虹般的形式或采用 POP 广告加以渲染。

（5）背景色彩陈列。商品的色彩种类多种多样，因此，背景色彩的选择也很困难。但背景色彩配置的好坏对商品陈列效果也有一定的影响，在选择背景色彩设置时要注意以下几点：

- 不要太显眼。背景的色彩若比陈列商品显眼，商品就会变得不突出。因此，背景色彩必须比商品明亮度、鲜艳度都低才行。

- 不使用补色。如果背景的颜色与商品的色彩成补色时，双方色彩因各有主张而相互刺激，因此不可使用补色。
- 选择与商品同系统的色调。为了突出地显示商品的色彩，宜使用与商品同系统且明度较低的色彩。
- 一般使用冷色。在商品色彩多样的情形下，一般选择明亮度和鲜艳度较低的冷色为背景，乳白、象牙白、灰色等较宜使用。

5. 商品陈列与柜台设置。商品的陈列设置，应尽量利用空间与壁面，不宜占用太多的营业面积，并应使商店的通道得到充分保留，以便消费者可以从容地欣赏与选购。如果商品陈列不注意这一点，不保证起码的空间保留度，顾客稍多就会影响其购买活动，从而引起顾客的对抗性情绪。

同时，商品陈列及柜台设置还应注意适应消费者逛商店的行走习惯，吸引消费者走完主道后，能转入各个支道，把店内浏览一遍。根据国外的研究，消费者逛商店的流动路线一般是顺时针方向。但从我国来看，消费者逛商店多数是自觉或不自觉地沿着逆时针方向行走。所以，一些购买频度较高的或男性用品，一般宜摆在逆时针方向的入口位置上；而一些挑选性强的或妇女、儿童用品，则适宜摆在距逆时针方向入口处稍远的地方，以适应消费者不同的购买行为和便利的心理要求，提高商品展示效果。

迎门处最好不要安排橱窗陈列，商场内除靠墙处可摆放货架外，其余空间最好不放货架。采用这种陈列形式有以下好处：一是可以节省橱窗、货架陈列所占面积，扩大营业面积；二是可以扩大顾客的视野，使顾客一进门就能看到商场全貌，感觉各种商品琳琅满目；三是可节省陈列时间和陈列费用。

在商品陈列布置中，除了要考虑商店的面积、美观、方便外，还要考虑到商品的属性，特别是物理化学特性。注意把相互有影响的商品分开陈列在距离较远的位置，把有时间限制的鲜活商品陈列在最明显的位置，使商品陈列既符合人们的心理要求，又符合商品的化学物理性能的要求。

出售商品必须根据季节变化，处理好淡季和旺季的商品陈列。对于应季充沛的商品，要充分体现扩大业务、满足需要的原则，做好商品的陈列工作；对于淡季或暂时过季的商品，要注意适当压缩占用面积。

总之，把陈列商品和柜台布置得当，既可以方便顾客看样选购，减少商品在柜台的挑选次数，缩短交易时间，提高售货效率，提高服务质量，又可以达到广告宣传的目的，提高商店的知名度，塑造良好的商店形象。

### 三、商场购物环境的改善

良好的购物环境不仅能提高营业员的工作效率，而且可以使消费者置身于光线明亮、音乐悦耳、色彩绚丽、空气清新的舒适环境之中，使他们在观赏和选购商品的过程中，感到优雅、舒适和谐，始终保持兴致勃勃的情绪，从而促进购买行动。

（一）装饰材料的选用

商店内部装饰中，装饰材料质地的不同会产生不同的效果。质感粗糙给人稳重、沉着和粗犷之感，细滑表面质感则使人感觉轻巧精致。材料质地的不同还会给人高贵或简陋的感觉。正确地选用装饰材料，能增加商场的艺术表现力。在质感处理上要考虑质感的均衡。一般来说，光滑的材料可以反射光线，粗糙的材料可以吸收光线；空间大的似乎以质感粗一点的材料为好，而空间小的则采用光滑质感材料为佳；大面积的墙面可以粗一些，重点装修的墙面则要精细一些，以取得对比的效果。

（二）照明设计

商店营业厅柔和的照明，不但可以保护营业员和顾客的视力，缩短顾客的选购时间，加快营业员的售货速度，还具有吸引消费者注意力和改变心理的显著效力，科学地设计配置商店照明，可达到良好的促销效果。商店建筑照明方法很多，可以分基本照明、特别照明和装饰照明三大类。

基本照明是匀称地镶嵌于天棚之上的固定照明，这种形式为商店空间提供了一个良好均匀照度。照明光度的强弱，一般要视商店的经营范围和主要销售对象而定。同时，基本照明度也应视商店的不同位置巧妙配置。一般在营业厅最里面的配置光度最大，营业厅前和侧面光度次之，营业厅中部光度可稍小一些。基本照明度的这种配置比例，不仅可以增加商店空间的有效利用，使商店富有活力，还可以使消费者本能地将视线转向明亮的地方，吸引他们从外到内走遍整个商店，始终保持较大的选购兴趣。

特别照明是为了突出商店的某一部分或某些商品，布置一些投射灯具进行重点照明，一般采用聚光灯、射灯、探照灯等照明设备定向照射。特别照明的配置一般要视主营商品的特性而定。例如，珠宝玉器、金银首饰、音响器材、精密的商品，往往用定向光束直照商品，这不仅有助于消费者观看欣赏，选择比较，还可以显示出商品的珠光宝气，给消费者以高贵稀有的心理感觉。

装饰照明是为了丰富商店的空间环境，在室内布置一些装饰性灯具，其目的不在于采光而是强调装饰效果。装饰照明大多数采用彩灯、壁灯、吊灯、落地灯和霓虹灯等照明设备。装饰性的照明虽与商店的总照明关系不大，但对商店的美化、商品的宣传、购买气氛的渲染等方面都能起到一定的心理作用。例如，有选择地在柜台上方设置霓虹灯广告牌，就能以其鲜明的色彩，强烈的光亮，把商店营业气氛渲染得活泼兴旺，华丽有趣，使人情绪高涨，印象深刻。

（三）声响控制

声响是购物环境和购物气氛的重要组成部分，商店声响的控制是不可忽视的影响消费者与营业员情绪的心理方法。商店除尽量降低各种噪音外，还应当经常播放一些轻松柔和的乐曲，以冲淡喧哗之声，并诱导消费者自觉降低谈话的声音。

商场里播放音乐的内容和时间必须精心安排。由于人的听觉阈限差异较大，特别是受年龄因素影响较大。音乐与广告的播放响度必须根据商店的主要销售对象来控制，同时要考虑一天的不同时间，如上班前，先播放几分钟幽雅恬静的乐曲，然后再播放振奋精神的乐曲，这样效果更好。当职工工作紧张而感到疲劳时，可播放一些安抚性的轻音乐，以松弛神经。在交班前或临近营业结束时，音乐播放的次数要频繁一些，乐曲要明快、热情，带有鼓舞色彩，使职工能全神贯注地投入到全天最后也是最繁忙的工作中去。乐曲的音量应控制在既不影响用普通声音说话，又不被噪音所淹没的水平。播放时间控制在一个班次播放两个小时左右。这样做，不仅是对商店环境气氛的有效调节，使消费者对商店产生好感，而且还能提高营业员的服务热情和工作效率，使营业员感觉销售活动轻松舒展、富有节奏性。

（四）色彩设计

色彩的运用体现了商场的面貌，可以装饰成各种各样的风格，可以使每个单元间都有变化。如一排销售时装的单元，采用不同的色调，会给顾客不同的感觉和印象，消除心理上的雷同感，从而在多个售货单元里停留、比较，增加了购物的可能性。

不同的色彩能引起消费者不同的联想，产生不同的心理感受。例如，玫瑰色能给人以华贵、幽婉、高雅的感觉，嫩绿色给人以恬静、明快、柔和的感觉，橘黄色给人以兴奋、庄严的感觉。色彩光波的长短，对人的视觉神经刺激程度的不同，直接影响消费者的心理活动，并由此引起情绪的变化。色彩影响较明显的表现为：深红色刺激较强，会促使人的心理活动趋向活跃，激发情绪，或使人兴奋、喜庆，或使人焦躁不安；浅蓝色刺激较弱，会促使人的心理活动趋向平静，使人安宁；色彩过分艳丽，会使人产生不安全的感觉，情绪烦躁；色彩过分素淡，又会使人产生疲惫的感觉，情绪低落。同时，人们对所看到的色彩，往往也会联想到自然界中某些具有特定色彩的事物，产生不同的心理感觉。如看到绿色，会联想到树木，感到清新。所以，商店内部装饰的色彩，包括墙壁、顶棚、地面、货架、陈列品、灯光等方面的色彩，是否调配得当，醒目宜人，对消费者的购买活动和营业员销售工作中的情绪调节具有不可忽视的作用。

（五）气味调节

商店环境的芳香气味，给消费者的吸引力颇大。根据商店的环境和商品的特性，或放置散发各种香气的花草盆景，或人工制造特别的香味，如点燃香料、喷香水等，无疑是对消费者嗅觉的良好刺激，使他们在购买活动中精神爽快、心情舒畅，刺激购买欲望。这在夏季尤其重要。

保持商店环境空气的清新流通，是保证商场气味宜人的重要前提。一般可以采用较多地设置窗户或气窗、利用空气对流自然通风、加设门窗防尘帘、经常吸尘除尘以及种花草、添置盆景等办法。有条件的商店，还可以装设空气调节器，实行人工通风。

气味的心理效果，必须以商店优良的卫生环境为前提。如果商店内外遍地垃圾、痰迹、油污、异味扑鼻，那么人工制作的香味不但不能奏效，还会使消费者恶心、反胃，抑制购选兴趣。卫生环境包括商场内外、货柜、货架、营业用具设备以及商品的清洁卫生。

## 第三节　零售商的发展趋势

### 一、影响零售商发展的因素

在普遍联系的世界中，任何事物都不可能摆脱自身所处的环境而孤立地发展。在零售商的发展历程中，存在着诸多环境因素的影响。然而，如果进一步深入探究这一发展历程的真实情况，我们可以很清楚地看到，影响最深远、效果最明显的因素主要来自于如下三个方面：

（一）计算机及新技术的影响

现代新技术对零售商的影响突出表现为计算机在零售活动中的越来越广泛的应用，而计算机技术与其他新技术在零售领域中富有创造性的结合，更使得零售商的发展显得奇妙无穷，变化万千。

1. 销售时点信息系统（Point of Sale）和管理信息系统（MIS）。销售时点信息系统的核心是电子收银机的应用。最初的收银机是机械式的，它比一个装钱的抽屉复杂不了多少。对于零售商来说，运用收银机的最原始动机是：让钱柜掌握在一个雇员手中，以减少在众多雇员都有机会接触销货款的情况下而发生的频繁偷窃行为。然而，自从 20 世纪 60 年代计算机技术引入到收银机的操作上之后，收银机的传统概念发生了彻底变化。收银机与计算机相连称做电子收银机。电子收银机用电子光束高速接收信息，并以高速度和高精确度计算、处理数据，同时它还有储存数据和传输信息的能力。有人认为，电子收银机主要从商品标记的方式、资金与信用的操作方式以及商家与银行日常交往方式三个方面的变化引起了零售技术的大幅度革新。电子收银机的运用使销售时点信息系统具有了现代意义。当零售行为发生时，销售时点信息系统通过电子收银机记录、储存一系列的相关信息，并能在任何需要的时候将信息调出。正因为收银机与计算机相连接，信息才能被快速、准确地得到处理，使得销售点时点信息系统能够提供已销售商品的情况、销售额、目前的存货水平以及其他重要的统计数据和报告，而这些数据和报告正是零售商进行诸如商品决策、存货决策等日常管理所必需的信息。

销售时点信息系统只是零售管理信息系统的一部分。在零售领域中，通过使用计算机来建立管理信息系统已经变得越来越重要了。但是，一个管理信息系统不是一些设备、器具的简单拼凑，它是由那些在收集、分析和传输管理所需信息时所必需的人、设备和程序组成的一个结构。在一个管理信息系统中，计算机的运用至关重要。工资系统、总账系统、销售报告、存货控制、销售时点信息系统、采购订单系统、存货补充系统等，都是零售管理信息系统中充分发挥计算机的功能所形成的子系统。

2. 商品标识和扫描技术。零售商拥有一个高效率的结账柜台是降低费用和赢得顾客的关键之一。自从 1920 年"自我服务"项目引入零售业以来，为了获得一种"自动化"的商店模式，自动化的结账柜台就成了零售商的一个理想。光学扫描是通过光束来认读经过结账柜台商品的信息的，因此，光学扫描技术应用于零售业，正是为了实现一个自动、快捷、准确的结账柜台。但是，这一技术的成功应用必须要有一套科学、完善地反映商品有关信息的编码体系与之相匹配。我们现在能在大部分商品上看到的条形码就是这类编码，被称做普通商品码。这种带数字的、粗细长短不一的竖线组就包含了商品产地、规格等多方面的商品信息，这种普通商品码标识被扫描后，扫描器认读过的信息就被传到与之相连的电子收银机，成为计算机进一步加以计算或处理的材料。普通商品码可以在如下几方面为顾客和零售商带来好处：（1）提高结账的精确度；（2）提高顾客的满意度；（3）节约时间和劳力；（4）改善存货和财务控制。条形码标识和光学扫描是当今应用较广泛的商品信息收集方法，但也不排斥零售商为某些特殊意图而作出的某些努力，如磁条标识和磁扫描技术等的发展。

3. 电子结算技术。当人们展望一个没有现金、支票的社会的时候，零售商已经在利用现代技术进行尝试了，电子结算系统就是现代技术应用的一个结果。在该系统中，零售商利用一个电脑终端就能同银行建立起密切的联系，从而快速并准确地达到如下目的：（1）证实某顾客的信用状况；（2）开展用信用卡支付的销售业务；（3）证实支票的底细；（4）在销售完成的同时，将顾客账户上的钱划转到零售商的账户上去。

4. 视像技术。视像技术的发展首先改变了零售商向顾客展示商品的途径。接近真实的彩色图像连续、动态地反映商品的情况，不仅有实物外观，而且还可以有使用方法的具体展示。其次是改变了零售商与顾客之间的空间状态。顾客不一定要去商店，零售商也不一定要上门推销，因为视像的远距离传送可以让顾客在家里进行邮购、电视购物、网上购物。零售商也不一定需要店铺了，即使是有店铺的零售商也可以通过视像来展示店里的商品和服务。

每一单项技术只能改变零售商的某一方面或某些方面，但是以计算机技术为代表的现代科学技术毕竟是一个整体，各项技术互相配合、相互促进，以最革命的方式改造着今天的零售商。因此，可以预期的是，未来的零售商将大大不相同于今天的零售商，并且这种不同之处不仅仅表现为在某些方面的技术革新。

（二）消费时尚的影响

对于一个零售商来说，它直接服务于最后消费者，而大部分商品的畅销程度受到时尚的影响，因为时尚代表着一种社会性的消费倾向，因此，掌握时尚是什么、怎么样时尚以及时尚什么时候变化是非常重要的。

那么，时尚到底是什么呢？时尚就是在一定的时间和空间，人们如何去生活、工作和娱乐。时尚和风格是不一样的。一种风格作为时尚持续很长时间，真正成为了人们生活中理所当然的一部分，那这种风格就成为了传统风格；如果一种风格持续很短的时间，以至几乎一阵风似的吹过，那这种风格只能算是一股热潮。时尚倾向就是不同的风格顺应消费者需要的运动方向。适时、适度地把握时尚倾向的过程也是零售商的发展受消费时尚影响的过程。

时尚是如何为人们所接受的呢？一般来说，存在三种说法：（1）向下渗透理论。该理论认为时尚起源于社会上层，然后逐渐向广大的社会民众传递，最后成为整个社会的时尚。（2）向上渗透理论。该理论与向下渗透理论正好相反，认为时尚作为一种风格首先流行于下层社会，然后为上层社会所接受，直至成为整个社会意义上的时尚。（3）横向渗透理论。该理论认为时尚创新可以存在于社会的任何阶层，并且还认为，每一个阶层都有时尚领导者来影响其他人，每一社会阶层里的不同群体又有自己不同的领导者。横向渗透理论是当今流行的时尚传播理论（见图9-2）。

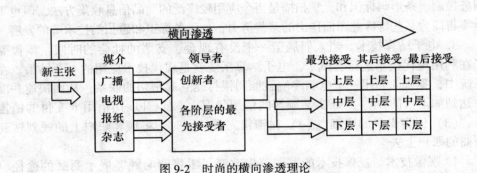

图 9-2　时尚的横向渗透理论

时尚也有自己的生命周期，其生命周期一般分为五个阶段：兴起、成长、成熟、衰退、退出。以时间和相关商品销售量为坐标轴的时尚生命周期如图9-3所示。

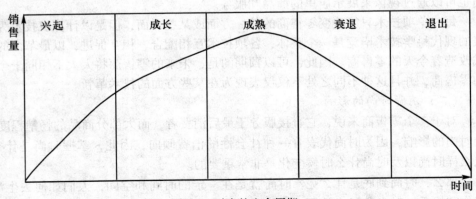

图 9-3　时尚的生命周期

（三）消费者运动的影响

消费者运动是指所有为了保护消费者避免受到不公正对待或利益侵害而作出的有组织的努力。消费者运动的有效开展需要零售商的自律和国家立法的保证。消费者运动对零售商的发展的影响力量主要源自相关的法律。着眼于保护消费者不受欺诈和不受其他不公平对待的相关法律，从内容上一般分为两大类：

1. 规范商业行为和促进竞争的法律。为了避免因垄断而造成的供应结构单一，从法律上必须促进竞争，使消费者获得更多选择性。这类法律对零售商的影响是：（1）零售商只能以竞争价格而不是共谋价格出售商品和服务；（2）零售商不能因回避竞争而企图强迫供应商不向自己的竞争者供货；（3）大零售商不能疯狂杀价而赶走小零售商；（4）广告竞争中必须如实反映广告内容。

2. 保护消费者的法律。这类法律的相关规定有：一些标准和规格，如食品标准、安全标准等；消费者在购买时应该知道的信息，如信用和担保等；加强生产者或零售商与消费者之间联系的规则，如标签及广告的诚实可靠性等。这类法律从产品、广告和信用方面对零售商产生影响，其影响表现为：（1）零售商必须对产品的质量负责，对于劣质、不安全产品，应该是零售商，而不是消费者去与厂家交涉；（2）零售商对产品应该有明确的担保或承诺；（3）在办理商业信贷时，零售商应该明确告知顾客信用项目及相关费用，并平等对待所有的顾客；（4）广告必须对消费者诚实有信。

**二、零售商发展的理论**

形形色色的零售商沿着不尽相同的轨迹客观地发展着，没有一种理论可以解释所有零售商的发展变化，然而，在众多的零售商发展理论中，下面的一些理论历经时间的考验而变得引人注目。

（一）零售轮转假说

这是美国哈佛商学院零售学权威 M·麦克奈尔教授提出的假说。他认为新型的零售商业机构的变革有着一个周期性的、像一个旋转的车轮一样的发展趋势。新的零售机构最初都采取"低成本、低毛利、低价格"的经营政策。当这些机构取得成功后，必然会引起许多人的效仿，结果引起了这种新型的零售机构之间的竞争，这样就会促使这些新型的零售机构改善设施，美化外观，提供更多的服务，由此就会增加费用支出，则必然要提高销售价格，最后就会和它所代替的旧式零售机构一样，成为"高费用、高毛利、高价格"的零售机构。与此同时，又有新的创新者开始组织新的以"低成本、低毛利、低价格"为特色的零售机构，于是轮子又重新转动起来。麦克奈尔教授以美国零售商业发展的实践证明，一百多年来的美国零售业正是按照这种"轮转"假说发展起来的。

（二）零售机构生命周期假说

美国的一些市场学专家在 20 世纪 70 年代提出，任何零售机构，和任何产品一样，也有其生命周期。该理论认为，零售机构的生命周期包括以下四个阶段：

1. 创新阶段。这个阶段的特征是创办和发展新型的零售机构。由于新型的零售机构和传统的旧零售机构存在本质上的区别，因此新型的零售机构可能比传统的旧零售机构具有"差别优势"。在发展新型的零售机构之初，企业的投资收益率、销售增长率和市场占有率都迅速提高。

2. 加速发展阶段。在这个阶段，出现了许多模仿者，他们纷纷步创新者的后尘，也开办新型的零售机构，而已经营业的企业在其他地区开办新商店，进行地区扩张。到这个阶段结束之时，企业的市场占有率和投资收益率均达到最高水平。

3. 成熟阶段。处在这一阶段的必然结果是：市场占有率稳定或下降，投资收益率降低。但是，对于大多数零售机构来说，成熟阶段是长期的，如果企业善于随机应变，使其经营管理策略适应市场形势的变化，就能长期保持稳步增长，取得中等水平的盈利。

4. 衰落阶段。企业的市场阵地大多丧失，这是该阶段的特征（见图9-4）。

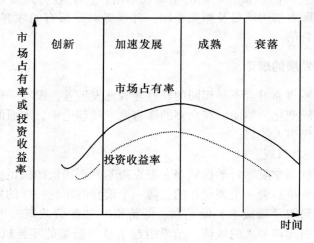

图9-4　零售机构生命周期

（三）零售业综合化与专业化循环假说

该理论认为，在零售商业机构的演变过程中，经营范围（即品种规格等）与购买动机的相关程度要大于价格水平与购买动机的相关程度。因此，可以认为美国等发达国家的零售机构大体上经历了三个发展阶段：（1）商店经营尽可能多的品种的阶段；（2）商店通过加深专业化程度，从而各具特色的阶段；（3）再次回归到机构大、包罗经营品种广的阶段。

　　按照这一理论假设，美国等西方发达国家零售业发展大致经历了五个时期：（1）杂货店时期（综合化时代）；（2）专业店时期（专业化时代）；（3）百货店时期（综合化时代）；（4）方便店时期（专业化时代）；（5）商业街时期（综合化时代）（见图9-5）。

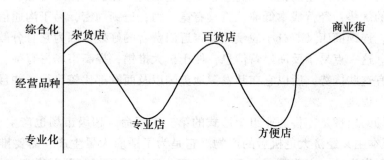

图 9-5　零售商业循环周期示意图

（四）零售机构进化假说

　　这个理论假说是把达尔文的"适者生存"的进化理论用来说明零售商业发展的规律。该理论认为，零售商必须同社会经济环境的变化相适应，才能继续存在和发展，否则就会不可避免地被淘汰。如在第二次世界大战以后，美国社会经济发生巨大变化，城市人口向郊区转移，这促使新型的购物中心逐步发展起来，而原来位于市中心的百货公司由于交通拥挤、停车困难，加上人口流向郊区、市场竞争激烈等原因，其经营大受影响。在这种情况下，这些百货公司必须采取措施摆脱困境，以求生存和发展。如有的百货公司到购物中心设分支机构，设置廉价部，开发多角化经营等。

### 三、零售商的发展趋势

（一）零售商发展中的三次革命

　　零售商业的第一次销售革命是出现百货商店这一崭新的商业组织形式。19世纪中叶零售商业的主要商业组织形式是杂货商店。欧洲产业革命不仅带来了机器文明，而且还改变了人们的生活方式。零售由店铺形态进入了商场形态，百货商店正是商场形式的典型代表，它的经营方式是对传统的一次突破，摆脱了当时杂货店的小生产经营方式。百货商店在商店内部分成商品部，实行专业化经营，各商品部组成的商店总体以花色品种齐全、商品质优而吸引顾客。商场的营业面积大于店铺，交易条件也大为改善，营业场所整洁、明亮，雇员增多，消费者能在比较合适的环境中进行购物。19世纪后期，这种零售形式由欧洲传入美国后，得到了进一步发展和完善。尤其是实行"言无二价，明码交易"的经营方针，适应了顾客对价格的购买心理需求，从而赢得了广大消费者的信任和好评。

零售商业第二次销售革命的一个标志是连锁商店的出现。百货商店是产业革命所带来的商品经济空前发达的产物，而连锁店的出现，则是适应资本主义经济走向集中与垄断的需要而产生的集团性商业企业。连锁商店比独家商店更能显示其集团性商业企业的优势：经营成本低廉，更具有竞争力；连锁周密，易于沟通信息；商品周转迅速。连锁商店又兼有小规模经营接近消费者的好处，因为它有分散在四处的商店铺面。这一点易于反馈经营信息，便于扩大推销，提高市场占有率。正因为连锁商店具有这些优势，所以它在其发源地美国以及西欧都比较流行，并且正沿着全球化的方向迈进。

超级市场的出现是零售商业组织形式的第三次革命。超级市场也产生于美国，是 1930 年资本主义经济大危机后的产物。它是为了适应大量生产、需要推销大量产品的形势而出现的。它兼蓄了前两次零售商业变革的优势，即百货商店规模大、品种多的优势和连锁商店毛利低、周转快的长处，再加上自身的创新，采取开架顾客自选、货物一次结算的售货方式，成为迄今最适应现代化大生产的零售商。

（二）零售商发展的三维空间

纵观零售商发展的历史，横向比较当今零售商的优劣，我们可以用一个三维空间将大多数富有生机的零售商囊括其中（见图 9-6）。

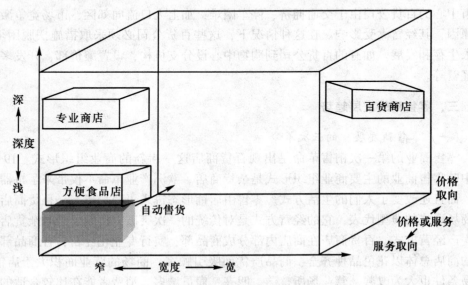

图 9-6　零售商发展的三维空间

在图 9-6 中我们可以看到，横轴表示零售商经营的"宽度"，即零售商在选择所经营商品的行业范围上（如食品、五金等）的定位，越向右，说明零售商所涉行业越广；竖轴表示零售商经营的"深度"，即零售商在选择所经营商品的花色品种上（如规格、尺寸、颜色等）的定位，越向上说明零售商所经营商品的花色品种越全，经营越专业化；纵轴表示零售商在价格或服务上的取向。服务增多，势必增加经营费用，最终必须提升价格，零售商在服务和价格上往往很难兼顾。向上表示零售商的服务取向经营，向下表示零售商的价格取向经营。

在这个三维空间中，众多的零售商能够找到自己当前的确切位置，如果我们用发展的眼光来审视这个空间为零售商的发展提供的可能方向，同样地，我们也能够隐约地看到整个零售商体系的未来。

零售商的发展趋势可以总结为以下几点：（1）更多消费者取向的零售商将会出现，这是一个总趋势。零售商不论大小都有生命力，然而这种生命力的来源就是消费者取向。在这个买方市场越来越成熟的时代，零售商必须以更大的努力认真细分市场，发掘未满足的需求，以充满想像力的行为方式为顾客提供便捷、费用合理的服务。（2）无店铺销售将会变得越来越流行。经济的进一步发展只会使生活节奏变得更快，人们专门用于去商店购物的时间变少了。另外，现代科技的发展使零售商与消费者之间的远距离、多层次交流成为可能，交易的进行不一定需要面对面地一手交钱、一手交货了。况且，消费者取向的零售商也会尽可能上门服务。因此，未来消费者的购物场所将是自己的家，而不是店铺，无店铺销售的流行将成为一个必然趋势。（3）某些零售商将变得越来越强大。例如零售连锁店、授权特许经营商店等，由于这些零售商能更好地服务顾客，所以，它们在分销渠道中的地位将变得越来越重要，其实力也将变得越来越强大。这些零售商的兴旺之势使供应商感到自己成了隶属于这些零售商的生产机器，正因为如此，许多大的制造商出于自我保护意识，将会涉足零售领域，身兼零售商的角色。这样，生产与销售更紧密的联系会促使这种零售商在采购和促销等方面同时获得优势，从而它们也会逐渐强大起来。（4）零售商面临着更大的挑战。在零售领域中，更加剧烈的竞争是不可避免的。面对传统零售组织形式的不断衰落，每个零售商都在谋求创新，不断地在价格和服务之间抉择。零售商之间及他们与其他中间商之间努力竞争的结果是，利益逐渐向消费者手中转移，单个零售商在市场中的利润份额变小了，从此，在零售业中，不再有轻松迈向高利润的捷径了。为了迎接挑战，零售商只有不断地变化才能生存和发展，同时，运用现代市场理论研究产品和顾客，并在这两者变化的联结区域中寻找机会，发展自己的事业。

## 本章小结

在分销渠道中，零售商作为重要的中间商之一，发挥着重要作用。本章共分三节，主要是对零售商管理实务的详细介绍。第一节主要介绍了三点内容：零售商在商品组合、商品分装、仓储以及服务四个方面的功能；与市场营销的其他领域相比零售商的五个特点；按美国市场学专家科特勒提出的标准划分的四类零售商。第二节的主要内容是零售商场的位置选择与商场的设计。本节详细介绍了商店的位置确定方法，营业厅的四种布置形式，商品陈列的九大原则、两类方法与五种技术。商场环境的改善可以从装饰材料的选择、照明设计、声响控制、色彩设计与气味调节等方面着手。在零售商的发展趋势这一节中，作者以影响因素的分析和发展理论为基础，结合零售商发展的历史，利用"三维空间"这一工具，展望了零售商发展的未来。

## 思考题

1. 零售商的功能有哪些？
2. 零售商的分类标准有哪些？按是否通过店铺销售，零售商可以划分为哪几类？
3. 如何选择合适的店址？
4. 商品陈列的原则有哪些？商品陈列应注意哪些问题？
5. 如何改善购物环境？
6. 在零售商的发展趋势问题上，当今流行的理论有哪几种？各种理论是如何解释零售商的发展趋势的？

## 案例分析

### 麦德龙的经营管理

麦德龙是一个庞大的商业集团，以自己独特的贸易操作方式活跃于全世界。它拥有平稳的管理等级制度、尖端的信息系统及稳定的财政基础，其运作效率在世界上处于领先地位。

#### 一、麦德龙的经营理念和优势地位

麦德龙在它的业务运营中推出了全新的销售概念：现购自运配销体制，即会员客户以支付现钞和自运自助方式选购物品。其经营理念的核心可归纳为"两个有限"，即"有限顾客"和"有限利润"。所谓"有限顾客"，是把顾客定位在法人团体，法人的经营需要是麦德龙服务的指向；"有限利润"是指麦德龙只赚取较低利润，以较低的价格保证法人企业通过这一环节还能得到下一层利润，它出售的商品价格有的低于出厂价。

麦德龙的强大优势表现在三个方面：一是流通规模大，在全世界有 3 000 多个

连锁店，年销售额高达 350 亿美元。进入麦德龙就等于进入了全球销售网络。麦德龙采取统一采购体制，订货批量大，进货成本低，实现了低价位经营。二是采用高科技手段，拥有顾客管理、财务管理、商品物流管理、采购管理的计算机系统，随时可以全面反映各种商品的进销存状态，实现了科学决策。三是麦德龙把从厂家获得的折扣率让利于顾客，其低价位在市场上具有很强的价格竞争力，吸引了广泛的客源。

### 二、麦德龙的销售系统

麦德龙总部设销售部，负责管理各分店。各分店的运作都是标准化的：从部门设置、外观装潢到营运规则概莫能外，这是为了使顾客易于识别，同时也是为了管理的有效和简便，便于运作，降低管理成本。(1) 装潢规则。为了保持统一的视觉形象，麦德龙商场均为一层结构，140 米×90 米，深蓝色马赛克外墙装饰，营业面积约 1 万平方米，连同一个宽大的停车场共 46 000 平方米。停车场全部免费。与商场相连建筑了一个永久性雨篷，目的是为了在下雨天方便顾客自助运输，这对于通常是开汽车来进货的麦德龙专业客户来说是非常必要的。(2) 商场陈列。商场内部配置了 8 米高的工业货架，仓储一体，装饰简单，各商场各种商品的陈列位置均一样。它们就是按照标准化原则"克隆"出一个个商场的。(3) 营运规则和工作流程。例如，采购、订货、收货、录入都必须遵守企业规定的标准流程。(4) 职工经过系统的培训，具有麦德龙所要求的职业精神、职业道德和思维方式，这对推行有效的商场管理是非常重要的。(5) 部门设置和人员配备统一等。

进行顾客管理是麦德龙的突出特色。麦德龙把法人单位定为自己的会员，法人单位只需凭营业执照原件就可以成为会员，不需交纳会员费。麦德龙每个商场初始开张大约有 9 万个会员客户，以后会逐步增加到 12 万~14 万个，成为会员后登记《客户登记卡》。登记卡的主要项目包括：顾客编号、单位名称、行业、地址、电话、传真、地段号（以距离远近编号）、市区、邮政编码、税号、账号、授权购买者姓名。将此卡所载资料输入微机，系统里就有了顾客的初始资料。当有购买行为产生时，系统会自动记录顾客的购买情况。

### 三、营运监控系统

监控部负责对经营运作进行监控，发现实际运作与预算相差太远时，及时向有关管理部门反馈以便管理部门采取相应措施。监控部是麦德龙最重要的部门之一。

对商场运作进行的监控，也就是对商场的订货、销售、毛利、库存、周转率这些很重要的数据进行比较、分析，制作成各种不同的报表。物流管理系统保存了所有的采购、销售、库存和毛利的数据，自动生成每日营业额报告、每月毛利分析报告、每月库存量报告、每月食品及非食品的综合数据分析报告、每月顾客信息报告、每月人事费用分析报告、每月管理信息报告、麦德龙国际监控图表。

## 四、管理信息系统

信息技术使麦德龙的经营和管理产生了一个革命性的转变：从模糊管理转向精确管理，从事后管理转向实时管理，从商品大类管理转向单品管理，从单纯的商品管理转向商品管理和顾客管理。实现上述这些转变必须有一个强有力的管理信息系统的支持。

麦德龙的管理信息系统是物流管理系统（GMS 系统）、财务管理系统（SAP 系统）、监控系统（MIE 系统）的密切集成。管理其信息系统的流程为：采购部谈价以后把商品信息、供货商信息、采购员编号等输入 GMS 系统→各商场根据物流管理系统的库存量决定是否订货→供应商收到订单以后进行配货、送往商场→商场收货部收到货物后检查 GMS 系统中有无此项订单、根据订单数目收货→收货后上架、输入 GMS 系统及 POS 系统。客户购买时，销售数据通过 POS 系统与 GMS 的界面实时传到 GMS 系统（库存减少、销售增加），然后这些数据通过 GMS 界面进入会计财务系统及监控系统 MIE。每月结束以后，财务管理系统（SAP）将运输费用、人事费用等费用数据转入 MIE 系统。

信息技术使麦德龙的神经更敏感，能够随时追踪需求动向、监控自身的运作质量，以便其迅速地适应市场变化并对自身作出调整，并且可以大幅度地降低运营成本，从而提高了自身的竞争能力。

（资料来源：贺和平：《走近麦德龙》，载《中国商贸》2001 年。）

### 思 考 题

请分析麦德龙发展速度快的原因。

# 第十一章　特许经营管理

学完本章后，应该掌握以下内容：

1. 特许经营的定义与类型；
2. 特许经营的优势与劣势；
3. 如何选择合适的受许人；
4. 特许经营合同的内容。

特许经营作为一种现代营销形式，起源于美国，经过 100 多年的发展，现已成为风行全球的经营方式。它的成功令世人瞩目，无论在世界哪个国家和地区，也无论在哪种经济环境和文化背景下，特许经营都能发挥巨大的作用。

## 第一节　特许经营概述

### 一、特许经营的含义

"特许经营"（Franchise）一词来源于法文，原意为免于奴隶、苦役的身份，演变至今引申为特许人的一种特权，它为一般人提供一个拥有自己事业的机会，即使他缺少必要的经营经验和足够的资本。从这个意义上来说，特许经营为人们提供了拥有、管理和指导自己事业的自由。

一般来说，特许经营是一种根据合同进行的商业活动，是一种互利的合作关系，即特许授予人（简称特许人）按照合同要求、约束条件给予特许被授予人（简称受许人，亦称加盟者）的一种权利，该权利允许受许人使用特许人已开发出的企业象征（如商标、商号）和经营技术、诀窍及其他工业知识产权。特许经营是一种扩大经营规模的方法，其在本质上是一个商标、服务标志、商号或广告符号的所有者与希望在经营活动中使用这种标记的个人或团体之间的一种法律和商业关系。

目前，关于特许经营的概念有两种较为通用的定义：（1）国际特许经营协会（IFA）的定义：特许经营是特许人和受许人之间的契约关系，受许人经营中的经营诀窍和培训等领域由特许人提供并保持关注；受许人在特许人控制下按一个共同标记、经营模式或过程进行经营，并且受许人以自己的积蓄对其业务进行投资。（2）欧洲特许经营联合会（EFF）的定义：特许经营是一种基于在法律上财务分离和独立的当事人（特许人和他的单个受许人）之间紧密而持续的合作，而进行的产品、服务和（或）技术营销的体系，特许经营依靠特许人授予单个受许人权利，并附加义务，以便受许人根据特许人的概念进行经营。此项权利经由财务上的直接或间接交换，给予受许人权利并迫使单个受许人在双方一致同意而制定的书面特许合同内，使用特许人的商号、商标、服务标记、经营诀窍、商业和技术方法、持续体系及其他工业知识产权。

虽然上述两个定义相当精确和详尽，但也忽略了一些特征，遗留了一些问题。例如，定义中指出了受许人要自己对其业务进行投资，但没有说明受许人必须拥有其业务，而这一点正是特许经营的一个基本特征。另一个被忽略的基本特征是受许人需要向特许人支付费用。

## 二、特许经营的类型

从不同的角度或不同的考察范围来看，特许经营可以划分为若干类型，一般说来主要有以下几种类型：

### （一）商品商标型特许经营

在这种形式的特许经营中，特许人通常是一个制造商，为其品牌化的产品寻求销路，或者是一个产品部件生产商，寻求最终产品组装商，并把品牌化的产品分销给零售商。作为一种传统的经营形式，商品商标型的特许经营历史悠久，因此被称做"第一代特许经营"。特许人和受许人的关系类似于制造商和经销商的关系，特许人是产品制造商或产品部件生产商，受许人的主要任务就是全力以赴地销售特许人生产的产品；特许人将自己所拥有的商品商标的使用权提供给受许人以促进销售，作为回报，受许人需要定期向特许人支付费用；受许人即经销商要做出产品销售的计划与安排，特许人即生产商可以提供某种形式的广告、管理协助和培训。简而言之，在这种形式的特许经营下，即特许人授权受许人对特定产品或商标进行商业开发的权力情形下，特许人仍保留对商标的所有权，而且与该商标相关的任何增加商誉的工作都主要由特许人完成。属于这种类型的特许经营有汽车经销商，如通用汽车公司、福特公司、克莱斯勒公司的经销商；有加油站，如爱克森公司、壳牌汽油站、埃尔夫石油公司的汽油专卖商等；饮料经销商，如可口可乐公司、百事可乐公司的各种名牌饮料的经销商。

（二）经营模式特许经营

经营模式特许经营也称"全套盈利公式型连锁"。与前一种类型相比，这种方式在国外尤其是在欧美国家非常流行。

1. 经营模式特许经营的特点。

经营模式特许经营的特点主要是，在限定时间和区域内，特许人不仅提供给受许人商品和商标，而且还给予一整套进行营销的经营"系统"。也就是说，受许人从特许人那里得到许多方面的指导和协助，如店址选择、人员培训、商品供应、营销计划和融资帮助等，其中的关键要素包括营销策略和计划、操作指南以及统一的经营理念。受许人在这种统一的经营理念的指导下进行业务经营，严格遵守特许人的操作守则，了解、吸收和复制特殊技术。只有这样，受许人（加盟店）提供的商品和服务才能与特许人（总部）保持统一质量标准。受许人在开业之前须由特许人对其进行培训，作为回报，受许人应为特许权、特许人的培训以及其他服务支付首期特许费和后续的年金，也应为特许人安排的广告和促销活动提供资金支持。与其他形式的特许经营不同，特许人除了提供商品商标之外，还提供给加盟店全套的管理和营销制度，甚至是财务上的融通，受许人必须遵守这些规定，以保证所有分支店提供的商品和服务保持同一质量标准，以密切总部和加盟店之间的关系，减少因成员店内部之间的竞争而导致的损失，保障加盟店的市场竞争能力和生存能力，减少财务开支。经营模式的特许经营是典型的较新形式的特许经营，它不仅被应用于快餐业，还包括零售业、个人和企业服务、出租服务、房地产中介服务以及汽车租赁业等。

2. 经营模式特许经营的种类。

第一，经营模式特许经营按所需的资金额划分，可分为以下三种：

● 工作型特许经营。只需受许人投入很少的资金，通常可在受许人的家中开展业务而不需要营业场所。

● 业务型特许经营。需要相对较大的投资用于采购商品、设备和购买或租赁营业场所。因其经营规模比工作型的特许经营大许多，因此受许人需要雇用一些员工以便进行有效的经营。这种类型的业务范围相对较广，包括冲印照片、会计服务、洗衣以及快餐外卖等。

● 投资型特许经营。需要的资金数额是三种特许经营方式中最高的。投资型受许人首先关心的是获得投资回报，饭店业可作为投资型特许经营的典型。在很多情况下，由于建一个快餐店需要很高的费用，所以快餐店采用投资型特许经营的情况较为普遍。

第二，经营模式特许经营还可按特许权的交易形式划分为以下几种：

● 制造商对批发商的特许。批发商经制造商许可后，可以经销制造商的商品。以可口可乐和百事可乐的运作方式为例，制造商首先授权特许各个市场上的装瓶商（批发商）购买该公司的浓缩饮料，然后由装瓶商充碳酸气装瓶，再把它们出售给当地市场的零售商。

- 制造商对零售商的特许。汽车行业开辟了这一特许类型的先河，为解决所面临的问题，建立了所谓的特许经销网。石油公司和加油站之间也存在类似的特许协定。

- 批发商对零售商的特许。这一类型经营模式与上一种类型没有太大的区别，只不过以批发商代替了制造商，如计算机商店、药店、超级市场和汽车维修店等。

- 零售商之间的特许。这种类型就是人们所熟知的业务模式特许经营。此种类型的特许经营容易在形式上与其他商业经营协定相混淆，如代理商、特约分销商等。

（三）转换型特许经营

转换型特许经营是指将现有的独立业务转换成特许经营单位，因此所需各种费用较少，但特许人要仔细评估受许人的能力和参加特许组织的愿望。运用这种方式的目的是使以前的独立商人享有全国知名度和广告的力量。

转换型特许经营使特许人得以进入以前得不到的零售黄金地段，并无需考虑对地点进行控制，减少了需由特许人提供的细节培训和监督工作，还能享受到有经验的企业家的新颖想法与经营业务的新方式所带来的好处。同时，由于受许人已经在经营业务，可以避免在谈判、等待授权许可和开业筹备上花费时间，为特许人带来了一些间接收入。

（四）分支特许经营

公司扩展的传统方式是增加公司的分支店数量，而这需要花费大量的资金用于地点选择、装修、存货和经营管理等。虽然公司扩展本身能带来潜在的收益，但同时必然增加了经营风险。基于这种认识，成熟的公司将其所拥有的分支店转换成独立的特许经营单位，以便从销售分支店业务中收回投资的资本，并以年金和服务收费的形式获得利润，提高增长速度。在分支型特许经营中，分支店的任何改动和装修所需的资金及其流动资金都由受许人自己提供，同样，在分支店里雇用和监督员工的责任也由受许人承担，所以公司就可以不受其资本和管理条件的限制，开设更多的分支特许店。而且，分支特许经营店的经理拥有所有权后，其工作积极性、工作效率会大大提高，工作劲头也更大；分支店的销售额也会随之上升，区域内的顾客关系也会得到优化，使得企业经营利润得以增加。

### 三、特许经营的发展概况

和我们现在所熟悉的特许经营相似的商业协议，似乎远在中世纪时代就存在了。在当今的英语辞典中，对"Franchising"（即"特许权"）的解释仍保留了一些历史痕迹："特许权是由权力当局授予个人或法人实体的一项特权。"现代的特许经营一般认为起源于美国，更准确地说是开始于 19 世纪后半叶胜家缝纫机公司（Singer Sewing Machine Company）的创立。当时该公司为了满足市场对产品的需求，采用了一些专职的、独立的代理商为公司进行产品销售，形成了自己的特许经营体系。为了解决市场扩展和资金之间的矛盾，该公司在全美各地设立拥有销售权的特约经销店，即世界上最早的特许经营加盟店。公司和其销售网络上的经销商之间的合作包括给经销的商品赋予胜家生产的标志，与现代的特许经营有某些相似之处。20 世纪初，工业革命在美国方兴未艾，科技的发展，交通及通信的发展促进了大批量生产时代的来临。生产厂商认识到产品的快速分销是成功经营的秘诀，为此饮料业和汽车业率先采用特许经营。美国大西洋与太平洋茶叶公司、派克与田西福特、约翰兄弟茶号、伍尔沃兹公司、克罗格公司等相继开业。总的说来，这些公司以商品商标特许为主要方式，即加盟店主要借用总部的商品及商标名，而在经营管理制度方面，统一性较小，可称为美国第一代特许经营系统。

第二代的特许经营是一个经常与商业形式特许经营互用的术语，始于 20 世纪 40 年代末和 50 年代初期的美国。特许经营首次被用来创办新企业而不仅仅是用来经销现有产品。特许经营在 20 世纪 50 年代和 60 年代初期战后经济高速增长的美国发展迅速，由于美国人的流动性和对服务的依赖性，使得服务性特许经营得到了迅速发展，形成了特许经营的新领域，并出现了诸如会计服务、企业服务、汽车和拖车租赁、旅馆、咨询、休闲、快餐、学校等特许经营制。采用特许经营方式的企业数量猛增：1946 年仅有为数极少的几个特许权出售者，然而到了 1960 年已经超过 700 个。在此期间，成立了许多采用家族名字的企业，如麦当劳、假日酒店、巴吉特的轿车租赁等特许经营企业。

尽管特许经营主要集中在零售业和服务业，但它也得到了制造商的广泛应用。特许经营方式不仅解决了当时困扰制造商的资金紧张问题，而且改变了传统的销售方式无力开拓市场的局面。特许经营使制造商更贴近市场，制造商在受许人的帮助下推销商品以及提供售后服务，以扩大商品销售，提高商品和商标在市场上的知名度。批发商则不仅利用特许经营来获得产品销路，而且能更加经济地利用库存和分销设施。为了获得比公司自己经营更快的市场渗透，为了通过转换现有的分支机构来增加资本以及为了通过转换分支机构为特许经营来提高其边际效益，一些建立起来的零售连锁店引进了特许经营这一形式。

人们普遍认为 20 世纪六七十年代是特许经营的第一代繁荣时期。20 世纪 80 年代至今，特许经营已经风靡全世界，并将逐渐成为开拓国际市场的利器。目前大部分成功的国际连锁集团均采用特许经营方式，通过合同、资金、技术等与当地加盟店相联系，积极开拓世界市场。特许经营这种商业形式不再仅限于餐饮业的几大巨头，而是广泛拓展到各行各业。其中服务业和信息产业将成为未来特许经营发展的主要领域。高科技成为特许经营发展的推动力，计算机综合管理系统、通信网络技术、条形码、电子数据交换系统、电子订货系统等都被引入特许经营企业的管理中，这也代表了未来特许经营业中将广泛采用高新技术的趋势。无论特许经营如何发展，都必须以消费者需求为基础。最成功的特许经营系统将是领先一步满足消费者需求的商家。

## 第二节　特许经营的利弊

许多热衷于创业的商人相信特许经营是一种实现企业快速成长、塑造良好形象和提供获利能力机会的坦途，但是，特许双方的合作也产生了不少困难。因此，特许经营对特许双方而言均有利弊。

### 一、对特许人的利处

一个特许经营系统是由一个创业者对具有高回报投资潜力业务的创业所导致的。当创业者的财务与管理资源受到限制时，创业者为了实现这一业务的潜在发展而采取特许经营战略，以赢得竞争优势。从特许人的角度来看，特许经营方式有下列好处：

**（一）较低的财务负担和较少的人员需要**

有能力控制一个巨大的组织体系而又不背上沉重的财务负担，是特许人最重要的有利条件。分店初始资本投资和持续经营所需资金，在很大程度上是由受许人所提供的。因此分店的开设无需特许人投资，使特许人能以更快的速度发展业务而不受通常的资金限制。同样地，特许人的管理和营运人员也可以大量减少。分店的日常经营活动由受许人负责，作为所有者的利益使得受许人会认真经营，特许人不必每天管理一大堆小事情。对于营运方面的责任较少使特许人的总部人员精练高效。

**（二）可以实现快速增长**

由于特许人使用了他人的资源，并通过培训计划使受许人能较好地完成经营业务，所以，特许公司有能力在很短的时间内，以最低的资本风险在全国乃至全球范围内，通过特许权销售而实现快速成长。此外，特许人可利用受许人对当地的兴趣和知识，将组织扩展到现在还不在考虑范围之内的地区。对于那些为广大消费者所接受的获利能力强的特许经营体系，如麦当劳和肯德基炸鸡店特许系统内，常有一份长长的申请名单在等待获取特许权。

**（三）可实现规模优势和专业分工**

特许经营把许多相对独立的加盟店组合成特许经营系统，形成强大的市场力量，拥有更大的购买力，享受更多的优惠，不仅有利于各个加盟店，而且有利于整个特许经营系统的发展。另外，特许经营使特许人将主要精力放在整个特许经营系统的发展战略、营销计划、产品研究与开发、对受许人的管理和支持上，而经营事务则由受许人负责。这种专业分工有利于特许人和受许人双方扬长避短，各自发挥自己的优势，促进了整个特许经营系统的发展。

### （四）可以使产品或服务的市场持续稳定

对有些特许公司而言，特许经营为它们的产品与服务提供了一个连续的市场。这可以使特许人从特许费和商品的销售中获取一举两得的收益。例如，生产商通过特许批发商或零售商进行产品销售，一方面，这有利于生产商建立稳定的产品分销渠道，保证产品的销路；另一方面，生产商还可以获得受许人支付的特许费用及其他费用。

## 二、对特许人的弊端

以上是特许经营对特许人的有利之处。但在实施特许经营时，不能因为其有利之处的存在，就忽视了特许经营带给特许人的一系列不利条件。这些不利条件主要是与特许人因特许经营系统太大而失去对特许分店的控制相伴而生的。

### （一）受许人有独立的倾向

特许人经常反对的一个主要问题就是受许人的独立倾向。经营业务的发展以及利润的增加会使部分受许人产生一种独立感，受许人可能会将成功完全归因于自己的奋斗进取、管理有方，从而导致其产生离异心理或向总部提出更有利于自己的要求。当发生这种情况时，特许人应作出正确的反应，并采用具有高度技巧的方式进行处理。

### （二）为自己培养了竞争对手

特许人可能通过一系列的判断而坚信，对受许人的培训是在为自己准备将来的竞争对手。从某种角度看，这并非杞人忧天。不过，许多国家的经验表明，受许人自立门户的情况并不多见。即使有这种现象发生，特许人也可诉诸法律采取制裁行动。

### （三）较之直营店所赚取的利润要少

虽然特许分店的投资收益可能更高，但受许人保留了在其店中所产生的利润，从而使从分店流向特许人的现金形式的利润会少于特许人直营店的利润潜量。这种情况便导致特许公司经常自己建立直营分店或者购回特许分店，以期获得更多利润。

### （四）难以维持品质标准

特许公司可能在维持特许经营系统内的统一品质标准时，会经历一系列困难。当品质控制问题在直营店中出现时，分店经理如果不执行上级命令，他可能会被取代或为此受到纪律处分。但这在特许经营中是不可能的，因为受许人拥有分店的特许业务，因此特许总部经常不能对不合要求的特许分店施加强大压力。

### （五）难以选择受许人

特许经营系统的形象通常是由其特许分店的特征所决定的。在许多情况下，表面看来适合从事特许经营业务的加盟者，但实际上可能缺少经营能力。因此，特许人应仔细调查所有潜在的受许人，以便找到最高品质的合作者。为了保护自身利益，现有受许人也要求特许人对所有潜在的受许人进行彻底的调查。那些只符合最低标准的受许人对一个成功的特许经营系统没有什么贡献。

（六）受许人不诚实

特许人要冒这样的风险，即受许人为支付特许费在计算其收入时，隐瞒了实际情况，从而减少了需支付的金额。由于每年的特许权利金和广告费用都是以受许人的实际销售额的百分比为基础来计算的，所以隐瞒销售额就等于减少了特许人的获利。

将特许人的所有不利因素放在一起考察，就会发现，对特许人最大的不利因素是，特许人必须与独立的受许人打交道，因此卷进了许多人际关系的因素。对于特许人来说，合作、相互依赖、容忍和理解具有重要的意义。

### 三、对受许人的利处

对受许人来说，特许经营最显而易见的好处就是可以得到特许人的宝贵经验和专门知识。对于想进入商务经营领域的人来说，这也意味着创业时间的缩短和有效的专业化经营辅助。同时，特许人对受许人的强有力的支持可以帮助受许人在最初几年的营运中渡过困难时期。

（一）可以享受已有的商誉和品牌

对于受许人而言，只要有足够的开店资金，借助特许经营总部的商号、技术和服务等，便可以开展经营活动。创业阶段最艰难的一步，就是不知如何打开市场。实力雄厚的经营者可借助于强大的广告攻势，以较短的时间在消费者心目中树立自己的品牌形象。但是，一般的中小企业或个体经营者，则无足够的实力展开大规模的广告宣传。但对受许人而言，由于承袭了总部的声誉，因此在开业之前就拥有了良好的企业形象，易于给顾客亲切感，许多方面都可以在一个好的招牌和制度下得到推动和发展。

（二）可以从总部获得许多支持与服务

1. 地点选择。地点的选择对于经营者而言是至关重要的，它直接影响到店铺的经营效果。大多数特许公司雇用房地产专家来帮助受许人选择营业地点，包括对过往交通、顾客的进出方便情况、市场增长导向、现存竞争的类型、地产价值以及地区法规限制的详细分析。例如玻格金（Burger King）选址的标准是每天有16 000余辆轿车通过，根据每小时48.3公里的速度计算，该地区应有7 000户左右的居民，根据地段的研究分析结果来选择地点，然后将地产出租，再利用有关资金建造商店，再转租给受许人。在麦当劳的所有特许分店中，56%的分店由总部选定店址，建设规划好，然后租给受许人。

2. 陈列、设计、设备等的提供。有些特许公司会为其受许人提供店铺陈列与设计帮助。大多数特许公司要求受许人使用统一的店面设计与陈列布置，以方便操作，使顾客便于辨认，并达到广告宣传的效果。例如温迪要求其下属餐馆使用从内到外完全一致的形式。但麦当劳和玻格金则鼓励特许分店采取一些适合当地特点的主题作为店内装饰，以吸引顾客，如以赛车或赛马类图片为主题装饰餐厅。特许人通常会给受许人推荐设备及安装服务方面的供应商，有时特许公司也会直接向受许人出售这些设备。

3. 工作手册和标准化作业程序。大多数特许公司会为其受许人提供包括标准作业程序在内的详细经营细则的作业手册，以期待特许权购买者照此作业。这些手册对特许经营作出了详细而明确的规定，以此作为指导可以使大多数猜测性工作在业务经营中得以消除，避免不必要的损失，降低经营风险，因为这些作业程序已经通过检验，并被证明是成功的。麦当劳成功的一个重要因素，便是它成功地实行了严格的操作标准。

4. 开业帮助。当一项新业务刚建立时，业主可能有或可能没有此方面的经营经验，特许人将试点经营获取的经验传授给受许人，从而降低了经营风险。特许公司为受许人提供精于处理新店开张的专家，为他们培训新特许分店的雇员，并教会他们正确的作业方法。

5. 管理培训。特许人不一定要求受许人具备任何经营经验，因为特许公司会向受许人提供范围广泛的管理培训。通过培训，受许人可以与特许人共享特许人所积累的管理经验和经营诀窍等知识资源。盾肯（Dunkin）炸麦圈的新加盟者要在马萨诸塞州的奎西盾肯麦圈大学接受四周的培训，而麦当劳的受许人则要在伊利诺斯州的汉堡大学接受有价值的培训。在培训中，新的受许人会接受碳化过程的介绍、如何选用饮料及经营活动的决策技巧等一系列内容的培训。

6. 区域监督及专家咨询。特许公司会雇用区域服务经理对一定地区的特许分店进行监督与指导，解决经营中出现的问题，以密切分店与总店之间的联系。一个区域服务经理通常就像是特许公司的值班军人。在对特许分店的定期拜访中，区域服务经理会检查特许分店任何偏离特许人营运规范方法的变化。所有问题都会引起特许分店的注意，特许人提供的咨询专家可以为有问题的特许分店提出修改意见，如在促销、品质、人事、店铺维护、融资等方面提供决策咨询。例如，为了改善土豆泥的口味，在肯德基炸鸡店特许系统工作的专家们给出了长达三页的改进方案。

7. 财务咨询与援助。许多特许公司为受许人提供设备、装置购买等方面的融资服务。受许人可以延期付款，通常一开始只付采购价格的1/4~1/3，剩下的金额在今后三四年的时间内付清。而特许人通常只要求受许人支付比银行和其他金融机构较低的利息，从而减轻了受许人开业和经营过程中的资金压力，使其能集中精力经营。

（三）分享规模经济

1. 采购规模。在商品供给和补充方面，特许经营比单体店有明显的优势。由于单体店进货数量有限，其所享受的进货折扣少，商品补充并不一定及时，货品价格高，难以吸引顾客。此外，由于资金、储运设施等的限制，每次进货都要量出为入，因此每一种商品的数量都有限，容易出现脱销，从而给顾客留下不良印象。而特许经营系统采取集中采购，批量进货，不仅可以享受价格优惠，而且可以自主运货，时间易于掌握，快捷安全，从而可以降低采购成本。

2. 广告宣传规模效应。特许人通常通过一家广告代理商来进行全国性广告宣传，包括消费者知识竞赛、海报、直邮及其他促销活动。受许人以广告基金的形式为广告、营业推广等促销活动作出贡献。此外，遍布各地的受许人本身就是一种广告和促销形象。例如麦当劳的"值得一停"的促销运动就是由一家叫力·波耐特公司负责推广的。麦当劳每年用来进行全国性宣传的费用达 7 500 万美元。据调查表明，这些促销活动与费用是值得的，因为 96% 的在校学生认识"麦当劳叔叔"，他在孩子们中的知名度，仅次于圣诞老人。在有些特许经营机构中，地区广告是由区域内受许人协会负责的。麦当劳有 150 家特许分店广告协会，共雇用了 72 家地方性广告公司，并负责每年 1.5 亿美元的广告费用。

3. 分享企业技术开发的成果。在市场竞争日趋激烈的情况下，公司为了提高整个企业的名誉，会随时开发具有独创性、高附加值的商品和服务，以差别化来战胜竞争对手,各受许人可以不必自设技术研究和开发部门，而享受到这种好处。

### 四、对受许人的弊端

任何事情都有利有弊，特许经营也给受许人带来了一系列不利之处，主要内容如下：

（一）会失去经营自由，降低受许人的经营积极性

进入特许系统后，由于总部对所有分店的一致性严格要求，受许人要想完全独立自主经营是不可能的。受许人必须定期缴纳权利金，必须按规定向特许人购买某些产品。成功的特许人会对每一个特许分店的营运实施严格控制，以保持特许系统的统一性。这是特许经营强有力的原因，但同时又带来了相应的缺点。受许人对如何经营加盟店肯定有许多自己的想法，但在一个特许经营系统中，这些想法并不一定受到欢迎，受许人必须使加盟店在各个方面与整个特许经营系统保持一致性。这在很大程度上约束了受许人的积极性和创造性。

（二）政策冲突的不利

一方面，特许人的政策可能会影响受许人的盈利能力，特许人作出的业务创新决策被受许人应用时可能会失败；另一方面，特许公司过于僵化的政策也可能导致受许人不能迅速地适应当地条件。政策冲突常会在促销活动、最低营业标准、特许

人暗查和原料供应等方面出现。有些受许人不想参加特许公司的促销活动，因为他们认为这类促销构思不佳或者与他们的实际经营情况不符。受许人也经常认为特许公司确定的最低营业要求过于呆板。另外，特许公司以受许人违反营业标准为由接管经营成功的特许分店，从而损害了受许人的利益。例如，一家法国巴黎麦当劳特许分店曾指控麦当劳总部企图非法收购该分店，并要求赔偿5亿美元，而麦当劳公司则声称该特许分店未达到质量标准。政策冲突多半是由原材料供应引起的，特许人的控制可能使特许分店无法以最好的价格取得原料。有调查表明，快餐业中46%的特许分店认为其付出的采购费用比市场水平要高。为了平息受许人的不满，一些特许人也相应采取了一定措施。例如，肯德基炸鸡店确立了一个联合拥有、无利润的采购合作社；在供给特许分店原料时，比萨饼屋把涨价幅度控制在2.5%以下，较之特许分店在公开市场上的采购价格要低2%。

（三）合同争议的不利

如果合同条款不清楚或在实际执行中很难完全兑现，就可能导致受许人和特许人之间的争议和冲突。例如，比萨饼屋的受许人认为合同规定的管理支持比特许公司提供的要多，而特许公司拒绝提供这些帮助，受许人则只能终止特许经营。

（四）转让或转移特许业务较困难

特许合同中包括出售或转移特许业务的限制。如果要中途终止合同，特许人出于自身利益的考虑，往往不会轻易同意。如果受许人想将特许业务转卖给第三方，或迁移他地，在未得到特许人同意前，私自行动是不允许的。当然，有的特许经营合同规定，向特许人支付一些费用以弥补处理申请和训练新继任受许人之后，受许人可以转让特许经营业务。

（五）无法控制整个特许经营系统的声誉

由于受许人对整个特许经营系统的声誉无法控制，个别受许人的不良行为可能会损害特许经营系统中其他受许人的利益，因而进一步增加了对整个特许经营系统的依赖性。

（六）对特许人的素质难以准确评估

潜在受许人可能发现难以评估特许人的素质。因此潜在受许人一定要仔细衡量特许人的素质，因为特许人会在以下两个方面影响特许分支店：特许人所提供的经营体系可能并非像表面上看起来的那样可靠；特许人可能无法保持连续不断的服务，而这对于受许人维持业务经营非常必要。

（七）地区限制的不利

特许公司经常将特许分店的经营局限在一个县、一个城市或一个大都市的某一个地区。地区限制使受许人不能自由选择最有利于扩大业务的经营地点。有时，特许人会让不能在相邻地区扩张业务的特许经营者在其他地区经营。

## 第三节　特许经营组织的建立

### 一、实施特许经营的条件

（一）发展特许经营的途径

特许经营业务的发展一般有两种途径：一种是以特许经营的方式扩展现有的业务，另一种是在创业之初便决定建立特许经营体制。目前，后一种途径正日趋普遍。建立特许经营体制是一项复杂的工程，对于以前从未从事过特许经营业的人来说，在创业之初便决定采取特许经营方式并不合适。即使是具备特许经营经验的人，也很难确保在创业之初便能成功地建立起特许经营体制。对于企业所有者来说，如果认为现有的业务具有广阔的市场前景，而进一步扩展业务又受到其资金、场所、人力等资源的限制，则可以考虑利用特许经营的方式摆脱资源限制，充分发挥业务经营的潜力。

特许经营扩张的前提条件：

1. 创办者或所有者要拥有一定的资金实力和业务基础。尽管经营特许经营系统所需资金要比自己开设所有的分店要少，但这并不意味着在特许经营过程中不需要资金。特许经营不是挽救垂死企业的灵丹妙药。传统的特许经营体制多半是由一家创业店起步，进行初步积累扩张。在其开始阶段，创办者或所有者必须投入资金与人力等资源进行促销与经营，而利润和收入则可能需要等待数年方能实现。因此，发展特许经营以前，必须拥有可靠的财务及业务基础。

2. 业务要标准化。如果企业有意通过特许经营方式扩展自己的业务，应当能够尽量将业务标准化，以便加盟者在经营过程中有明确的参照标准，能够轻易地掌握业务，迅速地开展经营活动。特许经营的业务越是复杂，就越难以选择、训练和保有加盟者。因此，通常应当将特许经营的业务限制在其他人有能力并易于经营管理的范围之内。

3. 创业所需要的设施和设备应当易于安装与维护。以快餐特许经营店为例，厨房的设计与布置都应力求简单，外卖店及餐厅的装饰、设计、布局等都应当尽量标准化，为加盟店的设计装修提供蓝本，减少筹备开业的时间。此外，经营的菜品也应当以少而精为原则。这样，不仅可以减少对库存的需要，同时还使得烹制、上菜等各个环节的工作变得简单、迅速、有效。另外，还可以减少所需设备的数量、营业所需的空间、所需要的投资以及日常保养维修开支等。

4. 要有规范化的经营管理制度。特许经营要求所有分店有统一的经营目标，实行统一的经营策略，在业务操作上也要具体、明确、规范，以便对各加盟店进行监督和管理，维护整个体系的品牌形象与声誉。否则，任何一个加盟店的不良行为都将会损害体系中的其他成员的利益。

5. 明确界定目标市场。由于特许经营系统各分店业态相同，业务相同，一旦市场对该业态需求不旺，则整个特许经营系统将面临打击；相反，一旦市场需求旺盛，则整个系统成长迅速，业绩较好。因此，特许经营要有一个正确的市场定位。在界定目标市场时，最大的问题是目标市场能否成为现实的市场。假定有人打算以特许经营形式向市场提供一种专门的服务，而该项服务现在已经包含在某些综合服务之中，那就必须十分谨慎。因为在这种情况下，要使那些习惯于综合服务的顾客转向接受专门服务，很可能需要大量的投入进行营销推广，向市场传达必要的信息，使顾客逐渐接受新的服务概念。而这种投入和风险，必须由总部的所有者承担。

6. 总部需为加盟店提供信息及支援等服务。这种服务，是处于激烈竞争的市场环境、利润率日益下滑的独立商店业主所梦寐以求而不可获得的。所以，在发展特许经营以前，总部应该周密地估计加盟店的各种需要，协助其选择合适的营业场所，指导其做开业前的各项准备工作，对其职员进行培训，为其提供建立业务的财务支持以及分店设计、设备购买等方面的服务。

（二）总部发展特许经营时必须考虑的因素

1. 加盟者的实力。从经营的可靠性和可行性以及经营的互利性出发，总部需要对申请者的财力、技术、地点进行综合考察，吸引一些拥有或有能力获得足够财力资源作为创业及营运资本，具备适当的技术接受能力，所处地点适于开展特许经营业务的加盟者。

2. 市场状况。目标市场是一个健康发展的市场，还是一个日渐萎缩的市场？产品是只能流行一时的时尚产品，还是可能在市场上长期占有一席之地的成熟产品？消费者需求的满足状况如何？竞争者的实力怎样？在发展特许经营时，总部应对市场状况有一个详细了解。

3. 企业形象必须鲜明。鲜明的企业形象可给消费者留下深刻的印象，给人以创新感，才能脱颖而出，吸引顾客。市场上虽然不可避免地会出现竞争对手，但他们也可以帮助拓展整体市场，并且对同行业的总部和加盟店产生一种激励的作用。

4. 要有创新意识。从长远来说，只有不断创新的企业才能在激烈的市场竞争中站稳脚跟，一味模仿别人的做法不会有利可图。一方面，被模仿者可能已经研究出改良现有业务的更新方法，仿效原有技术的模仿者的获利是有限的。毫无疑问，通过发展和积累经验，市场的领先者总是容易做到领先一步。而仿效者则可能根本没有机会从经验中汲取教训，逐步建立稳固的基础。基础不稳，自然不堪一击。另一方面，被模仿者也可能运用法律武器，对仿效者实施制裁和限制，以保护自己的知识产权。

5. 为了树立企业在公众心目中的独特形象，运用法律武器保护自己的知识产权，最好的办法是将商标（包括服务商标）进行注册。选择商标或服务商标，可遵循以下市场经验和原则：（1）易于诵读。简洁顺畅，琅琅上口。（2）以短为佳，便于记忆。（3）尽量采用创作或新造的字词，以免与既有的商标趋同。（4）注意可翻译性。有些商标名称按字面理解或许音、形、义俱佳，但翻译成另一种文字时则可能产生歧义，无法阅读或触犯当地的禁忌事项。

6. 要能使加盟店和总部都有利可图。加盟店的业务不仅要能够赚取足够的利润，使其取得合理的资本回报，还要使其能够有余力支付特许费，以换取总部持续提供的各种支援与服务。只有让加盟店有能力赚取足够的盈利，整个特许经营体系才能得以维持和发展，总部也能通过收取特许经营费用，持续不断地赚取利润。

7. 顾客服务不容忽视。大部分成功的特许经营系统非常重视为顾客服务，如零售、快餐、特快印刷等业务的特许经营系统。这些业务需要加盟者亲自参加加盟店的管理，而且要求能够长时间为顾客提供方便、快捷、可靠的服务。加盟者的工作时间不一定限于店铺的营业时间，同时，加盟者还要兼顾诸如管理、会计、促销、筹划等多方面的工作。

8. 在决定经营何种业务时，应对该项业务作出正确估计，可以考虑以下几项原则：（1）特许经营的方案经过实验证明是行之有效的；（2）企业拥有与众不同的品牌形象、经营制度、方法、管理模式等；（3）能够对加盟者进行有效的培训，使其在合理的时间内掌握企业的经营制度和方法；（4）该项业务能在一定时间内为加盟者和总部带来利润。

## 二、特许经营体系的构建过程

必须指出的是，大量的投入在系统发展的最初阶段是必须的，尤其是时间、人力和其他资源。特许经营系统的主要构成部分有：试点经营、特许合同、加盟者的招收与选择以及后续的支持与服务。因为特许经营系统会比最初设想的更为复杂，所以在构成上有一些不同是可以理解的。

### （一）试点经营

在特许经营发展过程的前期，即开始特许经营之前，必不可少的一步是进行试点经营，以发现此项特许业务的优缺点，确定真正的市场需求情况。不事先经过试点经营就贸然全面铺开特许经营，其风险往往太大，一旦失败，将会使总部陷入不可收拾的境地。总部的所有者可以从试点经营中积累经验，收集有价值的信息，以便决定是否继续发展特许经营系统。通常的做法是至少要设立一家试营店，而且试营店的营运条件与规划中的加盟店的基本条件一致，以确保整个特许经营体系的可行性，避免由于单一试点单位经验的片面性或试营店位置的特殊性而导致不可靠的结果。至于试营店数量的多少，则取决于这些试点的位置在体系中的代表性。

试营店应当预先在不同的范围内进行，并保证有一定的试营期，以消除经营中的偶然因素。考虑到经营中的季节因素，试点经营的期限应在十二个月以上。

总部确定试营已经准备就绪，可以把自己的试点经验传授给加盟者，方可全面开展规划中的特许经营业务。如果总部的所有者没有试验过它的制度是否成功，也未冒风险投入自有资金，那它就无权出售其特许权。要是总部在试营阶段就全盘推出自己的特许经营计划，最初的加盟者就不得不承担经营风险与损失。这是不负责任的行为。从道义与法律两个方面来说，最初的加盟者都没有义务充当试点经营者。

试点经营有如下功能：

第一，在试运行中检验和发展特许制度，界定特许经营业务的市场定位，并促使消费者从内心接受该项特许经营业务。

第二，确定经营中可能出现的问题，并寻找相应的解决办法。经验证明，特许经营中可能出现的问题所涉及的范围十分广泛，如：销售方式，产品或服务的可得性和可接受性，市场营销，交通与停车场，水电能源供应，内部管理体制，政府有关商用建筑、保安、消防、职工保健与安全等方面的规定，市政当局的商业规划，改善店铺装修方法，员工和员工培训的需要，税务及关税（如果可能涉及的话）以及其他可能与该行业经营相关的任何因素。

第三，通过试营店的试营业，找出店铺内外装修的最佳方法。通常可以在店铺内外试用各种不同的装饰和设计，以确定哪一种方案最为可取。不同行业对店铺布局与陈列有着不同的特点与要求。以快餐店的经营为例，快餐店在进行店铺的布局陈列规划时必须特别审慎，力求使从食物加工准备到顾客服务在内的整个操作过程中的各个步骤都井然有序，有条不紊，尽量避免交叉重复、脱节或相互干扰。设计最合理的活动路线，所需物品和工具放在触手可及的地方，以确保经营效率。这些问题虽然可以在规划中借助于时间动作研究、运筹学等手段求得解决，但不经过试营业，就不可能得到真正发现和解决。

第四，确定营业时间。通过在不同试营店对不同营业时间的试验，可以找出最佳的营业时间。在决定营业时间时，需要考虑到员工的工作时间安排以及是否需要采取轮班制。一方面，由于营业时间的不均衡，往往导致这样的情况：长期在某时段营业，需要增加人手，有可能因此而增加企业开支，不符合经济原则；另一方面，有时在某些非传统的营业时间（如深夜），营业额会逐渐增长，如果不通过试营业，就不可能知道这一时段其实是可以有所作为的。

第五，从试点经营中可发展出最具效率的财会制度、存货管理和存货控制方法等，使日后的加盟者可以从中受益。

首家试营店的成功，可以证明特许经营规划的切实可行。但是，这并不意味着从此就不再需要进行持续的试点经营了。在特许经营的不断发展过程中，很可能仍然需要不断地进行试验和开发，以保证在同行业的竞争中始终居于优势地位。随着市场竞争形势的发展和消费者偏好的变化，总部有时可能需要说服加盟者将店铺重新装修、更换设施、更新店铺外貌或调整经营特色，而在分支店中进行试点经营所取得的效果往往比简单的指示更具说服力。

（二）选择受许人

1. 正确选择受许人的重要性。正确选择受许人是发展特许经营业务中极其重要的一环。特别是在特许经营体系的起步阶段，总部的所有者在处理最初的若干名加盟者的时候，遇到的问题往往会比处理其后的加盟者时要更多、更复杂。缺乏经验的总部所有者最容易犯的错误就是操之过急，轻率地接受加盟店，甚至给予首批加盟者特别的优惠，以尽可能快地扩展组织并获得投资回报，但这种做法会带来严重的后果。

特许经营体系的创始阶段是总部所有者最需要勇气和耐心的阶段，也是风险最大的阶段。为确保今后特许经营的顺利发展，有必要从一开始就对加盟者进行严格挑选，不能因为急于求成而放宽条件。从长远的发展来看，花时间等候、考察合适的人选是值得的。

在实践中，特许人通过特别优惠来吸引人们加入特许组织是一个极大的错误，这会给特许体系以后的发展带来隐患。日后，当总部希望继续控制这类加盟者的时候，往往会遇到极大的困难。这类加盟者仍然将自己视为特许经营体系中拥有特权的一群，向特许人要求种种特殊待遇。此外，加盟者之间客观上存在着各种联系，假如某个加盟者获得特别优待，肯定会使其后的加盟者感到不满，认为受到了不平等的对待。

2. 受许人的条件。随着加盟者数量的日益增加，许多总部的所有者都可能会就加盟者的背景作出统计。这类统计可以反映出加盟者的特征，并印证总店所有者设置的加盟条件是否得到了满足。

（1）受许人的财力。潜在受许人是否拥有足够的创业资本是总部选择加盟者的首要条件。实际上，大多数申请人并不会有太多的财产作为加盟特许经营的资本。但申请人可以通过借贷的方式筹措资金的不足部分，其借贷额有时可高达所需资本总额的50%以上。但是，申请人的借贷途径必须正当（如信誉良好的银行、财务公司、保险公司等），借贷计划规定的还款期和利率应该合理，以确保日后有能力分期还本付息，支持经营活动。需要指出的是，如果受许人没有投入自己的资金或者其本身非常富有而投入的资金不占其资产的重要地位，则受许人可能会在特许经营困难时撒手而去。因此，受许人适度的资金参与既能提供有效的刺激，又是特许权交易中的一个基本特征。理想的加盟者应该具有极强的事业心和进取心，视事业的成功为第一需要，才能不畏困难去争取经营的成功。

（2）组织受许人。在某些情况下，大企业也可以成为特许经营体系良好的加盟者。在经济生活中，拥有多个特许经营权的企业是很常见的，其从事的业务通常包括酒店、快餐以及零售等。不过，对于特许人来说，本身是大型企业的加盟者往往比小型企业加盟者更容易引起问题。例如：特许人会更难控制其经营诀窍的扩散；受许人的资金实力可能超过特许人，会对特许人的附加限制感到难以容忍而破坏系统规范；受许人可能会觉得自己的经验与规模要比特许经营的总部更胜一筹，并力图按照自己心目中的设想，逐步改造现有的特许经营体系。因此特许人在选择组织作为受许人时一定要非常慎重，最好避免将特许经营权出售给实力雄厚的大企业，特别是在特许经营体系未稳、无力抵抗强大压力之前不要接受大型企业加盟。

（3）经验。在一般情况下，由于总部可以提供全面的培训，大部分特许人并不要求加盟者曾经从事过有关的行业。他们认为这类受许人可能继续沿用以前的经营办法，则可能会与特许人的管理和运作系统相冲突，导致系统中的不良业绩。但另一方面，一些特许人寻找有经营经历的受许人，因为尽管他们教受许人有关的专门操作，但他们认为教受许人通用的商业技能不是他们的职责。而且随着特许经营进入专业行业和金融业的时间越长，可能更强调相关专业技能。

（4）独立的经营能力。潜在的受许人必须有较强的独立性，能够自己管理企业，有充分的经营自主权和决策权。但另一方面，他也要具有一定的依赖性，愿意接受经营权合同的约束，遵守体系规则，不会蓄意对总部的决定提出挑战，更不会萌生摆脱总部控制的念头。

（5）信任。潜在的受许人必须具备良好的信誉，而且总部所有者与加盟者之间首先需要互信互敬。总部的所有者允许受许人使用自己的商标、商号，所以加盟者必须是一位可以信任的人。否则，加盟者违反操作规定的行为会损害总部的声誉。当然，总部所有者也必须取得加盟者的信任。最主要的是，总部所有者要以正当经营的成功业绩向加盟者证明自己是值得依赖的。

（6）申请人的自身条件。受许人的自身条件包括年龄、健康、婚姻状况等多方面。虽然加盟者的年龄通常不应当成为一个问题，但特许人难免要关注加盟者的健康。不仅特许经营业务本身的繁重，要求加盟者能够有充沛的精力与体力来应付竞争；而且一般认为，身体健康、仪表清洁、服装整齐的加盟者，大多会将店铺管理得井井有条，经营风格也比较稳健。申请人是否已婚，也影响到将来特许分店发展的稳定性，因为已婚的人通常表现出某种程度的成熟、稳健、安定，相对而言，不会感情用事。

特许经营使特许人和受许人之间产生高度的相互依赖，因此双方之间的相互适应与相互尊敬是非常重要的。因为同在特许经营系统中，他们有着共同的目标。总之，只有在对申请人作出全面评价之后，才能决定是否选择其作为受许人。特许人要尽可能地谨慎小心，不能草率作出决定，因为特许人的决定对双方都至关重要。

（三）特许经营合同

特许经营是由两个独立的个体，按照合同的约束条件来履行双方的权利与义务的。在特许经营体制下，合同是连接特许人和受许人的纽带，是特许经营交易中最重要的文件。一般来说，特许经营合同以约束为主，特许人通过合同来限制受许人的权利并规定他的经营方式，以便充分保障自身的商标权益，维持标准化作业及水准。总部和加盟店在特许经营交易的洽谈中，应充分协商，并将协商结果以双方同意的条文清楚、详尽地记录在特许经营合同之中，以避免日后不必要的纠纷和法律诉讼。即使发生利益冲突，一份准确、详尽又能反映双方意志的合同是仲裁或法律判决的最可靠的依据。因此，特许经营合同是总部与加盟店双方权益的法律保证。

通常一份典型的合同涵盖很多项目，下面将分项介绍特许经营合同的主要内容。

1. 受许人的权利。通过加入特许经营系统，受许人就得到了按照特许人所提供的方法经营特许业的权利。这种权利包括使用特许人专有的某些产权，如商标、商号、版权或一套特别的经营方式。大部分特许经营合同都规定总部拥有的产权有：商标、服务商标或商号以及由此产生的商誉；业务经营形式及其制度；某些情况下还包括食谱、秘方、规格、设计图案、操作程序及版权等商业秘密或知识产权。特许经营合同必须清楚地列明所授予的权利，否则受许人可能会未经许可便运用了特许人的某些产权而导致纠纷。此外，合同必须标明特许人是所有有关产权的业主，因产权运用而引起的任何第三方的指控，特许人应承担全部法律责任。

2. 受许人的责任与义务。受许人的责任与义务是特许经营合同不可缺少的部分。所有的受许人必须遵守特许人规定的方法和标准进行营业。一份特许合同常包括以下受许人必须执行的义务条款。

（1）支付适当的费用。一般而言，合同规定受许人需向特许人支付的费用包括特许加盟费、特许经营费、广告分摊费。特许加盟费类似于"入会费"，用来反映加盟的价值以及抵消特许人对受许人进行评估、培训、监察和提供服务等所承担的开支。由于特许经营系统的特许经营计划不同，特许经营加盟费的数量也不相同，通常没有硬性规定或标准，并随特许经营系统的发展阶段、商誉的高低、业务状况、市场情况的不同而产生波动。受许人需定期向特许人缴纳特许经营费，以换取特许人提供的服务与支援，而特许人则靠这笔收入作为向受许人提供服务的经费。因此，特许经营合同应明确规定特许经营费的比例。某些特许经营合同可能会规定最低营业额，以保障特许人的利益。如果受许人的营业额高于最低限额，就以实际营业额来计算特许经营费；如果受许人的营业额低于最低限额，则特许经营费以最低限额计算。大部分特许经营系统都规定由总部负责广告，而加盟店则必须为此付出一笔费用。有的特许经营总部将广告费用包括在特许经营费中。最普遍的广告分摊费的计算方式类似于特许经营费，以营业额的一定百分比为标准。

（2）地域限制。为了维护正常的经营秩序，大多数特许经营均对受许人经营特许经营业务的地区范围进行了限制，受许人只可以在指定的地区范围内从事特许经营业务。在特许经营合同中，受许人应当注意以下几点：其一，受许人在指定区域内的权利是否专有。这与受许人答应付出的费用及特许经营费直接相关。如果特许人将其制造的产品或其商标交与受许人所在区域的第三方使用，那么就会在同一地区内存在竞争。在这种情况下，受许人未必愿意付出高昂的费用及特许经营费。其二，即使受许人在某一地区内享有独有的特许经营权，也并不意味着绝对排除竞争。因此，双方应作出承诺，保证不会直接或间接协助他人在相关特许经营领域经营有关特许经营名号的商品或店铺。如有违反，应依照合同对受害者给予赔偿。

（3）保险。特许人为了维持稳定的特许经营费收入，尽量减少意外停止营业的不良影响，往往会要求受许人对毁坏、灭失和责任实行最低限度的保险，有时还会替受许人选定保险公司。

（4）供应商的选择。特许人通常要求受许人从特许人或特许人许可的供应商处购买设备和原材料以及产品，并以此控制受许人的经营活动，保证向市场提供的商品和服务的质量，从而树立特许经营系统良好的商业形象和商标信誉。受许人为了保证可靠的原材料或商品供应，也可能在合同中规定责成特许人向受许人提供原材料或产品。

（5）执行统一的经营管理标准。特许人常在合同中要求受许人执行统一的经营管理标准，以确立一个统一的形象。其内容包括：统一的店堂建设与设计，统一的会计系统，统一的服装，统一的营业时间以及统一的价格。需要说明的是，虽然执行统一的价格有利于特许经营体系的市场经营，具有商业上的合理性，但有不少国家的反垄断法不允许特许人对受许人进行价格维持或价格控制。因此，特许人可在合同中规定建议价格，受许人可根据市场情况进行调整。

（6）广告与推销。从特许经营的基本概念出发，特许经营合同应当对涉及广告与推销的计划、实施和费用等方面作出明确规定，使受许人能够在广告与推销方面与总部协调一致。特许人通常要求事先检查受许人的所有促销材料，以控制广告内容。

特许经营合同的条款比较复杂，受许人必须仔细阅读，正确把握条款内容，以便了解和执行合同所规定的义务。否则，特许人可能以其未能完全履行合同为由提前终止特许经营合同。

3. 特许经营的合同期限。合同期限是特许经营合同中的一项重要条款，其基本原则是能够长期维持特许关系。一般来说，产品的经销期限要短于业务形式特许经营期限。这是因为，前者的受许人所涉及的投资与费用通常要比后者少，筹备及学习总部的经营经验所需的时间少，受许人可以在较短的时间内收回成本。如果特许经营合同规定的期限太短，可能会使投资者感到利益不大，失去兴趣。有些特许人不愿意签订长期合同，但同时给予受许人续约的选择。受许人要小心留意续约的细则，因为这可能意味着特许人不准备同意任何展期，或准备索要一笔高额展期费。

4. 总部的责任与义务。这是任何特许经营合同都不可缺少的条款。受许人应将总部在出售特许经营权时许下的一切承诺列明在合同之内，以免以后总部拒绝给受许人提供必需的指导和资料，或者要求受许人支付额外的费用。一般总部的责任为提供包括商业秘密、经营方式、商标和贸易名称的使用权在内的经营规划、店铺装修计划、高级职员或全体员工的培训、货物或服务质量及标准的控制等。有些特许经营总部还设有专职代表，定期有规律地拜访加盟店，提供持续的经营帮助和指导。有的特许经营合同还规定总部必须为受许人提供地方性广告。

5. 知识产权。每一项特许经营都包含有知识产权的运用，这些知识产权通常包括总部的商号、商标、专利、经营秘诀、版权、商业秘密等。由于这些产权可能价值很高，同时也是特许经营赖以发展的基础，特许经营合同内通常都会有详细的条款加以说明，规定所有与特许经营有关的知识产权均归总部所拥有，而受许人只有在总部许可的情况下运用该产权。当特许经营合同终止后，受许人便没有权利继续运用总部的任何产权。对于受许人在经营期限内发明或改进某种设计或技术而产生的新知识产权，合同应对其产权归属作出明确规定。由于知识产权是特许经营系统赖以发展的基础，也是受许人愿意付费加入特许经营体系的原因，因此，总部有义务保证当第三者侵犯该项知识产权时采取相应的制裁措施，以保障受许人的利益。

6. 特许经营权转让与分让。绝大多数特许经营合同不允许受许人未经特许人同意将特许权转让给第三者。这项条款允许特许人保留选择特许权接受者的权利。为了维持特许经营的连续性，特许合同应该明确在受许人死亡（或作为受许人的有限公司的主要持股者死亡）后，允许死亡的受许人的代表或其家庭成员临时负责经营活动。如果符合特许条件，特许人会同意其继续拥有特许权，否则特许人在短期内接管该特许分店的经营直到找到合适的受许人。某些特许经营合同可能附有加盟分让许可权，即在合同有效期内，受许人可将合同规定的权利分让给第三者。第三者的权利源于受许人的权利，它随着总部与受许人合同的终止而消灭。受许人与第三者之间可有一份独立的分让特许经营权的合同，但要求事先得到总部的批准。同时，总部也会要求第三者与自己签订另一份合同，承担总部与受许人合同内的相应条款，以便在第三者未遵守特许经营合同的情况下，不必通过受许人而由总部独立提出控诉。受许人有责任和义务保证及督促第三者遵守一切合同条款。

7. 特许分店的购回和收购。当受许人决定出售特许店时特许人享有优先购买该店或存货的权利。但价格问题常常比较棘手，一些特许人提供的价格往往只能补偿建筑物和设备，而不考虑商誉的报酬。特许人也经常积极地收购特许系统内经营最成功的运营分店，并将其转化为公司连锁的一份子。因此，合同应特别标明特许分店的估价方法。比如，麦当劳制定分店收购价的方法是，以该特许店在整个体系中所占的市场份额的百分比作为基价，并依据其资产的增值及需要花费的改造费用进行调整。

8. 特许经营合同的终止。特许合同通常会确定合同终止的原因。常见的原因主要有下列一些：合同到期且不再续签；受许人无法按规定运营方式运营；受许人无法达到既定的最低业绩限额；受许人无法维持规定的服务和品质水平；受许人无法维持足够的营业时间；受许人未能交付各种特许费用；受许人在谈定业务销售额方面事先未征得特许人的同意。大多数特许合同允许受许人在合同终止前的一段时间内改正违约行为。

9. 特许经营合同终止后的责任。特许经营合同终止后，所有相关的知识产权均将归还总部，受许人不得再使用特许标志及其他所有特许权。通常，合同会规定受许人在合同终止后一定时期或地区内，不得直接或间接从事与该项特许经营相似或有竞争性的业务。此外，受许人也不得运用或泄漏在合同有效期内总部提供的任何资料，包括特许经营的运作、价目、客户及供应商的资料等。

10. 争议与仲裁。由于各种客观原因的影响，合同双方在执行合同的过程中难免会发生各种各样的争议。合同纠纷的解决通常有两条途径：诉讼与仲裁。一般来说，仲裁解决争议要比法律诉讼快且节省费用。因此合同双方可以在合同中规定仲裁条款，或在争议发生之前或之后签订仲裁协议，自愿将双方的争议交由双方都同意的第三方进行仲裁。仲裁裁决对双方均有约束力，一般不得再向法院起诉。在谈判合同中需要确定仲裁的规则、选择仲裁人的方式、仲裁地点和上诉法庭的可能性等。

（四）后续支持与服务

在特许经营系统中，特许人除向受许人提供初始服务外，在合同存续期间，特许人还须向受许人提供后续服务。初始服务能帮助受许人尽快地建立业务，而后续服务能协助受许人成功经营业务，并从技术更新、经营诀窍、广告、促销以及特许经营体系的扩展中获益。特许人对受许人经营过程中的服务包括以下内容：

1. 监督与支持。特许经营手册和特许合同一般都要包括报告和监督体制，这些报告和监督既能保证特许人随时了解、查证受许人的经营业绩和应支付的费用，又能帮助受许人获取自己经营状况和财务状况的关键信息，得到特许人的指导。特许人会派咨询专家定期访问受许人，检查受许人的经营情况，以便发现受许人在经营过程中存在的问题以及是否存在违反体系制度的情况。对那些不易解决的问题，咨询专家会提供决策建议与帮助，必要时还会对受许人进行再培训。

2. 培训。无论是在开业初期，还是在经营过程中，特许人对受许人的培训是必不可少的。在受许人开业之前，特许人应对受许人进行基本技能的培训，以帮助受许人顺利建立业务。在经营过程中特许人对受许人的再培训包括对经营业绩不佳的受许人的培训，对受许人培训自己员工时所给予的协助，培训受许人接受特许人所作的创新（特许经营体系的变动、技术革新、经营方法的改良等），以便降低受许人的经营风险，使其在实践中更有效率。

3. 广告和促销。在大多数特许经营组织中，广告、促销和公共关系的责任由特许人承担，而这些工作的费用通常由受许人支付。为了整个特许经营组织的长远发展，特许人应从以下几个方面安排好广告活动：（1）通过广告宣传建立并保持强大的公司形象，并使之被消费者接受。（2）注意选择合适的广告媒体和形式，以便收到较好的广告效果。除广泛采用电视、广播、报纸、杂志等大众传播媒体外，同时也可采用邮寄广告、户外广告、灯箱广告、橱窗陈列广告以及网络广告等多种广告■形式。（3）广告费用的分摊。如果由总部负责广告，则受许人需支付广告分摊费。广告分摊费的计算及其使用，双方都应协商好。（4）对于受许人的本地广告，可以由特许人负责或是由受许人制作。如果由受许人自己制作，特许人应对广告内容进行审核，以树立统一的广告形象。

4. 研究和开发。特许体系需要不断地进行创新，引入新观念和新方法，以提高特许经营业务水平。因此，特许人应拥有关于产品、服务、体系和市场形象的研究和开发计划。对于引入的新产品、新服务以及新技术，应事先进行试验，以确保其与现有业务相适应，并成为特许体系的一部分。

## 三、特许人与受许人的管理

管理是企业经营成败的决定因素，在特许经营过程中，企业失败的两个主要原因是管理不善或资金短缺。为帮助受许人的经营获得成功，确保整个特许经营系统的正常运转，特许人需要建立一个良好的组织结构和操作系统。受许人作为特许分支单位的所有者或经理，应该根据外部经营环境的变化，遵循特许体系的原则，充分利用特许人提供的支持对企业进行良好的设计和管理。

（一）组织结构

科学合理地设计特许经营体系的组织结构，对于特许经营系统的发展是一件相当重要的事情。为了使一个组织有效运转，特许人需保证特许组织在体系目标不断变动的情况下保持一致性。特许经营组织要符合以下原则：

1. 统一指挥的原则。这一原则要求组织中的每个职务、每个环节都有专人负责，每个人都应该清楚向谁负责，并且一个下属只对一个上司负责。从特许经营系统的最低层员工到最高层职员，指挥链条清晰、明确、统一，使特许经营系统中众多的分店、部门、环节形成一个统一的有机整体。

2. 以工作为中心的原则。在特许经营组织设计中首先要明确工作，根据工作需要，招聘员工、分配工作任务，以保证特许经营体系的工作效率，保证组织机构的精简，避免人浮于事的现象。以工作为中心进行组织机构的设计有三条标准：部门划分粗细适当，职责明确，工作量足够；没有多余的管理环节；每个部门的人员配备与工作任务相适应。

3. 适当的组织层次与管理幅度。特许经营系统应尽力限制组织层次，因为层次越多，组织间的沟通越困难，产生的协调问题就越多，在上传下达的过程中越容易出现信息丢失、失真、过时。一个经理所能直接领导的员工数目有限，因此管理幅度也要适当。特许经营组织经理的管理幅度视其职位不同而有所不同。分店经理应能对分店所有员工实施管理，而部门经理应能对本部门员工实施管理，特许经营组织的总经理应能对各个部门经理实施有效管理。

4. 对称原则。这一原则要求权利与责任、才能与职位相对称。与一定职位相联系的职务、权利和责任等的详细规定与说明，通常都详细记载在特许经营的组织章程、操作手册中。在这些文件中，对担任各项工作的人员、职务、权利、责任均有明确要求。

5. 按专业化进行组织设置。根据功能的不同，可将特许经营系统分为决策功能、执行功能和销售功能，分别由总部高层经理或董事会、总部各职能部门和分店承担。

（二）人事管理

特许组织应明确每个员工的分工和职责，制定评价工作绩效的标准和奖惩办法。具体而言，首先要分析一项工作的职责、与其他工作的关系、所需的知识与技能、通常情况下的工作条件，以这些为标准进行新员工的招聘、培训、协调以及确定报酬。此外，特许组织还要对不同工作进行评价和分等级，对员工的工作绩效进行评价，确定工资和福利的额度，作出奖惩决定。

（三）受许人管理

特许人应为受许人提供充分的指导，包括对其责任、权利的说明。受许人管理的核心是提供一本操作手册。特许经营操作手册涉及的是日常经营业务所需的各个细节方面的指导资料，提供经营特许业务的详细方法。一般包括下列内容：

1. 简介。手册的第一部分是介绍业务的基本特征和经营哲学，并阐述特许人与受许人彼此之间的愿望。

2. 业务体系。手册随后介绍特许经营业务体系的各个细节，如怎样建立业务、各业务环节如何配合等。

3. 设备。手册应说明经营特许业务所需设备的规格、功能、操作方法以及设备失灵或有缺陷时的处理方法，并提供设备供应商和维修商的电话或其他联系方式。

4. 经营指令。经营指令详细规定了特许经营体系日常经营管理活动标准和要求，其内容涉及特许经营业务的方方面面：

（1）经营模式；

（2）营业时间；

（3）员工上下班及轮换时间；

（4）标准工作形式和程序；

（5）对员工的仪表要求；

（6）员工培训程序；

（7）招聘和处罚员工的程序及需遵守的义务；

（8）定价政策；

（9）采购政策及交货安排；

（10）商品与服务标准；

（11）员工职责：详细规定每一位员工的职责以及改变职务应采用的方法和程序；

（12）特许权使用费的支付：计算费用的详细步骤、凭证样本；

（13）财务会计制度：受许人应采用的会计方法、内容和程序；

（14）现金控制及银行手续：包括涉及支票、信用卡交易；

（15）广告与促销：对受许人的广告、市场促销及采用何种销售技巧提供基本的指导；

（16）对营业场所风格的要求及使用特许人商标或服务标记的方式；

（17）保险；

（18）存货控制。

5. 标准形式。手册中应提供对上述各项的参考样本，如劳动合同、要求员工保守商业秘密的合同、经营所需的与顾客有关的合同。

6. 特许人的信息。包括特许组织的人员构成、与受许人进行联系的人等。

7. 常用的电话号码。

以上所介绍的是通用的经营手册，不同业务之间的经营手册肯定有一些区别。以零售业为例，其经营手册除涉及上述内容外，还应包括存货水平、店面陈列、商品化技术、顾客关系、担保和声明、顾客抱怨处理程序等。

## 本章小结

特许经营管理这一章分为三节。在特许经营概述中分别介绍了如下三个方面的内容：国际特许经营协会和欧洲特许经营联合会两大组织给特许经营所下的两种定义；特许经营的四种类型；并对特许经营的发展历程作了简要回顾。对特许人和受许人而言，特许经营均有利有弊，本章分别从特许人和受许人的角度分析了特许经营的优缺点。关于特许经营组织的建立问题，文章首先介绍了实施特许经营的条件和途径，然后从试点经营、受许人的选择、特许合同、后续服务与支持四大方面阐述了如何构建特许经营体系，最后从组织结构、人事管理以及受许人管理三大方面论述了特许经营系统的管理。

## 思考题

1. 何谓特许经营？它有哪些类型？
2. 对于受许人而言，特许经营有何优劣？
3. 在特许经营体系的构建过程中为何要进行试点经营？
4. 特许人该如何选择合适的受许人？
5. 特许经营合同对特许人和受许人的权利和义务各有何规定？

## 案例分析

### 麦当劳公司特许制度的特点

麦当劳公司可以说是世界上最成功的特许经营组织之一。麦当劳公司在全球有1万多家分支店，大约每隔15小时，麦当劳公司就要开一家新的分店。

第一，分店的建立。每开一家分店，麦当劳总部都自行派人员选择地址，组织安排店铺的建筑、设备安装和内外装潢。

第二，特许费。受许人一旦与公司签订合同，必须先付2.25万美元的首期特许费，其中一半用现金支付，另一半以后上交。此后，每年交一笔特许权使用费（年金）和房产租金，前者为年销售额的3%，后者为8.5%。

第三，合同契约。特许合同的期限为20年。公司对受许人负有以下责任：在公司的汉堡包大学培训员工、管理咨询、广告宣传、公共关系和财务咨询，提供人员培训所需的各种资料、教具和设备，向特许分店供货时提供优惠。

第四，货物分销。麦当劳公司不是直接向特许店提供餐具、食品原料，而是与专业供应商签订合同，再由它们向各个分店直接送货。

麦当劳的基本政策有七大要素：

1. QSCV（Quality 质量，Service 服务，Cleaness 卫生，Value 价值），此条也是麦当劳公司的最高政策，它不仅对快餐业,甚至对其他行业也产生了深远的影响。

2. TLC(Tender 细心,Loving 爱心,Care 关心)。

3. Customer is First（顾客永远第一）。

4. Dynamic，Young，Exciting（活力、年轻、刺激）。

5. Right Now and No Excuse Business（立即动手，做事没有借口）。

6. Keep Professional Attitude（保持专业态度）。

7. Up to You（一切由你）。

这七条不仅是企业理念，而且是麦当劳集团的行为规范，更可以说是麦当劳企业的战略。具体地说，这些是判断的基准，期望一线的店铺，从业主到工作人员，能够自始至终将这些标准作为一致行动的范本，但是这仍需有默契的配合。

在麦当劳的经营中有一些很重要的字眼，例如：保持新鲜，质量和数量，快速、微笑和充满生机，清洁、清洁再清洁，卫生、充满快乐的地方，亲切好客，家庭式餐厅，不断变动。

这些字充分补全了经营手册的不足，提高了手册的执行水平，更使这些观念不断深入员工，同时成为所有顾客对麦当劳形象的认同。总而言之，麦当劳的营运体系至少已达到了下面几项：

（1）在整个公司中建立了共同的价值观。

（2）强化了分支店独立的特性。

（3）提高了受许人的工作意愿。

（4）在短时间内训练好员工，降低他们的流动率。

（5）对多样化的市场及质量的变化极为敏感。

（6）对培养中层经理人员相当有效。

（7）养成工作人员能及时作出正确决定的习惯。

（8）促进组织及人才活动。

麦当劳在处理总部与分店的关系上也相当成功。

首先，麦当劳公司收取的首期特许费和年金都较低，大大减轻了分支店的负担。

其次，在采购方面，总部始终坚持让利的原则，即把采购中得到的优惠直接转让给各特许分店。这是其增进受许人的团结、鼓舞士气、加强总部与分店合作的一个重要方式。

最后，麦当劳总部不通过向受许人出售设备及产品牟取暴利。而许多其他的特许组织都通过强卖产品的方式获得主要利润，这就造成了总部与分店之间的利益冲突。

（资料来源：刘凤军：《特许经营特色》，载《企业管理》，2000年。）

## 思考题

1. 如果你是麦当劳负责特许连锁扩张的部门经理，你如何在一个老城区和新城区发展你的业务？

2. 如果你想加入麦当劳的连锁店，需要考虑哪些因素？

第 五 编

# 物流与供应链管理

# 第十二章 物流与供应链管理

## 本章学习目的

学完本章后，应该掌握以下内容：
1. 物流及物流管理的概念；
2. 物流系统的内容与目标；
3. 库存管理的技术方法；
4. 合理运输的定义、作用和形式；
5. 配送中心的作业活动；
6. 物流管理与供应链管理的区别与联系。

## 第一节 物流与物流管理

### 一、物流的概念

现实的经济活动可以划分为生产活动、流通活动和消费活动，物流活动属于流通活动。流通是联系生产和消费的必要环节。没有流通，商品的价值和使用价值将无法实现。随着生产的发展，消费者的消费能力增强，没有高水平的物流支持，营销或制造的具体实现是很困难的。如果没有可靠和及时的交货，再好的商品、价格和促销组合都无济于事，对一个顾客来说，一台空调及时送货上门与空调的价格一样的重要。及时的交货意味着顾客可以在所需要的时间和地点购买到产品，或是在期望的时间和地点交货。

物流（Logistics）是企业营销能力的一个重要组成部分。企业的营销组合是产品、价格、促销和销售的组合，以此为消费者提供价值。物流是对消费者需要的有形产品或无形的服务进行适时的传送。

物流的概念在美国形成时被称做"Physical Distribution"（即 PD）。我国 20 世纪 80 年代接触"物流"这个概念时，物流在国际上称为"Logistics"，原意为"后勤"。"Logistics"是第二次世界大战中军队运输给养时使用的一个名词，它指维持战争需要的一种后勤保障系统。后来"Logistics"一词转用于物资流通中时，不仅考虑从生产者到消费者的"货物配送"，还考虑原材料的采购、生产者在产品制造过程中的运输、保管和信息等各个方面内容，以此期望综合地提高经济效益和效率。

美国后勤管理理事会（the council of logistics management）把物流（Logistics）定义为"为满足顾客需求，将货物、劳务和有关信息从供给源送至消费地，而对流动与存贮进行计划、实施和控制活动的全过程"。该定义强调现代物流是以满足消费者需求为目标，把制造、运输、销售等市场情况统一起来思考的一种战略措施。此后，物流的概念得到不断扩展。在荷兰举办的第九届物流国际会议上，人们认为物流包括生产前和生产过程中的物质、信息流通过程，而且还向生产之后的市场营销活动、售后服务、市场组织等领域拓展。最近，美国物流管理协会又扩展了原有物流领域，将之修正为"物流是指为了符合顾客的必要条件，所发生的从生产地到销售地的物质、服务以及信息的流动过程，以及为了使保管能有效、低成本的进行而从事的计划、实施和控制行为"。此修正定义表明物流活动是从商品使用、废弃到回收的整个循环过程。

综上所述，我们认为现代物流是指为了实现顾客满意，并提高企业收益，通过提高经营重要资源的时间、物流质量、备货、信息等服务品质，从原材料的调拨开始到商品的生产以及最终顾客的商品、服务流动的经济活动过程。

## 二、物流系统的目标

如果将连接企业及其顾客的所有活动看做是一个统一的过程，就可将它叫做后勤价值链（logistics value chain），它控制着从原材料的采购到产品销售的全部活动。另一种看法是，价值链涉及一系列的企业，包括原材料供应商、制造商（生产商）、批发商、零售商及运输商。当设计和管理后勤系统时，每个企业及其价值链上的合伙人都必须共同努力去达到六个经营目标，尽管这六个目标是相互矛盾的。这些目标是后勤绩效的主要决定因素，它们分别是：

（一）快速反应

快速反应是指公司能够及时满足顾客需求的能力。顾客的需求可能是某种特殊的产品，也可能是需要快速交货或者是仅想了解产品信息。信息技术的发展提高了后勤决策的潜力，有助于快速交货。如销售点（POS）数据技术用于控制零售存货的补充。通过销售点（POS）数据技术掌握每日零售量，并能对所需的补充货物作出迅速准确的反应，降低了安全储备的数量。快速反应能力使得企业能够将经营重点从基于预测的预先计划转向基于现实销售的响应性经营。

（二）最小的变动

变动指的是后勤系统中所有可能出现的意外干扰因素，如订单接收延误、生产中断、货物损坏或需求猛增等都会导致运营变动，而这些变动都必须辨明原因，加以解决。变动包括内部的和外部的，相对而言，外部变动原因繁杂、处理难度大，其主要形式有由于运输、天气或设备故障引起的车辆延误导致运输时间的变动。传统的解决方法是设置安全储备或使用高成本的保险运输，而这种传统的高风险、高成本的运营方式已被严格的后勤管理所取代。

### （三）最小的存货

最小存货主要是指存货规模最小化，即将存货的设置降到尽可能低的水平，而且要同时满足顾客的需求以及达到最低的后勤成本。最少的存货涉及资产占用和相关的周转速度。资产占用是指整个后勤系统中所设置的存货的价值，周转速度指的是一定时间内存货使用的速度。高速度的周转意味着存货中蕴含的资产得到了有效的利用，相反，低速度则表明生产商、批发商和零售商手中持有太多的存货。"零储备"的概念已日益成为管理者寻求降低存货设置风险的一种流行途径。为了达到存货最小化的目标，后勤系统的设计必须控制企业及各个运作环节的存货占用和周转速度。当将企业的存货管理延伸到整个价值链时，则要求各组织间应有计划和协调。对整个价值链中存货的有效管理可以减少由于合伙人之间缺乏沟通而造成的重复和浪费。

### （四）运输合并最大化

运输可以说是后勤中最大的一项开销。一般来说，运输费用随着距离的增加和产品易损坏性的增加而增加，但单位重量的运输成本随着装载规模的扩大而减小。许多后勤系统使用高速、小容量的运输方式，比如说空运，以高费用来保证安全服务。运输合并极大化可以节省运费，合并可以通过将许多小容量运载集中转化为大容量运载来实现（比如长距离同线路运载），然后，等这种大容量的同线路运载到不同地区时可再分割为不同顾客目的地的运送，虽然区域的分销也要花费一些费用，但是利用合并同线路运输可以节省大量费用。

### （五）全面质量控制

一个有缺陷的产品会减少后勤的价值增值，将产品运达消费者发现产品损坏或不对口时，产品的保管费用和运输费用已不可能得到补偿了。由于产品不对口或运输过程中的损坏而重复一项运输工作所花的代价要比在第一次运输中做到无误操作所花的代价大得多。因此，物流是发展和维持连续的全面质量管理的主要组成部分。

### （六）产品生命周期支持

有一些产品，比如说复印设备，是在售后通过零配件和各种服务来赚取利润的。生命周期支持的重要性随着产品和顾客的不同而不同。对于那些经营耐用品和工业设备的厂商来说，生命周期支持承诺构成了后勤工作中成本最大的工作之一。后勤系统中生命周期支持能力的大小必须经过认真的设计。同时，由于对环境问题广泛的关注，才产生了对逆向后勤的需要，它必须有回收利用多种废料和包装材料的能力。

### 三、物流管理

物流管理是指为了实现既定的物流系统目标，提高向消费者和用户供应商品的效率，而对物流系统进行计划、组织、指挥、监督和调节的活动。现代物流管理是将信息、运输、库存、仓库、搬运以及包装等物流活动综合起来的一种新型的集成式管理，它的任务是以尽可能低的成本为顾客提供最好的服务，即以最少的成本，在正确的时间、正确的地点、正确的条件、将正确的商品送到正确的顾客手中。物流管理不仅是对实物流通的管理，也包含了对服务这种无形商品的管理。物流管理涉及所有类型的组织和机构，包括政府、工厂、医院、学校、金融机构、批发商、零售商等。

物流管理的核心在于创造价值，物流管理所创造的价值体现在商品的时间和地点效用上以及保证顾客在需要的时候能方便地获取商品。物流管理对各项物流活动进行集成化的管理，贯穿于产品价值形成和实现的全过程。下面将对几种主要的物流活动的管理进行详细介绍。

（一）库存管理

1. 库存管理的概念。企业在经营活动中越来越重视供应链的作用，库存管理是整个供应链中的一个重要方面。库存（Inventory）是指处于储存状态的物品或商品。从生产过程的角度，库存可分为原材料库存、零部件及半成品库存、成品库存三类。从库存物品所处状态，可分为静态库存和动态库存。从经营过程的角度可将库存分为经常库存、安全库存、生产加工和运输库存、季节性库存、促销库存、投机库存和积压库存。

库存管理的目的是在满足顾客服务要求的前提下通过对企业的库存水平进行控制，力求尽可能降低库存水平、提高物流系统的效率，以强化企业的竞争力。库存存在于企业经营过程的各个环节间：一是企业在销售阶段，为了能及时满足顾客的要求，避免发生缺货或延期交货现象，需要有一定的成品库存。二是在采购生产阶段，为了保证生产过程的平准化和连续性，需要有一定的原材料、零部件的库存。在采购、生产、销售不断循环的过程中，库存使各个相对独立的经济活动得以进行。各个环节之间存在供求品种及数量的不一致，库存对此调节，把各个环节连接起来，可以起到润滑剂的作用。但是，库存商品要占用资金，发生库存成本。库存成本包括采购成本（货物购买成本——购买价格、订货成本）、库存维持成本（库存资金占用成本、空间成本、存货损失成本）、缺货成本（延迟订货成本、销售损失成本），其中缺货成本是一种机会成本。因此，既要防止缺货，避免库存不足；又要防止库存过量，避免发生大量不必要的库存费用，降低库存成本。

2. 库存管理的几种方法。随着库存管理概念的变化和通信信息技术的发展，库存管理逐渐从传统的库存管理技术方法向现代的库存管理技术发展。传统统计库存控制的方法确定的库存水平与实际所需求的库存，总不能达到一致。特别是在需求不连续的情况下，这种不一致将会扩大。传统的库存管理技术主要是 ABC 分类法和 EOQ（Economic Order Quantity，经济批量）模型法；现代库存管理技术主要有材料需求计划（Material Requirements Planning，简称为 MRP）、及时生产方式（Just In Time，简称为 JIT）和企业资源计划（Enterprise Requirements Planning，简称为 ERP）、快速反应（Quick Response，简称为 QR）和效率型顾客响应（Efficient Customer Response，简称为 ECR）等方法。

（1）ABC 分类法。一般来说，企业的库存物资种类繁多，每个品种的价格不同，且库存数量也不等，有的物资品种不多但价值很大，而有的物资品种很多但价值不高。因此，对所有库存品种均给予相同程度的重视和管理是不可能的。为了使企业有限的资源能得到更有效的利用，应对库存物资进行分类管理和控制。ABC 分类方法的基本思想就是依据库存物资重要程度的不同，分别进行不同的管理。

ABC 分类管理方法就是将库存物资按重要程度分为特别重要的库存（A 类库存）、一般重要的库存（B 类库存）和不重要的库存（C 类库存）三个等级，然后针对不同的级别分别进行管理和控制。ABC 分类管理方法可以按库存物资所占总库存资金的比例和所占库存总品种数目的比例这两个指标，对库存物资进行分类。一般说来，A 类库存品种数目少但资金占用大，即 A 类库存品种占库存品种总数的 5%～20%，而其占用资金金额占库存占用资金总额的 60%～70%。C 类库存品种数目大但资金占用小，即 C 类库存品种占库存品种总数的 60%～70%，而其占用资金金额占库存占用资金总额的 15% 以下。B 类库存介于两者之间，B 类库存品种占库存品种总数的 20%～30%，其占用资金金额大约占库存占用资金总额的 20% 左右。

在对库存进行 ABC 分类之后，接着便是根据企业的经营策略对不同级别的库存进行不同的管理和控制。对于 A 类库存，企业必须对其定时进行盘点，详细记录并经常检查分析物资使用情况、存量增减、品质维持等信息，加强进货、发货、运送管理，尽量维持较低的经常库存量和安全库存量，加强与供应链上下游企业合作以降低库存水平，加快库存周转率；对于 B 类库存，一般进行正常的例行管理和控制；而 C 类库存一般只需进行简单的管理和控制，如大量采购大量库存，减少管理人员和设施，投资、库存检查时间间隔长等。

（2）EOQ 模型法。EOQ 是一个最佳订货量，一般用于定量订货方式之中。定量订货是指当库存量下降到预定的最低库存数量(订货点)时，按规定的数量(最佳订货量)进行订货补充的一种库存管理方式。采用定量订货方式必须预先确定订货点和订货量。通常订货点的确定主要由需要率和订货、到货间隔时间这两个要素决定。如果需要固定均匀、订货与到货间隔时间不变，不需要设定安全库存，订货点的计算公式如下：

$$R = \frac{LT \times D}{365}$$

式中：LT 为交纳周期；$D$ 为每年需要量。

如果需要发生波动或订货与到货间隔时间变化，订货点的确定方法就较为复杂，往往需要安全库存，在此不详细讨论。

企业每次订货的数量多少直接关系到库存的水平和库存总成本的大小，因此，企业需要找到一个合适的订货数量使它的库存总成本最小。经济批量模型（Economic Order Quantity Model）可以通过平衡采购进货成本和保管仓储成本，确定一个最佳的订货数量来实现最低总库存成本。在需要率是已知的和连续的、订货到货间隔时间是已知的和固定的、不发生缺货的情况下，使库存总成本最小的最佳订货量（即 EOQ）计算如下：

$$Q^* = \sqrt{(2D \times I)/J}$$
$$= \sqrt{(2D \times I)/(F \times P)}$$

式中：$Q^*$ 为最佳订货量；$D$ 为每年的需要量；$I$ 为每次订货成本；$J$ 为单位货物的保管仓储成本；$F$ 为单位货物的保管仓储成本与单位购买价格的比率；$P$ 为货物的单位购买价格。

（3）MRP。材料需求计划（MRP）是依据市场需求预测和顾客订单来制定产品生产计划，在产品生产进度计划的基础上，组成产品的材料结构表和库存状况，再通过计算机计算出所需材料的需求量和需求时间，从而确定材料的加工进度和订货日程的一种实用技术。其基本目的是在合理利用、组织资源保持生产流程畅通的前提下维持最低的库存水平。MRP 主要用于订货管理和库存控制，它从产品的结构或材料清单出发，根据需求的优先顺序，在统一的计划指导下，实现企业的产、销、物、信息的集成，解决了制造业所关心的缺货与超储的矛盾。

MRP 的基本结构包括 MRP 的输入、MRP 的实行和 MRP 的输出三个部分。这三个部分是分别用来解决需求什么、需求多少、何时需求三个问题，以便确定所需材料的生产或订货日程和进度，保证按生产进度的要求进行生产，同时维持最低的库存水平。MRP 的基本输入系统主要由基本生产进度计划（Master Production Scheduling，简称为 MPS）、材料清单表（Bill of Material，简称为 BOM）和库存状态记录（Inventory Status Records，简称为 ISR）三部分组成。MRP 的实行是指在完整准确的生产进度计划、材料清单和库存状况记录的基础上，通过计算求得每个时间段上各种材料的净需求数量，同时也确定材料订货的数量、订货时间、订货批量和零部件的加工组装时间等内容。MRP 输出两种报告：一种是基本报告（Primary Report），其内容主要有计划订货日程进度表、进度计划的执行和订货计划的修正调整及优先次序的变更，基本报告主要为采购部门和生产部门的决策提供依据。另一种是补充报告（Secondary Report），其内容主要有成果检验报告、生产能力需求计划报告和例外报告。例外报告是专门针对重大事项提出月报告，为高层管理人员提供管理上的参考和借鉴。

（4）JIT。及时生产方式（JIT）最早由日本丰田汽车以"看板"管理的名称开发出来，并应用于生产制造系统，其后 JIT 方式的"及时"哲学被广泛地接受并被大力推广。传统的库存概念认为库存是一种安全保障，是企业的资产。JIT 认为库存是浪费，对企业来说是负债，因此，要求尽量实现"零库存"，故及时管理方式往往又称为零库存管理方式。实际上，在实践中绝对的零库存往往是不可能的，但是，它强调及时服务、过硬品质，通过消除浪费使库存减少到尽可能低的水平，彻底消除浪费。

及时化和目标管理是及时管理方式的两个支柱。JIT 系统是一个"拉动"系统（Pull System），首先由供应链最终端的需求"拉动"产品进入市场，然后由这些产品的需求决定零部件的需求和生产流程。及时化就是依据拉动的原理，生产系统的上一道作业按照下一道作业所需要的材料、数量和时间及时供应，以保证生产系统连续顺畅地运行。所谓目标管理就是生产现场的生产工作人员在生产设备、生产过程、材料加工质量等方面出现异常情况时，能依据规定自行判断查明原因并采取适当的改进措施，以保证产品的质量和提高生产效率。

及时管理方式具体可以通过平准化生产（Smoothing Production）、看板方式、消除浪费的具体措施、目标管理方法四个部分来实现。

- 平准化生产。多品种生产方式一般有两种：一种是混流生产方式，又称为平准化生产方式；另一种是生产线切换方式。为了及时对应市场变化，在及时管理系统中采用平准化生产方式，即以平准化的方式，在生产线上同时加工由多个品种组成的生产批量；而切换方式是指把同一品种集中起来进行加工，当对不同品种进行加工时，必须调整切换生产线。

- 看板方式。为了实现需要的材料在需要的时间供应，丰田公司采用看板作为前后作业之间的联系与沟通的工具。看板按用途分为提料看板、生产看板、采购看板等。看板表示出相关作业所需求的信息，后道作业向前道作业提取材料时必须出示提料看板，前道作业按后道作业提示的看板指令进行生产。

- 消除浪费的具体措施。丰田公司认为生产过程中有七种最大的浪费源是：生产超过所需数量、生产闲置等待、库存、搬运、不良生产制造流程、人力资源的浪费（指没有对员工进行岗位培训，没有训练员工具有多种技能，没有赋予员工生产现场处理问题的职责等）、次品，丰田公司提出针对这七种最大的浪费源，运用及时管理的方法加以解决。

- 目标管理方法。目标管理强调生产现场的所有工作人员具有及时发现生产过程中出现的鲜题、查明原因并加以改善的责任和能力。具体的方法是在生产线每个工序上安装具有红、黄、绿三种颜色的指示灯。亮绿灯表示生产线作业正常；亮黄灯表示该主序作业进度落后，需要支援；亮红灯表示该工序出现异常情况，要求停止生产线作业。

（5）ERP。企业资源计划（ERP）是在制造资源计划 MRP（Ⅱ）（在 MRP（Ⅰ）的基础上发展起来的，具有更多功能）的基础上发展而来的。20 世纪 90 年代初，美国 Gartner 咨询公司在总结 MRP（Ⅱ）软件发展趋势时，提出了 ERP 的概念。ERP（Enterprise Resource Planning）就是在 MRP（Ⅱ）的基础上通过前馈的物流和反馈的信息流和资金流，把客户需求和企业内部的生产活动以及供应商的制造资源整合在一起，体现完全按用户需求制造的一种供应链管理思想的功能网链结构模式。ERP 注重产品的研究开发、质量控制、市场营销和售后服务等环节，使企业间的信息和资源集成成为可能，实现了对市场需求快速反应、高度柔性的战略管理以及降低风险成本、实现高收益等目标。

MRP 作为生产计划与控制模块，是 ERP 系统不可缺少的核心功能。但是，ERP 除了传统 MRP（Ⅱ）系统的制造、销售和财务功能外，增加了运输管理、项目管理、市场信息分析、电子商务、电子数据交换等功能，借助于网络通信技术的应用，使 ERP 系统得以实现供应链管理信息集成。ERP 加快了信息传递速度和实时性，扩大了业务的覆盖面和信息的交换量，促进了企业业务流程、信息流程和组织结构的变革，增强了企业的竞争优势。同时，ERP 通过网络信息对内外环境的变化作出能动的反应，为企业进行信息的实时处理和决策提供了极其有利的条件。

在实际管理活动中，ERP 的实施主要是通过系统软件来进行的，即借助于高度信息化的系统，来实现整合的生产库存管理，这种类型的系统有多种，诸如 SAP R/3、Baan、Triton 等，其中 SAP R/3 是一个基于客户/服务机结构和开放系统的、集成的企业资源计划系统。其功能覆盖企业的财务、物流（工程设计、采购、库存、生产销售和质量等）和人力资源管理等各个方面。

（二）货物运输管理

在所有的物流机能中，一个最基本的机能是运输，运输虽然从行为上看它表现为货物在空间上的单纯移动，但在实际经济运行过程中，作为物流基本机能的运输有着多种多样的形态。厂商为在工厂从事生产活动，需要从事原材料和零部件的调拨运输。原材料、零部件在工厂进行加工，制成成品以后，就会大规模从工厂仓库运输到全国主要物流中心，这种形态的运输常称为"干线运输"或"核心运输"。商品进入厂商的物流中心后，接下来的运输业务主要是对应顾客的订货而进行的发货，包括将商品向批发业的配送中心或大型零售商的配送中心运输，甚至直接向零售店铺进行商品输送。

正因为如此，在物流过程中，企业要根据自己的资源和目标选择作出合理的运输决策——按商品流通规律、交通运输条件、货物合理流向、市场供需等情况，走最少的里程，经最少的环节，用最少的运力，花最少的费用，以最快的时间，把货物从生产地运到消费地。合理运输就是在满足经济发展和顾客生活需求的前提下，用最少的劳动消耗，运输更多的货物，取得最佳的经济效益。

按商品自然流向组织商品合理运输是市场经济规律的客观要求，它直接决定着商品物流的效率与效果。合理的商品运输能节约物流成本，减少货物运输中的损失、损耗，提高货物运输质量，节约运输费用，提高经济效益。组织合理运输，还能改善流通部门特别是物流企业的经营管理，减少货物在途资金的占压，加速资金周转。合理运输可提高车船装载量，合理使用运输工具，充分发挥运输工具的效率，提高商品运动的速度。同时由于它能有效连接生产与消费，从而既有利于物流服务和商品附加价值的实现，又能有效地促进生产商能按需生产，真正使供应链的管理建立在实需经营的基础上。

运输这种服务可以通过多种运输方式来实现，不同的运输方式与其技术特性相适应，决定了各自不同的运输服务质量。据此，组织合理运输应灵活机动、因地制宜，通常有以下一些形式：

第一，分区产销平衡合理运输，就是在组织物流活动中，对某种货物，使其一定的生产区固定于一定的消费区。根据产销的分布情况和交通运输条件，在产销平衡的基础上，按照近产近销的原则，使货物走最少的里程。它的适用范围主要是品种单一、规格简单、生产集中、消费分散，或生产分散、消费集中，调运量大的货物，如煤炭、木材、水泥、粮食、生猪、矿建材料等。

第二，直达运输，就是在组织货物运输过程中，越过商业、物资仓库环节或铁路、交通中转环节，把货物从产地或起运地直接运到销售地或用户，以减少中间环节。对生产资料来说，由于某些物资体积大、笨重，一般采取由生产厂矿直接供应消费单位（生产消费），实行直达，如煤炭、钢材、建材等。在商业部门，则根据不同的商品，采取不同的运输方法。有些规格简单的商品，可以由生产工厂直接运送到三级批发商、大型商店或用户，越过二级批发站环节。

第三，直拨运输，是指各商业、物资批发企业，在组织货物调运过程中，对当地生产或由外地到达的货物，不运进批发站仓库，采取直拨的办法，把货物直接分拨给市内基层批发、零售商店或用户，减少一道中间环节。

第四，合并运输最大化，也称"零担拼整车中转分运"。在铁路货运当中，有两种托运方式：一是整车，二是零担。两者之间的运价相差很大，采取合装整车的办法，可以减少一部分运输费用，并节约社会劳动力。在商业、供销等部门的小件杂货运输中，将零担托运的货物组配在一个车皮内，以整车运输的方式，托运到目的地，然后再中转分运。

第五，提高技术装载量，是组织合理运输提高运输效率的重要内容。一方面最大限度地利用车船载重吨位，另一方面充分使用车船装载容积。

（三）配送中心管理

在现代物流体系中，物流系统是由物流连接点、连接线和连接工具所组成。连接点主要是指工厂、店铺、住宅等物流发生、集中地。连接线指的是道路、水路、铁路、航线等媒介发生地与集中地之间的事物。连接工具主要指汽车、火车、船舶、飞机等。在物流系统中，配送中心所起的作用是作为商品周转、分拣、保管、在库管理和流通加工的据点，促使商品能按照客户要求进行流转，完成附加价值，克服在其运动过程中所产生的时间和空间障碍。

配送中心是指供货者接受多种类大批量的商品，利用现代化或先进的物流设施和技术手段，经过商品包装、分类、保管养护、情报处理和配送加工等业务程序，然后按用户的订货要求进行检货、分拣、配送和送达服务的物流场所。

建立现代化的配送中心是企业强化客户服务体制、削减流通成本、战胜竞争对手的一个重要手段。提高配送中心效率，按照客户要求建立进货体制以及保障物流作业合理化，尤其是实现配送中心内的合理化，关键在于构筑高效的信息系统，建立与物质运动相吻合进而能迅速、准确处理各类信息的高效运营系统。配送中心的业务一般有以下几项：

1. 订货、发货作业。当今的物流配送中心，无论是采用集约化、综合化的发展模式还是分散化、个性化的发展模式，都比较注重通过网络将核心企业与各工厂、配送中心、经营店铺连接起来，使订货信息通过信息系统及时传输到配送中心，同时进行自动制作发货票、账单等业务。此外，EOS 系统、POS 系统的使用使企业的经营活动与商品的物质运动紧密联系在一起，推动了即需型产销体制和网络经营体系的建立。

2. 商品检验作业。伴随着订发货业务的开展，商品检验作业也在集约化的配送中心内进行。条形码的广泛普及以及便携式终端性能的提高，物流作业效率得到大幅度提高。同时随着零售企业的不断崛起，不少大型零售企业都通过自己建立的配送中心将商品直接发送到各分店。采用这种配送形态的企业，一般都在商品上贴附条形码，以保证在商品检验作业合理化的同时，实现企业配送作业的效率化。

3. 场所管理作业。配送中心内的场所管理主要有两种类型：一种固定型的场所管理，是利用信息系统事先对货架进行分类、标号，并贴附货架代码，事先确定各货架内放置的商品；另一种管理方式是流动型管理，即不事先确定各类商品专用的货架，所有商品按顺序摆放在空的货架中。在固定型管理方式下，各货架内放置的商品长期一致，因此只要第一次将货架编号以及商品代码输入计算机，就可以很容易地掌握商品入库动态、账目以及实际商品的残余在库量，从而省去了不断进行在库商品统计的繁琐业务，及时补充安全库存。而流动型管理方式由于货架商品的不断变化，商品变更登录时出差错的可能性很高。一般而言，固定型管理使用于非季节性商品，而对于季节性商品或流行性变化剧烈的商品，由于周转较快，出入库频繁，更适应于流动型管理。

4. 备货作业。配送中心中最难实行自动化的是备货作业，不仅是因为备货作业自动化的难易程度随业种和商品形状的不同而不同，即使容易实行备货自动化的商品或产业，也需要大量实现自动化的资金投入。因此，当配送中心内商品处理量不多时，投资难以收回。原来的备货作业是在接到订货指示、发出货票的同时，备货员按商品分列的清单在仓库内寻找、提取所需要的商品。而实行自动化备货作业后，各个货架或货棚顶部装有液晶显示的装置，作业员可根据装置上所标示的商品分类号以及店铺号迅速地查找商品。备货作业的具体方法有两种：一种是抽取式；另一种是指定存放式。前一种方法是将从货架中取出的商品直接放在流水线传输过来的纸箱中；而在后一种方式下，备货员按数码信息将商品放在指定的货箱中。

5.分拣作业。分拣作业的形式随经济主体的不同而变化。对于制造商而言，如果是客户工厂订货，则产品基本上无需通过分拣直接运送给用户；如果是预约订货，就需要将商品运送到仓库，待接到客户订货后，经过备货、分拣、配送到指定用户手中。对于批发商而言，分拣作业随批发商不同的商品处理方式而有下列不同形式：商品全部由批发商自有的配送中心处理；批发商在接受订货的基础上由厂商直接向用户配送，批发商只负责销售额的计算以及账单处理等商流业务。在前一种方式下，由批发商自己进行分拣作业；而后一种方式中的批发商在接受零售商的订货后，再向制造商订货，由制造商按批发商的要求进行分拣作业，并直接向指定的零售商店配送商品。近年来由于信息技术的引入，自己进行商品分拣的批发商在接受订货的同时，利用信息系统事先做好销售账单、发货票等单据的制作和发送工作，且在这些工作进行的同时，将备货清单传送到用户指定的店铺。在零售业中，零售企业自己建立配送中心，将从厂商或批发商购入的商品全部运送到配送中心，经过适当作业后，分送到各店铺。这种运行方式是当今零售企业物流革新的一个趋势。目前，零售企业较常采用的方法是事先要求发货方的厂商或批发商按自己的要求，分店铺在商品上贴附条形码，商品进入零售商的配送中心后，只要用扫描仪读取条码后就可以直接分送到各店铺中去。

配送中心的管理除上述五方面之外，还包括制定正确的服务战略。设计配送中心系统的很多参数都决定了将来的服务水平，如制定多高的库存水平、零售商店人员情况、季节性商品的供应时间以及商品品种数量等，都直接决定了服务水平，应慎重决策，不能以牺牲服务水平来追求效率。通过配送中心，企业应更方便、更及时，以更优惠的价格向顾客提供更丰富的商品，否则无论有多高的工作效率也难以在竞争中获胜。

# 第二节 供应链管理

## 一、供应链管理概述

### （一）供应链概念

供应链目前没有统一的定义，许多学者从不同的角度出发给出了许多不同的定义。

一般认为，供应链的概念是先从制造业中发展出来的。早期观点认为供应链是制造业中的一个内部过程，它是指将采购的原材料和收到的零部件，通过生产转换和销售等活动传递到用户的一个过程。传统的供应链概念局限于企业内部操作，注重企业自身利益目标。

后来供应链的概念注意了与其他企业的联系，注意了供应链的外部环境，认为它是一个通过链中不同企业的制造、组装、分销、零售，将原材料转换成产品到最终用户的转换过程，它是更大范围，更为系统的概念。例如，美国的 Stevens 认为："通过增值过程和分销渠道控制从供应商的供应商到用户的用户的流就是供应链，它开始于供应的源点，结束于消费的终点。"Stevens 认为："供应链是通过前馈的信息流和反馈的物料流及信息流，将供应商、制造商、零售商，直到最终用户连成一个整体的结构模式。"这些定义都注意了供应链的完整性，考虑了供应链中所有成员操作的一致性。

最近，供应链的概念更加注重围绕核心企业的网链关系（如图 12-1）。如核心企业与供应商、供应商的供应商乃至与一切前向的关系，与用户、用户的用户及一切后向的关系。哈理森（Harrison）将其定义为"供应链是执行采购原材料，将它们转换为中间产品和成品，并且将成品销售到用户的功能网链"。这些概念都强调供应链的战略伙伴关系问题，通过建立战略伙伴关系，可以与重要的供应商和用户更有效地开展工作。

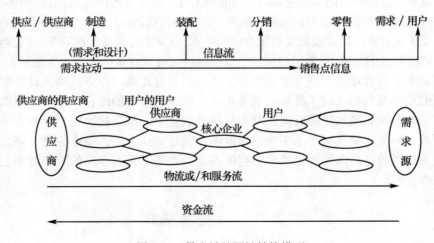

图 12-1　供应链的网链结构模型

一般来说，供应链是围绕核心企业，通过对信息流、物流、资金流的控制，从采购原材料开始，制成中间产品以及最终产品，最后由销售网络把产品送到消费者手中的由供应商、制造商、分销商、零售商和最终用户联合而成的一个整体功能网链结构模式。它是一个范围更广的企业结构模式,它包含所有加盟的节点企业,从原材料的供应开始,经过链中不同企业的制造加工、组装、分销等过程直到最终用户。它不仅是一条连接供应商到用户的物料链、信息链、资金链,而且是一条增值链,物料在供应链上因加工、包装、运输等过程而增加其价值,给相关企业都带来收益。

（二）供应链管理（SCM）

供应链管理是一种集成的管理思想和方法,是指对整个供应链系统进行计划、协调、操作、控制和优化的各种活动和过程。供应链管理把供应链上的各个企业看做一个不可分割的整体,使供应链上各企业分担的采购、生产、分销和销售的职能成为一个协调发展的有机体。它涉及原料供应商、制造过程、销售过程以及客户等整个产品制造、销售的全部流程,可同步并优化由用户驱动的产品流、服务流、信息流、资金流和人力资源流,以满足客户的需求,并且在目标市场上获得最大的财务、运作和竞争优势。其目标是要将顾客所需的正确的产品（Right Product）,能够在正确的时间（Right Time）,按照正确的数量（Right Quantity）、正确的质量（Right Quality）和正确的状态（Right Status）送到正确的地点（Right Place）——即"6R",并使总成本最小。

供应链从客户开始,到客户结束。对客户实际需求的绝对重视是供应链发展的原则和目标。根据 Lalonde 教授的分析,1960 年至 1975 年是典型的"推式"时代,从原材料推到成品,直至客户一端。1975 年到 1990 年,企业开始集成自身内部的资源,企业的运营规则也从推式转变为以客户需求为驱动力的"拉式"。进入 20世纪 90 年代,工业化的普及使生产率和产品质量不再成为竞争的绝对优势。到 21世纪初,这种竞争优势就转移到所谓的敏捷性上来。供应链管理的出现迎合了这种趋势,顺应了新的竞争环境的需要,使企业从资源的约束中解放出来,创造出新的竞争优势。供应链管理逐渐受到重视,它跨越了企业的围墙,建立的是一种跨企业的协作,以追求和分享市场机会。因此供应链管理覆盖了从供应商的供应商到客户的客户的全部过程,包括外购、制造分销、库存管理、运输、仓储、客户服务等。

总之,供应链管理是随着 Internet 和电子商务的发展应运而生的一种新型的管理系统,它能够帮助企业实现从订货、进货、生产、销售等日常工作全流程的自动化,并方便管理者获取与企业相关的各种信息。它有助于降低开支,提高工作效率,增加收入,提高客户的忠诚度,帮助企业管理者作出更明智的决定。

## 二、供应链管理与物流管理

供应链管理的研究最早是从物流管理开始的,主要是进行供应链管理的局部性研究。随着人们对物流认识的深化,物流领域出现了"实物分销——→物流——→供应链"的演变过程。物流管理在供应链管理中有重要的作用,物流系统是供应链的物流通道，是供应链管理的重要内容。有效地管理好物流过程，对于提高供应链的价值增值水平，有举足轻重的作用。供应链管理将成为 21 世纪企业的核心竞争力，而物流管理又将成为供应链管理的核心能力的主要构成部分。

物流管理有狭义和广义两个方面的含义。狭义的物流管理是指物资的采购、运输、配送、储备等活动，是企业之间的一种物资流通活动。广义的物流管理包括了整个生产过程的物料转化过程，即供应链管理。可以说，供应链管理是物流管理的延伸和扩展。一般认为，供应链是物流、信息流、资金流三个流的统一。物流管理是供应链管理的重要组成部分。供应链管理和物流管理的联系和区别有以下几点：

● 供应链是物流发展到集约化阶段的产物。现代供应链管理即通过综合从供应者到消费者的供应链运作，使物流达到最优化，企业追求全面的系统综合效果，而不是单一的、孤立的片面观点。

● 物流贯穿于整个供应链。供应链实质含"供"与"需"两方面，也可理解为"供需链"。物流连接供应链的各个企业，是企业间合作的纽带，它从供方开始，沿着各个环节向需方移动。每一个环节都存在"需方"和"供方"的对应关系，称为供应链。供应链是一条从供应商的供应商到用户的用户的物流链。

● 企业通过与供应链中的上游、下游企业的整合，形成先进的物流系统。

● 作为一种战略概念，供应链也是一种产品，而且是可增值的产品。其目的不仅是降低成本，更重要的是提供用户期望以外的增值服务，以产生和保持竞争优势。从某种意义上讲，供应链是物流系统的充分延伸，是产品与信息从原料到最终消费者之间的增值服务。各种物料从采购到制造商到分销，是一个不断增加其市场价值或附加价值的增值过程，各环节的价值增值也不尽相同，一个环节有多重要主要取决于它能带来多大的增值价值。

● 供应链管理实际上就是把物流和企业全部活动（如生产制造活动）作为一个统一的过程来管理。

### 三、企业实施供应链管理的步骤

对于企业来说，要成功实现供应链管理，首先要整合企业内部业务流程，包括产品设计、供应、订单执行、生产制造、运输、库存、销售及服务等各个环节。然后在此基础上，着手建立企业之间的协作，将企业内部的业务流程和业务伙伴的业务流程有机结合起来，共享有关信息、缩短距离，提高业务运作及决策的准确性和快速性，增强竞争力，实现合作双方的双赢。

一般说来，企业可以采取如下主要步骤建立供应链：

● 明确自己在供应链中的定位。供应链由原料供应商、制造商、分销商、零售商、物流与配送商及消费者组成。一条有竞争力的供应链要求组成供应链的各方成员都有较强的竞争力。供应链每个成员都应该是专业化的，以形成自己的优势。

任何企业都不能包揽供应链的所有环节，它必须根据自己的优势来确定自己的位置，制定相关战略。

- 建立物流网络、配送网络。物流、配送网络是供应链存在的基础，供应链上物流、配送网络的健全程度及市场开发状况等，决定了企业产品能否通过供应链快速地分销到目标市场上。

- 广泛采用信息技术。信息技术的发展改变了企业应用供应链管理获得竞争优势的方式，成功的企业应用信息技术来支持它的经营战略并选择它的经营业务。这些信息技术（如 EDI、INTERNET、EOS、POS 等）能提高供应链活动的效率性，能增强整个供应链的经营决策能力。

## 四、供应链管理方法（QR、ECR）

供应链管理的具体表现形式主要是在美国倡导的以工程再造为中心议题的 ECR 系统（Efficient Consumer Response，效率型消费者响应）以及 QR 系统（Quick Response，快速反应）。ECR 主要是以食品加工产业为对象，而 QR 主要集中在服装界，作为实施 ECR 和 QR 体制的代表性事例有美国宝洁公司与沃尔玛的合作经营，在日本，代表性事例是花王与大型超市杰斯克的合作经营。基于供应链管理的 ECR 和 QR 是现代企业物流发展的新动向。从总体上看，无论是 ECR 还是 QR，其共同的特征表现为超越企业之间的界限，追求物流效率化。具体说来，ECR 和 QR 的主要要素是：

第一，交易企业间销售信息的共有化。零售企业将原来不公开的 POS 系统单品管理数据提供给厂商或批发商，厂商或批发商通过对这些数据的分析来实现高精度的商品进货、调拨计划、降低产品库存、防止出现次品，进一步使厂商能制定、实现供需对应型的生产计划。

第二，商品供应方进一步涉足零售业，提供高质量的物流服务。作为商品供应方的批发商或厂商比以前更接近位于流通最后环节的零售业者，特别是零售业的店铺，从而保障物流的效率化。例如，花王直接承担超市店头补充进货的责任，使零售业从原来的订货业务中解放出来，实现了零售业物流作业的效率和省力化。当然，这一点与零售企业销售信息的公开是紧密相联的，亦即批发商或厂商所从事的零售补充进货机能是在对零售店头销售、在库情况迅速了解的基础上展开的。

第三，企业间订货，发货业务全部通过 EDI 来进行，实现订货数据或出货预定数据等数据的传送全部实行无纸化。企业间通过积极、灵活运用这种信息通信系统，来促进相互间订货、发货业务的效率化。

（一）快速反应（QR）

QR 是英文字母 Quick Response 的缩写形式，即快速反应。从 20 世纪 70 年代后期开始，美国纺织服装的进口急剧增加，为了对抗进口商品，零售业咨询公司

Kurt Salmon 建议零售业者和纺织服装生产厂家合作，共享信息资源，建立一个快速反应系统（即 QR）来实现销售额增长。典型的例子是美国零售业巨头 Wal-Mart 公司与服装制造企业 Seminole Manufacturing 公司以及面料生产企业 Milliken 公司合作建立的 QR 系统。从 Wal-Mart 公司的实践来看，QR 是一个零售商和生产厂家建立战略伙伴关系，利用信息技术，进行销售时点的信息交换以及订货补充等其他经营信息的交换，用多频度、小数量配送方式连续补充商品，以实现缩短交货周期，减少库存，提高顾客服务水平和企业竞争力为目的的供应链管理。

根据 Blackburn 的研究结果，应用 QR 系统之后，可以降低经营成本、库存风险和机会损失，从而降低了销售价格，避免缺货现象，便于确定畅销品，使企业销售额大幅度增加；应用 QR 系统可以减少商品库存量，并保证畅销品的正常库存量，加快了商品周转，提高了商品周转率；应用 QR 系统可以即时获得销售信息，便于区分畅销商品和滞销商品，同时通过多频度、小数量送货方式，实现实需型进货（零售店需要时才进货），这样使需求预测误差大幅度减少。

要成功地实施 QR 系统，企业要注意以下问题：

- 必须改变传统的经营方式，革新企业的经营意识和组织，树立与供应链各方建立合作伙伴关系以及努力利用各方资源来提高经营效率的现代经营意识。
- 要充分开发和利用现代信息处理技术，这些技术是成功进行 QR 活动的前提条件，包括商品条形码技术、物流条形码技术（SCM）、电子订货系统（EOS）、POS 数据读取系统、EDI 系统、电子支付系统（EFT）、连续补充库存方式（CRP）等。
- 要与供应链各方建立战略伙伴关系，积极寻找和发现战略合作伙伴，在合作伙伴之间建立分工和协作关系。
- 应建立信息共享机制，改变传统的对企业商业信息保密的做法，将销售信息、库存信息、生产信息、成本信息等与合作伙伴交流分享，并在此基础上，与各方一起发现问题、分析问题和解决问题。
- 供应商要缩短产品的生命周期（Cycle Time），进行多品种、小批量和多频度、小数量配送，降低零售商库存水平，提高顾客服务水平，适时采用 JIT 生产方式组织生产，减少供应商自身的库存水平。

（二）效率型消费者响应（ECR）

ECR 是英文字母 Efficient Consumer Response 的缩写形式，即高效消费者响应。20 世纪 80 年代特别是到了 90 年代以后，美国日杂百货业零售商和生产厂家的交易关系由生产厂家占据支配地位，转换为零售商占主导地位。在供应链内部，零售商和生产厂家为取得供应链主导权，为商家品牌（PB）和厂家品牌（NB）占据零售店铺货架空间的份额展开激烈的竞争，使得供应链各个环节间的成本不断转移，供应链整体成本上升。这种情况对于生产商、零售商和消费者都不利。为此，美国食品市场营销协会（Food Marketing Institute）联合 COCA-COLA，P&G，Kurt Salmon Associations 对供应链进行调查、总结、分析,提出了 ECR 的概念体系。

ECR 是一个生产厂家、批发商和零售商等供应链组成各方相互协调和合作,更好、更快并以更低的成本满足消费者需要为目的的供应链管理系统。ECR 以信任和合作为理念,通过引进最新的供应链管理运作和创造消费者价值理念,推广供应链管理新技术、成功的供应链管理经验和零售业的精细化管理技术,协调制定并推广相应的标准,力图在满足消费者需求和优化供应链两个方面同时取得突破。ECR 的最终目标是分销商和供应商组成联盟一起为消费者最大的满意度以及最低成本而努力,建立一个敏捷的消费者驱动的系统,实现精确的信息流和高效的实物流在整个供应链内的有序流动。

实施 ECR 后,在流通环节中减少了不必要的成本,零售商和批发商之间的价格差异也随之降低,这些节约了的成本最终将使消费者受益。除了这些有形的好处以外,还有一些对消费者、分销商和供应商无形的利益。对消费者而言,增加了选择和购物的方便,减少缺货品,产品更新鲜;对分销商来说,增加了消费者的信任,对顾客更加了解,改善了和供应商的关系;而对供应商,减少了缺货,增加了品牌信誉,改善了和分销商的关系。

ECR 概念是流通管理思想的革新,ECR 作为一个供应链管理系统需要把市场营销、物流管理、信息技术和组织革新技术有机结合起来作为一个整体使用,以实现目标。要实施 ECR,首先应联合整个供应链所涉及的供应商、分销商以及零售商,改善供应链中的业务流程,使其最合理有效;然后,再以较低的成本,使这些业务流程自动化,以进一步降低供应链的成本和时间。具体地说,实施 ECR 需要将条码、扫描技术、POS 系统和 EDI 集成起来,在供应链(由生产直至付款柜台)之间建立一个无纸系统,以确保产品能不间断地由供应商流向最终客户,同时,信息流能够在开放的供应链中循环流动。这样,才能满足客户对产品和信息的需求,给客户提供最优质的产品和适时准确的信息。

## 本章小结

现代物流是指为了实现顾客满意,并提高企业收益,通过提高经营重要资源的时间、物流质量、备货、信息等服务品质,从原材料的调拨开始到商品的生产以及最终顾客的商品、服务流动的经济活动过程。物流系统目标有:快速反应;最小的变动;最小的存货(存货规模最小);运输合并;全面质量控制;产品生命周期支持。物流管理是指为了实现既定的物流系统目标,提高向消费者和用户供应商品的效率,而对物流系统进行计划、组织、指挥、监督和调节的活动。物流管理活动主要有库存管理、运输管理和配送中心管理。

库存(Inventory)是指处于储存状态的物品或商品。库存管理的目的是在满足顾客服务要求的前提下通过对企业的库存水平进行控制，力求尽可能降低库存水平、提高物流系统的效率，以便强化企业的竞争力。库存管理的方法有 ABC 分类法、MRP、JIT 和 ERP。

在物流过程中，企业要根据自己的资源和目标选择作出合理的运输决策。运输服务可以通过多种运输方式来实现，主要有分区产销平衡合理运输、直达运输、直拨运输、零担拼整车中转分运以及提高技术装载量。

配送中心是指供货者接受多种类大批量的商品，利用现代化或先进的物流设施和技术手段，经过商品包装、分类、保管养护、情报处理和配送加工等业务程序，然后按用户的订货要求进行检货、分拣、配送和送达服务的物流场所。配送中心管理主要内容包括订货发货作业、商品检验作业、场所管理作业、备货作业和分拣作业。

供应链是围绕核心企业，通过对信息流、物流、资金流的控制，从采购原材料开始，制成中间产品以及最终产品，最后由销售网络把产品送到消费者手中的供应商、制造商、分销商、零售商，直到最终用户连成一个整体的功能网链结构模式。供应链管理是一种集成的管理思想和方法，是指对整个供应链系统进行计划、协调、操作、控制和优化的各种活动和过程。供应链管理和物流管理既有联系又有区别。供应链管理的表现形式主要是 QR 和 ECR。

## 思考题

1. 如何理解物流及物流管理的概念？举例说明物流管理的具体内容。
2. 试举例说明物流系统的六大目标在生活中的应用。
3. 库存管理主要有哪些技术方法？各技术方法有什么特点？
4. 试阐述在库存管理中如何体现及时生产方式的思想。
5. 简要说明合理运输的定义与作用，举例说明运输服务的几种不同形式。
6. 配送中心主要有哪几项作业活动？各项作业分别通过何种方式实现？
7. 阐述供应链的一般定义和供应链管理的基本特点。
8. 物流管理在供应链管理中处于什么地位？两者有何区别与联系？
9. 如果您作为一个供应链管理执行经理，您是如何实施供应链管理的？
10. 举例说明供应链管理的两种主要表现形式。

## 案例分析

### 沃尔玛：做好物流和配送是成功之道

沃尔玛集团于 2001 年荣登世界 500 强企业之首。2002 年，沃尔玛在中国采购了100多亿美元的货物。沃尔玛经营有如下六条基本原则：（1）抓住做生意的本质，即客户需要什么，要给客户提供正确的产品；（2）如果希望顾客到你的店里来，价格必须是合理的；（3）要使购物对客户来讲变得简单，顾客没有很多时间，他们一定要最快找到自己所需的产品；（4）要根据不同的地点销售不同的产品；（5）需要适当数量的产品，也就是说不能出现没有货的情况；（6）要保证质量，才能赢得顾客的信任。沃尔玛每天都在按照这六条基本法则运营。

可以说，沃尔玛的成功，除了其在全世界拥有众多店铺进行规模化发展外，还有一个决定性的因素就是其拥有一个强大的物流配送与支撑系统。这种强大的后勤支撑系统大大降低了沃尔玛的运营成本，扩大了其利润空间，是沃尔玛达到最大销售量和低成本存货周转的核心。沃尔玛前任总裁大卫·格拉斯曾说过："配送设施是沃尔玛成功的关键之一，如果说我们有什么比别人干得好的话，那就是配送中心。"

**一、建立无缝的物流系统**

目前在中国，沃尔玛在物流方面面临的挑战，就是要建立一个无缝的物流系统，能够及时、方便地把货物配送到各地，这与沃尔玛在其他地区面临的挑战是一样的。沃尔玛最终要做的，就是在世界其他地方能做到的，在中国也同样能做到。

沃尔玛在美国的成功经验是任何地点都要有同样的运营体系。一般来说，货物会送到各个配送中心，再送到终端客户的手中。沃尔玛会分析在哪个环节上可以降低成本，减少时间，提高效率。在美国，沃尔玛有100%完整的物流系统，是24小时运作的，并且采用了最新的技术。另外，还有13个地区分销中心、7个配送中心。沃尔玛有不同样式的配送中心，它们的价格非常低廉，工作效率也很高。比如沃尔玛的服装配送中心，就侧重于高档的服装产品业务。沃尔玛还使用产品返还的方式提高物流效率，通过退回某些产品，促使供货商降低成本。

沃尔玛的进货渠道很多，在美国也有进货的配送中心，比方说希望在一个固定的时间内进货，就采取大批量的进货方式。沃尔玛有一个内部配送系统，所有有关的货物都要通过这个系统送达，通过这个系统降低了成本。

沃尔玛是墨西哥最大的零售商。它在墨西哥有一个配送中心，还有一个现代化的车队，使用16米长的拖车，这是在运货方面降低成本的手段之一。沃尔玛还实现了运输310万公里无事故的成绩，没有事故当然就能降低成本，这个方式也是节约成本的一种手段。前年，沃尔玛的车队一共运送了75 000吨货物。同时，通过建立网络，一辆卡车能够到不同的配送中心去。沃尔玛还把车队和司机当成向顾客展示公司形象的重要渠道。

沃尔玛运货的策略，主要是以集装箱的方式运货，沃尔玛觉得低于集装箱容量的运输是不经济的。沃尔玛也有在夜间运货的方式。沃尔玛会事先制定运货计划，与用户做好沟通，也就是说配送程序要非常准确，这样就能避免有关的检查成本，货物运到配送中心，立马就可以入库。

## 二、降低营运成本

沃尔玛把物流中心和配送中心整合起来，整合的物流系统能够提高效率，降低成本。但对于一个大型零售企业来说，采购、服务等各个环节都要配合降低营运成本的宗旨。

山姆会员商店是沃尔玛的成功范例。按照沃尔玛的宗旨，通过很好的物流系统为山姆会员商店提高效率将是降低营运成本的最好手段。沃尔玛只选择那些适应需要的产品、高质量的产品，同时又能满足企业会员的需要和个人会员的需要。在会员商店里，降低成本是最为重要的，在降低成本的时候扩大销售量。一旦成本降低，产品的价格也会下降，这在每个国家都是一样的。沃尔玛还有自己所谓的山姆哲学。其哲学理念之一就是提供最好的服务，如果做不到，就索性不提供这种服务。

沃尔玛也通过全球的采购系统，尽量降低费用。降低人力成本也是沃尔玛成功的重要因素。另外，沃尔玛在进行自有品牌开发方面也取得了非常好的成绩，也在一定程度上降低了成本。

（资料来源：高艳芳：《沃尔玛：做好物流和配送是成功之道》，载《中国物流网》，2003 年。）

## 思考题

为什么说沃尔玛的成功跟它建立了高效的物流配送体系有关，假如没有这样的体系，其运营会出现什么样的状况呢？

# 第十三章　物流信息系统管理

## 本章学习目的

学完本章后，应该掌握以下内容：
1. 物流信息系统的内涵与主要功能；
2. 物流信息技术环境的构成因素；
3. 电子订货系统的流程；
4. 销售时点信息系统的运行步骤；
5. 网络化对物流产生哪些影响。

## 第一节　物流信息系统概述

### 一、物流信息

对于物流的效果和企业经营效果而言，信息的收集、产生、管理以及交流至关重要。过去由于缺乏适当的技术来获得所需要的信息，所以信息对于物流的重要性未得到充分的重视。在当前的市场环境条件下，新的信息技术正改变着物流组织的活动与合作方式，同时也降低了销售促进与提供商品服务的成本。物流的信息化已成为整个社会信息化的必然要求。物流的信息化表现为物流信息的商品化、物流信息收集的数据库化和代码化、物流信息处理的电子化和计算机化、物流信息传递的标准化和实时化、物流信息存储的数字化等。大量的新技术，如远程通信连接、电子扫描、条码技术、数据库管理、电子订货系统（EOS）、电子数据交换（EDI）、快速反应、有效的顾客反应以及多媒体运用等技术与观念在未来的物流中将得到广泛应用。信息化是一切的基础，没有物流的信息化，任何先进的技术装备都不可能用于物流领域。信息技术与计算机技术正以非凡的效率提高着物流速度和储存能力，戏剧性地改变物流系统的成本和规模，对世界物流的面貌产生了显著而深远的影响。

物流信息可从两个方面来定义。从狭义范围来看，物流信息是指与物流活动

（如运输、保管、包装、装卸、流通加工等）有关的信息，其对运输管理、库存管理、订单管理、仓库作业管理等物流活动起着支持保证作用。从广义范围来看，物流信息不仅包括企业内部的物流信息（如生产信息、库存信息等），而且包括企业间的物流信息和与物流活动有关的基础设施的信息。物流信息不仅指与物流活动有关的信息，而且包含与其他流通活动有关的信息，如商品交易信息和市场信息等。在现代经营管理活动中，物流信息与商品交易信息、市场信息相互交叉融合，并有着密切的联系。广义的物流信息不仅能起到连接、整合从生产厂家、经过批发商和零售商最后到消费者的整个供应链的作用，而且在应用现代信息技术（如 EDI、EOS、POS、互联网、电子商务等）的基础上能实现整个供应链活动的效率化，具体而言就是利用物流信息对供应链中各个企业的计划、协调、顾客服务和控制活动进行更有效的管理。总之，物流信息不仅对物流活动具有支持保证功能，而且具有连接整合整个供应链和使整个供应链活动高效率化的功能。

## 二、物流信息系统的功能

物流信息系统是以计算机管理为基础，通过对各种与物流活动相关的信息进行收集、加工、传输、存储、分析、整理和使用，实现对物流的决策、控制、计划、组织和协调。

物流信息系统的建立要以异常情况为基础，应符合物流信息的可得性、及时性、灵活性、精确性以及表达形式的适当性原则，并充分支持企业制定计划和经营决策。物流信息系统的功能主要体现在以下几个方面：

### （一）收集功能

市场营销活动的延续，不断地更新着物流的内容，不断地产生新的供给、需求信息。物流环境也不可能一成不变，环境的每一次小小的波动都会对物流产生新的影响，都会产生新的环境情报信息和物流变化信息。这就要求物流的情报系统有高度的灵敏性，及时收集、捕捉这些情报，进行信息反馈，使物流系统成员能依据市场信息的变化适时调整生产、销售、库存、进货、发货等活动。

### （二）加工功能

对收集到的物流信息需要进行分类、分析、整理，以反映物流和市场营销活动的全过程，满足多元化的信息需求，使物流信息使用者能及时掌握商品的进、销、存动态及整体物流变化情况，使经营者在依据信息资料对物流有关的市场指标进行预测，对经营情报及环境信息进行分析、总结的基础上，提出对策，从而达到以销定进，以销定存，保证进货质量，优化库存结构，及时调整商品结构的目的。

### （三）存储功能

物流信息日积月累，数量巨大。连续、全面的数据信息资料不仅可以给日后的分析、预测、研究工作提供极大的方便，而且井然有序的存储信息资料为传输和检索提供了方便。如物流信息系统中，作为连接生产过程与库存配送需求计划的 DRP 系统（分销需求计划）常利用已建立的商品库存信息资料，结合需求预测、订货量等情况对未来的需求做出计划。DRP 系统最典型的特征在于当物流渠道中的低层库存发生变化时，它能连续预测库存需求。在日新月异的新技术、新方法的支持下，DRP 系统已不仅仅用于开发库存需求，而且用于其他主要物流资源的计划、安排和配送，所有这一切都是以已有的信息资料为基础进行的。

### （四）传输功能

在物流过程中，由于系统成员所处的地理位置不同，作业场所的不断变更，产生了信息传输的要求：传输途中的运输工具的信息，如火车、汽车、飞机等交通工具的发出、到达的预报与确报；票据、凭证、通知单、报表、文件、法规、规章等的传递以及物流系统成员的信息共享与交流等都需要情报传输。例如，沃尔玛在常规交易的基础上借助其电子数据交换技术，在预测、设计信息资料、模拟库存信息、补充存货信息、销售时点信息（POS）和传输信息等方面进行了尝试。自 1977 年以来，这一连锁企业已经利用电子技术将各种需求信息传送给它的贸易伙伴，做到了信息共享。

### （五）检索和输出功能

为了解除因情报数量的增加与积累而给查找情报带来的烦恼，信息系统应开发出信息的检索功能。因为人们查找信息的原因和目的不尽相同，所以对信息的检索要求也就不同，这就要求信息系统应提供多种检索方式，开发更多的检索功能。此外，为适应系统成员的多样化需求，信息系统还应具有输出功能，使信息系统能更好地与系统外进行联系，从而将系统收集、加工、存储等的各类信息资料以表格、报告、数据、文字、图形等形式提供给决策者。

## 第二节　现代物流信息技术环境

物流信息系统主要由两大部分组成：前者包括信息数据资料的收集、存储以及解译信息所需要的硬件、软件技术；后者包括计算机系统、软件以及允许信息在物流系统成员中传播所需的相关技术，所有这些构成了构建物流信息系统的技术环境。

### 一、电子数据交换技术

电子数据交换（Electronic Data Interchange，简称为 EDI）是利用电子通信的方式，将公司与公司、单位与单位之间往来的商业文件以标准格式彼此进行传输交换。EDI 技术用电子技术而不是传统的邮件、快递或者传真，来描述两个组织之间有效传输信息和有效利用信息交换的能力。

EDI 作为计算机与计算机之间相关业务数据的交换工具，是物流管理的主要信息手段之一，也是构建物流信息系统的重要技术手段。企业利用 EDI 的目的在于通过建立企业之间的数据交换网实现票据处理、数据加工等事务作业的自动化、省力化、及时化和正确化，同时通过有关销售信息和库存信息的共享来实现经营活动的效率化。在物流信息系统中，EDI 技术的主要功能在于交换和传输、存储电子数据、转换文书数据标准格式、提供信息查询、安全保密、提供技术咨询和信息增值服务等。世界上最大的零售商美国的沃尔玛已使用 EDI 技术与 3 000 多家供应商进行通讯往来，同时建立订单库存管理系统和电子订货系统，将连锁店、采购者和供应商连接起来，将销售信息和订货信息自动传送到信息处理中心，并同时将一些特定的信息每天都传送给联机往来的供应商或生产厂商，保证了产、供、销整个流通过程的畅通无阻。

EDI 系统一般由以下四个方面构成：关于信息传送方式的规定、关于信息表示方式的规定、关于系统运行操作的规定以及关于交易业务的规定。这些规定或称议定书，是通过 EDI 系统的各分公司达成的，这些规定实际是对这四个方面涉及的内容进行标准化工作。由于数据交换在不同企业、组织之间进行，不同的组织必须使用统一的标准才能使这种交流有效。类似于社会上的交流，计算机通信也需要一种共同的语言或一个翻译系统。一种共同的语言，即公用的 EDI 标准就是数据交换的翻译。目前，最普遍接受的通信标准是 ASCX. 12（America Standards Committee X. 12，即美国标准委员会 X. 12）和 UN/EDIFACT（United Nations / Electronic Data Interchange for Administration, Commerce and Transport，即联合国/商业和运输电子数据交换管理）。两者中，ASCX. 12 被升格为美国标准，而 UN/EDIFACT 更多地被视为全球标准。每一个组织根据需要都明确规定了在供应链的伙伴之间交换共享数据类型的结构。

EDI 通信主要采用增值网（VAN）方式。VAN（Value Added Network），又称为在线系统（On Line System），是指通过利用（一般是租用）通信公司的通讯线路连接分布在不同地点的计算机终端形成的信息传递交换网络。该网络是实现 EDI 功能的外部设备，通过管理交易、翻译通信标准和减少通信联结数目来实现"增值"。目前被广泛应用的销售时点数据（POS）、电子订货系统（EOS）都是 VAN 应用的具体形式。

要实现 EDI 的全部功能，需要具备以下四个方面的条件，其中包括 EDI 通信标准和 EDI 语义语法标准。

第一，数据通信网是实现 EDI 的技术基础。为了传递文件，必须有一个覆盖面广、高效安全的数据通信网作为其技术支撑环境。由于 EDI 传输的是具有标准格式的商业或行政有价文件，因此要求通信网除了具有一般的数据传输和交换功能之外，还必须具有格式校验、确认、跟踪、防篡改、防被窃、电子签名、文件归档等一系列安全保密功能，并且在用户间出现法律纠纷时，能够提供法律证据。

第二,计算机应用是实现 EDI 的内部条件。EDI 不是简单通过计算机网络传送标准数据文件,它还要求对接收和发送的文件进行自动识别和处理。因此,EDI 的用户必须具有完善的计算机处理系统。从 EDI 的角度看,一个用户的计算机系统可以划分为两大部分:一部分是与 EDI 密切相关的 EDI 子系统,包括报文处理、通信接口等功能;另一部分则是企业内部的计算机信息处理系统,一般称之为 EDP( Electronic Data Processing)。EDI 和 EDP 互相影响,一个企业的 EDP 越好,使用 EDI 的效率就越高,而只有在广泛使用 EDI 之后,各单位内部的 EDP 的功能才能充分发挥。因此,要将 EDI 和 EDP 全面有效地结合起来,才能获得最大的经济效益。

第三, 标准化是实现 EDI 的关键。EDI 是为了实现商业文件、单证的互通和自动处理, 这不同于人-机对话方式的交互式处理, 而是计算机之间的自动应答和自动处理。因此, 文件结构、格式、语法规则等方面的标准化是实现 EDI 的关键。EDI 的通信标准中, UN/EDIFACT 标准已经成为全球标准。但是, 仅有国际标准是不够的, 为适应国内情况, 各国还需制定本国的 EDI 标准。然而, 实现 EDI 标准化是一项十分繁重和复杂的工作。同时, 采用 EDI 之后, 一些公章和纸面单证将会被取消, 管理方式将从计划管理型向进程管理型转变。所有这些都将引起一系列社会变革, 所以人们又把 EDI 称为“一场结构性的商业革命”。

第四, EDI 立法是保障 EDI 顺利运行的社会环境。EDI 的使用必将引起贸易方式和行政方式的变革, 也必将产生一系列的法律问题。例如: 电子单证和电子签名的法律效力问题, 发生纠纷时的法律证据和仲裁问题, 等等。因此, 为了全面推行 EDI, 必须制定相关的法律法规, 为 EDI 的全面使用创造良好的社会环境和法律保障体系。在 EDI 法律还未正式颁布以前, 发达国家的做法是, 在使用 EDI 之前, EDI 贸易伙伴各方共同签订一个协议, 以保证 EDI 的使用。

## 二、条形码技术

对于物流信息的管理和控制来说, 信息的收集和交换是至关重要的。典型的应用包括仓库的入库跟踪和零售店的销售跟踪。过去主要通过手工程序进行信息的收集和交换, 既费时又容易出错。条形码和电子扫描属于识别技术, 有助于物流信息的收集和交换。尽管这种自动识别系统需要用户大量的资金投入, 但是, 国内、国际间的激烈竞争促使托运人、承运人、仓库、批发商以及零售商等开发和利用自动识别技术, 以便更好地参与世界竞争。

条形码技术是在计算机技术与信息技术的基础上发展起来的一门融编码、印刷、识别、数据采集和处理于一身的新技术。其核心内容是利用光电扫描设备识读条码符号, 从而实现机器的自动识别, 并快速准确地将信息录入到计算机进行数据处理, 以达到自动化管理的目的。条码技术主要包括符号（编码、设计和制作）技术、识别（扫描和识别）技术和应用系统（由条码、识读、计算机和通信系统组成）设计技术。

所谓条形码,是一种利用光电扫描阅读设备识读并实现数据输入计算机的特殊代码。它是由一组粗细不同、黑白(或彩色)相间的条与空白组成的图形。按使用目的不同,条形码可分为商品条形码和物流条形码。商品条形码是以直接向消费者销售的商品为对象,以单个商品为单位使用的条形码。它是一种商品的识别标记,已成为商业自动化的主要技术。当前,国际上有通用于欧洲的 EAN 条形码和通用于北美的 UPS 条形码两大系统,两者可以兼容,分别属于国际物品编码委员会(EAN)和美国统一编码委员会。物流条形码是物流过程中的以商品为对象,以集合包装为单位使用的条形码。

条形码是有关生产厂家、批发商、零售商、运输者等经济主体进行订货和接受订货、销售、运输、保管、出入库检验等活动的信息源。目前这项技术仍在不断地发展、进步,多维码的出现是突出表现之一。一般的条形码在每英寸上持有20~30个字符,而新的二维码、三维码在小于一张邮票的区域内可容纳几百个字,几乎可以包含任何信息,并可与其他技术一起使用。如,条形码可和 EDI 联系起来提供更快、更精确的信息交换。

### 三、信息发布手段及基础设施

现代物流系统信息量大,因此必须采用相应的手段进行信息收集、汇总、储存、处理和发布。一般科技信息可大量利用影视、微缩等信息手段,而物流信息主要是数据,可以方便地利用电子计算机。在今天的物流环境中,计算机的响应性、灵活性、便携性以及局域网、广域网的支持,使信息技术的应用从管理者和顾客服务代表的桌面上延伸到现场,使货物存储、运输等活动的实时监控成为可能。实时资料的快速存取和递送交付不仅改善了战略决策和作业决策水平,而且也便于顾客随时获取货物储运有关信息。此外,在线计算机服务以及互动多媒体技术组成了"信息高速公路"的基础结构,将顾客与供应商连接起来,从而更有效地开发通用的决策支持应用软件,如设施选址、存贷分析以及计划线路和时间表等,提高了物流管理效率和顾客服务水平。

### 四、通信系统

现代信息收集、汇总、储存和处理都离不开信息传递和交换,要进行信息传递和交换,就必须有合适的通信系统,否则,信息就是"死"的。通信系统可以采用现在的邮电方式,可以利用电话线路,也可以建立专用线路或微波通信线路。

无线电频率、卫星通信和图像处理等快捷、广泛的通信传输技术在相当大的程度上提高了物流的功能。无线电频率在物流中的应用,包括仓库循环点数核实以及标签打印等。实时通信提供了更为灵活和更具敏感性的作业,并常以较少的资源获得服务质量的提高。卫星通信为环球信息传输提供了迅速而又高质量的渠道。沃尔玛公司拥有世界上最大的私人卫星网络系统，可以把数千家供应商、制造商和 2 000多家连锁店组成高效企业网络，利用卫星技术传输每天的销售数字，以刺激库存补充，并按当地的销售方式提供投入物进行营销。图形处理的应用依靠传真技术和视觉扫描技术、传输和储存运输账单信息以及其他运输单证，从而排除了填制书面单证，减少了重要信息被丢失或放错地方的机会，提高了顾客的可信性。

## 第三节　EOS 和 POS

### 一、电子自动订货系统

电子自动订货系统（Electronic Ordering System，简称为 EOS）是指企业间利用通信网络（VAN 或互联网）和终端设备以在线连接（ON-LINE）方式进行订货作业和订货信息交换的系统。EOS 的应用范围可以在企业内（如连锁店经营中各个连锁分店与总部之间建立的 EOS 系统），也可应用于零售商与批发商之间或者零售商之间、批发商之间。

EOS 系统的优点是订货由一线人员负责，订货品种、数量直接反映商店各商品品种的销售情况，实际的含义是将商店各品种的缺货量补足到规定数量，实现以销定进；这样，EOS 就可以节省店铺的采购费用，降低供货商的发货成本，最终降低商品价格，提高客户的满意度。EOS 系统是企业物流信息系统的重要组成部分，它能及时准确地交换订货信息，改变了传统的订货方式，有利于准确判断畅销商品和滞销商品，提高了企业的库存管理效率和物流信息系统的效率。

企业应用 EOS 系统必须具备一定的基础条件，如订货业务作业的标准化、商品代码的设计、订货商品目录账册（Order Book）的制定和更新、计算机以及订货信息输入和输出终端设备的添置和 EOS 系统设计等。运行 EOS 系统，其订货作业的步骤如图 13-1 所示。

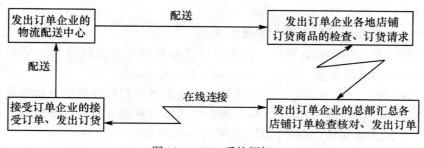

图 13-1　EOS 系统框架

首先，发出订单企业各店铺检查商品，通过在线连接向总部发出订货请求。

其次，发出订单企业的总部汇总各店铺订单，并检查核对，通过在线连接发出订单。

最后，接受订单企业接受订单，向订单企业的物流配送中心发出订货。

## 二、销售时点信息系统

销售时点信息系统（Point of Sale，简称为POS）是指通过自动读取设备（如收银机）在销售商品时直接读取商品销售信息（如商品名、单价、销售数量、销售时间、销售店铺、购买顾客等），并通过通信网络和计算机系统传送至有关部门进行分析加工以提高经营效率的系统。POS系统最早应用于零售业，以后逐渐扩展至其他如金融、旅馆等服务性行业，利用POS信息的范围也从企业内部扩展到整个供应链。

POS系统由主机、显示器、输入设备（键盘）、输出设备（打印机、顾客显示屏）等组成，并具有发票打印机、条码扫描器、电子秤、磁卡读入机、供电子转账用的智能信用卡读出设备、通信接口等外设接口以及连接专用设备。通常一套简单的POS系统包括一部PC个人电脑，两台收银机及连线、数据解码器、条码扫描器等。

POS系统的作业功能主要有以下几项：（1）在收银结算时，收银机会自动记录商品销售的原始资料和其他相关资料并记忆一段时间。（2）POS系统能自动储存、整理所记录的全日销售资料，可以反映每一个时点、时段和即时的销售信息；（3）可以打印出各种收银报表、读账、清账和时段账、部门账、时段部门账。（4）总部信息中心可利用通信网络了解各分部的情况，作为决策的依据，同时向分部下达管理指令、配送信息等。

POS系统还具备如下管理功能：一是有助于调整产品结构和订货进货数量，降低营业成本；二是有助于企业的价格管理；三是合理配置企业作业人员，节省人工和编制报表的时间，提高企业经营效率；四是可实现对商品销售的动态分析，适时作出决策。

POS系统的运行由以下五个步骤组成：

- 第一步：商品的条码化。店头销售商品都贴有表示该商品信息的条形码（Bar Code）或OCR标签（Optical Character Recognition）。

- 第二步：在顾客购买商品结账时，收银员使用扫描读数仪自动读取商品条形码标签或OCR标签上的信息，与店铺内的微型计算机连接，在确认商品单价的基础上计算顾客购买总金额等，同时将信息返回给收银机，打印出顾客购买清单和付款总金额。

- 第三步：总部或物流中心通过增值网以在线连接方式收集各个店铺的销售

时点信息。

- 第四步：在总部，物流中心和店铺利用收集的销售时点信息来进行库存调整、配送管理、商品订货等作业。对销售时点信息进行加工分析来掌握消费者购买动向，找出畅销商品和滞销商品，以便及时补充畅销商品存货，防止脱销，防止滞销货积压，减少库存，加快资金周转。

- 第五步：在零售商与供应链的上游企业（批发商、制造商等）结成战略联盟的条件下，零售商可以通过增值网和在线连接的方式把销售时点信息即时传送给上游企业。这样上游企业可以利用销售现场的最及时准确的销售信息进行计划与决策。例如，制造商利用零售商传送的销售时点信息，分析消费者购买行为与偏好，进行产品设计和经营决策。把销售时点信息（POS 信息）和订货信息（EOS 信息）结合起来进行分析比较，根据零售商的库存水平，制定出相应的生产计划和零售商库存连续补充计划（Continuous Replenishment Program，简称为 CRP）。

# 第四节　物流配送的网络化

物流的网络化是物流信息化的必然，当今世界 Internet 等全球网络资源的可用性以及网络技术的普及为物流的网络化提供了良好的外部环境，物流的网络化不可阻挡。现代信息技术的发展实现了物流过程中各个环节的企业主体之间的信息和其他资源共享和相互渗透，使得企业与企业之间传统的界限变得模糊。为了灵活、迅速地满足消费者多变的需求，只靠本企业改善内部业务流程、建立柔性生产线是不够的，面对日益激烈的市场竞争，企业应当实施一个全面、系统的信息化工程，应当实现物流配送的信息化、网络化，以提高产品（包括原材料和成品）质量，加快存货流转速度，降低产品成本。

## 一、物流配送网络化的含义

物流领域网络化的基础也是信息化，这里指的网络化趋势有两层含义：

（一）物流配送系统的计算机通信网络

该网络包括物流配送中心与供应商或制造商的联系要通过计算机网络，另外与下游顾客之间的联系也靠计算机网络通信。从实践来看，以信息技术为支持的网络促进了公司与供货商之间采购事务的协调，公司物料采购和产品营销与仓储、运输其产品的其他公司之间的协调，公司生产制造部门与产品的批发商和零售商之间的协调以及客户服务与公司日常经营活动之间的协调。

如果将 Internet 技术应用于企业的内部（包括全球性跨国公司内部），使之成为信息管理和信息交流的平台，就形成了 Intranet。Intranet 的目的是加强企业内部各事业部、各子公司、各职能部门之间在物料采购、生产制造、市场营销、研究开发、客户服务、财务管理、广告宣传、人力资源等方面的信息沟通，通过企业内部的即时信息的共享，整合系统的职能活动，在强化内部管理的同时，提高企业工作效率，从而增强企业对市场变化的灵敏度。而 Extranet 指的是将 Internet 技术应用于企业外部的信息管理和企业对外的信息交流平台，以此来加强企业与其上、下游企业之间的协作，如与物料供应商、服务供应商、经销商、公共或契约仓库、第三方承运人等的信息交流与沟通，采用的沟通手段有 EDI 和 E-mail，从而实现了信息共享，构建了竞争的企业联合体，为企业的网上销售提供了技术支援。

（二）组织的网络化

网络技术将企业、用户、供应商以及其他商业和贸易所需环节连接到现有的信息技术系统上，从专用 Extranet 到共享 Intranet，再到公共 Internet，以前所未有的方式，将商业活动纳入网上，彻底改变了现有的业务作业方式和手段。核心企业与供应商、供应商的供应商乃至一切向前的关系，与用户、用户的用户乃至一切向后的关系逐渐形成一个链网结构，网上的每一个个体完成一部分业务工作，建立战略合作伙伴关系。核心企业发挥信息处理中心的作用，向供应商提供层层需求信息，供应商向核心企业反馈供应信息；由分销商提供需求信息后，核心企业再向分销商提供发货信息。网链上的每一个企业集中精力和各种资源，缩短商业环节和周期，提高效率，降低成本，从而增强企业的竞争力。

## 二、网络化对物流的影响

（一）对物流理念的影响

当网络化成为物流环境的一部分时，它对物流理念的影响可以从以下几个方面来理解：

1. 物流系统的信息为整个物流过程提供了环境基础。信息环境对物流过程的一体化起着控制和主导作用。可以说，网络是平台，供应链是主体，电子商务是手段。

2. 网上竞争的直接参与者将逐渐减少。企业的市场竞争将更多地表现为以外部网络所连接的企业联盟的竞争。在网络化的物流系统内，联盟化和专业化互为表里并紧密统一。更多的企业凭借其商品或服务的专业化比较优势（或以品牌优势，或以知识管理优势），参加到以核心企业为龙头的分工协作的物流体系中去，从而在更大的范围内建成一体化的供应链。供应链体系纵向和横向扩张的可能性，将要求企业要么是更广泛的联盟化，要么是更深度的专业化。

3. 物流系统由供给推动变为需求拉动。当物流系统内的所有方面都得到网络技术的支持时，及时获得产品的可能性极大地提高；与此同时，物流系统各功能环节的成本将大大降低，如降低采购成本、减少库存成本、缩短产品开发周期、为客户提供有效的服务、降低销售成本以及增加销售机会等。

4. 企业拥有的物质资源的多寡将不再是决定市场竞争的关键，企业竞争的优势在于它能调动、协调以及整合多少社会资源来增强自身的市场竞争力。因此，以物流系统为依托的信息联盟或知识联盟的竞争成为企业之间竞争的主要形式。物流系统的管理也相应由对有形资产存货的管理转为对无形资产信息或知识的管理。

5. 在物流总成本最低的同时为客户提供个性化的服务，成为了物流系统所要实现的目标之一。物流信息系统所面临的基本技术经济问题，是如何在供应链企业之间有效地分配信息资源以提高全系统的客户服务水平。

（二）对物料采购的影响

从理论上来说，企业在网上寻找合适的供应商可以有无限的选择。这种无限选择的可能性导致供货商之间的激烈竞争，并带来供货价格降低的好处。但是，频繁地更换供应商，也会增加采购的成本，加大采购风险。所以，从供货商的角度来看，要想在激烈的竞争中立于不败之地就应当积极地寻求与制造商建立稳定的渠道关系，并在技术或管理以及服务等方面与制造商建立更深度的战略联盟。

同样，制造商也会从物流管理的理念出发来寻求合格的供应商并与之建立一体化供应链。为确保双方的利益，制造商和供应商之间将在更大的范围内和更深的层次上实现信息资源共享。如 LOF 公司在建立信息共享机制后，将其产品承运人的数目从 534 位减少为 2 位：一家物流服务公司为其安排所有的货运事项；另一家物流服务公司则为其提供第三方付款服务，负责用电子手段处理账单信息。如此一来，公司节约了 50 万美元的运费，而且避免了 7 万件文案工作。物流网络化导致物料采购成本的降低，主要体现在如缩短订货周期、减少文案和单证、减少差错和降低价格等方面。

（三）对运输的影响

物流网络化的实现，使速度上升为最主要的竞争手段。在仓库等设施布局确定的情况下，运输成为物流系统提高客户对产品的可得性水平的决定性条件。由于运输活动的复杂性，运输信息共享的基本要求就是运输单证的格式标准化和传输电子化。不同的运输服务对 EDI 的要求不同，基本的 EDI 标准难以适应这种需求且容易被仿效，所以不能作为物流竞争中的优势，因此有必要在物流体系内发展专用的 EDI 能力以获得整合的战略优势。

专用的 EDI 能力实际上就是要在供应链的基础上发展增值网（VAN），即在供应链内部使用标准密码，通过交易管理、通信标准的翻译和通信连接数目的减少来使供应链增值，以便在物流联盟企业之间建立稳定的渠道关系。为了实现运输单证，主要指运输提单、运费清单和货运清单的 EDI 一票通，实现货运全程的跟踪监控和回程货运的统筹安排。物流信息系统应当在相关通信设施和信息处理系统方面进行先期的开发投资，如电子通信、条形码技术、在线货运信息系统、卫星跟踪系统等。

（四）对存货的影响

一般认为，物流网络化可增加物流系统各环节对市场变化反应的灵敏度、减少库存、节约成本。同时技术手段也发生了相应的改变，由及时反应（JIT）和物料需求计划（MRP）等，转向分销需求计划（DRP）、重新订货计划（ROP）和自动补货计划（ARP）等基于对需求信息作出快速反应的决策系统。但从物流角度来看，其实质是借助信息分配对存货在供应链中进行重新安排。存货在整个供应链结构中是向上游企业移动的。即经销商的库存向制造商转移，制造商的库存向供应商转移，成品的库存变成零部件的库存，而零部件的库存变成原材料的库存。

在整个供应链中，存货的总量减少，其价值也沿着供应链向下游企业逐步递减。因此引发了上游企业与下游企业分享信息、分享利益的问题。例如，最著名的虚拟企业耐克公司打算改用电子数据交换（EDI）方式与其他供应商联系，直接将成衣的款式、颜色和数量等条件以 EDI 方式下单，并将交货期缩短至 3~4 个月。此外，它要求供应布料的织布厂先到位于美国的总公司上报新开发的布样，设计师选择合适的布料设计为成衣款式后，交给成衣厂商生产；而且成衣厂商必须使用耐克公司认可的织布厂生产的布料。由于买主指定布料的方式缩短了定布的时间，成衣厂商的交货期也相应缩短，由原来的 180 天缩短为 120 天甚至 90 天。显然，耐克公司的库存压力减轻了，但成衣厂商要提高产品的可得性就必须对织布厂提出快速交货的要求。织布厂要满足这一要求要么增加基本原材料的存货，要么投资扩大其新产品的开发能力。

（五）对物流系统结构的影响

网络化对物流系统结构的影响，主要表现在以下几个方面：

一是网络化使客户可以直接面对制造商获得个性化服务。传统物流渠道中的批发商和零售商等中介的作用将逐步发生变化，而区域代理由于受制造商的委托将逐步加强其在渠道和地区性市场中的地位，成为制造商产品营销和服务功能的直接延伸。

二是网上时空的"零距离特点"加大了客户对产品的可得性的心理预期，增加了企业交货速度的压力。因此，物流系统中的港、站、库、配送中心、运输线路等设施的布局、结构和任务将面临较大的调整。如尤尼斯公司在 1998 年采用了 EDI、MRP 系统后，将其在欧洲的 5 个配送中心和 14 个辅助仓库缩减为 1 个配送中心。企业的地区性仓库减少，更多的仓库改造为配送中心，物流系统中的仓库总数减少，同时随着运输管理政策的逐步放宽，更多的独立承运人将为企业提供更加专业化的配送服务。

三是信息共享的即时性，使制造商在全球范围内进行资源配置成为可能，组织结构也逐步趋于分散化和虚拟化。

四是大规模的电信基础设施建设以及互动多媒体的运用，使那些能够在网上直接传输的有形产品的物流系统隐形化。如通过网络传输书报、音乐、软件等已经数字化的产品。

（六）对客户服务的影响

1. 物流网络化的出现可以保证在客户服务的界面，商业企业与客户的即时互动，互动多媒体以及网络的支持不仅有利于企业宣传产品，而且能够使企业与客户一起就产品的设计、质量、包装、改装、交付条件、售后服务等进行交流，帮助顾客拟订产品的可得性的解决方案，帮助客户下订单。因此，物流系统中每一个功能环节都能提供即时信息支持。

2. 物流网络化要求客户服务个性化。企业要想获得更多的商机，就应当对客户需求的反应实现一定程度的个性化。其主要体现在：（1）以传统市场营销学对客户细分和对市场细分的一般性原则和方法为基本依据，针对特定的客户群设计企业网站的主页，体现其设计的个性化。（2）要求企业经营的产品或服务的个性化。专业化经营仍然是企业在网络经济环境下竞争发展的关键，企业只有专业化经营，才能突出其在资源配置上的比较优势，以保证向客户提供更细致、更全面、更为个性化的服务。根据供应链增值服务的一般性原则，物流服务可以分成基本的服务和增值的服务两类，因此企业有必要根据客户需求的变化进行不同的服务营销组合。（3）要求企业对客户追踪服务的个性化。在网络时代，客户的个性化需求增大了市场预测的离散度，企业主要依赖对客户资料的收集、统计、分析和追踪来发现客户个性化服务需求的统计特征。这些资料的收集不仅要有技术支持，而且还涉及文化、心理、法律等诸多方面，因此建立客户档案并追踪服务本身，就是一项极富挑战性的工作。

## 本章小结

物流信息可从两个方面来定义，从狭义范围来看，物流信息是指与物流活动（如运输、保管、包装、装卸、流通加工等）有关的信息，其对运输管理、库存管理、订单管理、仓库作业管理等物流活动具有支持保证作用。从广义范围来看，物流信息不仅包括企业内部的物流信息（如生产信息、库存信息等），而且包括企业间的物流信息和与物流活动有关的基础设施的信息。

物流信息系统具有收集、加工、存储、传输、检索和输出等功能。物流信息系统的技术环境由电子数据交换技术（EDI）、条形码技术（Bar Code）、信息发布手段及基础设施和通信系统组成。销售时点信息系统（POS）、电子订货系统（EOS）都是增值网（VAN）应用的具体形式。

物流的网络化是物流信息化的必然结果。物流配送网络化包括物流配送系统的计算机通信网络和组织的网络化两方面含义。网络化对物流理念、物料采购、运输、存货、物流系统结构和客户服务等方面都产生了重要影响。

## 思 考 题

1. 从广义和狭义两个角度阐述物流信息的基本概念，并举例说明物流信息系统的几个主要功能。

2. 物流信息技术环境由哪些方面构成？举例说明条形码技术在实践中的应用。

3. 如何理解电子数据交换（EDI）技术？其应用条件有哪些？

4. 如何理解电子订货系统？其流程包括哪些方面？举例说明。

5. 举例说明销售时点信息系统（POS）及其运行步骤。

6. 如何实现物流配送的网络化？网络化对物流产生了哪些影响？

## 案例分析

### 宝供储运公司

宝供储运有限公司（以下简称"宝供"）是一家物流公司，在采用先进的物流管理信息系统之后，客户的满意程度有了非常大的提高，业务扩展非常明显。与国内著名的储运企业相比是一个小兄弟的宝供公司，虽然没有自己的运输队伍，却能够击败拥有巨型货运能力的国内国有储运公司，赢得了国际著名企业如宝洁等跨国企业在中国的货品承运权。使用了该套系统之后不到半年时间里，其客户数由原先的不到 10 家发展到 50 多家，其中不乏如宝洁、雀巢、安利等跨国集团。对于宝供而言，信息系统已经不仅仅是实现业务的自动化手段，而且也已成为企业的核心竞争资源。

#### 一、业务流程及企业需求

在激烈的市场竞争中，物流企业需要做好下列几方面的工作：

- 及时跟踪货物的运输过程。
- 了解库存的准确信息。
- 合理调配和使用车辆、库房、人员等各种资源。
- 为货主提供优良的客户服务，提供实时的信息查询以及物品承运的各种指标数据。

可以说信息系统是物流企业生存的必要条件，许多国外的生产厂家选择物流服务企业首要的条件就是该物流企业必须具有物流业务信息系统。

#### 二、方案简介

针对宝供这种典型的物流服务企业的管理特点，北京某科技有限公司于 1997

年底开始为宝供公司开发了一套物流管理信息系统，经过一段时间的应用，效果令人非常满意。该物流管理信息系统采用的是 Internet 网络构架的信息交流系统，把货物的运输系统分解为接单、发运、到站、再发运、再到站、签收等环节进行操作。在运输方式方面分为短途运输、公路运输、铁路运输，即将加入内河运输、海运和空运，使得系统能够涵盖所有的运输方式。针对物流企业仓库面积大、分布广的特点，把仓储部分分为仓库管理和货品仓储管理两大部分。

### 三、模块及功能

- 接单模块：Internet 网上的 EDI，货主只要将托运或托管的货物的电子文档 E-mail 给物流服务公司，即可完成双方的交接单工作。
- 发送模块：完美的配车功能和备货功能，辅助管理人员完成发送前繁琐的准备工作。
- 运输过程控制模块：包括货物跟踪和甩货控制，可以实时反馈货物的在途运输情况，跟踪被甩货物的状况。
- 运输系统管理模块：对承运人、承运工具的管理信息系统。
- 仓位管理模块：根据优化原则，自动安排每种进仓货物的存放位置，自动提示出仓时应到哪个仓位提货，并可以提供实时仓位图。
- 库存及出库管理模块：自动计算仓库中每种货品的库存量及存放位置，并按先进先出原则提货。
- 客户服务模块：为客户提供所有质量评估信息和与自己货物相关的所有信息。
- 储运质量评估模块、统计报表模块、查询模块。

系统采用集中数据存储，各个分公司对于数据的保有权是有时效限制的。所有最终数据的维护均由公司的信息中心负责进行。

### 四、系统特色

- 开放性：基于 Intranet 技术，采用标准浏览器，客户端无需开发、培训，将系统维护的工作量降到最低。
- Web 上的 EDI：在 Internet 环境中实现安全的、标准的 EDI 交换。
- 安全性：使用 SET 技术保证信息传递过程中的安全性。
- 平台无关性：使用 Java 技术，实现系统的跨平台运作。

### 五、网络结构

-VPN 结构：企业内部各分支机构之间、企业和客户之间都使用 Internet 进行通信，不必建立内部专网，减少了投资。

-Intranet/Internet/Extranet 结构：企业拥有自己的企业内部网（Intranet），通过一个接口与 Internet 连接，实现信息的发布、业务的协作。

### 六、系统实施后带来的好处

应用了信息系统之后给物流企业带来了什么好处呢？

- 有效地组织跨地区的业务。作为物流服务企业，其核心的业务就在于对物流进行有效的管理。我们可以从大的方面把这种物流服务划分为运输和仓储两个部分。该物流信息管理系统可以把运输的运作情况在 Internet 网上分为接单、发运、到站、签收几个部分。各个业务部分可以在不同的地方以不同的用户身份通过互联网进入系统，然后进行业务数据的输入。针对物流运输模式的多样性，该系统提供了短途和长途运输模式，提供火车运输、汽车运输、轮船运输和飞机运输等方式。仓储部分分为仓库储存和集装箱储存模式。其好处是对于下一站的分公司来说，可以及时地了解上一站发送货品的信息，及时地安排交通工具和仓库库位。

- 充分利用资源。仓库储存中可以对货品进行排库和盘点，系统可以提供非常可视化的货品排库功能。同时系统提供对货品的各种统计查询以及智能化的货品先进先出功能，极大地方便了仓库管理者，并且为物流企业客户提供真正的物流服务奠定了基础。这种服务就是完全按照客户对物品的调拨指令以及按照客户对于物品的调拨原则，对客户仓储的物品进行管理。

- 提高客户服务水平。对于客户来说，交运之后最需要了解的是物品的流通过程以及物品是否安全准确地到达指定的地点。这一点是所有物流企业提供客户服务的关键。通过这套特定的物流管理系统，客户可以使用物流企业提供的用户查询口令和密码，在线查询所有交运物品的状态，也就是说客户可以随时了解自己的物品是否发运、在途中、到站以及签收的情况。货品的达标率、破损率等都能够在线查询。

- 加快资金周转。资金的调拨对于所有企业都是非常重要的。通过物流管理系统，无论是物流服务企业还是客户都能够及时了解到每一批交运物品的签收情况，可以尽早制定资金的运作计划。从这一点出发，采用物流管理信息系统要比传统的结算系统平均提早 2 天时间。

- 节约通信费用。物流企业的业务具有跨地域广的特点，过去传统的联系方式都是采用电话和传真进行信息的交流，但是电话不能存底，传真的文字不能用于数据处理，而且由于需要进行的长途通信费用对于物流企业来说是非常巨大的。这套特定的物流管理信息系统采用的是 Internet 网络构架的信息交流系统，因此通信费用可以大大地降低。

（资料来源：马纵江：《广州宝供储运公司》，载《物流论坛网》，2003 年。）

## 思 考 题

试分析宝供公司是如何实施物流的信息化的，这种做法对宝供公司的发展起到了什么作用。

第 六 编

# 分销渠道的发展趋势

# 第十四章　网络分销渠道

**本章学习目的**

　　学完本章后，应该掌握以下内容：

1. 网络分销渠道的基本特征；
2. 网络分销渠道同传统渠道的区别；
3. 网络分销渠道的功能和表现形式；
4. 网络分销渠道管理的具体内容。

　　自 20 世纪 40 年代中期电子计算机问世以来，信息革命蓬勃发展。计算机提高了人类处理信息的能力，席卷全球的信息高速公路建设热潮则不仅大大提高了人类的信息处理能力，而且也提高了人类生产、分配和消费信息的能力，并深刻地影响着世界经济的发展和人类社会的进步。以互联网络为代表的网络热潮，在全球掀起一股强大的冲击波，一个以网络为中心的计算机新时代，正在取代以个人计算机为代表的计算机时代，成为信息社会来临的显著标志。随着信息技术和互联网的迅速发展，企业的营销模式日新月异，一种全新的分销模式——网络分销也随之应运而生。同传统的分销渠道相比，网络分销从理论到实践上都发生了巨大变化，全球企业分销渠道模式面临一次新的机遇和挑战。

## 第一节　网络分销渠道的特征

### 一、互联网的特征

　　互联网确实引发了一场深刻的技术革命，并掀起了一场全球的网络热潮。互联网在 20 世纪 60 年代随着计算机技术的发展而出现，以超出人们意料的速度迅猛发展。互联网之所以发展得如此迅速，被称为 20 世纪末最伟大的发明，是因为互联网从开始就具有自由、平等、开放、合作以及免费等特征，也正是这些特征让它成为新世纪的宠儿。

1. 平等性。互联网上的计算机都是平等的，没有好坏之分，没有哪一个人比其他人更好。在互联网上，你通过控制键盘和鼠标来表现自己的个性特点，如果你说的话听起来像一个聪明而有趣的人所说的，那么你就是一个这样的人。与你的年龄、相貌、身份等其他状况都没有关系。

2. 自由性。互联网是一个无国界的虚拟的自由王国，在互联网上，信息的流动自由、用户的言论自由、用户的使用自由。

3. 开放性。互联网是世界上最开放的计算机网络。任何一台计算机只要支持TCP/IP 协议就可以连接到互联网上，实现信息资源的共享。

4. 免费。在互联网上，虽然有一些付费服务（将来无疑还会增加更多的付费服务），但绝大多数的互联网服务是免费提供的，而且在互联网上有许多信息和资源也是免费的。

5. 合作性。互联网是一个没有中心的自主式的开放组织。互联网的发展强调的是资源的共享和双赢的发展模式。

6. 交互性。互联网作为平等自由的信息沟通平台，信息的流动和交流是双向的，信息沟通的双方可以平等地与另一方进行交互合作，不管对方的大小和强弱。

7. 虚拟性。互联网的一个重要特点是通过对信息的数字化处理，以信息的流动来代替传统的实物流动，从而具有许多现实世界所不具有的特性。

8. 个性化。互联网作为一个新的沟通虚拟社区，它可以鲜明地突出个人的特色，只有拥有特色的信息和服务，才能够在互联网上被人们接受。

9. 全球性。互联网从商业化运作开始，就表现出跨越国界的特点，信息能够在国与国之间自由、无限制地流动，体现了全球化的特征，同时在语言、文化等方面并不排除本地化。

10. 持续性。互联网以飞快的速度向前发展，为用户创造了价值，从而推动了网络技术的持续快速发展。

互联网除了具有以上特点以外，它还具有极强的时效性，能及时地传播信息。它具有广泛的传播面、多媒体化的信息、突破线性限制的超链接方式以及灵活多变的传播形式等特点。

## 二、网络分销渠道的现状

中国的网络分销起步比较晚，直到 1996 年才开始被我国企业尝试。据报道：1996 年山东农民首次在国际互联网上开设"网上花店"，年收入达到 950 万元，客户遍及全国各地，但是公司没有一名推销人员；1997 年，小天鹅集团利用互联网向国际上多家洗衣机生产企业发布合作生产洗碗机的信息，并通过网上洽谈，确定了阿里斯顿作为合作伙伴，签订了 980 万元的合同；海尔集团 1997 年通过互联网将 3 000 台冷藏冷冻设备销售到爱尔兰。北京、上海、广州等地不少商业企业都纷纷在网上开设虚拟商店，全国网上商店超过了百家。北京某图书大厦电子商务网站于 1993 年 3 月开通，到 1999 年 4 月，网站的实际访问人数达到 7 万人次，通过网络访问网站后的有效图书订单，总金额超过 10 万元人民币。但这 10 万元营业额中利润仅占 15%，也就是 1.5 万元。这些还不包括电信通信流量费的月租金2.7万元。如此算来，该图书大厦在网络销售图书上是亏了，但是该图书大厦并没有因此而关闭网站。根据统计，在这一个月当中，大厦的营业额比过去增加了 1 倍多。在开通网站以前，大厦一般只有周末销售量比较多，开通网站以后，不仅周末的销售额增加了 1 倍，而且周一至周五的销售额也有较大的增长。根据调查分析，销售额增长的原因有很多，但是商务网站的开通是其中重要的一个原因。很多消费者在网站上浏览到书名后，非常想买，但是由于没有更多的详细信息，不能确定书到底好不好，于是消费者会记下书名，在时间闲暇的时候亲自到该图书大厦买书。消费者到该图书大厦以后，在寻找书的过程中可能被其他图书吸引，而买了更多的书。这体现了传统分销与现代网络分销的有机结合，也是交叉分销效果的体现。目前，我国许多企业加入到互联网，并涉及网络分销，其中计算机行业、通信行业、金融业最为普遍。不过同发达国家相比，我国网络分销还存在很大差距，具体表现在以下几个方面：

第一，上网企业数量少，并且地区分布不均。目前，国内企业上网总体雷声大雨点小，全国 560 万家企业中，上网企业的比重不足 1.57%，且集中在北京、上海、深圳、广州等沿海发达城市和地区。同时上网人群的分布也有很多局限，一般上网的人群为知识分子阶层、政府和企业的雇员。基于这些原因，网络带给企业的效益比较少。

第二，网络没有得到充分利用。绝大部分企业的网络分销仅仅停留在网络广告以及网络宣传促销的层面上，而且网络促销形式单一，一般将企业的厂名、品名、地址、电话留在网上，很少有企业有自己独立的域名，并且企业在产品介绍上不够充分，企业的宣传也不具体。很多企业上网的目的不是追求利润而是为了追赶潮流，把网络仅当成一种方便、快捷、廉价的通信联络方式。在网络市场调研、网络新产品开发、网络服务、网络分销方面很少涉及，没有充分利用互联网的优势和潜力。

第三，网络销售产品数量少，范围狭窄。由于物流配送以及支付手段等能力的限制，中国企业通过网络销售的产品主要集中在计算机软件、硬件和图书等方面。而面向大众的消费品，如服装、食品、日用品、家电等很少通过网络完成销售。

第四，网络分销观念落后，缺乏竞争意识。很多企业没有充分意识到网络经济对赢得未来市场的重要意义，把网络当成一种虚无飘渺的事物，仍然没有从传统营销的观念中转换过来，总认为网络只是高技术、高层次人才需要掌握的工具。这种观念无疑制约了企业的竞争力。

### 三、网络分销渠道的特征

网络分销是企业以电子信息技术为基础，以计算机网络为媒介和手段而进行的各种分销活动的总称。网络分销根据其实现方式有广义和狭义之分：广义的网络分销，是指企业利用所有计算机网络进行营销活动；狭义的网络分销，是指国际互联网络分销。网络分销不仅是一种技术手段的革命，也包含了更深层次的观念上的革命。网络具有快速、高效、低成本的特点，在互联网上信息资源共享，进入障碍为零。作为一种新的媒体，网络具有一对一的互动特征，这是传统媒体所不具有的。通过网络生产者和消费者一对一的互动沟通，将工业时代的大规模生产、大规模销售转变为个体化、个性化营销，符合了现代营销发展的趋势。随着信息技术的突飞猛进，网络设施的更新换代，网络安全以及网络法律法规的进一步完善，网络分销渠道的优势将越来越明显。网络渠道具有以下特点：

（一）全球区域和范围

通过以互联网为基础的电子分销渠道在互联网上购物是最为适当的，因为这种高技术渠道结构能使全世界许多国家中拥有个人电脑、能够上互联网并能访问任何企业网站的消费者订购商品和服务。从企业的角度来看，同样的地理区域和范围都能供货。即使是一个非常小的刚刚开张的企业也能够创建自己的网站，并且在全球范围内寻找顾客。1996 年，通用电气公司启动第一个网上在线采购系统。从此以后采购资源部可以从内部客户中通过网络接受电子询价申请，并通过因特网向全球供应商发出招标文件。该系统自动检索出标准的设计图纸，并附在电子询价单上。在采购资源部开始处理该采购过程的 2 个小时内，全球的供货商就以电子邮件、传真等方式收到询价单。通用电气公司在收到报价的当天就完成评标工作并确定最终的中标人。

从市场的需求和供应两方面来看，网络渠道能使全球商务更加方便快捷，这些都是传统分销渠道所不能做到的。

（二）高效、方便、快捷、灵活

电脑可以储存大量的信息以便消费者查询，其可传送的信息数量和精确度远远超过其他媒体，并能适应市场需求，及时更新产品或者调整价格，所以，能及时有效地了解并满足顾客的需求。海尔集团早在 1996 年就建立了自己的网站，对产品信息进行详细的介绍以方便用户购买，并在网站开辟多种形式及时同消费者沟通。

研究表明，方便是顾客在互联网上购物的最重要原因，消费者更愿意通过翻动计算机屏幕和击打键盘的购物方式而不是自己亲自到零售商店购物。

从消费者和企业的观点来看，网络渠道更加有效和灵活。企业为消费者提供大量富有吸引力的有用信息，消费者在对产品信息的利用中，可以享受企业成熟网页和分类的能力方面有更大的灵活性。如果消费者有兴趣购买少许生活日用品，可以立刻获得这些信息，将其提供给准备这些信息的供应商。

（三）成本低

从理论上讲，网络渠道可以降低销售以及分销的成本，因为在执行分销任务时它比传统渠道更有效率。

通过互联网进行信息交换，代替以往的实物交换，一方面可以减少印刷和邮寄成本，可以做到无店面销售，免交租金，节约水电与人工成本；另一方面可以减少多次交换带来的损耗。此外，企业没有商品库存压力。传统的经营者，为了压低进货成本，只有靠大量进货，这不仅会带来相当大的资金压力和经营风险，而且商品的库存盘点、存放也需要很大的人力和财力。一个经营良好的电子市场，甚至可以做到"零库存"，不需要承担任何库存压力。使用互联网作为分销渠道使得公司能够将存货集中在一个地点，与把存货分发到各地众多的零售商店比较，将大大降低运输订单的成本，那么网络渠道就真正地降低了运货成本。使用互联网的分销手段，可以降低促销费用，比如公司信息、产品特征。通过网络储存避免了包装、印刷营销材料的费用，节省了广告宣传的费用。

（四）互动性强

传统营销强调的4P（Product、Price、Place、Promotion）组合和现代营销追求的4C（Consumer、Cost、Convenience、Communication）中都没有真正实现消费者同企业之间的全程沟通，企业无法从产品的设计阶段就开始考虑到消费者的需求和意愿。原因在于企业与消费者之间缺乏一个桥梁来连接他们所需要的信息。

互联网的出现为企业与消费者之间搭建了信息沟通的桥梁。企业通过电子布告栏、电子邮件、网上论坛等方式以很低的成本获得消费者的信息。这些方式是那些中小企业在非网络环境下所不能拥有的。同时网络分销也为消费者发表自己对产品设计、包装、定价服务等问题提供了一个平台。这样的沟通方式对于企业和消费者来说取得了"双赢"。

（五）拟人化

互联网络的促销是一对一的、理性的、消费者主导性的、非强迫性的、循序渐进的，而且是一种低成本与人性化的促销，避免推销员强势推销的干扰，并通过信息和交互式交谈与消费者建立长期良好的关系。通用电气公司在美国第一批800数字电话公诸于世时，搜集顾客对公司和产品的反馈意见，结果是顾客利用免费电话对公司诉说不满、提出问题。通用公司立即意识到，这是让顾客释放其被压抑的需求的最好方法，于是立即设立了五个电话应答中心，分别为打来电话的人提供有关使用、保养电器的一般知识，诊断他们遇到的问题，提供技术援助，开展区域购物，管理服务合同以及设立零售论坛，建立了大量的客户关系。如果没有网络渠道的话，那么很多顾客的需求就难以得到及时满足。

# 第二节　网络分销渠道的形式

## 一、网络分销渠道的功能

网络分销渠道是指通过网络提供产品或服务以供顾客使用或消费这一过程有关的一整套相互依存的机构，它涉及信息沟通、资金转移和产品转移等。同传统分销渠道一样，以互联网作为支撑的网络分销渠道也应该具备传统分销渠道的功能。网络分销渠道就是借助互联网将产品从生产者转移到消费者的过程。一方面它要为消费者提供产品信息；另一方面，在消费者选择产品后完成交易。一个完善的网络分销渠道应有三大功能：订货、结算、配送。

### （一）订货功能

网络分销渠道要能够为消费者提供产品信息，同时方便生产者获得消费者的需求信息以达到供求平衡。建立一个完善的网上订货系统，可以大大降低库存，减少销售费用。许多企业，特别是与计算机相关的行业，在这方面发展得最快。比如美国的戴尔公司提供的网上订货系统，每天完成的销售收入超过 3 000 万美元，占公司总收入的六成以上。我国也有许多企业开通了网上订货系统，比如联想电脑、海尔集团等。随着互联网的发展，一些中小企业也将陆续发展网上订货系统。

### （二）结算功能

不同的消费者在购买产品以后，往往以不同的方式进行付款，所以企业必须提供多样化的结算方式以满足消费者的需要。目前，国外流行的结算方式有：信用卡、网络货币、网上划款等。我国的银行业还不是很发达，尤其是信用体系的不完善，因此很少开通信用卡支付服务项目。目前国内的付款结算方式有：邮局汇款、货到付款、信用卡等。部分银行也开通了网上支付手段，比如招商银行的与"一卡通"配套的"一网通"、中国建设银行提供的"网上银行"等。随着信息技术、网络技术的进一步完善，信用体系的完善，网上支付将越来越普及。

### （三）配送功能

一般来说，产品分为有形产品和无形产品。无形产品如服务、软件、音乐等产品可以直接通过网上进行配送，对于有形产品的配送，则要涉及运输和仓储问题。国外已经形成了专业的配送公司，如著名的美国联邦快递公司，它的业务覆盖全球，实现全球快速的传递服务；著名的戴尔电脑的直销就是通过联邦快递的配送网络完成的。国外的网上商店之所以比国内发展得要快，在很大程度上得益于其发达的配送能力。我国长期以来缺少专业性的配送企业，配送网络被邮政系统垄断，导致效率低下，制约了物流的发展。随着我国加入 WTO，物流行业的进一步开放，将大大推动我国网络营销的发展。

除了以上的主要功能以外,网络渠道还具备以下的几种功能:(1)信息功能。企业通过网络向消费者提供产品的种类、价格、性能等信息,获取消费者需求的信息。(2)促销功能。通过网络发展和传播有关产品富有说服力的、吸引消费者的沟通材料。

## 二、网络分销渠道的类型

在传统分销渠道中, 中间商是分销渠道中的重要组成部分。中间商的重要地位是通过其广泛提供产品和进入目标市场发挥最高效率实现的。渠道中间商凭借其业务往来关系、经验、专业化和规模经营, 提供给公司的利润高于公司设立自营商店所能获得的利润。随着互联网的发展以及在商业中的应用,互联网将不断地取代传统中间商的重要地位。互联网络高效率的信息转换改变了传统渠道的中间环节, 使分销渠道的结构更加简化。网络渠道大体上可以分为三类:

### (一) 网络直接分销渠道

通过互联网实现从生产者到消费者的网络直接分销渠道。互联网络使传统的中间商的职能发生了变化, 即由渠道的中间力量变为直销渠道提供服务的中介机构,比如提供货物运输配送服务的专业配送公司、提供贷款网上结算服务的网上银行以及提供产品信息发布和网站建设的 ISP 和电子商务服务商。通过网上直接渠道把生产者同消费者直接连接起来。美国的戴尔计算机公司就是通过互联网渠道进行直接销售的。客户只需要进入戴尔公司的网站, 从产品目录中找到自己需要的产品, 进行订购即可。

网络直销的优点在于: (1) 能够促成产、需方直接见面, 企业可以直接从市场上搜集到真实的第一手资料, 合理安排生产。(2) 营销人员可以利用网络工具,如电子邮件、公告牌等, 随时根据用户愿望和需要, 开展各种形式的促销活动, 迅速扩大产品的市场份额。(3) 网络直销使销售成本降低, 企业能以较低的价格销售产品, 消费者也获得了好处。(4) 企业能够及时了解用户对产品的意见、要求和建议, 从而促使企业提高产品质量, 解决疑难问题, 改善企业管理。

网络直销固然有很多优势, 但认为网络间接销售将被取代是片面的, 因为网络直销有其自身的缺点。由于越来越多的企业和商家在互联网上建立网站, 使得用户无所适从。面对大量分散的域名, 网络访问者很难有耐心一个个去访问有关企业的主要网页, 尤其是一些中小企业, 很难有人光顾。为了解决这个问题, 必须建立高水平的专门服务于商务活动的网络信息服务点, 同时从间接分销渠道中想办法。

### (二) 网络间接分销渠道

通过融入互联网络技术后的中间商机构提供网络间接分销渠道。传统中间商由于融入了互联网技术, 大大提高了中间商的交易效率、专门化程度和规模经济效益。比如 8848 网上超市就是利用网络方面的领先优势, 获得了包括微软在内的许多公司的销售代理权。同时, 新兴的中间商也对传统中间商产生了冲击, 比如零售业中间商为了抵御互联网的冲击，纷纷开设网上商店，如沃尔玛、家乐福等。网络中间商将传统中间商的结构由几个环节（一级批发、二级批发、零售商）变为一个中间环节，缩短了商品流通的中间环节。

### （三）网络双渠道

这是生产企业网络分销渠道的最佳选择。所谓双渠道，是指企业同时使用网络直接销售渠道和网络间接销售渠道，以达到销售量最大的目的。在买方市场条件下，通过两种渠道销售产品比通过一条渠道更容易实现"市场渗透"。

### 三、网络时代的新型电子中间商

由于网络信息资源丰富，信息处理速度快，基于网络的服务可以方便地搜索产品，但是在实体产品分销方面却难以胜任。目前出现了很多利用网络提供信息服务的中介机构，我们称之为电子中间商。以下是几种以信息服务为核心的电子中间商。

### （一）目录服务

利用 Internet 上的目录化的 Web 站点提供菜单驱动自行搜索，现有三种目录服务：一种是通用目录（如雅虎），可以对各种不同的站点进行搜索，所包含的站点分类按层次组织在一起；另一种是商业目录（如 Internet 商店目录），提供各种商业 Web 站点的索引，类似于工业出版的工业指南手册；最后一种是专业目录，针对某个主题或领域建立 Web 站点。目录服务的收入主要来源于为客户提供的 Internet 广告服务。

### （二）搜索服务

与目录服务不同，搜索站点（如 Lycos、Infoseek）为客户提供基于关键词的检索服务，站点利用大型数据库分类储存各种站点介绍和网页内容。搜索站点不允许用户直接浏览数据库，但是允许用户向数据库添加条目。

### （三）虚拟商业街

这指在一个站点内连接两个或者两个以上的商业站点。虚拟商业街与目录服务的区别是，虚拟商业街定位于某一地理位置，定位于某一特定的生产者和零售商，在虚拟商业街销售各种商品，提供不同的服务。站点主要收入来源依靠其他商业站点对其的租用。如我国的新浪网开设的电子商务服务中，就是提供网上专卖店面出租。

### （四）网上出版

由于网络信息传输即时并且具有交互性，网络出版 Web 站点可以提供大量有趣和有用的信息给消费者。目前出现的联机报纸、联机杂志就属于这种类型。由于内容丰富而且基本免费，这类站点访问量特别大，所以出版商利用站点做网络广告或提供产品目录，并以广告的访问次数收费。

（五）虚拟零售店

与虚拟商业街不同的是虚拟零售店拥有自己的货物清单，并直接将产品销售给消费者。目前，网上商店主要有三种类型：（1）网络零售型（E-Tailers）。这种网上商店直接在网上设立网站，网站中提供一类或几类产品供选择购买，其价格比一般商店更加优惠，比如有些网站无需库存和设立店址，从而减少大量固定成本。比如中国联邦软件公司的 8848 网站。（2）网上拍卖型（A-Auction）。这种网上商店提供商品信息，但不确定商品的价格，商品价格通过拍卖形式由会员在网上相互叫价确定。如美国著名的拍卖网站在短短的三年就获得了 150 亿美元的资产。网上拍卖虽有许多优点而备受欢迎，但在其成长中仍有一些不足之处，如由于拍卖品只能以网页的形式在因特网点上出现，投标者最多只能了解到拍卖品的文字说明、图像、声音，对拍卖品的真实性难以把握，由于网上"黑客"的侵袭，也使网上拍卖站点的安全性难以得到保障。（3）电子直销型（E-Sale）。这类网站是生产型企业开通的网上直销站点，它绕过传统的中间环节，直接让最终消费者从网上选购，购买时可以把自己的特定需求告诉生产厂家，让生产厂家量身定做，这种购买方式可以获得廉价而满足自己需求的产品。比如美国的戴尔，其销售收入的大部分来源于这种直销方式。

（六）站点评估

消费者在访问生产者站点时，由于内容、站点繁多，往往显得束手无策，不知道该访问哪一个网站。提供站点评估的站点，可以帮助消费者根据以往数据和评估等级，选择合适的网站访问。通常一些目录和搜索站点也提供一些站点评估服务。

（七）电子支付

电子商务要求在网络上交易的同时，实现买卖双方的授权支付。现在的授权支付系统主要是信用卡、网络等价物如填写的支票、现金支付如数字现金以及安全网络邮件。这些网络支付手段，通常对每笔交易收取一定佣金以减少现金流动风险和维持运营。目前，我国的商业银行也纷纷上网提供网络支持服务。

（八）虚拟市场和交换网络

虚拟市场提供一个虚拟场所，任何只要符合条件的产品都可以在虚拟市场站点内进行展示和销售，消费者可以在站点中任意选择和购买，站点主持收取一定的管理费用。如我国外经贸部主持的网上市场站点——中国商品交易市场就是属于这种类型。当人们交换产品或服务时，实行等价交换而不用现金，交换网络就可以提供以货易货的虚拟市场。

（九）智能代理

随着互联网的飞速发展，用户在复杂的网络上显得无所适从，对信息的取舍成为一个很大的问题。智能代理就解决了这个难题，它根据消费者偏好和要求预先为用户自动进行初级搜索，软件在搜索时还可以根据自己的喜好和别人的搜索经验自动学习优先搜索标准。用户可以根据自己的需要选择合适的智能代理站点为自己服务。

随着互联网技术的飞速发展和网上交易的日益增多，将会出现更多的新型网络中间商，以满足网络交易的需要。与传统中间商一样，新型电子中间商的产生起到了方便消费者和生产者、降低交易成本、发挥规模经济、提高市场交易效率的作用。信息技术的飞速发展给中间商带来了机遇和挑战，为企业的营销带来了契机。

### 四、网络分销渠道建设

由于网上销售对象不同，因此网络分销渠道有很大差别。一般来说，网上销售主要有两种方式：（1）"B-B"，即企业对企业的模式。这种模式要求每次的成交量大，成交次数少，并且购买方比较集中，因此网络分销渠道的建设关键是建设好订货系统，方便购买企业进行选择。由于企业一般信誉较好，通过网上结算比较简单；另一方面，由于量大次数少，因此，配送时可以进行专门运送，既可以保证速度也可以保证质量，减少中间环节造成的损耗。（2）"B-C"，即企业对消费者模式。这种模式每次交易量小，交易次数多，并且购买分散，因此网络分销渠道建设的关键是结算系统和配送系统，这也是目前网上购物必须面对的门槛。由于国内的消费者信用机制还没有建立完善，而且缺少专业配送系统，因此开展网上购物活动时，特别是面对大众客户购物时必须解决好这两个环节才有可能获得成功。8848网络书店在杭州的分店，就是因为没有解决好面对大众客户所需的完备的配送系统而导致失败的。

在网络分销渠道建设方面要考虑以下诸多因素：

（一）产品特性

在选择网络渠道时要注意产品的特性，有些产品易于数字化，可以直接通过互联网传输，如大多数的无形产品和服务可以通过互联网实现远程传输，可以脱离传统配送渠道的依赖。但是有形产品和某些无形产品，还必须依靠传统配送渠道来实现货物的空间移动，这就需要有相对完善的物流部门作为辅助。否则，网络分销的效率将大打折扣。

（二）企业自身实力

企业的自身实力主要是指企业的资金实力和技术实力。对于一个企业来说，建立一个网站或者创立自己的主页并不会消耗很多资金，关键在于企业是否有相应的专业技术来维持网站的经营。如果企业技术实力很雄厚，则开办自己的网站可以更好地为本企业服务；反之，如果实力不济，则利用网络中间商来开展业务对企业来说更加合适。

（三）消费者特点

从消费者的角度设计网络分销渠道。通过采用消费者比较放心、容易接受的方式才有可能激发消费者的购物兴趣，克服网上购物让人感觉虚幻的弱点。比如在中国，目前采用货到付款的方式得到了消费者的认可。企业在设计分销渠道时不能不考虑目标消费者的特性。如果目标消费者与网络接触比较多，企业的产品信息通过网络就可以及时传达到目标顾客，那么，企业就应该充分利用网络渠道；如果目标消费者难以接触到网络，那么就要使用传统的分销渠道，不能一味追求时髦而不顾实际情况。

（四）渠道成员

企业如果选择了间接分销渠道，在筛选网络中间商时，必须考虑成本、信用、覆盖、特色、连续性五个方面的因素：（1）成本。它指使用中间商信息服务的支出。这种支出包括中间商网络服务站建立主页的费用以及维持正常运行时的费用。其中维护费用是主要的、经常的，不同的中间商之间有较大差别。（2）信用。它指网络信息服务商所具有的信用程度大小。由于建立网络服务站所需要的投资比较少，进入门槛低。目前，我国还没有权威性的认证机构对这些服务商进行认证，因此在选择中间商时应注意他们的信用程度。（3）特色。每个网站都要受到中间商总体规模、财力、文化素质、服务态度等方面的影响，在设计、更新过程中会表现出各自不同的特色，因此具有不同的消费群体（访问群）。所以，企业需要仔细地研究消费者特点、购买渠道、购买频率，以便选择适合自己特色的网络中间商。（4）覆盖面。它指网络宣传和网络信息所能够波及的地区和人数。覆盖面并不是越大越好，企业要考虑到选择适当的覆盖面以达到经济效益的最大化。（5）连续性。一个企业要使网络渠道持续稳定运行，那么就必须选择网络寿命长的站点，以保证在消费者中建立品牌、服务信誉。

（五）订货系统的合理

设计订货系统时，要简单明了，不要让消费者填写太多的信息，而应该采用现在流行的"购物车"方式模拟超市，让消费者一边看物品比较选择，一边让消费者选购。在购物结束后，一次性进行结算。另外，订货系统还应该提供商品搜索和分类查找功能，以便于消费者在最短的时间找到自己需要的物品，同时还应该为消费者提供需要了解的有关产品信息，如性能、外形、品牌等信息。

（六）安全的结算

在选择结算方式时，应考虑到目前的发展状况，应尽量提供多种方式方便消费者选择，同时还要考虑网上结算的安全性。对于不安全的直接结算方式，应换成间接的安全方式，如8848网站将其信用卡号和账号公开，消费者可以通过信用卡终端自行转账，避免了网上输入账号和密码丢失的风险。结算方式是否安全关系到交易的核心。

（七）完善的配送

建设快速有效的配送服务系统是非常重要的。消费者只有看到购买的商品到家后，才真正感到踏实。现阶段我国配送体系还不成熟的时候，在进行网络分销时要考虑到该产品是否适合目前的配送系统。正因为如此，目前网上销售的商品大多是价值较小的不易损坏的商品，如图书、小件电子类产品等。

## 第三节　网络分销渠道管理

### 一、网络分销渠道存在的问题

（一）缺乏与实际产品接触以及延时交货

从理论上讲，绝大多数的产品以及很多服务都可以通过互联网络销售，但在实际情况中却存在很大问题。抛开电子分销渠道的高科技性不说，相同的限制在传统的邮件订购渠道中也有反映，也就是说，顾客与产品之间不能形成实质性的接触——顾客看不到、摸不到、感觉不到、闻不到，更不能试用某些产品。比如汽车、运动器械、音像设备等这些产品都是需要消费者实际接触才能决定是否购买的。进一步地说，商店购物的气氛是消费者购物过程的一部分，网络销售的虚拟性不能让消费者感受到这一氛围。最后，在网上购物以后不能立即得到商品，不管物流手段多么发达，都无法解决延时交货的问题。

（二）网络的混乱拥挤问题

随着互联网的普及，成百上千的各个级别的销售者，包括从厂商到零售商已经在互联网上建立了自己的网站，并且这些网站的数字正在不断扩大。顾客们面临着许多困惑，面对如此多的网站无所适从。互联网销售商于是费尽心机地让消费者了解自己的产品，以至于一些知名的网络公司花费了巨额的销售佣金和广告费，就是为了争取成为各种高速网站、搜索引擎以及主页上的在线服务的提供者。比如I-800鲜花和亚马逊网站已经和美国在线达成了一个长期的独家协议，以期望能为850万客户提供服务。这两家公司则支付给美国在线4 400万美元。除了互联网的混乱以外，"网上冲浪"也不是想象的那么愉快。很多顾客经常感到迷惑、烦恼和失败，甚至是在找到了自己所需要搜索的网站以后，才发现这些网站信息复杂、过时。此外，下载速度慢、频繁的网络堵塞，使得购物过程非常繁琐。

（三）订单执行以及物流工作的滞后

网络渠道销售过程中互联网传输、运送的仅仅是电子信号而不是实在的产品。因此，订单的执行和物流工作仍然需要执行者。仓库、存货、库存采购、订单处理、包装运输等，并不会因为顾客用互联网取代电话或邮件而消失。此外，对小订单的执行或运输，尤其是一次只交易一个单位的产品时，其费用相对来说是相当昂贵的。除了少数能够用电子网络传递的产品——主要是音乐、文字材料、车票机票以及旅馆预订和金融投资等，大多数产品和服务所需要的执行和物流程序都是互联网所无法提供的。

（四）安全问题

传统的交易中，个人购物的支付手段主要是现金，即一手交钱一手交货的交易方式，双方在交易过程中可以面对面地进行沟通和完成交易。网上交易时交货和付款在空间和时间上是分离的。网络购物的安全问题主要体现在两个方面：（1）顾客不喜欢在网上填写信用卡和账号。传统购物交易是匿名进行的，购买者不用表露自己的身份，购物时完全可以保护自己的隐私而且有一种安全感。随着信用卡的普及推广，消费者购买时可以不必携带现金，只需要刷卡。但是交易时，卡和密码由购买者自己保管，购买时消费者可以控制交易过程，感觉比较安全。而在网上商店进行购物时，消费者面对的是虚拟商店，对产品的了解只能通过网上介绍完成。交易时消费者需要把个人的重要信息如信用卡卡号、密码和个人身份信息通过网上传送。由于网络的开放性，网上信息存在被非法截取和非法利用的可能。（2）可能消费者将个人身份信息传给商家，可能被商家掌握消费者个人隐私，有时这些隐私被商家非法利用。基于这些考虑，消费者一般对网上支付存在心理上的顾忌。

（五）消费者对产品来源的担忧

消费者对产品的了解只是通过网络完成的，这样就对产品本身的了解存在很大的局限性，对产品的品质存在一定程度的担忧。此外，消费者担心购买的产品来自于仅仅存在网络电子空间的不知名公司，只有在顾客开始熟悉这些在线公司并从中挑选出他们感到有能力的公司以后，这个问题才可以在很大程度上得到解决。

（六）对个人以及社会购物动机的忽视

虽然网络销售作为一种新兴的分销渠道，但它不能完全满足消费者的购物需求。企业应该认识到消费者购买产品并不光是为了买东西。更确切地说，买东西的欲望只是个人及社会一系列购物动机的一部分。个人的购物动机包括：扮演购物角色的需要，从常规的日常生活中寻求乐趣的需要，寻求自我满足的需要，了解最新流行潮流的需要，生物行为以及感官刺激的需要。社会购物动机包括：积累家庭以外的社会经验，和有相同兴趣的人群交流，相同群体的吸引力，权力、地位以及一些客户对于讨价还价的兴趣。这些需求都是网络所难以满足的。

## 二、网络分销渠道的管理

在网络渠道本身及其发展过程中出现了很多问题，企业必须采取措施实施有效的管理。

（一）安全管理

随着技术的发展和网上交易的规范化，出台了一系列的网上交易规范。Visa 和 MasterCard 两个信用卡发卡组织以及 IBM、Microsoft、Netcash 等公司于 1996 年 2 月提出了 SET 协定，它通过加密技术和个人数字签名技术，保证交易过程信息传递的安全合法，可以有效地防止信息被第三方非法截取和利用。为了防止个人隐私受到侵犯，避免交易中泄露个人身份信息，电子现金作为一种有效的匿名电子支付手段，它的原理是用银行加密签字后的序列数字作为现金符号，这种电子现金在使用时无需消费者签名，因此在交易过程中消费者的个人身份信息可以不被泄露，而保护个人隐私。企业在运营分销渠道过程中必须在网络安全技术和网络安全设施上跟上时代的步伐，以确保分销渠道的安全畅通。

（二）订货系统管理

1. 在网上订货系统的设计上要注意以下几点：（1）产品页面上附有订单是一种方便顾客操作的办法。产品页面上不仅要提供关于产品性能、使用信息，还要给出产品的价格、库存、总订货量等外围信息。（2）最好告诉顾客什么时间范围内能收到货物，对公司的有关运货政策应执行统一的标准。另外最好能链接到公司的数据库，让顾客知道他所订购的货物是否还有库存，向顾客保证货物的数量。（3）尽量让顾客自主选择不同类型的运货方式。在让顾客选择不同类型的运货方式时，一定要包括运货费用及相关的税收信息等。

2. 在订货信息的管理方面要重视顾客订单信息的保存与管理。订货信息能为市场分析、促销、客户关系维护提供依据，在顾客允许的情况下尽量获取更多的客户信息。客户的信任对企业来说是至关重要的。如果客户信任你，他们才愿意在你的网站上购物。要把客户的信息视为机密，特别要保护信用卡和其他财务信息，也要保护好客户姓名、地址、电话、购物习惯以及所收集的其他数据。如果要将数据用于内部研究和推销，应让客户知道，并且在把数据发布给第三方之前要请求客户准许。千万不要发布任何信用卡之类的账户信息，但是客户可能会准许你发布一些其他信息并希望与其他企业建立联系。

（三）库存、订单跟踪

在订单付款以后，企业要完成将商品传递给客户的工作。对于一些无形产品如软件、图像、音乐等，可以通过网络传送给顾客；对于一些不能用网络传送的实体产品，仍然要借助传统的运送方式。在货物运送过程中，如果出现产品未能送到顾客手中的情况将对企业的声誉造成消极的影响，要避免这种情况的发生。出现这种情况可能是由于库存不足或尚未到货、自己的供应商在发货的时候出现问题、订单被忽略或丢失、包裹在运送过程中丢失等。这是关系到企业的声誉和维护顾客关系的关键。因此，必须做好两点，即库存跟踪和订单跟踪。（1）库存跟踪。建立库存数据库，与站点之间直接连接，通过记录表跟踪所销售的产品，可以大致了解产品的需求状况，由此适时地补充和减少库存，这样可以使库存大体维持在能够满足需求的水平上，而不需要花费巨大的库存维护费用。（2）订单跟踪。为了保证订单不被丢失或遗忘，创建跟踪订单信息的数据库，快速提供有关订单及其状态的信息。其内容包括：已收到的新订单、延期的订单、在一定时间已实现的订单。此外还应该允许用户查询他们的订单、了解订单的最新状态以及有关订单的任何问题。

（四）配送周期管理

订货配送周期指的是从顾客准备订货（或申请服务）到顾客收到订货（或服务完成）这段间隔时间。订货配送要做好以下六个方面的工作：（1）顾客订单准备和订货信息传输。（2）订货登录。（3）订单处理。（4）订单拣选/采购或生产、包装。（5）订货发送/运输。（6）顾客收到订单。

## 本章小结

网络渠道同传统渠道相比较,从理论到实践上都有很大变化。其特点有:跨越全球区域和范围;高效、方便、快捷、灵活;运作成本低;较强的互动性;拟人化比较强等。

网络分销渠道是指与提供产品或服务以供顾客使用或消费这一过程有关的一整套相互依存的机构, 它涉及信息沟通、资金转移和产品转移等。一个完善的网络分销渠道应有三大功能：订货功能、结算功能、配送功能。

网络渠道大体上可以分为三类:网络直接分销渠道、网络间接分销渠道、网络双渠道。网络渠道建设要考虑产品特性、企业的实力、消费者的特点和渠道成员的特点。在运作网络渠道的过程中,要建立安全的结算方式、完善的配送系统以及订货系统。

网络分销并非十全十美, 它也有其自身的弊病：缺乏与实际产品接触以及延时交货; 网络的混乱拥挤; 订单执行以及物流工作的滞后; 安全问题以及消费者对产品来源的担忧; 对个人以及社会购物动机的忽视。所以, 要正视网络渠道的优势和劣势, 合理地配置渠道资源。针对网络渠道的不足, 企业应该采用合理的手段管理和维护网络渠道的安全。对订单和库存进行及时的跟踪, 确保订货系统的保密性和周密性, 认真执行配送周期的各个环节, 使网络渠道正常的运转。

我国的网络分销同发达国家相比发展得比较晚, 上网企业数量少, 并且地区分布不均匀; 网络没有得到充分利用; 网络销售产品数量少, 范围狭窄; 网络分销观念落后, 缺乏竞争意识。面对网络时代的机遇与挑战, 企业应该做到与时俱进, 这样才能在未来的竞争中赢得自己的一席之地。

## 思考题

1. 网络渠道的基本特征是什么? 网络渠道同传统渠道比较有什么区别?
2. 网络渠道具备什么功能? 你熟悉的网络渠道有哪些?
3. 网络渠道管理的具体内容有哪些?
4. 我国网络营销的发展应该注意哪些方面的问题?

## 案例分析

### 戴尔的直销模式

计算机销售最常见的方式就是由庞大的分销商进行转销。这种方式似乎坚不可摧，也令许多计算机制造厂商的直销屡屡受挫，因为广大的消费者似乎已经认同了这种销售形式。而戴尔却抗拒了这种潮流，决定通过网络直销 PC 机，并接受直接订货，精彩地演绎了业界的经典故事。

### 一、戴尔公司的核心概念

在戴尔刚刚接触电脑的时候，他用自己卖报纸存的钱买了一个硬盘驱动器，用它来架设一个 BBS，与其他对电脑感兴趣的人交换信息。在和别人比较关于个人电脑的资料时，他突然发现电脑的售价和利润空间没什么规律。当时一部 IBM 的个人电脑，在店里的售价一般是 3 000 美元，但它的零部件很可能六七百美元就买得到，而且还不是 IBM 的技术。他觉得这种现象不太合理。另外，经营电脑商店的人竟然对电脑没什么概念，这也说不过去。大部分店主以前卖过音响或车子，觉得电脑是一个"可以大捞一把"的时尚，所以也跑来卖电脑。光是在休斯顿地区就冒出上百家电脑店，这些经销商以 2 000 美元的成本买进一部 IBM 个人电脑，然后用 3 000 美元卖出，赚取 1 000 美元的利润。同时，他们只提供顾客极少的支持性服务，有些甚至没有售后服务。但是因为大家真的都想买电脑，所以这些店家还是大赚了一把。

意识到这一点后，戴尔开始买进一些和 IBM 机器里的零件一模一样的零部件，把他的电脑升级之后再卖给认识的人。他说："我知道如果我的销量再多一些，就可以和那些电脑店竞争，而且不只是在价格上的竞争，更是品质上的竞争。"同时他意识到经营电脑"商机无限"，于是，他开始投身于电脑事业，在离开家进大学那天，他开着用卖报纸赚来的钱买的汽车去学校，后座上载着三部电脑。

在学校期间，他的宿舍经常会有一些律师和医生等专业人士进出，把他们的电脑拿来请戴尔组装，或是把升级过的电脑带回家去。他还经常用比别人低得多的价格来销售功能更强的电脑，并多次赢得了得克萨斯州政府的竞标。他说："很多事情我都不知道，但有一件事我很清楚，那就是我真的很想做出比 IBM 更好的电脑，并且凭借直接销售为顾客提供更好的价值及服务，成为这一行的佼佼者。"

他从一个简单的问题来开展他的事业，那就是：如何改进购买电脑的过程？答案是：把电脑直接销售到使用者手上，去掉零售商的利润剥削，把这些省下来的钱回馈给消费者。这种"消除中间人，以更有效率的方式来提供电脑"的原则，就是戴尔电脑公司诞生的核心概念。

### 二、直接模式的开始

1988 年，戴尔公司股票公开上市发行，"直接模式"正式宣告开始。

从一开始，他们的设计、制造和销售的整个过程，就以聆听顾客意见、反映顾客问题、满足顾客所需为宗旨。他们所建立的直接关系，从电话拜访开始，接着是面对面的互动，现在则借助于网络沟通，这些做法让他们可以收集到顾客的反应，及时获知人们对于产品、服务和市场上其他产品的建议，并知道他们希望公司开发什么样的产品。

直销模式使戴尔公司能够提供最有价值的技术解决方案：系统配置强大而丰富，无与伦比的性能价格比。这也使戴尔公司能以富于竞争力的价格推出最新的相关技术。戴尔在他的回忆录中这样描述了直销模式的好处，他说：

"其他公司在接到订单之前已经完成产品的制造，所以他们必须猜测顾客想要什么样的产品。但在他们埋头苦猜的同时，我们早有了答案，因为我们的顾客在我们组装产品之前，就表达了他们的需求。

" 其他公司必须预估何种配置最受欢迎，但我们的顾客直接告诉我们，他们要的是一个软盘驱动器还是两个，或是一个软驱加一个硬驱，我们完全为他们定做。

与传统的间接模式相比，直接模式真正发挥了生产力的优势。因为间接模式必须有两个销售过程：一是从制造商向经销商，另一个则是从经销商向顾客。而在直接模式中，只有一级销售人员，并得以把重心完全放在顾客身上。在这点上，戴尔公司并没有以一种方式面对顾客，他们把顾客群进行细分，一部分人专门针对大企业进行销售，而其他人则分别负责联邦政府、州政府、教育机构、小公司和一般消费者。这样的架构对于销售大有好处，因为销售人员因此成为专才。他们不必一一搞懂多家不同制造商所生产的不同产品的全部细节，也不必记住每一种形态的顾客在产品上的所有偏好，而在处理自己客户的问题时则成了行家里手，这使得戴尔公司与客户之间合作的整体经验更为完善。

同时，按单定制的直销模式使戴尔公司真正实现了"零库存、高周转"。正如戴尔所说："人们只把目光停留在戴尔公司的直销模式上，并把这看做是戴尔公司与众不同的地方。但是直销只不过是最后阶段的一种手段。我们真正努力的方向是追求零库存运行模式。"

由于戴尔公司按单定做，它的库存一年可周转 15 次。相比之下，其他依靠分销商和转销商进行销售的竞争对手，其周转次数还不到戴尔公司的一半。对此，波士顿著名产业分析家 J·威廉·格利说："对于零部件成本每年下降 15% 以上的产业，这种快速的周转意味着总利润可以多出 1.8%～3.3%。"

（资料来源：《博锐管理在线》，2003 年。）

## 思考题

1. 根据案例，分析戴尔的销售模式体现了网络分销的哪些优势和不足？
2. 你认为所有的产品都能采用网络销售吗？（说明原因）
3. 戴尔为什么不采用纯粹的网络直销？

# 第十五章　渠道的扁平化

## 本章学习目的

学完本章后，应该掌握以下内容：

1. 渠道扁平化的含义；
2. 渠道扁平化产生的原因有哪些；
3. 渠道扁平化的具体形式；
4. 扁平化对于企业传统渠道有哪些影响。

2001 年，在全球 PC 市场低迷的状态下，Dell 电脑仍然保持着高达 64.6% 的增长率，从而以 26.95% 的市场占有率荣登全球 PC 市场霸主的宝座，而中国 2001 年 23% 的总增长率更使中国 PC 市场在全球一枝独秀，Dell 也凭借其独特的直销方式取得了不俗的业绩。作为国内 PC 市场的领军人联想，2002 年 3 月也宣布进军电脑定制直销市场，以阻击 Dell 在中国迅猛的发展势头。无论是 Dell 的成功还是联想的反击，都不禁让我们注意起渠道扁平化给企业带来的巨大利益以及它背后蕴藏的无限商机。

## 第一节　渠道扁平化的背景

### 一、渠道扁平化创新的总体背景

创新是企业经营的永恒主题，同样，企业建立分销渠道也需要创新。

经过 20 多年的市场经济发展，一方面，许多产品市场已经进入成熟阶段，出现了一些规模较大的企业集团，也孕育了一些知名品牌。竞争现实促使它们不断地进行技术、产品以及推广方面的创新；另一方面，在渠道管理方面，大多数企业沿用的仍然是经营初期传统的渠道模式和管理方式。面对市场经营从粗放型向集约型转变的新环境，传统分销渠道模式在成本、控制、效率和可控性等方面的劣势日益凸现。尽管企业随着市场的发展作了一些调整，但都未能从根本上协调分销渠道现状与分销渠道效率、成本优势之间的不相适应。

在传统的分销渠道结构中，渠道线狭窄细长。一般从生产厂商到终端至少需要

2~3个环节,即总代理、一级经销、二级经销、零售终端、消费者。这一模式极大地削弱了产品信息传递和分销的速度,且增大了分销成本。由于渠道对产品毛利的层层截留,导致零售终端在最后的分销环节中需承担来自市场各方面的巨大压力。产品成本的增加,无形中提高了产品的终端售价。然而,在自由成熟的市场中,消费者对产品的价格、品牌和品质上选择性加大,致使产品在终端的分销中竞争功能被削弱。这种情况,不仅是生产厂商所不愿看到的,更是广大零售终端商所不愿看到的。

　　传统的"搬箱子"式的分销已没有多少潜力可挖,终端商为避开上述狭长的渠道分销模式,纷纷直接与上游生产厂商联系合作,进而导致扁平化的分销渠道模式出现。渠道扁平化是分销层次模式的一个递进,这是市场发展趋势的必然。

　　市场环境的变化对渠道模式和管理方式提出了新的要求,分销链的管理创新成为21世纪企业普遍面临的最新的重大战略课题。

## 二、渠道扁平化的外在原因

　　(一)市场发展进入新阶段,旧模式难以适应新要求

　　随着经济全球化与知识经济时代的到来以及全球制造的出现,分销链在企业管理中,特别是在制造业管理中得到了普遍应用。

　　制造商从原料供应商那里得到生产资料后加工成产品。然后,其产品由分销链的第一环——物流配送中心,负责送到某一特定范围进行销售。在独家代理商之后又分流到分销链的第二环——各区域的分销商,由其负责各大区域的销售工作。在各区域的分销商下游,又分布着分销链的第三环——众多的零售商,由他们销售给最终用户。

　　这是分销链最简单的基本架构,而分销商在这三个环节中是最重要的一环。原因来自以下几个方面:(1)分销商对其代理的区域市场较为熟悉,并且拥有一批固定的客户群,能帮助厂商迅速打开当地市场。(2)分销商对本地客户的资讯情况和投资环境更加了解,可以帮助厂商规避交易和投资风险,通过分销商还可以减少自设网络的高额费用,降低整体销售成本。(3)分销商一次性订购批量产品,因而大大减轻了厂商的压力。

　　可见,对分销商管理的好坏直接影响到生产企业能否迅速打开并占领市场,能否及时足额收回应收账款,能否降低销售成本提高利润率。因此,对分销商的管理是整个分销链管理成败的关键环节。但随着市场环境的不断变化,分销商的地位也发生了重大的变化。市场分销渠道发展经历了从重视厂家阶段,到重视经销商阶段,最终进入重视消费者(以零售终端为服务核心)阶段的过程。重视消费者的表现特征是一切以消费者为中心,一切以消费者的满意为目标。这就要求产品要以最方便的途径让消费者购买,要求厂家要以最快捷的速度对消费者的购买需求和评价作出反应。

然而，在松散型、间接型的传统渠道模式中，由于中间商与厂家一般不是一对一的关系，并且两者的利益关系是相对独立的——属于买卖型关系而非合作型关系，因此每个环节上的保价行为都会使双方形成对立，制约了厂家与消费者的直接沟通，进而影响了渠道效率。

（二）市场竞争加剧对渠道成本控制的要求

在初期发展阶段，市场竞争尚不激烈，企业由于实力与资源的有限性，利用传统经销商的网络资源进行产品推广，是一种理性的选择。当然，同时也付出了巨大的代价——即对经销商的严重依赖。

随着市场供求关系的急剧变化，许多领域的产品开始供大于求，竞争日渐激烈，产品价格不断下降，企业利润越来越薄，开始进入微利时代。"僧多粥少"的状况，促使分销渠道成本的控制和经销利润的集中成为必然。伴随着渠道利润空间的不断缩小，制造商对渠道控制、改革的要求愈发强烈。部分企业开始凭借自身的财力和渠道经验，组建起自己的分销网络。例如，联想对其经销商实行特许经营，把渠道成员纳入了自己的规范与控制之下。从市场竞争的需要与企业长远的利益来看，掌握渠道主动权已经成为众多企业的必修课了。

（三）企业对分销渠道的辐射力、控制力的要求随企业规模的扩大而提高

在企业经营前期或产品进入市场初期，利用经销商的网络资源推广产品是一种合理有力的方式，其所付出的代价是形成对经销商的依赖性。

随着企业规模的不断扩大以及品牌影响力的不断提高，为了规避渠道风险并为后续产品奠定渠道基础，厂家对于分销渠道辐射力与控制力的要求更高了。一些企业可以依靠市场营销管理经验与资本实力组建分销网络，从而达到控制渠道成员的目的。

掌握渠道主动权，对于每一个想在商场竞争中立于不败之地的企业都具有重大的意义。

（四）全新客户关系的推动

由于分销商与顾客存在密切频繁的接触，只有使分销商充分理解企业的营销战略与策略，他们才有可能协助厂家加强与顾客之间的沟通，建立顾客对于厂家的忠诚，并且通过分销商建立顾客信任，传达企业信息和提高顾客满意度。分销商全面、高标准的服务，往往能使顾客产生额外的利益与好感，从而改善厂家与顾客的关系，增强企业的竞争优势。当然，在传统渠道模式下，中间商在分销渠道中也发挥过重要作用，包括促进生产者扩大生产和销售、协调生产与需求之间的矛盾、方便消费者购买商品等。

但是，从根本上讲，厂家与分销商之间的利益关系是相互对立的，分销商认为自己是站在消费者一边与厂家签订苛刻的协议而盈利，两者之间的关系非常不友好。

改善传统渠道下的对立关系，使双方从利益个体转变成为利益统一体，是所有

明智企业的必然选择。

### 三、渠道扁平化的含义

随着经济的不断发展，企业之间的竞争愈演愈烈。技术不断创新，消费者的需求也在改变，这就要求企业加强对销售终端的控制，降低渠道费用，把更多的精力与资源投入到最终客户端。另外，计算机技术的大面积推广以及网络化消费的普及，也使渠道结构的扁平化成为大势所趋。其中典型的成功代表就是戴尔（Dell）电脑公司，戴尔通过越过以二级分销商为代表的渠道中间层实施销售，缩短供应链从而降低成本。戴尔的用户可以通过电话、信件或者因特网随时随地直接向公司订购定制化的电脑，而无需经过任何层级的经销商。戴尔同时还向波音（Boeing）一类的大型企业派常驻代表，直接处理销售业务。到今天，波音公司通过戴尔公司的代表平均每天订购160台电脑。通过"压扁"分销渠道链，戴尔在短期内获得了同业竞争者无法想象的巨大利润与销售增长率。

我们通常讲的分销渠道，是指某种货物和劳务从生产者向消费者移动时，取得这种货物或劳务的所有权或帮助转移其所有权的所有企业和个人。它主要包括商人中间商、代理中间商以及处于渠道起点和终点的生产者与消费者。在商品经济条件下，产品必须通过交换，发生价值形式的运动，使产品从一个所有者转移到另一个所有者，直至消费者手中，这称为商流。同时，伴随着商流，还有产品实体的空间移动，这称之为物流。商流与物流相结合，使产品从生产者到达消费者手中，便是分销渠道或分配途径。

在渠道扁平化的要求下，我们必须努力压缩中间商的层级与环节。中间商是商品从生产领域转移到消费领域的过程中，参与商品交易活动的专业化经营的个人和组织。中间商按其在流通过程中的地位和作用，可以分为批发商和零售商。

渠道扁平化是以企业的利润最大化为目标，依据企业自身的条件，利用现代化的管理方法与高科技技术，最大限度地使生产者直接把商品出售（传递）给最终消费者以减少销售层级的分销渠道。渠道扁平化后减少了中间环节，节约了流通费用，而且产销直接见面，生产者能够及时地了解消费者的市场需求变化，有利于企业及时调整产品结构，作出相应的决策。渠道扁平化后的具体销售形式有接受用户订货、设店销售、上门推销、利用通信和网络销售等销售手段。

渠道扁平化是一种趋势，但绝不是简单地减少一两个分销层次就叫扁平化。扁平化是一种对于渠道的结构整合，而非将渠道一刀斩去。

为什么必须实施扁平化？因为各品牌瓜分市场的结果不允许有更多的资源支持原有的代理商，这就要求厂商把更多的精力放在客户端，降低价格的同时做好售后服务。扁平化后的分销是一种强劲的销售模式，它使厂商可以敏锐捕捉消费群体的需求脉络，快速调整已有的产品策略，争取更多更广的客户。同时，扁平化渠道还能最大限度地降低营销成本与库存压力，使自己的产品具有更强的竞争力。

目前，由于分销商一般对当地用户的购买行为和市场形态较为熟悉，并且拥有一批基本客户，能够迅速帮助厂家打开当地市场；同时，分销商对本地客户的资信情况和投资环境更为了解，可以帮助厂家规范交易和减少经营风险；此外，通过分销商可以减少自设销售网络所必需的高昂费用，能够对消费者提出的服务要求迅速响应。因此，对大多数企业来说，传统的带有中间商的分销体系暂不可缺，更加合理有效的方式是减少分销商的层级与数量，实现渠道结构的相对扁平化。

## 第二节 渠道扁平化对企业传统渠道的影响

### 一、扁平化对企业传统渠道的影响

分销渠道经历着由金字塔式向扁平化方向转变。传统的销售渠道结构呈金字塔式，在供过于求、竞争激烈的市场营销环境下，传统的渠道存在着许多不可克服的缺点：（1）厂家难以有效地控制分销渠道；（2）多层结构有碍于效率的提高，且臃肿的渠道不利于形成产品的价格竞争优势；（3）单向式、多层次的流通使信息不能得到准确、及时的反馈；（4）厂家的销售政策不能得到有效的执行落实。因而，许多企业正将分销渠道改为扁平化的结构，即分销渠道越来越短，销售网点则越来越多。

通常，传统的分销渠道经由一级批发商（或区域总经销）、二级批发商（也有一些产品在某些地区有三级批发商）和零售终端，所以市场需求的变化往往得不到及时反应，渠道的服务和控制也难以有效。渠道扁平化就是尽量减少层次，贴近零售终端。

例如，国内一家啤酒厂商在其主力市场（省会城市）的分销网络有 30 家一级批发商，200 家二级批发商和 10 000 家零售终端。以前的管理和服务主要针对一级批发商，对于二级批发商很难顾及，而啤酒市场的激烈竞争越来越明显地表现为终端的争夺。设计后的渠道扁平化改进方案是在原来的一级批发商中，根据辐射能力和范围、经销能力和信誉，挑选 5 家作为片区分销中心，成为厂家的紧密合作伙伴。厂家提供更多的资源支持，如物流配送能力、销售人员的培训以及电脑和通信设施等。其余的 20 多家原一级批发商与 200 家二级批发商全部转为准一级批发商，除了不直接供货，享受所有的原一级批发商的销售服务和资源支持。经过一年的运作，企业分销状况取得明显的改进：（1）分销中心实际上承担了区域物流中心的角色，由他们在厂家的渠道管理团队的指导下实施对原二级批发商的销售服务；（2）渠道促销的资源可直接到达原二级批发商，有助于他们对终端的争夺和维系；（3）原二级批发商实际上成了一级批发商，由于直接面对零售终端，他们的订单比较准确有效，市场反应比较及时。

从不同的角度来看，扁平化的渠道对于传统分销渠道产生了以下几个方面的影响：

1. 厂家得以有效地控制分销渠道。市场发展到今天，已经由以产品为中心的分销渠道模式向以用户为中心的分销渠道模式转变，各个厂商的分销渠道趋于扁平化和网络化，在被"压扁"的分销链上，企业对于渠道的控制力无疑加强了。此外，扁平化也有利于深度分销，便于对终端的深度开发、管理与控制。

2. 层级较少的结构有助于效率的提高，且顺畅的渠道更有利于形成产品的价格竞争优势。所谓扁平化便是将三级或多级营销体系，改为厂家直接面对卖场的两级体系，取消扮演转运站角色的分销环节。经销商的需求会立即到达公司，并由公司直接与该经销商进行相关的货物流转，使货物的中转时间大大缩短。留给分销商的利润空间减少了，成本减少了，价格优势便十分醒目。扁平化结构的分销渠道通过通路层次的减少，改善了企业和消费者的利益，增加了品质保证；同时也有利于企业把握消费者需求，进而提高经济效益。

3. 信息在较少层次的流通中得以更加准确与及时地反馈，使企业能够在商战之中快速适应市场需求的变化。随着信息技术的发展，现代网络技术和功能强大的营销管理软件能够对众多经销商反馈的大量信息进行快速处理，并能通过因特网将企业的信息以"集群式"（即在同一时点向所有对象传送信息）传递给经销商。因此，渠道扁平化过程中所遇到的信息的传递与处理问题，能够通过现代信息技术迎刃而解，这极大地推动了渠道扁平化趋势的发展。另外，因信息传递过程的缩短、以及信息反馈速度的加快，促销的执行也变得相对快捷。

4. 实施渠道扁平化使厂家的销售政策得到有效的贯彻落实。可以解决以往各级经销商层级过多、容易对上级代理商的中间"盘剥"产生不满情绪而引发销售积极性下降等一系列渠道冲突问题，对于终端直接管理，促使公司的整体战略与市场管理更为有效。

5. 减少分销层级节省了企业的分销与销售成本。渠道"扁平化"就是厂商以最少的物流费用将产品卖到消费者手中，因此扁平化渠道体系不仅有助于实现按客户需求生产，而且最大限度地使厂商降低了资金积压和价格风险。

6. 大大降低甚至取消了与中间商相关联的不确定性风险。物流供应链架构的复杂性导致每个分销环节都潜伏着不少风险，过多的分销层级将大大增加资金积压和囤货风险。如果其中一家公司出现了问题，就可能产生连锁反应，影响到供应链上多家公司。扁平化后的分销渠道不仅解决了上述问题，还可以节省中间环节的物流开支，降低产品的附加成本和产品受损的风险。所以，对生产厂商来说，缩短渠道环节，使物流渠道扁平化，降低与所有分销环节相关联的风险是一种必然的发展趋势。

渠道扁平化已经在业界掀起了一场革命。深圳华为公司为改革分销渠道推出了

"圆桌计划"，旨在进一步加强代理商队伍建设，对现有的渠道进行调整，实行短渠道模式，进行扁平化管理，使渠道更贴近用户。华为推出的新渠道政策是以二级代理商为核心的，它在全国范围内发展了500家二级代理商，把渠道体系覆盖到全国重点地市，最终形成多样化格局。华为还推出了代理商认证制度，其认证考试分为三个等级：网络工程师、高级工程师以及网络专家，对参考人员依据相应的考试颁发相应的证书，最终达到技术培训的目的。随后，华为在全国16个城市的巡回展览活动开始展开，并在各展区对最终用户、下级代理商展开产品技术、解决方案和市场销售各方面的培训，及时向代理商和用户提供最新、最先进的技术资源，保证用户和合作伙伴的网络应用水平，为用户提供全方位的解决方案，以确保扁平化渠道的建成与完善。

## 二、扁平化中仍存在的问题

值得指出的是，在渠道扁平化发展的问题上仍然存在一些错误理念，其对厂商渠道的发展是极为不利的。

### （一）妄图一步到位

部分厂商在渠道发展的过程中存在"一步到位"的思想，即为了达到目标而不顾结果，或者是没有经过对相关的影响因素进行综合分析。以前有的企业为了扁平化而将总代理一次性的砍掉，而其自有的新渠道体系尚未建立，这对于其销售造成了长期不良影响。

### （二）只重形式不重实质

形式主义是部分厂商容易出现的另外一个问题。有的只注重扁平的形式，而不注重实质，结果是"该扁的不扁，不该扁的扁了"，渠道扁平化的效果适得其反。有的则不注重自身产品与服务的特点，在引入新渠道的过程中，发展了不适合于自身的增值渠道，结果双方难以达到"共赢"的效果。

### （三）目标不明确

目标不明确是厂商出现种种问题的一个重要根源，往往表现为目标定位的不合适、不明白、不准确。是以提升渠道的销售能力、服务能力为目标，还是以提高渠道的整体竞争力为目标，还是以提高渠道运作效率为目标，这些目标是否明确，在渠道改善过程中把握是否得当，都应该成为企业在渠道扁平化过程所必须关注的根本问题。

尽管目前渠道扁平化改革仍有许多有待探讨与改进之处，但是它将给企业带来的种种利益与优势都使革新者们充满了期待与希望。

### 三、渠道扁平化的发展趋势

扁平化的形式并非只有一个模子，其发展过程也绝非一成不变，不同的行业在各自扁平化的改革拓新中都走出了自己的道路。例如具有家电背景的海信、TCL电脑进入具有"家电价格杀手"国美家电成都地区连锁超市，在西南地区开辟了继电脑城、商场、连锁店等之后的全新渠道。在离家不远、品种丰富、信誉较高的家电超市中买到自己心仪已久的电脑，并由超市方亲自送货上门并提供维修服务，现今已经成为现实。超市卖电脑的意义不在于求得多少销量，其更深层次的意义在于寻求创新销售模式、提升品牌知名度的途径。在"以客户为导向"和"渠道扁平化"的趋势下，行业中各类传统的销售模式都将面临巨大的挑战。

企业渠道扁平化的目标方向不是惟一的、固定的，而是多向的、可变的。经营不同产品的企业，有的将要从多层立体化的渠道体系走向更为扁平的渠道，其终极模式可能是纯扁平渠道（厂商→一层渠道→用户），也可能是直销渠道（厂商→用户）。而其转变的轨迹可能是从多层立体向扁平化发展，也可能是从直销渠道向纯扁平化渠道发展。总之，不同企业发展的具体策略是由渠道扁平化的目标所决定的。

对于企业来讲，由于市场需求的特点是向个性化与综合应用化发展的，专业合作渠道将发挥重大作用。其终极模式将是定位于扁平化渠道体系，而且是增值型的渠道。同样，由于需求的相对复杂化和个性化、解决方案化，加之市场发展的需要，不同行业、不同特点的企业面临着更为激烈的竞争，选择适合于自身情况的个性化的扁平渠道体系将是一个发展趋势。

渠道扁平化作为一种销售模式，简化了销售过程，降低了销售成本，使企业有较大的利润空间。但扁平化并非是简单地减少哪一个销售环节，而是要对原有的供应链进行优化，剔除供应链中没有增值的环节，使供应链向价值链转变。供应链管理最优化将是厂商经营成功的关键。那么，如何优化供应链呢？这就要做到营销网、物流网、信息网、客户服务网、互联网五网合一。借助互联网，把产品销售、物流控制、信息沟通、客户管理及意见反馈有机结合起来，使传统分销模式向电子分销模式转化，利用现代化管理与网络技术来解决传统渠道在操作中由于主观或客观的原因所造成的低效率运作，以求以最短的供应链、最快的反应链、最低的成本来进行运作。

## 第三节　渠道扁平化的形式

### 一、依层级的数量进行分类

在不同的行业中，扁平化后的分销渠道依层级数量可以划分为三种状态。第一种是有两层以上的中间渠道，是相对原有传统渠道进行过扁平化改造的渠道体系状态；第二种是只有一层中间渠道的扁平渠道，是截至当前仍在发展的最为典型的扁平渠道状态；第三种是所谓的直销渠道，也包括几种不同的情况。以下将详细介绍这三种渠道：

（一）纯扁平化渠道——只有一层中间渠道

商场等大型卖场、服务专柜等，是企业关注的一类扁平化渠道。很多企业都将大型卖场一类的终端服务商作为其渠道扁平化构建中的重要内容，商场专柜等渠道也备受瞩目。当前的大型卖场很多属于从厂商直接进货的渠道，他们一般直接面对购买者，由此避免了代理商、分销商等众多分销层级。

普通产品代理商（区域或行业代理商），只销售产品或服务本身而不进行增值的末端区域或行业代理层次，构成厂商传统渠道中扁平化后所留下来的另一部分。比如，产品多元化程度较高的厂商大多采取省级或市级代理制模式。特点是厂商可脱离中间层，直接控制渠道，同时也可以控制价格，对市场的反应速度会更快，但厂商必须自己承担物流、放账、回款等工作。

网站代理销售商，网络销售的代理商是以电子化方式为厂商代理销售产品的一类渠道。

连锁专卖店，尤其对于消费类产品，这类渠道尤其受到企业的重视，它也一直是不同企业所关注的重要渠道。

咨询服务提供商，充当技术、管理专家的第三方服务渠道是当前 IT 产品类市场扁平化改革中的一个独特的热点。

到目前为止，真正实现完全的纯扁平渠道的企业很少，据不完全统计其比率只占总比重很少的百分比，而且其中部分企业还或多或少的存在直销或者是更多层渠道的情况。其中各种渠道类型在不同的企业中分布有所区别，有的传统渠道仍占相当大的比例。对于企业来讲，随着企业市场、行业市场需求的变化，纯扁平化渠道将越来越受到重视。

（二）有两层以上中间渠道的扁平化渠道

该种类型的渠道主要表现为总代理商/区域代理商及其以下的经销商构成的渠道。企业由于自身从事渠道销售的经验及能力限制，选择了总代理商进行渠道销售。有的甚至是独家总代理，依据不同的产品授予独家代理权是部分国内外企业的市场策略之一。这部分企业的渠道扁平化问题在很大程度上是由总代理根据需要进行的，同时，企业自身也在尝试设立新的直接渠道。区域分销渠道的发展是企业进入新的边缘低级别市场的举动，国外的大型企业如 IBM 的"星计划"与原康柏的"红旗计划"都是这方面的代表。而国内厂商由于自身限制，也在较大程度上使用了区域渠道延伸的扁平化渠道策略。

在渠道扁平化发展的过程中，这类渠道的部分总代理将继续更好地发挥分销、物流等职能，而同时发展适合其自身情况的增值业务，将自身渠道体系的运作效率在新的市场竞争中逐步提高。

近些年，区域渠道的发展成为很多企业在渠道扁平化方面的动作之一。企业对区域渠道采用区域总代理的策略，区域总代理与部分厂商设立的起区域平台作用的分销机构发挥了类似的作用，只是其在运作机制上与厂商分支机构有较大区别。区域总代理或分销机构设立的同时，厂商逐渐减少全国性总代理的数量，或者是转变全国性总代理的职能，减少不必要的渠道环节，从而可以提高渠道的运作效率。

（三）直接渠道

人员直接销售，这类分销渠道是企业目前（比如戴尔公司）所执行的一种较为成功的渠道模式。业务人员直接销售，增加了厂商与客户直接接触的机会，最大化地缩短了中间流程。虽然其对市场覆盖面难以在短期内与其他分销渠道相比，但是在激烈的市场竞争环境中，其生存与发展的优势也是显而易见的。

自有网站的推广销售模式——伴随网络经济的发展，很多依托于互联网技术发展的全球性企业在世界范围内创造了网络销售的巨大成功。虽然短期内这类渠道仍有待发展，但随着网络经济的长期发展及国民消费意识与习惯的逐渐改进，这部分渠道所带来的销售将会不断增加。

电话销售——以 800 对方付费为代表的电话销售成为很多企业争相使用的渠道扁平化策略之一。随着外部环境下的通信设施、交通设施、相关的技术服务设施的进一步完善，电话销售必将是构成未来直销体系的一个重要组成部分。

自有销售体系的销售模式——其核心是建立自己的终端销售网络，以适当产权操作为纽带的店面销售等也将是直销渠道长期发展过程中的重要形式。康佳集团股份公司一位高层主管认为，未来的品牌之争、市场之争、份额之争，都将集中到终端渠道的网络之争上来。谁拥有渠道终端，谁能够嫁接并掌握更大的终端网络，就意味着谁将拥有更大的市场份额。

虽然到目前为止，我国企业对各类直销渠道的利用比率仍然较低，而且很多区域性的小规模企业仅处于初级的直销阶段。但随着渠道扁平化策略与技术的不断发展，渠道革新环境的进一步改善以及网络销售技术与渠道管理方法的完善，相信在今后相当长一段时间内直销方式会成为渠道扁平化的重要形式。

长城电脑事业部网络产品总监在一次被记者问到长城的电脑与网络产品在销售策略上为什么不同时，说过这样的话："你把一台 PC 扔在街上，保证大家会抢；但你如果把一台交换机或路由器扔在街上，就不见得有人捡 —— 许多人不认识这是什么东西，即使认识，捡回家拿来干嘛？所以肯定不能按照同样的思路去卖。"可见，不同的渠道扁平化程度的选择，应该依照企业自身特定的现实情况（包括不同细分市场的特点、产品自身特点、企业资金充裕度等）来进行设计。

## 二、依外部形态对几种主要扁平化渠道的分类

### (一) 网络渠道

作为直销的一种典型方式,网络销售同时兼具渠道、促销、电子交易、互动顾客服务以及市场信息收集、分析与提供等多种功能。网络销售必将成为直销的一种主要方式,成为企业一条极为可行的经营途径。应用互联网提供可利用的产品和服务,以便使用计算机或其他能够使用技术手段的目标市场通过电子手段进行和完成交易活动。该方式大大提高了渠道效率,在相当长一段时间内将是渠道变革的主要方向。

### (二) 电话渠道

该方式主要是指销售人员通过电话直接向消费者销售商品的直销方式,目前已经成为一种主要的销售工具。据有关资料显示,在电话营销发展迅速的美国,每分钟有数百人回应电视商业广告直拨 800 免费电话,美国每年电话销售的总额达 1 000 多亿美元,可见,电话营销有着良好的发展前景。

### (三) 电视渠道

该方式主要是指销售人员利用电视这一媒介直接向顾客销售其产品。销售商购买电视广告时间,通常为 60 秒到 120 秒,这样可以有说服力地介绍产品。戴尔媒体(Dell Media)推销金萨水果刀的广告便是一个好例子。这个广告做了 7 年,卖了 300 万把水果刀,价值约达 4 000 万美元。

### (四) 邮购渠道

采用这种形式的销售商按照选好的顾客名单邮寄商品目录,或备有商品目录随时供顾客索取。

### (五) 直接邮件渠道

该方式是指销售人员将广告信息印刷成信件或者宣传品,利用企业自己建立的客户数据库或从邮寄名单经纪人事务所购买的邮寄名单,以指名方式将邮件送到家中或公司。

### (六) 上门销售渠道

该方式是指销售人员直接到家庭或公司访问促销,通过帮助或说服等手段,促使顾客采取购买行为的活动过程。化妆品、日用品、图书、报纸、食品、保健药品等商品可采取这种方式促销。推销人员可以携带资料、样品等上门,取得顾客的订单后,再送货上门。

### (七) 门到门销售渠道

这一方式主要是将没有写收信人姓名与地址的邮件或其他上门广告送到顾客手中,以促使顾客购买自己的产品。对这一销售方式大家都应该是感受颇深的。

### (八) 自动售货机

自动售货机在第二次世界大战以后得到迅猛的发展,至今使用电脑技术的自动

售货机已经被用在相当多的产品上，如食品、香烟、软饮料、糖果、胶卷、报纸和热饮料等产品。同时，售货机被广泛的安置在车站、机场、工厂、办公室、大型零售商店、加油站、街道等地方。自动售货机向顾客提供24小时售货、自我服务和无需搬运产品等便利条件。由于要经常给相当分散的机器补充存货、机器常遭破坏、失窃率高等原因，自动售货的成本很高，因此，其销售产品的价格往往比零售店的要高15%~20%。对顾客来说，也要偶尔面对诸如令人头痛的机器损坏、库存告罄以及无法退货等问题。

（九）购物服务组织方式

购物服务组织是专门为某些特定委托人提供服务的无商店零售机构。委托人通常是学校、医院、工会和政府机关等大型组织，这些组织的雇员即成为购物服务组织的会员。购物服务公司通常给会员以折扣。

（十）其他销售方式

近年来，各种销售方式与渠道不仅规模在迅速扩大，手段和媒介也呈现出多样化的发展趋势。同时，传统的销售方式与渠道也在不断更新中继续发展，如电话亭购物、会议直销、展销、会员俱乐部、拍卖等。同时值得一提的是，厂家直销方式也得到不断的创新。

以上所列举的几种主要的销售渠道有其明显的长处：

● 启动容易。这是相对而言的，厂家无需太多设备或场所，有小额资金就可开业。

● 周转迅速。资金周转速度是企业效益的重要衡量指标。直接销售可以依需求做到勤进快销，使库存趋近于零。

● 强化推销。在多品牌竞争时代，人员推销效果明显。

● 控制价格。对于直接销售的商品，厂家握有较大的定价主动权，采取价格促销策略较为随意。

● 熟悉上市。推销员与顾客直接接触，能及时准确地了解市场变化情况及消费者喜好，进行具有针对性的宣传促销活动。

无论国内、国外企业，在竞争日趋激烈的市场中都已经开始积极着手进行渠道的扁平化改革。例如，某国际电子公司的扁平化改革。该公司在中国的产品营销一直以事业部制运作，各事业部大部分通过全国总代理建立各自的销售渠道，其渠道结构有着很大的差异性。手机由通信事业部独立运作，IT、数码类产品的销售一直由全国总代理把持，已建立稳定渠道，但缺点是层级多、成本高、效益不好。面对渠道困境，该公司考虑制造"××中国大盘"，统一产品线，依靠整体优势进入中国各级卖场，这也印证了中国要成为该公司利润基地的目标。

2002年7月，该公司在内部成立了T/F Team，专门负责研究中国市场渠道扁平化战略。经过半年时间确定了执行分公司计划，成立了北京、上海与广州三个电子分公司，分别负责华北、华东以及华南三个大区的产品推广与销售，并取消各线产品的总代理商角色。2003年3月，该公司除了手机产品外，所有产品线凸现扁平化趋势。此外，该公司还在2003年9月进一步细分区域市场，三大区域将细分为七大分公司。在渠道建设方面，该公司希望将来将各产品销售渠道整合一体化，成立自己的销售公司，那样该公司的产品就可以整体进入国美或苏宁这样的终端以实现自己的渠道战略。

## 本章小结

渠道扁平化的实现是需要有一定的支撑基础的，戴尔的成功是长久以来所积淀的优势，同样，扁平化渠道的其他状态的实现都需要有一个转变与积淀的过程，并需要在这一过程中建立相关的支持机制，包括相关的制度及文化的积淀过程。比如，近两年来发展变化中的方正公司渠道体系，成为典型的扁平化渠道的代表，该体系也是与方正电子到方正科技发展过程中的大区分公司工作平台机制相适应的产物。要取得渠道扁平化的成功必须经过一个积淀的过程。

自上而下的渠道扁平化过程，主要是因为厂商面对更为激烈的市场竞争，为了保证渠道的利益，厂商主动地调整渠道规划，实现扁平化。一是表现在渠道环节上的压短，再就是表现在渠道覆盖上的压扁，同时还规划着渠道职能的专业化分工与演变。

从当前渠道扁平化发展的态势来看，其发展方向主要表现为以下几点：

* 演变方向之一：传统渠道层级的压缩。市场竞争的推动，使厂商主动调整自身渠道的取向，主动将中间渠道压扁。其主要表现为：取消总代理，发展区域代理；取消分销商，发展连锁经销专卖店；发展行业代理商；发展OEM销售。

* 演变方向之二：商场与专卖渠道的加入。近几年以来，类似国美、苏宁连锁电器商场等的飞速发展以及专卖渠道的扩展给渠道扁平化革新带来了新的机会与挑战。

* 演变方向之三：包括互联网在内的各种直销渠道的飞速发展。电话、邮件、信函、网络等直销方式完全摆脱了传统分销层级的困扰。而在各种直销渠道方式中，Dell所采用的直销模式是当前最成功的渠道变革案例，也是众多厂商渠道所要参考的对象之一。而其他的靠品牌自有产权专卖店销售或是产品展示店等进行销售则是相当多的现有厂商可以选用的渠道。

渠道扁平化革新给厂商带来的效果是显著的。扁平化对于厂商的销售所带来的影响应该是最为直接的。渠道扁平化是适应市场竞争而进行的，销售产品与服务的提升应该成为其主要效果之一。

扁平化对于渠道核心能力的提高则是长期竞争的依靠。虽然渠道扁平化的销售情况还没有得到验证，但厂商渠道在面对用户提供产品与服务的整体能力方面的提升已经表现出来，这构成了厂商业务长期发展的核心竞争能力。

扁平化对于渠道运作效率的影响是供应链上优势的集中体现。经过渠道扁平化后，渠道运作受到的影响已经明显表现出来。随着配套措施的成功实行，厂商的物流成本进一步降低，服务的及时性进一步提高，渠道的满意度也得到了改善。

## 思 考 题

1. 何谓渠道扁平化？
2. 渠道扁平化产生的原因有哪些？传统渠道有什么竞争优势？
3. 扁平化对于企业传统渠道有哪几方面的影响？
4. 目前渠道扁平化中常见的问题有哪些？
5. 请你描述一下渠道扁平化的发展趋势。
6. 渠道扁平化有哪些具体形式，请对它们进行解释。
7. 谈谈你对渠道扁平化的理解。

## 案例分析

## 伦飞的渠道扁平化之变

2000年新春过后不久，伦飞电脑科技公司即在上海和广州两地与IBM共同举办了"伦飞IBM联合技术发表会"。在此次发表会上，伦飞电脑除了向用户演绎移动办公的全新技术之外，还将自身全新的面貌展现在人们面前。

在销售渠道建设方面，伦飞将更深入地发展其扁平化的模式。伦飞从传统的销售模式中解脱出来，直接进入销售体系的改革举措，是其经营思路的一个重大转变，同时也体现了整个IT行业销售渠道的扁平化发展趋势。

### 一、原有渠道存在的问题

伦飞原有的销售渠道同传统的IT产品流通渠道一样，主要分为四级：厂商、分销商、经销商和最终用户。产品由厂商生产，厂商将销售权交给规模比较大的分销商，分销商再将产品分配给各个地区和不同级别的经销商，经销商将产品直接销售给用户。伦飞所使用的这种传统的四级分销结构模式，在国内IT市场极具代表性。

据权威调查部门的统计，中国IT市场总体规模85%以上的IT产品技术都是通过分布在全国各地的销售渠道流向最终用户，由此建立和形成了庞大的渠道销售网络。随着中国市场对IT产品需求的不断扩大，IT产品代理商的队伍也迅速地壮大，渠道也愈加复杂和冗长。而计算机类产品流通的生命周期很短，主流产品一个月的时间，就可能会出现更迭。这样的现实条件，一方面为中国 IT 渠道提供了发展自身的机会，但另一方面又对传统的销售渠道提出了严峻的挑战。

以伦飞的结构为例，在传统的销售渠道和销售模式中，产品在渠道中流通的时间过长，而信息流通的速度很快，末级渠道得到产品的时候，产品的价值已经很低，价格弹性越来越小，销售压力越来越大，层层挤压的局面给用户和厂商都造成了极大的负担。

### 二、伦飞的新渠道观

随着国家经济的迅速发展，人们对信息化的认识不断普及，广大企业对信息化认识也在逐步提高，中国国内市场现在正在成为全球 IT 产品需求增长最快的地区之一。面对日益增长的市场需求，伦飞在感到欢欣鼓舞的同时，也清醒地认识到必须不断优化销售策略、改进销售方式。也正是这样，为了缓解越来越激烈的市场竞争和直销风潮所带来的压力，伦飞除了在产品研发和市场宣传方面加大力度外，对渠道的改革和重组计划也被提上了日程。

早在几年前伦飞就提出了扁平化的渠道发展思路，即由总代理直接面对经销商，经销商直接接待最终用户，并很快以多种途径将这一思路付诸实践。

伦飞从 1999 年下半年开始，先后在上海、广州、武汉等地筹建了 14 家独资分公司。至 2000 年 4 月，伦飞的分公司将增加到 18 家，2000 年年底前，伦飞将在中国各地建立 30 家独资分公司，形成遍地开花的销售网络。所有分公司都直接面对当地的经销商，完全实现对当地市场的管理职能，发挥管理平台、货运平台、反应平台、售后服务平台的作用，同时更直接地把伦飞在资金、技术、产品等方面的实力充分发挥出来，用以支持各地经销商的销售。通过分公司的建设，伦飞实现了渠道的真正压缩，这样做不仅加快了物流速度，降低了物流成本，而且最大限度地减少了人员、货运、管理等方面的费用支出，增强了伦飞笔记本电脑在价格方面的竞争力。

为了更直接地面对消费者，缩减销售和服务的中间环节，发挥生产优势，伦飞在武汉投资成立了武汉伦新华信电脑有限公司，全面承担了伦飞品牌笔记本电脑及维修配件的生产。这一举措不仅全面缓解了各地笔记本市场货源紧张、进货程序复杂的问题，极大提高了笔记本电脑组装品的质量，而且有力地推进了销售渠道扁平化的进程。

伦飞公司贯穿"以服务为本"的原则，在 14 个主要城市，建立了维修中心，实现在维修水平、维修时间、备件储备、备件价格等方面让消费者放心。此外，以这 14 个主要城市为中心，建立辐射中小城市的维修网络，从而解决其他地区笔记本电脑维修难的问题，使销售渠道扁平化进一步得到了保障。

### 三、伦飞带来的启示

为了应对越来越激烈的市场竞争和直销风潮所带来的压力，销售渠道扁平化在IT行业已成为一种必然的发展趋势，如果不适应渠道扁平化的潮流就很可能在市场竞争中被无情地淘汰。

渠道扁平化使众多的分销商面临下岗的威胁。随着市场利润的降低、厂商市场渗透率的增强以及最终用户深层次需求的增加，分销商的市场熟悉程度、资金投入和规模、通关能力等自然价值的含金量将会越来越低。分销商数目和覆盖地域或行业的扩充虽然可能带来短期销售额的提高，却难以使厂商及分销商实现利润的增长。在分销这一环节，分销渠道的覆盖、分销商数量、地缘和人际关系等自然价值已经不是至关重要的因素，而管理水平、市场拓展能力以及人员的职业素养等商业价值成为分销商乃至整个分销渠道的成功因素。

渠道改革给经销商提出的严峻挑战在于：经销商在产品销售的过程中，必须及时地了解产品的各种信息，比如厂商的促销活动、厂商的市场宣传和推广活动、厂商主推的产品或者方案、厂商的市场目标、经营产品的特点和生命周期，等等。这些信息在传统渠道中的流通通常是滞后的，甚至是变形的。对末级经销商来说，及时地获得准确信息显得尤为重要。所以，经销商，特别是末级经销商，必须加强与厂商的沟通和交流。

从厂商的角度来看，在传统的冗长渠道结构中，站在用户面前的是经销商，而不是厂商。如果仅仅扮演幕后生产者的角色，厂商将失去对市场需求、用户需求的了解，也就不能及时地开发出适应市场需求、用户需求的产品，产品自然就没有竞争力可言。

总之，在新的产品特点和市场特点的推动下，IT产品"金字塔型"的传统销售模式正逐渐向"扁平"的渠道新模式转变。这无论对谁都是一种进步，它不仅加快了产品的流通，而且使用户可以得到更直接的服务，并有效地加强了渠道对厂商的忠诚度，厂家可以更接近市场，把用户和市场的最新需求以最快、最准确的方式反馈回来。

正因为这样，我们才看到了像伦飞这样的销售渠道，企业一方面非常重视核心代理商在渠道中的作用，另一方面，也在核心代理商的帮助下，越来越多地与当地二级代理商进行相互之间的沟通与协作。

（资料来源：姜悦宁：《伦飞的渠道扁平化之变》，载《中国计算机报》，2004年。）

## 思考题

请问：伦飞公司为什么要进行渠道的扁平化？实施扁平化给企业带来了哪些变化？给我们的启示有哪些？

# 第十六章　渠道战略联盟

## 本章学习目的

学完本章后，应该掌握以下内容：

1. 战略联盟与渠道战略联盟的联系；
2. 渠道战略联盟的表现形式有哪些。

1997 年 9 月，各地葡萄酒生产厂商云集烟台地区，纷纷抢购葡萄，发生了一次葡萄价格大战。

张裕公司地处烟台市，是我国目前规模最大、历史最悠久、市场占有率最高的葡萄酒酿造公司，尽管由于天时、地利、人和皆占的缘故，使得张裕公司在抢购战中赢得了一定的"胜利"，但也暴露出张裕公司在整体产销战略上的不足。之后，张裕公司便开始反省自己的营销观念，重新审视葡萄原料的供应问题。一方面加强对自己葡萄园的管理，努力保证高产稳产；另一方面，张裕公司主动派人到各县、市、区进行实地考察，选择优良葡萄园做公司的原料基地。公司与果农签订购销合同，提前预付资金，并派遣技术人员长期指导果农种植葡萄，在有些地方根据预测价格，采取提前买断策略，确保了 1999 年乃至以后几年的葡萄原料供应。

此时，张裕公司已与上百个村庄的数万农户签订了购销合同，拥有葡萄基地数万亩，完全可以保证今后很多年的原料供应。张裕公司与供应商（葡萄种植户）所结成的这种利益共同体，从根本上消除了潜在的竞争威胁。

这也是为业界所称道的一个非常成功的产销渠道战略联盟案例。

本章我们就将从学习战略联盟相关理论知识入手，而后进一步学习、了解目前营销渠道的一个热点问题——渠道战略联盟的起源、概念及其发展现状。

# 第一节　战略联盟与竞争优势的创立

## 一、战略联盟概述

### （一）战略联盟的概念

关于战略联盟，存在很多不同的定义，我们将战略联盟的定义概括如下：战略联盟是指两个或两个以上的企业为了实现优势互补、提高竞争力以及扩大国内外市场的共同目标而制定双边或多边的长期或短期的合作协议，并在此基础上进行长期联合的组织形式。战略伙伴必须坚持平等互惠、共享利益、共担风险的原则。也可以说，战略联盟是指由两个或两个以上有着对等经营实力的企业（或特定事业和职能部门），为达到共同拥有市场、共同使用资源等战略目标，通过各种契约或类似形式而结成的优势互补、风险共担、要素双向或多向流动的松散型网络组织。战略联盟多为自发的、非强制的形式，联盟各方仍旧保持着原有企业的经营独立性。

### （二）战略联盟的类型

1. 根据联盟成员之间的依赖程度，广义的战略联盟一般分为两类：

（1）股权式战略联盟。股权式战略联盟是由各成员作为股东共同创立的，这种联盟拥有独立的资产、人事和管理权限。股权式联盟中一般不包括各成员的核心业务，具体又可分为对等占有型战略联盟和相互持股型战略联盟。对等占有型战略联盟是指合资生产和经营的项目分属联盟成员的局部功能，双方母公司各拥有50%的股权，以保持相对独立性。相互持股型战略联盟中联盟成员为巩固良好的合作关系，长期地相互持有对方少量的股份，与合资、合作或兼并不同的是，这种方式不涉及设备和人员等要素的合并。

（2）契约式战略联盟。当联盟内各成员的核心业务与联盟相同，合作伙伴又无法将其资产从核心业务中剥离出来置于同一企业内时，或者为了实现更加灵活地收缩和扩张，合作伙伴不愿建立独立的合资公司时，契约式战略联盟便出现了。契约式战略联盟以联合研究开发和联合市场行动最为普遍。最常见的形式包括：

- 技术性协议。联盟成员间相互交流技术资料，通过"知识"的相互学习来增强竞争实力。

- 研究开发合作协议。分享现成的科研成果，共同使用科研设施和生产能力，在联盟内注入各种优势，共同开发新产品。

- 生产营销协议。通过制定协议，共同生产和销售某一产品。这种协议并不给联盟内的成员带来资产、组织结构和管理方式的变化，仅仅通过协议规定合作项目、完成的时间等内容。成员之间仍然保持着各自的独立性，甚至在协议之外仍然相互竞争。

- 产业协调协议。建立全面协作与分工的产业联盟体系，此类形式常见于高科技产业中。

相对于股权式战略联盟而言，契约式战略联盟由于更强调相关企业的协调与默契，从而更具有联盟的本质特征。契约式战略联盟在经营的灵活性、自主权和经济效益等方面比股权式战略联盟具有更大的优越性。

2. 美国学者 P. Lorange 依据价值链上的不同环节，将战略联盟分为联合研制型、资源补缺型和市场营销型三种。

（1）联合研制型战略联盟。这是在生产和研究开发领域展开的合作，参与联盟的企业充分利用联盟的综合优势，共享经营资源，相互协调，共同开发新产品、新材料和新技术。

（2）资源补缺型战略联盟。这是一方的价值链中的上、下游企业结成的战略联盟，这里有两种情形：一是拥有独特技术的跨国公司，为了接近海外市场或利用对方的销售网络而结成的联盟。这类联盟在通过资源的互补而实现风险共担、规模经济及协同经济性的同时，往往忽视自身核心能力的提高。另一种情形是厂家与用户的联合型战略联盟，厂家之间把生产与消费、供给与需求直接联系起来。

（3）市场营销型战略联盟。该类联盟是以下游活动为合作领域而结成的战略联盟，其目的在于提高市场营销的效率和市场控制的能力。这类联合是抢占市场的有效手段，除了具备资源补缺型的优点外，还能较好地适应多样化的市场需求。不足之处在于，这类联盟是以降低环境的不确定性为目的，而不是通过核心能力的扩大去创造需求，因而是一种消极的反馈战略。

对于渠道战略在现实中的多样性，很大程度上取决于合作方各自的战略利益。这样的合作标准，就不会妨碍像欧倍德与海尔之间的跨国大公司组成互借渠道优势的联盟形态。

作为德国第一、全球第四的建材装饰公司欧倍德（OBI）与中国知名的制造企业海尔结成了渠道战略联盟，以求依靠对方的渠道资源，使自己的产品更顺畅地进入国际市场。

欧洲的建材零售市场在 10 年前就已经非常的成熟，与英国的百安居、美国的 HOMEDEPOT 互为竞争对手的欧倍德，面临着如何不断扩张以及寻求低产品成本的压力，国际化成了它的一个新机会。而中国建材市场的混乱、无序和缺乏现代的零售业态以及房地产市场的快速发展，使得这个公司看到了其中隐含的巨大商机。现代建材零售商几乎是空白的中国，使欧倍德希望画出自己的"清明上河图"。

但是，中国的顾客和欧洲的顾客的要求却是完全不一样的。自己动手（DIY）在中国是不现实的，这些建材零售巨头更需要本土化的勇气和能力。欧倍德这个来自德国的零售商，很强调和国内各种机构的合作，甚至表现在开店上——欧倍德和海尔合资，成立了欧海家居公司。欧倍德利用海尔的渠道和网络进行零售店的扩张，同时海尔也利用欧倍德在国内和海外的销售渠道，进入更广阔的市场领域。在开店选址方面，欧倍德与大连万达房地产合作，优先入住其开发的商业地产。不仅如此，欧倍德还和红星美凯龙合作，引入红星美凯龙的家具销售，实现了"楼下卖建材，楼上卖家具"的目标。欧倍德正在努力从建材超市向"一站式购物"的方向发展。

双赢的结果通常是巩固战略联盟的重要保障。为此，海尔投入了接近 9 000 万欧元与欧倍德成立了"欧海家居有限公司"，同时一个双方各占有 50% 股份的"欧海项目"也一锤定音。海尔与欧倍德的合作，不仅仅包括在中国市场上开店，还包括海尔家电进入欧倍德在全球的数百家家居店，形式是"店中店"，例如，"海尔店中店"已经在德国杜塞尔多夫的欧倍德商场中开业。借助海尔的渠道优势，欧倍德亚洲区总裁满怀信心地勾勒出了"在 2010 年实现开 100 家店"的宏伟蓝图。由此可见，战略联盟下的渠道联合优势有着不可估量的发展前途。

**二、战略联盟的产生与发展**

那么，如此高效有利的企业合作形式——企业战略联盟起源于何时又是如何发展演变的呢？

（一）战略联盟的产生及其动因

第二次世界大战以后，世界新政治与经济秩序迅速建立、发展，高科技产业与信息产业的飞速发展，经济全球化与经济区域化的趋势使全球化竞争更为直接与激烈。当今战略联盟已经从制造业扩展到服务业，从传统产业发展到高新技术产业。可以推断，未来国际市场的竞争不再只是企业与企业的竞争，而将包含大量企业战略联盟之间的竞争。

战略联盟的动因通常可分为中间动因和最终动因两种。其中，最终动因是指获得预期的经济绩效，中间动因包括资源（技术、资本、人才、信息等）的共享和风险与成本的共担等不同的原因。具体来说，战略联盟的动因有以下几个方面：

1. 为了提升企业的竞争力。借助与联盟内企业的合作，相互传递技术，加快研究与开发的进程，获取本企业缺乏的信息和知识，并带来不同企业文化的协同效应。与传统的全球一体化内部生产战略和金字塔式管理组织相比，战略联盟除了具有更为活跃的创新机制和更经济的创新成本以外，还能照顾到不同国家、地区、社会团体甚至单个消费者的偏好和差异性，有利于开辟新市场或进入新的行业，从而具有更强的竞争力。

2. 为了分担风险并获得规模和范围经济。通过建立战略联盟，扩大信息传递的密度与速度，以避免单个企业在研究开发中的盲目性和因孤军作战引起的全社会范围内的重复劳动和资源浪费，从而降低风险。与此同时，市场和技术的全球化，提出了以相当大的规模和在多个行业进行全球生产的要求，以实现最大的规模和范围经济，从而能在以单位成本为基础的全球竞争中赢得优势。

3.为了防止竞争过度。随着大企业市场渗透力度的加大和市场占有率的提高,一定容量的市场分割最终会在大企业之间告一段落。这时,如果大企业间继续展开恶性竞争,不仅会降低各自的盈利水平,而且容易造成两败俱伤的局面。因此,为避免丧失企业的未来竞争地位,避免在诸如竞争、成本、特许及贸易等方面引发纠纷,企业间通过建立战略联盟,加强合作,来理顺市场、共同维护合理的竞争秩序。

4. 为了避免"大企业病"。战略联盟的经济性在于企业对自身资源配置机制的战略性革新,不涉及组织的膨胀,因而可以避免带来企业组织的过大及僵化等弊病,使企业保持灵活的经营机制并与迅速发展的技术和市场保持同步。与此同时,战略联盟还可避开反垄断法对企业规模过大的制裁。

(二) 战略联盟的发展演变

战略联盟概念,最早是由美国 DEC 公司总裁简·霍普兰德和管理学家罗杰·奈格尔提出的。随着战略联盟实践的发展,战略联盟从内容到形式都发生了变化。根据哈佛大学教授波特和日本竹田志郎教授的观点,企业间战略联盟的演变经历了以下几个方面的转变:

1. 从经营能力及经营资源的不均衡向对等关系转变。以前的企业联合主要发生在经营能力、经营资源等不均衡的企业之间,知识的流动是单向的,多属于战术性合作,还不能算做一般意义上的战略联盟。严格说来,战略联盟是在经营能力和经营资源对等的伙伴间建立的,是以开发新技术、控制新的国际标准和维持市场实力为目标的战略联合。企业间以双向或多向的知识流动为特征,不仅追求规模经济性,更强调获得"学习效果"。

2. 联盟的意图从降低成本到实现组织学习。以组织学习为中心的战略联盟提高了企业的环境适应能力,还通过企业核心经营能力的不断提高,主动地创造良好环境,因而其产生与发展具有重要意义。

3.战略联盟中的竞争与合作,从以企业为单位转化为以企业某些职能为单位。传统的相互竞争以企业为单位,因而竞争性企业之间不可能有合作,而战略联盟是以企业的某些职能为基本单位,联盟内各成员企业之间常常在某些职能上合作,而在另一些职能上竞争。联盟内各成员企业之间常见"左手挥拳,右手握手"的情况。

### 三、建立有效的战略联盟

要想准确无误地界定成功联盟的构成要素是比较困难的,我们从目前许多战略联盟的成功实践中发现,有些公司得以成功运用战略联盟是因为双方人员搭配得当;有些则因为双方产品间具有互补性;有些伙伴关系则归功于彼此间的高度信任。因此,如何建立有效的适合企业特色的战略联盟,成为企业在实施战略联盟时思考的重点。

选择好合作伙伴是建立战略联盟的关键因素。适当的合作伙伴必须能够帮助企业实现其战略目标，而且双方对结盟的动机要一致，还必须具有良好的声誉。

第一，建立战略联盟必须遵守三条原则：（1）对于企业熟悉的核心事业，宜采用购并策略，因为其成功率较高；对非熟悉的业务则应采取战略联盟方式。（2）进入新市场宜采用战略联盟。（3）战略联盟的作用在于弥补不足，因此要寻求彼此在开发、制造、分销渠道上的互补性或者分担经营成本；购并则适用于扩展既有事业的规模。

第二，建立战略联盟应在明确联盟动因的基础上制定明确的目标，制定一致性的战略联盟规划、管理与终止点，并在此基础上选择合适的合作对象。研究认为，双方均为业绩优等的企业，或一方优等、一方中上等的企业组成的联盟成功率较高。因此合作对象应选择门当户对的、且业务范围相辅相成的企业。同时，要在企业内部创造"易于合作"的文化。由于战略联盟中最难调整与改变的是文化冲突，因而合作伙伴必须是彼此相容或企业文化相契合的对象。

第三，战略联盟的方式很多，如供应或购买协定、市场或销售协定、提供技术服务协定、管理合同、专有技术、设计或专利许可证、特许经营、合资企业，等等。无论采用何种方式，都必须根据企业的战略目标，根据企业利润产生的源头，规划符合企业内在发展规律的联盟机构。联盟机构必须强有力并且独立，此目的在于使从属关系明确，易于协调，避免联盟的领导人权力被削弱。而双方母公司的意见应通过董事会来传达，以避免合作者的价值取向受母公司需求的影响。值得注意的是，为了保护企业自身的权益，战略联盟应步步为营，应避免重要资源的流失，如 GE（美国通用电气）公司与 Snecma 公司的合资中，GE 对重要组件，以整套组装的方式交货，成功地控制了其引擎方面的核心技术。这一点尤其应引起我国企业的注意和重视。在合作前，企业要根据自己所拥有的谈判筹码来决定合作方式。在权衡利弊时应全方位地考虑，一味地牺牲或争权夺利都是不合适的做法。

战略联盟成功与否，在于合作伙伴之间能否实现协同和能否建立彼此单独无法实现的可持续竞争优势。与婚姻类似，合作伙伴虽然保持各自独立的特性，但在联盟的所有活动中又必须相互协作，若一方变得过分依赖另一方，或者认为联盟只对一方有利，联盟的稳定性就会受到威胁。因此，成功的联盟是由信任、承诺、互相学习、灵活性等联合起来的比单独企业更有力量的联合体。

## 第二节 渠道战略联盟的建立

### 一、渠道战略联盟概述

#### （一）渠道战略联盟产生的背景

在企业的产品或服务的价格构成中，分销渠道的成本通常要占到 15%～40%，这个数字反映出变革渠道对提高企业竞争力和利润率的潜力，但渠道是目前市场中最混乱的一个环节，也是变数最多的一个环节。以电脑和互联网为代表的现代技术正推动着生产力高速成长，也使传播、沟通、营销和服务方式发生了巨大的变革。松散型的、间接型的传统渠道模式不仅制约了厂家与消费者的直接沟通，还影响了渠道的运行效率。一些有实力的产品制造商为了保证其产品有一个畅销的市场，纷纷尝试探索渠道创新的模式。于是，一种新的渠道模式——渠道战略联盟便应运而生了。

（二）渠道联盟的含义

对于渠道联盟，迄今为止，尚未有一个标准而统一的概括性定义，我们可以从以下的几个论述层次，来理解这样的一种以分销渠道为纽带的企业合作形式的基本含义。

分销渠道通常由许多各自谋求自身利益的公司组成。因为这些利益是相互竞争的，所以渠道成员间常常无法合作，甚至各自目标完全相反。分销中的战略联盟就是为了解决这一问题而出现的。在良好的联盟中，分销渠道中的各方犹如一个整体，他们可以令最终消费者相信自己正在与一个完全纵向一体化的单一组织进行交易。

一些战略联盟在运作分销渠道流方面的工作十分到位，其成员之间的合作甚至比一个公司不同部门间的合作还要紧密与流畅，尽管有时后者确实属于一个单一的纵向一体化的市场渠道。

一个分销渠道联盟意味着一种诚恳的承诺。当一个组织希望延续的某种关系呈现不确定时，承诺就会出现。但是，仅就这一点尚不足以建立渠道联盟，该组织还必须愿意付出才能维持和增进这种关系。这些付出可能是放弃短期利益或者是放弃其他机会，而宁愿将组织资源投入到联盟中去。总而言之，一个承诺性联盟中的成员必须努力维持并增进联盟关系，即使资源需要增加，并且组织处于一种紧张状态时，联盟成员也要不遗余力进行该项努力。

增进关系意味着组织要增加对其伙伴的依赖性，这具有一定的风险。作出承诺的组织要承受这种风险，并采取措施进行管理。举例来说，一个销售代理商可能为适应联盟原则的需要而增加销售人员，结果是代理商的风险增加了。再比如，作出承诺的代理商或者要忍受风险，或者要培养其他业务（从而成长更快）实现组合多元化，导致其收入的主要份额只能保持在一定范围之内。

承诺，意味着一种长期的眼光，加上保持关系的强烈愿望，促使企业做出牺牲以保持和发展关系，因而承诺性的分销关系通常被比喻成婚姻。

当然，也有可能出现一方作出了承诺而另一方没有作出承诺的情况，但是，这种不对称承诺的情形在分销战略联盟中不太常见。上游和下游渠道成员往往会用一种对称的方式进行联盟：或者双方都作出承诺，或者双方都不作出任何承诺。

渠道组织可以同时参与多个联盟。一个较好的比喻是将联盟比做一种深厚的友谊。这种友谊是难以建立并需要费力保持的，并且它对联盟成员施加着天然的限制作用。

## 二、渠道战略联盟的表现形式

### （一）企业与供应商结成战略联盟

当今市场竞争日益激烈，差异化消费已成趋势。面对复杂多变的市场环境，大企业要想完全凭借自己的实力，进行"孤军奋战"夺得竞争中的胜利，似乎已不太可能。因此，企业必须与相关组织保持密切联系，尤其要与供应商、经销商，乃至同行业的竞争对手建立广泛的战略联盟。战略联盟可以增加企业价值系统的稳定性，减少企业内部和外部的不确定性；战略联盟可以增加企业竞争实力，减少市场波动，有利于企业健康稳定地发展。比如，企业为了满足消费者的需求差异，就要经常研制和开发新产品。这种情况不仅需要经销商的配合，更需要供应商在原料及配件等方面的协同作用，有时还需要技术和信息上的支持。特别是当企业在某一方面存在不足，而这个不足却又能从供应商那里得到补偿时，这种联盟关系就显得十分重要了。

传统的营销观念认为，企业与供应商之间的关系是用户关系，供应商有责任和义务在各方面来支持和帮助它的用户——下游企业。自然，一般在稳定的市场条件下，供应商可能会做到这一点，但若市场发生了变化，供应商就不一定能保证企业价值的实现了，因此，这种传统的单向的价值关系是很不稳定的。所以，应该提倡企业对供应商开展营销活动，谋求与供应商建立一种双向的价值联盟关系。只有这样，才能做到企业、供应商、经销商以及竞争对手在竞争中由单纯竞争走向竞争与合作，由"单赢"变成"多赢"。

在实际的事例中，张裕葡萄酒公司对待其原料供应商（葡萄种植户）所持的态度和所采取的措施就是非常值得学习的。张裕公司深知要取得产品市场竞争优势，就要首先获得供应商的优势，要想自己获利，必先让利于供应商，并且进一步与供应商结成战略联盟。这种反向市场营销活动正是"整体市场营销"观念的具体表现，是企业在未来复杂动态的市场环境中稳定发展的必然要求。

企业在与供应商结成战略联盟时应注意以下几个方面：

其一，精心物色供应商。企业可以根据自己对原料或配件需求的特点来选择优秀的供应商，重点考察供应商的技术实力、生产规模、管理水平、人才优势、商业信誉、质量保证、价格让渡及企业文化等，同时还要分析供应商在其所在的行业中的竞争地位、市场占有程度、发展战略等。对同一类产品的供应商选择，在数量上以不少于 3 个为宜，以便企业在竞争中拥有较大的回旋余地。

其二，与供应商结成真正的联盟。企业对选定的供应商要予以充分的信任，把供应商当做合作伙伴，认真地开展对供应商的营销工作，在价值认同的基础上互惠互利，相互合作，优势互补。这样，所结成的联盟才更能经得起考验。

其三，对供应商进行反向支持。企业与经销商的合作并给予支持是为了实现产品的价值，而产品价值的实现也离不开供应商。在正常情况下，企业能够从供应商那里获得较多的好处，但要考虑到在非正常情况下（如过度的价格竞争、行业结构的改变等），如果供应商处在逆境之中，就会直接影响到企业的价值实现。此时，企业要给予供应商极大的支持，如资金支持、技术援助等，帮助供应商渡过难关。维护供应商的利益，就是维护自身的利益，也是巩固企业自身地位的重要手段。

其四，与供应商共同发展。企业与供应商结成联盟，不仅是为了互利，还是为了共同发展，共同发展是企业联盟的终极目标。只有不断发展，才能使企业联盟得到巩固和完善，才能保证市场的稳定，保证企业联盟的长久发展和消费者的利益，才能使产业结构趋向合理，使社会资源得到更加科学的配置。

（二）产销战略联盟模式

所谓产销战略联盟，是指处于同一分销渠道的两方或多方成员（供应商与分销商）之间通过签订协议的方式，形成风险——利益联盟集团，并按照商定的分销策略和游戏规则，合作开发市场，共同承担市场责任和风险，共同管理和规范销售行为，并共同分享销售利益的一种战略模式。

由于该联盟形式是企业从长远而全面的角度进行企业合作的重大决策，所以我们把这种联盟称为产销战略联盟。下面介绍三种基本的产销战略联盟形式：

1. 销售代理制与制造承包制。作为产销战略联盟中的销售代理制形式，其自身具有特定的含义与特点。与销售代理制相对应的概念是制造承包制，这两者实际上是产销战略联合体的两个方面，具有密切的相关性和长期的战略性。实际上，在签订销售代理制合同的同时，也需要签订制造承包制合同；供方企业利用的是需方企业的分销网络的优势，而需方企业利用的则是供方企业的生产制造优势。

产销战略联盟的销售代理制，具有如下特点：（1）采用制造商的独家代理形式或某地区的独家代理形式。制造商只委托一家代理商销售本企业的产品，这家代理销售企业不能同时代理销售其他同类竞争企业的产品。（2）采用佣金代理形式。（3）销售代理制的代理商与供方企业的联系较强。双方在权利和义务方面的约定比较广泛，涉及的内容也较多。两家的联合通常由销售代理和制造承包两个协议来形成，一个协议的履行是另一个协议生效的前提。（4）供需双方企业的合作期限较长，合同期可达10年以上。

2. 会员制。会员制的产销战略联盟是一种初级的供需双方企业的联盟形式，大家通过协议形成一个俱乐部来进行运作，相互遵守游戏规则、相互协调、相互信任、相互帮助和共同发展。一般来说，供方企业为俱乐部的核心，是组织者，负责制定游戏规则；销方企业是会员，可参与游戏规则的制定。一旦游戏规则制定好了，供销双方企业就均要遵守规则。会员制的形式根据企业之间的合作程度，可分为保证与特许专营两大类形式。

第一，保证会员制。所谓保证会员制，是指销方企业向供方企业缴纳一定额度的保证金或签订具有较强约束力的保证协议，从而取得会员资格的一种形式。通常供方企业实力比较强大，企业声誉好，其产品在市场上有较强的竞争力，且产品寿命周期较长。供方企业利用自己的优势，并通过销方完善的销售网络实现竞争优势。这种形式的会员制度具体又分为两种：

● 保证金会员——当供方企业的产品供不应求时，供方企业往往会要求其分销渠道的成员交纳一定额度的保证金来获得销售其产品的资格。

● 协议会员——在市场竞争激烈的情况下，如果供方企业要求销方企业交纳数额较大的保证金，有可能会导致销方企业转向自己的竞争对手，所以通常以协议形式来建立分销渠道中的联合关系。在协议型保证会员制中，供销双方企业主要的工作是制定保证协议。除无需保证金外，其运作方式与保证金会员制基本相同。

第二，特许专营会员制。特许专营是指供方企业将自己的产品制作技术、无形资产、管理方式、经营诀窍以及教育培训方式等方面专门传授给销方企业，准许销方企业按照双方协议规定从事供方企业的同类行业的一种制度。特许专营的供方称为授权人或特许人，销方则称为接受人或者受许人。例如，"麦当劳"快餐连锁店就是这种形式的典型代表。

3. 联营公司。当供销双方企业从简单的生产与销售合作进一步发展到更高层次的合作时，合作双方的联营公司就出现了。所谓联营公司，是指双方企业利用各自优势，以各种方式按照法律程序所形成的联合经营体制，这些方式包括合资、合作和相互持股等。形成联营公司的供销双方企业在利益上更趋于一致，更具备共担风险、共享利益的特征，从而合作的基础也更加牢固。从产销战略联盟的角度来说，双方联营看中的是对方的生产优势或销售优势。联营公司通常有以下三种形式：

第一，合资经营。合资经营是指双方企业共同出资、共同经营、共同管理、共担风险和共享利润的一种联营形式。通过合资经营，双方可以把各自的优势资源投入到合资企业，从而使其发挥单独一家企业所无法发挥的作用。

第二，合作经营。合作经营是指合作双方按照契约规定履行义务与享受权利的一种联营形式。合作并不要求双方进行共同管理，但双方各自具有的优势是双方合作的前提。

第三，相互持股。相互持股是指供销双方企业为加强相互联系和合作，而持有对方一定数量股份的一种联营形式。这种战略联盟中的双方关系相对更加紧密，双方可以进行更为长期密切的合作，形成了"你中有我，我中有你"的关系。与合资经营不同的是双方资产、人员不进行合并。

产销战略联盟是竞争中的合作。合作与竞争是一对互相依存的矛盾，为了适应竞争，企业需要进行合作；在合作当中，又存在着竞争。产销战略联盟是开放体系中的一个系统，作为系统本身，产销战略联盟具有自己的稳定性，这就是成员之间的合作。因此，产销战略联盟更加强调竞争中的合作。在实践中，羊绒制衣企业"恒源祥"在采用特许生产与特许经营的产销联盟战略之后，形成了以"恒源祥"品牌为旗帜的价值链。与同一领域其他各自为政的生产、销售厂商相比，"恒源祥"企业在垂直系统与水平层面都具有无可比拟的竞争力。

联营公司的几种不同形式已经在实务中得到了广泛的应用，并且为很多公司带来了切实的收效。富士通（Fujitsu）公司和联邦快递（Fedex）公司通过紧密的联盟关系获得的商业成功，就是鲜明的例证。

1996年，富士通公司个人电脑部70%的业务都在日本市场。为躲避激烈的竞争，富士通进入了美国笔记本电脑市场，却发现在这里市场竞争同样激烈。伴随着对业绩状态的失望，富士通进行了彻底的反思，发现物流是导致失败的主要原因。笔记本电脑在东京生产，再通过大批海运送至美国西海岸的几个仓库，其结果是提供给渠道成员的服务速度过慢。

认识到物流是一种渠道竞争力以后，富士通将所有的仓储和配送功能都转包给了作为第三方物流的联邦快递。1997年10月，富士通还对联邦快递进行了专项投资，在靠近田纳西州孟菲斯这个联邦快递的超级集散中心且很少有其他承运商提供服务的一个地方开设了一个客户服务中心。富士通关闭了其在西海岸的一个仓库，从而进一步提高了对联邦快递的依赖性。

联邦快递产生了一个想法：为什么要从东京运送已经组装完毕的笔记本电脑呢？为什么不代之以扩展孟菲斯的设施以便生产定制化的笔记本电脑呢？这样做的障碍是如何进行最好的组装，联邦快递建议通过CTI——一家为联邦快递的许多其他客户提供类似服务的公司——解决这样一个难题。

富士通实施了这一想法。笔记本电脑的部件从大阪空运到孟菲斯，再转交给联邦快递，然后交给CTI。联邦快递负责整个装配运营和个性化生产的过程，并将最终产品交给零售商或终端用户。

不到一年，富士通就不用再花费一个月的时间向渠道运送大批量的产品了。反过来，它已将业务模式转化为定制化生产模式，并可以保证接受订单后4天内到货。这对增加富士通的竞争优势和盈利性产生了巨大的效应。

总体而言，渠道成员间的沟通越充分，在日常事务方面就越能紧密合作；反之，越是合作，就越能够增进渠道成员间的相互信任，它们在共同关心的诸如市场计划的制定等方面的问题上一起计划与工作，所以能够更快更牢固地建立起信任的基础。

## 本章小结

渠道战略联盟是目前分销渠道的一个热点问题。在介绍渠道战略联盟以前，本章首先介绍了战略联盟的相关内容。战略联盟是指两个或两个以上的企业为了实现优势互补、提高竞争力以及扩大国内外市场的共同目标而制定双边或多边的长期或短期的合作协议，并在此基础上进行长期联合的组织形式。战略联盟按成员之间的依赖程度，可以分为股权式战略联盟和契约式战略联盟；按价值链的不同环节可以分为联合研制型战略联盟、资源补缺型战略联盟和市场营销型战略联盟。战略联盟可以分担风险并获得规模和范围经济，可以防止过度竞争和"大企业病"，提升企业竞争力。

渠道战略联盟是一种以分销渠道为纽带的企业合作形式。松散型的、间接型的传统渠道不仅制约了厂家与消费者的直接沟通，还影响了渠道的效率，所以渠道战略联盟是为了改善这种局面而进行的渠道创新。渠道战略联盟的表现形式有企业与供应商结成的战略联盟和产销战略联盟两种形式。在企业与供应商结成战略联盟的时候，应注意精心物色供应商、与供应商结成真正的联盟、对供应商进行反向支持以及与供应商共同发展。产销战略联盟又有三种基本的联盟形式，分别为销售代理制与制造承包制、会员制和联营公司。

## 思 考 题

1. 什么是战略联盟？它有哪几种主要类型？
2. 战略联盟产生的动因是什么？
3. 企业的三种主流成长方式是什么？战略联盟方式的优势何在？
4. 企业为什么要实行战略联盟？成功的战略联盟要考虑哪些因素？
5. 战略联盟对于企业总体发展有哪几方面的优势？
6. 什么是渠道战略联盟？
7. 渠道战略联盟的表现形式有哪些？

## 案例分析

### 神州数码代理长城电脑：一场有关"脸面"的交易

长城公司将一向被看成是自己"脸面"的 PC 业务拱手托付给神州数码，可以说是拯救长城 PC 的最后一搏。而素有 PC 情节的神州数码则正好借船出海，完成在该领域的布局。一次超乎想象的合作，能达成双赢的结局吗？

作为国产 PC 的鼻祖，长城 PC 一向被看成长城的"脸面"，其对长城的意义是不言而喻的。现在长城公司却将其拱手托付给了神州数码，为什么？

### 长城电脑的"面子"问题

根据长城电脑公布的年报，2002 年度公司完成主营业务收入、主营业务利润和净利润较去年同期分别下降了 25.23%、46.03% 和 17.67%。至此，长城电脑主业已经连续 4 年亏损，其 PC 市场占有率在 IDC（互联网数据中心）报告中早已在 10 名开外。由于销量太小，国内几大 PC 厂商在确定竞争对手名单时，也早已将长城电脑剔除在外。

表面上看，长城电脑的问题出在供应链的后半端。如果说长城公司在产品的规划、研发、品牌和制造等环节多少还有些自信的话。那么在 PC 供应链的销售、市场、服务和维修等后半端，长城却总是吃败仗。自从 1999 年"长城飓风 99"以后，虽然每年促销与新品不断，但销售业绩总是原地踏步，甚至出现下滑。

2002 年长城电脑事业部前任总经理上任后，做的第一件事情就是针对渠道，把原来的全国总代理变成区域代理制。2002 年这位总经理为重整渠道推出的"维纳斯计划"，在很多人看来无非是做了一把"渠道扁平化"的秀，长城电脑的销售业绩，并没有在 2002 年出现根本性转机。在经历多次换帅以后，长城想到了让神州数码接盘。从某种意义上说，这将是长城 PC 的"最后一搏"。

### 神州数码：做 PC 酝酿了 2 年

差不多两年前，神州数码公司内部就开始酝酿进军 PC 事项。

2001 年神州数码内部作规划，提出 2005 年的营业目标是达到联想集团 2000 年的水准，再造一个联想。联想集团 2000 年的营业额是 174.5 亿元人民币，这一目标分解到神州数码各个业务块后，具体到"通用信息产品本部"，离这一目标还差二三十亿元人民币的任务需要完成。这是神州数码做 PC 的硬道理之一。

神州数码当时讨论认为，PC 行业虽然已处于成熟期，但市场依旧很大。联想每年主要的利润仍来自 PC，而七喜、神舟等新起来的品牌也活得不错。神州数码做 PC，虽然要经过母公司联想控股来批准，但不与"联想集团同业竞争"的禁忌不应该成为障碍。

在做自有品牌显示器、代理罗技鼠标键盘等零组件业务中，神州数码更是体会到做 PC 的重要。2002 年 6 月，神州数码由一名从加拿大求学归来的老员工带队，组成谈判小组，正式与美国的一家 PC 公司——eMachines 公司商谈合资事宜。

eMachines 公司在美国 PC 市场排名第九，曾以"成本低廉、网络直销"等概念受到欢迎，其独特的价格评估公式（即 VE 理念）被认为可以与戴尔直销相提并论。早在 2001 年秋天，eMachines 公司希望在中国销售其品牌笔记本电脑时，就主动找到神州数码希望其做总代理。就这样，eMachines 公司进入了神州数码的视野。

从 2002 年 6 月到 2003 年初，神州数码与 eMachines 公司就品牌使用授权和合资开拓中国市场等问题进行了马拉松式的谈判，期间曾在 2002 年末中断过，神州数码因此还换过一套谈判人马。最终因为股权比例等问题，双方没有谈拢。

期间，神州数码还先后同三宝电脑（即韩国第三大品牌电脑 TG，同时也是 HP、eMachines 的 OEM 厂商）、七喜电脑等谈过 PC 方面的合作，但均未成功。2003 年 4 月，长城主动找到神州数码，至此，双方的实质性谈判开始。而这次重新开始以后，双方的进展速度很快。

从渠道战略上看，分销领域中的竞争已经越来越逼近三级城市（地级市），如果缺乏 PC 这样的龙头产品，光靠打印机、显示器等零组件显然没有优势。考虑到联想每年接近 300 万台的 PC 销量有很大一部分都是由三级以下城市消化，神州数码做 PC 的愿望就变得更为强烈。

在北京正值"非典"期间，以长城电脑总裁和神州数码高级副总裁分别带队的谈判却进展得出乎意料的顺利。据参与了谈判的人士透露，主要原因在于，神州数码给长城做了一个如何做 PC 的规划，分析了双方的优势和劣势，长城方面感觉比较满意。经过四、五轮的谈判，双方签下了为期 3 年的独家总代理协议。

### 独特的合作模式

之前，神州数码选择 PC 的合作伙伴，设定了两条主要标准：一是要有品牌，并希望把自己的品牌继续做下去；二是要符合"供应链上游做得不错，但下游做得不好"的条件。根据该公司某高级副总裁的"α、β 理论"（α、β 是按照供应链的环节划分的。α 阶段指产品的规划、研发、采购、品牌等前半端，β 阶段指市场、销售、服务等后半端），神州数码通用信息产品本部的长处在于 β 阶段，而长城的情况正好相反，并且每年有 20 万台的销量作为基础。

但是，相比 eMachines 公司，长城并不是神州数码的最佳合作对象。主要原因在于：长城的体制太复杂，里面的水有多深一时还摸不透。于是，神州数码选择了"借船出海，渐进合作"的方式。

在神州数码与长城的合作协议中，神州数码不仅是作为长城的分销商出现，而且与长城一起共同负责客户调研、产品规划、采购等环节，并以厂商的身份向各地委派销售代表，将供应链的后半端完全接手。另外，一些大客户由长城负责谈判、神州数码执行交单。在合作的各环节中，双方将相互公开费用、成本和收支方面的数据，并按照一定比例共同承受风险，以便真正做到"风险共担，利益分成"。

长城电脑北京公司的内部人士表示，今后长城的主要工作在于品牌和市场宣传。而神州数码方面声称，神码目前并没有推出自有 PC 品牌方面的考虑。

神州数码与长城的合作模式，将开创国内 IT 业的一次先河，似乎比"神州数码与东芝笔记本电脑的合作模式"更加紧密。比如，长城 PC 以往的显示器必须指定用自己与金斯顿合资的工厂生产的产品，但与神州数码合作以后，则很可能要发生改变。按照协议，神州数码作为独家总代理，拥有对除品牌以外的其他供应链环节的发言权。

"神州数码可以借此逐渐熟悉 PC 市场，并借助长城的资金平台，利用其账期周转资金减少财务风险。"一位业内人士如此分析。

### 合作前景

神州数码给自己制定的销售目标是，2003 年下半年做到 13 万台，希望 2004 年能够做到 40~50 万台，实际扭亏为盈。"只许成功，不许失败"。

而对长城而言，当务之急是扭转长城 PC 渐行渐远的二线品牌地位。PC 作为长城这张"脸"，经过多年的折腾，现在只能靠引入外部力量的方式才能自保平安了。

某咨询公司分析师认为，长城、七喜、实达、海信和 TCL 等二线 PC 品牌，目前正处于洗牌的最危险时刻，大家的位置都比较微妙，这些品牌必须做到 40 万台左右才能达到盈亏平衡点，否则还不如一些地方品牌活得滋润。

长城电脑的优势在于在商用市场的影响力。在国家级的招标项目中，长城电脑属于一类品牌。而做好 PC，必须家用与商用兼顾，以往长城在家用市场上较弱，而神州数码的家用渠道正好是它这些年分销渠道的发展重点，神州数码与长城有较多互补之处。尽管如此，神州数码的一位内部人士仍对合作的前景持谨慎态度，"不要对神州数码做 PC 的期望过高，现在的中国 PC 市场，任何人想充当黑马可能都要付出相当大的代价"。

而对于长城来说，在逐步丧失对 PC 供应链各环节的控制后，单纯对"金长城"品牌的控制已经没有任何意义。

（资料来源：郭开森：《神州数码代理长城电脑：一场有关脸面的交易》，载《IT 经理世界》，2003 年。）

## 思考题

请问长城电脑与神州数码联盟后有哪些优势可以发挥？你认为企业间的合作基础是什么？

# 参考文献

1. 【美】菲利普·科特勒著，梅汝和、梅清豪等译：《营销管理》，上海人民出版社，2001年。

2. 甘碧群主编：《市场营销学》，武汉大学出版社，2002年。

3. 【美】安妮·T·科兰、艾琳·安德森、路易斯·斯特恩、阿代尔·I·艾-安瑟理著，蒋青云、孙一民等译：《营销渠道》，电子工业出版社，2003年。

4. 【英】劳斯·G·弗里德曼、蒂莫西·R·弗瑞著：《创建销售渠道竞争优势》，中国标准出版社，2000年。

5. 【美】罗伯特·罗森布罗姆著，李乃和、奚俊芳等译：《营销渠道管理》，机械工业出版社，2003年。

6. 【美】Louis W. Stern/Adel I. EI-Ansary/Anne T. Coughlan著，赵平、廖建平、孙燕军译：《市场营销渠道》，清华大学出版社，2001年。

7. 冯丽云主编：《分销渠道管理》，经济管理出版社，2002年。

8. 徐尉琴、谢国娥、曾自信编著：《营销渠道管理》，电子工业出版社，2001年。

9. 张传忠、雷鸣主编：《分销渠道管理》，武汉大学出版社，2000年。

10. 周莹玉编著：《营销渠道与客户关系管理》，中国经济出版社，2003年。

11. 马克态主编：《成功的分销渠道管理》，中国国际广播出版社，2003年。

12. 智汇工作室编：《渠道为王》，四川科学技术出版社，2004年。

13. 张继焦、葛存山、帅建淮编著：《分销链管理》，中国物价出版社，2003年。

14. 【美】瓦拉瑞尔·A·泽丝曼尔、玛丽·乔·比特纳著：《服务营销》，机械工业出版社，2004年。

15. 牛海鹏、邴春亭、李兴华编著：《销售通路管理》，企业管理出版社，1999年。

16. 黄敏学：《网络营销》，武汉大学出版社，2000年。

17. 【美】史蒂文·惠勒、伊万·赫什著：《渠道冠军》，中国财政经济出版社，2004年。

18. 贾永轩著：《营销网络设置与管理》，经济科学出版社，1998年。

19. 熊银解主编：《销售管理》，高等教育出版社，2001年。

20. 李飞 编著：《分销渠道设计与管理》，清华大学出版社，2003 年。

21.【芬兰】克里斯廷·格罗鲁斯著：《服务营销与管理》，电子工业出版社，2002 年。

22. 何明珂著：《物流系统论》，中国审计出版社，2001 年。

23.【美】查尔斯·M·福特雷尔著，刘寅龙译：《销售管理》，机械工业出版社，2004 年。

24. 宋华、胡左浩著：《物流与供应链管理》，机械工业出版社，2000 年。

25. 苏同华编著：《连锁店经营与管理》，立信会计出版社，1996 年。

26.【美】唐纳德·丁·鲍尔索克斯、戴维·丁·克劳斯著，林国龙，宋博，沙梅译：《物流管理》，机械工业出版社，1999 年。

27. 马士华、林勇、陈志祥著：《供应链管理》，机械工业出版社，2000 年。

28.【美】Donld J. Bowersox，M. Bixby Cooper，*Storategic Marketing Channel Management*，Mcgraw—Hill，Inc.，1992 年。